POLÍTICAS PÚBLICAS E DIREITOS FUNDAMENTAIS

Elementos de fundamentação do controle jurisdicional de políticas públicas no Estado Democrático de Direito

Felipe de Melo Fonte

Doutor e Mestre em direito público pela Universidade do Estado do Rio de Janeiro. *Master of Laws* (LL.M.) pela Harvard Law School. Procurador do Estado do Rio de Janeiro. Advogado. Ex-Assessor de Ministro no Supremo Tribunal Federal.

POLÍTICAS PÚBLICAS E DIREITOS FUNDAMENTAIS

Elementos de fundamentação do controle jurisdicional de políticas públicas no Estado Democrático de Direito

3ª edição

2021

saraiva jur

saraiva EDUCAÇÃO | saraiva jur

Av. Paulista, 901, 3º andar
Bela Vista – São Paulo – SP – CEP: 01311-100

SAC | sac.sets@saraivaeducacao.com.br

Diretoria executiva Flávia Alves Bravin
Diretoria editorial Ana Paula Santos Matos
Gerência editorial e de projetos Fernando Penteado

Novos projetos Dalila Costa de Oliveira

Gerência editorial Isabella Sánchez de Souza
Edição Estevão Bula Goncalves

Produção editorial Daniele Debora de Souza (coord.)
Rosana Peroni Fazolari

Arte e digital Mônica Landi (coord.)
Camilla Felix Cianelli Chaves
Claudirene de Moura Santos Silva
Deborah Mattos
Guilherme H. M. Salvador
Tiago Dela Rosa

Projetos e serviços editoriais Daniela Maria Chaves Carvalho
Kelli Priscila Pinto
Marília Cordeiro
Nicoly Wasconcelos Razuk

Diagramação SBNigri Artes e Textos Ltda.
Revisão C&C Criações e Textos Ltda.
Capa 2EstúdioGráfico
Produção gráfica Marli Rampim
Sergio Luiz Pereira Lopes

Impressão e acabamento

DADOS INTERNACIONAIS DE CATALOGAÇÃO NA PUBLICAÇÃO (CIP)
VAGNER RODOLFO DA SILVA - CRB-8/9410

F682p Fonte, Felipe de Melo

Políticas públicas e direitos fundamentais / Felipe de Melo Fonte. – 3. ed. - São Paulo : Saraiva Educação, 2021.
380 p.

ISBN: 978-65-5559-745-5

1. Direito. 2. Direito constitucional. 3. Políticas públicas. 4. Direitos fundamentais. 5. Controle judicial. 6. O Estado de coisas inconstitucional. 7. Administrativo. 8. Política. 9. Direitos coletivos. 10. Direitos individuais. 11. Constituição. 12. Estado Democrático de Direito. I. Título

2021-3110 CDD 340
CDU 34

Índices para catálogo sistemático:

1. Direito 340
2. Direito 34

Data de fechamento da edição: 14-9-2021

Dúvidas? Acesse www.editorasaraiva.com.br/direito

CL 607538 CAE 777999

Agradecimentos

Tenho dito que, na gramática da vida, o pronome "nós" vem antes do "eu". A realização deste livro era uma aspiração pessoal que somente se tornou realidade graças ao apoio de muitas pessoas e instituições. Sendo assim, registro inicialmente minha gratidão à Faculdade de Direito da Universidade do Estado do Rio de Janeiro pela educação gratuita e de excelência recebida nos programas de graduação e pós-graduação. As ideias contidas neste livro foram gestadas no âmbito do Programa de Pós-Graduação em Direito Público, certamente um dos melhores do País.

Igualmente, sou grato à Procuradoria Geral do Estado do Rio de Janeiro, pelo enorme incentivo ao aprimoramento profissional e acadêmico dos seus quadros. Sem o apoio e a visão da instituição, certamente este livro não existiria. Ao Supremo Tribunal Federal, onde passei dois anos importantíssimos da minha vida profissional como assessor do Ministro Marco Aurélio Mello. Ao escritório de advocacia Barroso Fontelles, Barcellos, Mendonça & Associados, sucessor do Luís Roberto Barroso & Associados, onde fui estagiário, advogado e, agora, sócio, a melhor escola de advocacia que poderia ter tido.

À professora Dra. Ana Paula de Barcellos, orientadora da dissertação que foi o embrião deste livro, de quem também fui monitor e estagiário, tenho a agradecer não apenas o apoio acadêmico, mas também as lições profissionais. Aos professores Patrícia Ferreira Baptista, Paulo Braga Galvão e Vanice Lírio do Valle, que leram este livro em versões anteriores e participaram das bancas que resultaram em sua aprovação, tornando-o, certamente, muito melhor. Luís Roberto Barroso, Daniel Sarmento, Ricardo Lobo Torres, Gustavo Binenbojm, Alexandre Santos de Aragão e Jane Reis são professores brilhantes vinculados ao programa de pós-graduação, com os quais tive a sorte e a honra de conviver e aprender nos últimos anos. Um registro especial para Ricardo Lodi Ribeiro, coordenador da pós-graduação, e Cláudio Pereira de Souza Neto, dos quais não fui aluno formal, em razão das escolhas disjuntivas da vida, mas que também são referências intelectuais.

A oportunidade de passar dois anos no Supremo, como assessor do Ministro Marco Aurélio Mello, foi uma experiência verdadeiramente singular. O Ministro é um exemplo de espírito público, ostentando uma vida devotada ao serviço público e ao culto ao Direito. A vida em Brasília, por todo esse tempo, só foi possível graças ao carinho com que fui recebido por Adriane Callado Henriques, que é um anjo em forma de gente, Maria Adriana Lobo, Karina Mascarenhas, Alexandre Sankievicz e João Bosco Marcial. Saudades dessa turma.

Rafael Barroso Fontelles tem sido um grande amigo, e, especialmente enquanto fazia o mestrado, sou grato pelas horas extras realizadas em substituição. Meu único conforto é saber que elas foram regiamente remuneradas. Eduardo Mendonça e Felipe Monnerat são os melhores amigos-sócios que poderia desejar. Daniel de Araújo Peralta discutiu, graciosamente, muitas das questões que foram abordadas nesta obra, e sou grato por isso. Thiago Cardoso Araújo discutiu essas questões e todas as demais que surgiram. Amanda Fontelles, Ivana Junqueira, Nathalie Carvalho Giordano, Fábio Santos Macedo, Erick Tavares Ribeiro e Pedro Loula são pessoas com quem tenho compartilhado as horas vagas, e a eles agradeço a genuína amizade.

Serei eternamente grato a Cláudia Pereira Türner e Paola Enham Dias, por muitas razões. Juliana Florentino de Moura, hoje colega da

Procuradoria e mestre em Direito, ajudou sobremaneira na pesquisa e revisão do livro.

Agradeço, ainda, aos meus pais, Celso e Luciene, que investiram e acreditaram nos meus sonhos como se deles fossem, às vezes até com mais entusiasmo do que eu. Meu irmão, Thiago, e minha avó, Isabel, são parte daquilo que chamo de núcleo essencial da minha família.

A todos vocês, muito obrigado.

Sumário

Prefácio

O livro que ora prefacio é um sinal dos novos tempos. Ele seria absolutamente impensável há vinte e cinco anos, quando o Brasil ainda vivenciava a Assembleia Constituinte que nos legou a Carta de 1988. Vínhamos, então, de sete constituições e duas ditaduras, uma civil e outra militar. Éramos o Brasil dos golpes e contragolpes, das revoluções das elites e dos bestializados, na expressão severa e acurada de José Murilo de Carvalho. Nenhuma das Cartas anteriores havia contado com ampla e irrestrita participação popular no processo constituinte. Talvez por isso, tragicamente todas elas foram condenadas a interpretar papel meramente coadjuvante na política nacional. Faltava amor à Lei Maior da República.

Sob a égide da Constituição de 1988, o Brasil vive o período mais estável da história pós-independência, sem que se possa dizê-lo desinteressante ou sossegado. Tivemos um *impeachment* presidencial, sucessivos escândalos de corrupção e o exercício ininterrupto do poder de reforma à Carta. No cargo de Ministro do Supremo Tribunal, deparo cotidianamente com o desrespeito ao texto constitucional. Mas, ao lado das patologias, assistimos à nossa revolução copernicana no sistema jurídico, marcada pela supremacia absoluta da Constituição, prevalência da dignidade humana e, acima de tudo, possibilidade de tutela judicial de direitos fundamentais, principalmente os de cunho social. São esses conceitos que o livro busca aprofundar e reafirmar, à luz dos aportes da doutrina e jurisprudência do Brasil bem como de países estrangeiros, sem medo de propor soluções inovadoras e externar opiniões que escapam ao senso comum.

No primeiro capítulo, o autor fornece conceito de políticas públicas, considerada a profusão de artigos científicos e decisões judiciais versando sobre o assunto. Detecta, de modo proficiente, a existência de duas correntes acerca do conteúdo do tema, optando pela concepção menos abrangente, a fim de manter o rigor científico do trabalho. Nos capítulos seguintes, afasta as objeções tradicionalmente apontadas à atuação judicial na matéria, em especial a denominada reserva do possível, argumento superado pela jurisprudência recente do Supremo. Em substituição, descortina o princípio da prioridade orçamentária dos direitos fundamentais, recorrendo às lições do saudoso jurista argentino Bidart Campos. Recapitula as teorias mais importantes, perpassando os trabalhos de Jürgen Habermas, John Rawls, Michael Walzer e Ronald Dworkin. Defende, alfim, a viabilidade irrestrita de concretização judicial do mínimo existencial, cuja construção depende da dialética entre normatividade e realidade.

No cerne do trabalho, apresenta concepção dual de controle judicial de políticas públicas. Quanto àquelas relacionadas às condições basilares à vida humana, denominadas"essenciais", entende ser possível escrutínio judicial rigoroso, baseado na proibição da proteção deficitária e na vedação do retrocesso na concretização. Segundo noticia, a atuação do Supremo vem observando o princípio da proporcionalidade. Em seguida, sustenta, relativamente às políticas públicas não essenciais, o controle judicial pela via dos princípios gerais aplicáveis à Administração Pública. Postula, ainda, a plena possibilidade de o Judiciário reconhecer direitos quando em causa a concretização infraconstitucional de princípios constitucionais.

No último capítulo, articula as formas de controle de políticas públicas, divisando as modalidades forte e fraca, aludindo às decisões dos Tribunais Superiores e também ao famoso precedente da Corte Constitucional da África do Sul. Com sapiência, conclui afirmando que:

> O sistema oferecido ao leitor ao longo das páginas deste trabalho não tem a pretensão de ser completo. De fato, as possibilidades de controle judicial de políticas públicas são praticamente infinitas, e exigiria uma boa dose de pretensão tentar lidar com todas as variáveis e possibilidades.

As políticas públicas estão na interseção entre o Direito e a política, revelando, exatamente por isso, tema extremamente rico e complexo. Embora gestado para a comunidade acadêmica, o livro foi escrito em linguagem direta e clara, sempre buscando a ponte entre a teoria e a realidade, sem implicar menor densidade teórica. Como ressalta o autor, o texto é um ponto de partida essencial para reflexão maior sobre o assunto, que interessa não apenas a juízes e operadores do Direito, mas também aos cidadãos de modo geral.

O trabalho corresponde à dissertação de mestrado de Felipe de Melo Fonte, aprovada com grau máximo no prestigioso programa de pós-graduação em direito público da Universidade do Estado do Rio de Janeiro, sob orientação da professora Ana Paula de Barcellos. Sem dúvida, mostra-se relevante contribuição ao entendimento de questão nova, cuja importância transcende os limites da academia, tendo impacto direto na vida social. Mais que isso, a leitura, de valia maior, faz-se imprescindível para aqueles que pretendem compreender os novos tempos vividos pelo constitucionalismo brasileiro.

Por último, cabe uma palavra sobre o autor. Felipe é assessor em meu Gabinete desde janeiro de 2011, cedido pela Procuradoria-Geral do Estado do Rio de Janeiro, órgão no qual figura, após aprovação em concurso de provas e títulos, como Procurador do Estado. A formação primorosa, fruto da incessante busca pelo aperfeiçoamento intelectual, recende em cada linha do texto, demonstrando a extensa pesquisa e o profundo domínio do tema tratado. A satisfação oriunda do convívio com singular ser humano, cuja generosidade e bom humor tornam mais leve o enfrentamento da jornada, é destinada aos afortunados que o têm entre os amigos.

Marco Aurélio Mendes de Farias Mello

Ministro do Supremo Tribunal Federal e do Tribunal Superior Eleitoral e
Presidente do Instituto Metropolitano de Altos Estudos – IMAE.

Nota prévia à 2ª edição

Em 5 de abril de 2010, o Estado do Rio de Janeiro sofreu as piores chuvas dos últimos cinquenta anos. A geologia do território e a tradicional ocupação de encostas potencializaram a destruição causada pelo fenômeno natural. Ao final do dia, o saldo passava de uma centena de mortos, a maioria em um grande deslizamento ocorrido no Morro do Bumba, uma comunidade pobre construída sobre um antigo aterro sanitário, no município de Niterói. O evento foi objeto de comoção nacional. Ato contínuo, o Ministério Público estadual instaurou diversos inquéritos para apurar o quantitativo de famílias em semelhante situação de risco em todo o Estado do Rio de Janeiro.

Em 2012, foram ajuizadas mais de duzentas ações objetivando compelir o Estado e diversos municípios a realizar as obras necessárias para reduzir o risco ou realocar as famílias. Algumas liminares foram deferidas, mas acabaram suspensas, por um breve período, pela Presidência do Tribunal de Justiça. Em 2013, a maioria dos casos foi julgada improcedente. Alguns sob o argumento de que os entes públicos não podem ser compelidos a alocar recursos para tal finalidade, sob pena de violação ao princípio da separação de poderes, outros com a afirmação de que os entes adotaram providências para reduzir o risco, ainda que não o tenham eliminado definitivamente (o que seria mais custoso, registre-se). No Tribunal de Justiça, as Câmaras Cíveis vêm se dividindo quanto ao tema. É certo que tais ações, que envolvem a política nacional de defesa civil, serão apreciadas pelo Superior Tribunal de Justiça e pelo Supremo Tribunal Federal. Provavelmente esses julgamentos ocorrerão em 2015.

O risco de escorregamento em encostas é, de fato, um problema crônico do Rio de Janeiro, em especial pela geografia do Estado. Como novos eventos são previsíveis, cabe ao Poder Judiciário determinar que a Administração Pública tome alguma providência? Em caso positivo, quais seriam elas? Os habitantes de encostas devem ser removidos ou obras efetuadas para minorar os riscos de desastres? A instalação de sirene em caso de chuvas é suficiente? Isso tudo deve ser feito a qualquer preço ou considerações de custo devem desempenhar alguma função? A opinião pública deve ter algum papel na escolha dessas prioridades? Os entes federativos devem ser solidariamente responsabilizados pelas medidas escolhidas? Essas perguntas demonstram o grau de complexidade que envolve o tema. E por mais difíceis que elas possam parecer à primeira vista, advogados públicos, juízes e promotores têm de enfrentá-las no exercício de seus respectivos ofícios.

O controle judicial de políticas públicas tornou-se um tema ubíquo e de reconhecida relevância em poucos anos. É notável a explosão de litigância envolvendo a atuação do Estado. O propósito do livro era – como ainda é – mapear os temas relevantes para tratamento da categoria denominada "políticas públicas", bem como oferecer algumas possíveis soluções para os questionamentos mencionados. A indicação para o Prêmio Jabuti de 2014, na categoria Direito, e o esgotamento da primeira edição da obra são sinais de que os objetivos propostos foram alcançados com sucesso.

Para esta segunda edição, as linhas gerais do trabalho continuam as mesmas. A atualização envolveu a revisão da jurisprudência, principalmente dos tribunais superiores, e da bibliografia lançada após 2013. Gostaria de registrar o agradecimento ao acadêmico de Direito João Pedro Aciolly, que auxiliou imensamente na revisão da obra. Registro também minha gratidão aos procuradores e servidores da Procuradoria do Patrimônio e do Meio Ambiente (PG-6), na Procuradoria do Estado do Rio de Janeiro, onde pude discutir e trabalhar em casos que estão diretamente ligados às ideias aqui veiculadas. À Editora Saraiva, o renovado agradecimento por possibilitar a reedição do livro.

Esta edição é dedicada ao avô Mário Enham, que infelizmente partiu em 2014, deixando-nos um legado de eternas saudades e formidáveis lembranças.

Nota prévia à 3ª edição

Desde que foi publicada a 2ª edição deste livro, em 2015, passaram-se seis anos. Como é natural, muita coisa mudou de lá para cá. No âmbito pessoal, montei um curso específico de *direito, desenvolvimento e políticas públicas*, que venho lecionando para alunos da graduação em Direito da Fundação Getulio Vargas ao longo dos últimos anos. Em menor escala, o curso foi reproduzido em pós-graduações do Ministério Público do Estado do Rio de Janeiro e da Universidade do Estado do Rio de Janeiro. As leituras e discussões constantes com alunos me fizeram repensar diversas questões abordadas no livro. Também tive a oportunidade de debater capítulos deste livro nos programas de pós-graduação *stricto sensu* da Unirio e UFRJ, razão pela qual sou especialmente grato pelos convites aos professores Patrícia Sampaio e Carlos Bolonha. Esta atualização beneficiou-se largamente desses *insights*.

Entre 2016 e 2019, tive a honra de ocupar a posição de Assessor Jurídico Especial na Casa Civil do Estado do Rio de Janeiro, e entre 2020-2021 ocupei o cargo de Subsecretário Jurídico da Secretaria de Estado de Saúde. Nesse período enfrentamos a calamidade financeira que resultou na adoção do regime de recuperação fiscal e também a crise de pandemia de Covid-19. A experiência me fez repensar questões sobre afetação financeira do orçamento e judicialização da saúde. Como se poderá perceber, mudei radicalmente de posição a respeito das vinculações constitucionais, e me tornei menos entusiasta da possibilidade, ainda que teórica, de controle judicial do orçamento público.

Na minha percepção, por diversas circunstâncias, o controle judicial de políticas públicas tornou-se ainda mais intenso nos últimos anos. No Supremo Tribunal Federal, ganhou acolhida a tese do "Estado de Coisas Inconstitucional", importada da Corte Constitucional colombiana, bem como há muitos livros recentes sobre a denominada tutela estruturante. No fundo, acho que falamos das mesmas coisas com novas roupagens. Inaugurei um tópico específico para tratar de tais assuntos, classificando-os como uma hipótese de controle *fraco* de política pública. A categorização pode ser disputada, mas ela se baseia diretamente nos votos proferidos no STF sobre o tema. Uma coisa é certa: o assunto não está esgotado e os próximos anos definirão os contornos jurídicos e o sucesso (ou fracasso) do ECI no Brasil.

Ainda sob o ponto de vista conceitual, foram alteradas passagens que faziam comentários equivocados sobre as teses positivistas, em especial sobre o papel que o positivismo teve na ascensão e legitimação do regime nazista. Sou grato a Rodrigo Valadão por haver me chamado atenção quanto a esses pontos.

Busquei fazer uma ampla atualização bibliográfica e jurisprudencial, para abarcar os casos mais recentes julgados pelo STF. Gostaria aqui de agradecer à pesquisa realizada por Pedro Sutter, Bruna Paciello e Vanessa Tourinho, todos brilhantes ex-alunos da FGV e hoje interlocutores qualificados.

Por razões que não caberiam nessas linhas, essa edição não teria sido possível sem Soraya Nouira y Maurity.

Por fim, a honestidade intelectual exige reconhecer que teorizar sobre controle judicial de políticas públicas tornou-se especialmente difícil, haja vista o conjunto de intervenções desestruturadas e de difícil recondução ao próprio sistema jurídico. Nesse peculiar contexto, o relato deste livro é o melhor que pude fazer. Submeto ao leitor as ideias que julguei pertinentes – próprias e alheias – ciente de que não há garantias de sucesso na empreitada.

Uma vez mais, agradeço à Editora Saraiva pelo interesse na reedição deste livro. Essa edição é para o meu filho Arthur, que com 4 anos fica impressionado com a quantidade de letras (e ausência de gravuras) do livro do papai.

Introdução

I. APRESENTAÇÃO DO TEMA

Após vinte e quatro anos de um modelo institucional de exceção, marcado pela franca supremacia da força sobre o direito, com baixíssimas possibilidades emancipatórias, a Constituição Federal de 1988 inaugurou um novo estatuto fundamental para uma cidadania carente de direitos. Porém, na euforia da constituinte, como naturalmente seria de esperar após tantos anos de demanda reprimida, fez-se inserir no texto constitucional inúmeros direitos que exigem a ação financeira do Estado para serem implementados – os quais, segundo já se afirmou, sequer caberiam dentro do PIB brasileiro[1]. Saúde universal, educação básica obrigatória, assistên-

[1] Tal é afirmado por BUCCI, Maria Paula Dallari,"O conceito de política pública em direito". In: *Políticas públicas – reflexões sobre o conceito jurídico*, 2006, p. 4.V. também a crítica de Flávio Galdino. *Introdução à teoria dos custos dos direitos*, 2005, p. 337: "(...) a prodigalidade da Constituição é evidente, notadamente em sua redação original. Em seu texto multiplicam-se incansáveis as referências às gratuidades, seja de modo direto, seja de modo indireto, prometendo diversas vezes dispendiosas prestações públicas aos indivíduos – não raro a todos os indivíduos – independentemente sem qualquer contraprestação por parte dos beneficiários (ou mesmo de outrem)".

cia social para os pobres, moradia, cultura, desporto, lazer, previdência social, meio ambiente, acesso à justiça. As promessas são muitas, e são inegavelmente dispendiosas[2].

Em contrapartida, para que elas não fossem puro exercício de retórica empolada, a Constituição aparelhou União, Estados e Municípios de competência para instituição e cobrança de diversos tributos. Enfim, o poder constituinte originário erigiu o *dever fundamental* de pagar tributos[3], para ao seu lado consagrar *direitos fundamentais*. O meio para equacionar uns e outros está no orçamento público, também com sede constitucional. A peça orçamentária, aliada aos comandos gerais do ordenamento jurídico, habilita a Administração Pública à realização de ações para o adimplemento de ditos direitos. O orçamento, em última instância, definirá o índice de efetividade dos direitos dependentes de prestações estatais.

Porém, este equilíbrio vem sendo afetado pelo surgimento de um contencioso judicial muito peculiar, em que são pleiteadas prestações específicas do Estado, consubstanciadas em obrigações de fazer. Estas ações têm como autores, em regra, os indivíduos afetados pelas omissões da Administração Pública – que pleiteiam tutelas de urgência –, mas também o Ministério Público e a Defensoria Pública, valendo-se da legitimidade para a defesa de interesses difusos, coletivos e individuais homogêneos de relevância social por meio da ação civil pública. Após uma fase inicial refratária, em que muitas pretensões foram denegadas[4], o Poder Judiciário vem paulatinamente modificando sua

---

2 O momento constituinte foi assim sintetizado pela jornalista Miriam Leitão: "O fim da ditadura criou a sensação de que tudo era possível, bastava escrever na Constituição e jurar obedecê-la que o direito estava assegurado e os recursos fiscais, garantidos" (*Saga brasileira – a longa luta de um povo por sua moeda*, 2011, p. 216). Para uma visão histórica desse processo, v. CARVALHO, Luiz Maklouf. *1988:* segredos da constituinte, 2017.

3 A doutrina aponta a inexistência de simetria entre deveres e direitos fundamentais. Contudo, um certo equilíbrio entre uns e outros deve existir ao menos no campo do direito financeiro, pois uma sociedade não pode exigir do Estado mais do que se dispõe a entregar a ele. V. CANOTILHO, Joaquim José Gomes. *Direito constitucional e teoria da Constituição*, 2003, p. 531 e s. e NABAIS, José Casalta. *O dever fundamental de pagar impostos*, 2004.

4 Há inúmeras decisões do Superior Tribunal de Justiça que rechaçavam tais pretensões em face da Fazenda Pública, ver, e.g., STJ, 1ª Turma, RMS 6.564/RS, rel. Min. Demócrito Reinaldo, *DJ* 17-6-1996. Para uma evolução histórica da juris-

postura e reconhecendo a plena eficácia de direitos prestacionais contra a Fazenda Pública, determinando providências diversas para implementá-los[5]. Em casos extremos, vem admitindo o bloqueio de verbas públicas diretamente das contas do tesouro para fazer frente a estas obrigações[6], vinculando particulares que não são seriam os originais destinatários do dever de adimplir tais prestações[7], e efetuando ponderações que implicam, por vezes, o afastamento de regras cons-

---

prudência dos Tribunais Superiores em matéria de medicamentos, v. GOUVÊA, Marcos Maselli."O direito ao fornecimento estatal de medicamentos", p. 199 e s. In: GARCIA, Emerson. *A efetividade dos direitos sociais*, 2004.

5 E.g., determinando a realização de tratamento médico no exterior: STJ, 2ª Turma, REsp 338.373/PR, rel. Min. Eliana Calmon, Rel. p/ Acórdão Min. Laurita Vaz, *DJ* 24-3-2003.

6 A possibilidade de sequestro de verbas públicas em casos envolvendo a recusa em adimplir prestações de saúde sedimentou-se na jurisprudência. A matéria, inclusive, já foi objeto de julgamento pela sistemática dos recursos repetitivos no âmbito do Superior Tribunal de Justiça. A propósito: STJ, 1ª Seção, REsp 1.069.810/RS, rel. Min. Napoleão Nunes Maia Filho, *DJe* 6-11-2013: "PROCESSUAL CIVIL. ADMINISTRATIVO. RECURSO ESPECIAL. ADOÇÃO DE MEDIDA NECESSÁRIA À EFETIVAÇÃO DA TUTELA ESPECÍFICA OU À OBTENÇÃO DO RESULTADO PRÁTICO EQUIVALENTE. ART. 461, § 5º. DO CPC. BLOQUEIO DE VERBAS PÚBLICAS. POSSIBILIDADE CONFERIDA AO JULGADOR, DE OFÍCIO OU A REQUERIMENTO DA PARTE. RECURSO ESPECIAL PROVIDO. ACÓRDÃO SUBMETIDO AO RITO DO ART. 543-C DO CPC E DA RESOLUÇÃO 08/2008 DO STJ. 1. Tratando-se de fornecimento de medicamentos, cabe ao Juiz adotar medidas eficazes à efetivação de suas decisões, podendo, *se necessário, determinar até mesmo, o sequestro de valores do devedor (bloqueio), segundo o seu prudente arbítrio, e sempre com adequada fundamentação*". (destaque acrescentado)

7 TJRJ, 12ª Câmara Cível, AI 2006.002.15826, Rel. Des. Nanci Mahfuz, *DJ* 12-5-2008: "Agravo de instrumento. Internação por derrame. Necessidade de tratamento hospitalar. Paciente internada em clínica particular, sem condições de pagá-la e sem encontrar vaga em hospital público. Decisão do Juiz de plantão concedendo parcialmente a tutela, para impedir a saída forçada do estabelecimento particular, por questão de pagamento. *Decisão agravada que deferiu o pedido de tutela antecipada também, para determinar que o Estado e o Município disponibilizem vaga em estabelecimento de saúde pública, em 48 horas sob pena de multa diária de R$ 200,00. Superlotação de hospitais públicos. Alegação de que para disponibilização de uma vaga, é necessário que se retire outro doente. Alteração parcial para determinar que, se não conseguida a vaga, deverão os entes públicos pagar as despesas de hospital particular apto ao tratamento, até que seja possível disponibilizar uma vaga em hospital público.* Recurso parcialmente provido". (destaque acrescentado)

titucionais como as do precatório, do dever de licitação e da reserva de orçamento para despesas públicas.

Tal situação tem levado a quadros caóticos nas Administrações Públicas nos três níveis da federação, causando a falência dos planejamentos públicos[8], especialmente aqueles que cuidam dos setores mais sensíveis da população, tais como educação e saúde – justamente os mais afetados por ditas decisões. Também o orçamento público torna-se cada vez mais mera peça de ficção, eis que comprometido com o cumprimento de inúmeras decisões judiciais e incapaz de cumprir suas funções políticas[9]. Em pesquisa realizada em 2019, o Conselho Nacional de Justiça identificou incremento de 130% entre 2009 e 2017 no número de ações em matéria de saúde, ao passo que os demais cresceram 40% no mesmo período[10]. Há relatos de que em alguns hospitais e escolas da rede pública só se consegue admissão mediante ordem judicial, fato que representa grave distorção no acesso aos bens e serviços públicos, que se espera seja feito sem discriminação entre os cidadãos e de acordo com critérios bem definido, ante a necessária observância ao princípio da igualdade.

---

8 Os quais tendem a crescer em tamanho e importância no Estado contemporâneo, segundo observa ZIPPELIUS, Reinhold. *Teoria geral do Estado,* 1994, p. 477: "A elaboração de programas políticos extensos e de longo prazo, nos quais se podem integrar numeros projectos de leis e medidas pontuais pormenorizados, pode promover a transparência e a continuidade da actividade estatal, o que contribuirá, simultaneamente, para a certeza de orientação. (...) A política sensata desde sempre estabeleceu planos. *Característico da política moderna não é a intervenção do planeamento sistemático, mas sim o extraordinário aumento da necessidade de planeamento, devido à crescente complexidade das circunstâncias da vida*". (destaque acrescentado) SOUTO, Marcus Juruena Villela, "Neoconstitucionalismo e controle de políticas públicas". *Revista de Direito Público da Economia,* n. 17, 2007, p. 152: "Se o Judiciário não traz tais determinações de planejamento inseridas nas decisões que devem se destinar a resolver situações individuais, não fornece maiores soluções para o problema e, antes, o agrava, pois mantém o indivíduo na dependência de uma Justiça cada vez mais repleta de casos singulares a resolver".

9 Sobre elas, v. MENDONÇA, Eduardo. *A constitucionalização das finanças públicas no Brasil – devido processo orçamentário e democracia,* 2010.

10 Conselho Nacional de Justiça. *Judicialização da saúde no Brasil:* perfil das demandas, causas e propostas de solução, 2019. Disponível em: https://static.poder360.com.br/2019/03/relatorio-judicializacao-saude-Insper-CNJ.pdf. Acesso em: 27 jul. 2021.

Vale acrescentar que o controle judicial de políticas públicas tornou-se, em pouco tempo, tema muito presente nas discussões acadêmicas[11]. Isto não apenas em razão da mudança de paradigma jurídico ocorrida com a Constituição de 1988, mas também por motivos de ordem puramente pragmática. Há evidente interesse da União, Estados e Municípios em conter, ou ao menos amenizar, a enorme sangria de verbas decorrente do cumprimento de decisões judiciais cujo conteúdo varia entre comprar remédios, contratar funcionários para combater endemias, matricular alunos em creches, abrir vagas em escolas, melhorar a condição de presídios e, em último grau, custear tratamento médico no exterior. De outro lado, há um conjunto de cidadãos menos favorecidos, que não tinha acesso às potencialidades do sistema jurídico, mas que

---

[11] Sobre o tema: AMARAL, Gustavo. *Direito, escassez & escolha,* 2001. APPIO, Eduardo Fernando. *O controle judicial das políticas públicas no Brasil,* 2007. BARCELLOS, Ana Paula de,"Neoconstitucionalismo, direitos fundamentais e controle das políticas públicas". *Revista de Direito Administrativo n. 240,* p. 83-103, 2005, e "Constitucionalização das políticas públicas em matéria de direitos fundamentais: o controle político-social e o controle jurídico no espaço democrático". *Revista de Direito do Estado n. 03,* p. 17-54, 2006. BREUS, Thiago Lima. *Políticas públicas no Estado constitucional,* 2007. DIAS, Jean Carlos. *O controle judicial de políticas públicas,* 2007. FREIRE JÚNIOR, Américo Bedê. *O Controle Judicial de Políticas Públicas,* 2005. SOUTO, Marcus Juruena Villela, "Neoconstitucionalismo e controle de políticas públicas". *Revista de Direito Público da Economia n. 17,* 2007. VALLE, Vanice Lírio do. "Dever constitucional de enunciação de políticas públicas e autovinculação: caminhos possíveis de controle jurisdicional". *Fórum Administrativo n: 82,* 2007, p. 7-19, "Constitucionalização das políticas públicas e seus reflexos no controle". *Fórum Administrativo n. 08,* 2008, p. 7-21. GRINOVER, Ada Pellegrini; WATANABE, Kazuo (orgs.). *O controle jurisdicional de políticas públicas,* 2013. BUCCI, Maria Paula Dallari. *Fundamentos para uma teoria jurídica das políticas públicas,* 2013 e "Direito fundamental à boa administração, políticas públicas eficientes e a prevenção do desgoverno". *Interesse Público n: 48,* 2008, p. 87-110. PEREIRA, Jane Reis Gonçalves. Direitos sociais, estado de direito e desigualdade: reflexões sobre as críticas à judicialização dos direitos prestacionais. *Quaestio Juris,* v. 8, n. 3, 2015. MORAIS, José Luis Bolzan de. Estado social, legitimidade democrática e o controle de políticas públicas pelo Supremo Tribunal Federal *A & C: Revista de Direito Administrativo & Constitucional,* v. 16, n. 63, p. 107-136, jan./mar. 2016. GRINOVER, Ada Pellegrini. Caminhos e descaminhos do controle jurisdicional de políticas públicas no Brasil. In: *O processo para solução de conflitos de interesse público,* 2017, p. 423-448. VALLE, Vanice Regina Lírio do. *Políticas públicas, direitos fundamentais e controle judicial,* 2016.

finalmente pode contar com instituições como a Defensoria Pública, e que encontra um Judiciário mais ativista[12]. Não se pode olvidar, ainda, o interesse da classe média em ter acesso àquilo que o Estado proporciona de boa qualidade, como os melhores hospitais e universidades. E sob esta perspectiva ela também busca a tutela judicial.

Imprimir alguma racionalidade a esta situação revela-se tarefa urgente, de modo a acomodar a competência constitucional dos administradores públicos, a supremacia do parlamento em questões financeiras e a demanda por direitos na via judicial, os quais em última instância estão previstos na Constituição e nas leis, ainda que em termos genéricos, *i.e.*, positivados por intermédio de princípios jurídicos. Este é o objetivo do presente trabalho e, caso haja sucesso na empreitada, a contribuição será relevantíssima tanto do ponto de vista da ciência jurídica, como também na questão social que lhe subjaz.

II. PLANO DE TRABALHO

A obra está dividida em duas partes. A primeira delas dedica-se ao desenvolvimento do *marco teórico* para o controle de políticas públicas. Assim, o primeiro capítulo destina-se ao estudo das políticas públicas enquanto categoria jurídica autônoma, buscando expor as complexidades envolvidas no tema. Em se tratando de um conceito ainda pouco tratado no Direito, muito mais próximo à ciência política e à teoria da administração, parece extremamente necessário estabelecer esta convenção prévia. Como se verá, a novidade do assunto não facilitará as coisas, pois já há disputa e divergência em torno da conceituação de

---

[12] Para várias definições de ativismo judicial, v. BARAK, Aharon. *The judge in a democracy*, 2006, p. 263-273, que apresenta a sua própria no seguinte sentido: "ativismo judicial é a tendência do julgador – consciente ou inconsciente – de encontrar o equilíbrio adequado entre valores sociais conflitantes (tais como direitos individuais contra as necessidades da coletividade, a liberdade de uma pessoa contra a de outra, a autoridade de um poder do Estado contra a de outro) por meio de mudança no direito existente (declarando uma lei inconstitucional, invalidando normas de segundo nível que conflitem com a lei, modificando a jurisprudência) ou por meio da criação de novo direito que não existia previamente (por meio de interpretação da Constituição ou da legislação, por meio do desenvolvimento da *common law*)" (p. 271). Para uma análise profunda da evolução do tema no Brasil, v. CAMPOS, Carlos Alexandre de Azevedo. *Dimensões do ativismo judicial do STF*, 2014.

"política pública". Ainda no primeiro capítulo, objetiva-se apresentar os elementos que compõem as políticas públicas e o seu procedimento, isto é, as etapas que são percorridas desde a sua formação até seu exaurimento, conforme organização doutrinariamente proposta.

Estabelecida esta etapa inicial, que diz respeito à própria categoria jurídica que se procura sistematizar, parte-se para análise de dois pontos correlatos, a saber: (i) os objetivos que o Estado pode e deve legitimamente perseguir, os quais são os *pontos de partida* para as políticas públicas, e aqui o foco serão os direitos fundamentais e suas teorias; e (ii) quais são as instituições responsáveis por desenhar e implementar as políticas públicas, considerados os múltiplos objetivos sociais estabelecidos na Constituição e nas leis. São problemas concernentes à eficácia dos direitos fundamentais e às instituições responsáveis por concretizá-los, naquilo que compõem alguns dos óbices ao controle judicial de políticas públicas. Estes temas serão tratados nos capítulos II e III, que encerram a primeira parte do trabalho.

Assim, o capítulo II explorará a evolução do papel do Estado no adimplemento de direitos, *i.e.*, a evolução do Estado de Direito de cunho puramente liberal até o Estado do século XXI, bem como as diversas teorias que justificam o reconhecimento da fundamentalidade de um direito. Além disso, será estudada a estruturação dos direitos fundamentais enquanto normas jurídicas, eis que a distinção entre princípios e regras é essencial para o modelo que se pretende propor. Em seguida, cuidar-se-á da chamada reserva do possível e da natureza dos direitos ditos prestacionais, alegadamente custosos, o que os tornaria insuscetível de criação de direitos subjetivos públicos. E ainda busca-se a adoção de uma teoria dos direitos fundamentais que seja capaz de correlacionar o nível de tributação e a extensão de tais direitos em uma sociedade, esta última no que tange à área não nuclear dos princípios, recorrendo-se, para tanto, à teoria das parcelas equitativas de Ronald Dworkin.

O capítulo III traz como tema a chamada *escolha institucional*. Isto porque a discussão a respeito das políticas públicas não pode estar limitada a uma escolha de fins, ou seja, sobre quais princípios devem ser perseguidos, mas precisa estender-se ao debate sobre *quem* deve legitimamente definir os meios pelos quais tais objetivos serão alcançados. Debater políticas públicas é, em grande medida, questionar os meios utilizados para a efetivação de direitos e satisfação de expectativas sociais que quase todos entendem por legítimas. Saliente-se, ademais, que uma das objeções centrais à intervenção judicial em matéria de políticas públicas é a sua incapacidade de ter uma visão sistêmica, o que não ocorre com os demais poderes estatais – também este um *argumento institucional*. Em conclusão, neste tópico objetiva-se buscar parâmetros gerais de controle de políticas públicas advindos da análise da capacidade institucional.

A segunda parte da obra tem por escopo a apresentação de um sistema fortemente alicerçado no texto constitucional para o controle judicial de políticas públicas, e que permita o reconhecimento de direitos da cidadania e obrigações do Estado-Administração de maneira razoavelmente clara. Para tanto, são aventadas duas hipóteses centrais para o controle de políticas públicas (é dizer, dois regimes jurídicos distintos): (i) na primeira delas estão os casos que envolvem o chamado mínimo existencial, que serão denominados políticas públicas constitucionalmente *essenciais*, onde o controle será intenso e relacionado ao mérito da política pública; (ii) na segunda, a concretização da área não nuclear dos princípios e outros direitos previstos na Constituição e na legislação infraconstitucional, rotuladas políticas públicas constitucionais *não essenciais*, onde o controle judicial será possível, posto que não há ação administrativa absolutamente livre, mas deve ocorrer de forma muito menos intensa, e somente em caráter instrumental. Esta distinção demandará a construção de alguns parâmetros para o mínimo existencial, o que será feito considerando a categoria abstratamente e de modo concreto.

Assim, no desenvolvimento do capítulo IV são apresentados os parâmetros de controle de políticas públicas para os dois casos acima elencados. Para a primeira hipótese o controle deve ser estrito, porquanto é função precípua do Poder Judiciário salvaguardar o mínimo existencial. Sustenta-se, *apenas nesta seara*, a aplicação de dois princípios ainda em construção teórica no direito brasileiro: a *proibição da proteção deficitária* e a *vedação do retrocesso*. Como será visto, estas políticas públicas situam-se num campo nitidamente contramajoritário, no qual a atuação do Poder Judiciário se faz necessária para que a Constituição seja plenamente observada. Além disso, sustenta-se que o controle de políticas públicas *não essenciais* pode ser realizado com o intuito de salvaguardar três princípios constitucionais, a saber: (i) *isonômico*, entendido como o dever de imparcialidade/neutralidade no desenho e concretização de políticas públicas, as quais não podem estar sujeitas à tirania majoritária ou à captura por minorias; (ii) da *eficiência*, garantia última de que a tributação não terá sido vã; e (iii) da *transparência*, para que seja viabilizado o controle social das políticas públicas, este sim o *locus* por excelência de tratamento da questão.

Ainda neste capítulo serão enfrentadas algumas questões incidentes, também relacionadas ao tema, quais sejam: a responsabilidade dos entes para a prestação de políticas públicas no âmbito da federação, em alguns casos dita solidária (saúde pública). Na medida em que se defere ao Poder Judiciário a prerrogativa de reconhecer genuínos direitos subjetivos públicos em face do Estado, torna-se importante saber, nos casos de competências materiais comuns, qual será o ente federativo compelido a cumprir a obrigação, até mesmo para evitar o desperdício de recursos públicos com as aquisições em duplicidade de bens, o que vem ocorrendo na prática. Além disso, será analisada a possibilidade de aplicação do princípio da solidariedade como parâmetro auxiliar no controle de políticas públicas, tendo em vista a problemática relacionada à vinculação judicial de particulares e à vedação de que indivíduos abastados se valham de ações judiciais para obtenção de bens escassos provindos do Estado.

O último capítulo tem por objeto operacionalizar a teoria construída considerando as espécies de controle judicial sobre políticas públicas. Serão estudadas as hipóteses de ingerência do Poder Judiciário. Optou-se pela divisão do capítulo em dois tópicos, destinados ao tratamento das espécies de intervenção em políticas públicas considerando o seu nível de compressão do espaço de discricionariedade da Administração Pública e do Poder Legislativo, adotando-se casos paradigmas para ilustrar os pontos. Com efeito, no primeiro grupo estão os casos de intervenção "fraca", em que o Poder Judiciário condiciona alguma etapa da prestação de políticas públicas sem, no entanto, extirpar a margem de discricionariedade dos outros órgãos políticos. Em seguida, serão apresentadas as modalidades de controle "forte", que pressupõem a exclusão dos espaços decisórios próprios da Administração Pública. Nestes casos, o Poder Judiciário define qual é a política pública devida no caso concreto e determina a sua execução.

Parte I

Políticas públicas e direitos fundamentais

Como afirmado na apresentação deste trabalho, o seu objetivo é propor um sistema harmônico e racional de controle de políticas públicas baseado na cooperação e no diálogo entre as três funções estatais – Executiva, Legislativa e Judiciária –, e que seja compatível com o texto da Constituição Federal de 1988. Tal sistema exige a definição de alguns marcos teóricos, sem os quais se tornará impossível prosseguir. Eles são expostos nos três capítulos seguintes.

Capítulo I

TEORIA DAS POLÍTICAS PÚBLICAS

I. DELIMITAÇÃO DO OBJETO E DO TEMA PESQUISADO

1. Iniciando o diálogo: da necessária conceituação do termo "política pública"

Para receber a qualificação de científica, uma pesquisa precisa primeiramente delimitar seu objeto de estudo. Por diversos motivos, isso é especialmente difícil no caso das *políticas públicas*. As limitações naturais impostas pela linguagem são sempre sentidas na ciência jurídica, razão pela qual até mesmo categorias jurídicas consolidadas insuflam acesos debates quando está em discussão sua conceituação. Tal não poderia ser diferente no que tange às políticas públicas, tema de preocupação recente no direito público brasileiro[1]. Há, ainda, complicadores adicionais

[1] No extremo, Maria Paula Dallari Bucci aventa a hipótese de inexistência de um conceito jurídico de políticas públicas, cf. "O conceito de política pública em direito". In: *Políticas públicas – reflexões sobre o conceito jurídico*, 2006, p. 47: "Embora estejamos raciocinando há algum tempo sobre a hipótese de um conceito de políticas públicas em direito, é plausível considerar que não haja um conceito jurídico de políticas públicas". Mesmo nos EUA, onde o tema é discutido há mais tempo pelas ciências políticas, há dificuldade em buscar um conceito, como informa THEODOULOU, Stella Z.; CAHN, Matthew A. *Public Policy: The Essential Readings*, 1997, p. 1: "Em anos recentes tem havido uma transformação substancial na forma como as políticas públicas (*public policy*) são estudadas. O estudante de políticas (*policy making*) defronta-se não apenas com uma diversidade de abordagens teóricas como também, às vezes, vocabulários

para este passo inicial. Primeiro, por se tratar de uma categoria de interesse interdisciplinar, as políticas públicas podem ser diferentemente definidas segundo o ramo do conhecimento que as esteja estudando. Não raro economistas, administradores e juristas não conseguem estabelecer um consenso sobre o que estão falando[2]. Também é comum que o termo políticas públicas seja usado na linguagem coloquial, designando ações estatais em sentido amplo e genérico, presente em campanhas eleitorais e em discursos políticos, o que dificulta ainda mais a tarefa de cunhar uma definição que possa servir de base para o estudo que segue.

De outro lado, a definição do termo tem especial conotação política. Quando se afirma genericamente que as políticas públicas estão a cargo da Administração Pública, com exclusão de qualquer ingerência do Poder Judiciário, como se vê em algumas decisões judiciais[3],

---

concorrentes e terminologias especializadas. Em nenhum outro lugar isto é mais bem ilustrado que nas definições de políticas públicas. Tais discussões frequentemente usam linguajar especializado, na verdade muitas vezes jargões, os quais costumam confundir e atrapalhar a compreensão de 'política pública'. A única coisa, todavia, com que todos os autores sobre políticas públicas concordam é que elas afetam profundamente a vida diária de todos os indivíduos em sociedade".

2 Para uma definição de política pública na ciência da administração, v. STEINER, George A. e MINER, John B. *Política e estratégia administrativa,* 1981, p. 29. Na economia, v. MANKIW, Gregory N. *Introdução à economia,* 2008, p. 212 e s. Como é intuitivo, as políticas públicas estão sempre interligadas às ações estatais, a grande discussão diz respeito à amplitude do conceito. Assim, controverte-se se decisões judiciais, leis, regulamentos administrativos oriundos de agências reguladoras, serviços públicos, atos administrativos e fatos administrativos estão incluídos na categoria. Para o consenso fundamental, v. HOWLETT, Michael; RAMESH, M. *Studying public policy*: policy cycles and policy subsystems, 1995, p. 4: "Dentre as muitas definições concorrentes de políticas públicas, algumas são muito complexas, enquanto outras simples. A despeito das variações, elas concordam sobre certos aspectos-chave. *Elas concordam que as políticas públicas resultam de decisões tomadas pelos governos, e que as decisões dos governos de nada fazer são tão políticas públicas quanto as decisões de fazer algo*". (destaque nosso)

3 STJ, 1ª Turma, REsp 575.280/SP, rel. Min. José Delgado, Rel. p/ Acórdão Min. Luiz Fux, *DJ* 25-10-2004: "As meras diretrizes traçadas pelas políticas públicas não são ainda direitos senão promessas de lege ferenda, encartando-se na esfera insindicável pelo Poder Judiciário, qual a da oportunidade de sua implementação". O resultado do acórdão, cabe dizer, foi favorável à pretensão do demandante, que pretendia obter creche, pois "[d]iversa é a hipótese

então tudo que se puder subsumir ao conceito estará sujeito à ampla discricionariedade administrativa[4]. Portanto, o viés ideológico do intérprete pode levá-lo a uma definição mais ou menos ampla, consoante seja ele adepto ou não de maior ativismo judicial. Tais dificuldades, entretanto, não podem servir de escusa à tarefa de se buscar uma definição razoavelmente precisa para as chamadas *políticas públicas*, o que se revela essencial ao prosseguimento desta pesquisa. Com o intuito de empreender esta análise de modo sistemático, o exame será feito na seguinte ordem de fontes de pesquisa: legislação, jurisprudência e doutrina. Antes, porém, cabe fazer uma breve digressão a respeito do surgimento da categoria.

Segundo a literatura especializada[5], costuma-se apontar a obra de Charles Merriam como pioneira ao procurar utilizar as ferramentas da ciência política para compreender e descrever a prática de governo então vigente, inaugurando assim a preocupação com o estudo da ação governamental em sentido amplo[6]. Os trabalhos enquadrados no que viria a se chamar de *policy science*, um ramo particular da ciência política destinado aos estudos das políticas públicas surgido nos Estados Unidos, somente apareceriam com maior vigor após a Segunda Guerra Mundial, período no qual se aponta como relevante a obra de Harold

---

segundo a qual a Constituição Federal consagra um direito e a norma infraconstitucional o explicita, impondo-se ao judiciário torná-lo realidade, ainda que para isso, resulte obrigação de fazer, com repercussão na esfera orçamentária".

4 Adotando-se, nestes casos, uma perspectiva mais tradicional, no sentido da impossibilidade de controle judicial da discricionariedade administrativa. Para uma revisão desta tese, v. BINENBOJM, Gustavo. *Uma teoria do direito administrativo*, 2014, p. 207-256.

5 O tema é recorrente na ciência política. Para a redação do tópico, foram consultadas as seguintes obras: HOWLETT, Michael; RAMESH, M. *Studying public policy*: policy cycles and policy subsystems, 1995; BIRKLAND, Thomas A. *An introduction to the policy process*, 2005; MILLER, Mark C. (org.). *Making Policy, Making Law*: An Interbranch Perspective, 2004; McCOOL, Daniel. *Public policy theories, models, and concepts: an anthology*, 1995; BARDACH, Eugene. *A practical guide for policy analysis*: the eightfold path to more effective problem solving, 2000; MORAN, Michael; REIN, Martin; GOODIN, Robert E. *The Oxford handbook of public policy*, 2006. WHEELAN, Charles. *Introduction to public policy*, 2011.

6 Cf. McCOOL, Daniel. *Public policy theories, models, and concepts:* an anthology, 1996, p. 1.

Lasswell, autor que identificou as seis características básicas relativas a este novo campo de estudo denominado *policy science* (doravante traduzido como *ciência das políticas públicas*)[7]. O viés dos estudos destes autores não é jurídico, mas algumas observações relevantes podem ser feitas a partir deles.

O detalhe importante neste processo de reconhecimento de uma nova categoria é que os estudos sobre políticas públicas coincidem precisamente com a expansão do Estado-Administração norte-americano[8]. Como é sabido, os anos compreendidos entre 1933 e 1961 foram marcados por um forte intervencionismo estatal nas diversas áreas sociais, notadamente no campo econômico, tudo como resposta à crise vivida em 1929[9]. Este pacote de medidas ficou conhecido historicamente como *New Deal*. A marcha estatizante na sociedade norte-americana prosseguiu pelos anos seguintes, embora sem o mesmo frenesi, e somente arrefeceu com o governo neoliberal do presidente Ronald Reagan[10]. Portanto, a análise de políticas públicas, ao menos nos Estados Unidos da América, somente ascendeu em importância quando o Estado finalmente chamou para si a tarefa de ordenar a sociedade e prestar serviços públicos em larga escala.

Esta correlação encontra sua razão de ser na ideia de legitimação da atividade estatal, já que toda ação governamental faz com que alguns

---

7 Estas seis características são: interdisciplinaridade, empirismo, preocupação macroestrutural, complexidade teórica, aplicação prática, normativismo/prescritivismo. Cf. LASSWELL, Harold. The policy orientation. In: *The Policy Sciences*, 1951, p. 3-15 *apud* McCOOL, Daniel. *Public policy theories, models, and concepts*: an anthology, 1996, p. 1-2. É importante registrar que a ciência das políticas públicas (*policy science*) não se confunde com a ciência política (*political science*), que tem por objeto o estudo do fenômeno do poder.

8 A construção teórica e jurisprudencial do Estado-Administração nos Estados Unidos é relatada na obra de ERNST, Daniel R. *Tocqueville's nightmare*, 2014, p. 28-78.

9 BIRKLAND, Thomas A. *An introduction to the policy process*, 2005, p. 33: "O mais importante resultado da história do New Deal é a criação do sistema moderno de ativo envolvimento federal na criação de políticas públicas nacionais". Para uma crítica à expansão do Estado-Administração à luz do liberalismo político clássico (ou libertarianismo), v. EPSTEIN, Richard A. *The classical liberal constitution*, 2014, p. 3-45.

10 BIRKLAND, Thomas A. *An introduction to the policy process, 2005*, p. 32-35.

fiquem em situação melhor às expensas de outros[11]. Um juízo positivo sobre as políticas públicas desempenhadas por um Estado legitima sua atividade de arrecadação de recursos por meio da tributação e também a própria existência da burocracia, de custo cada vez maior[12]. Assim, de forma óbvia, um Estado altamente intervencionista demanda maior preocupação teórica com as políticas públicas que um absenteísta, exatamente porque exigirá de seus cidadãos mais recursos para implementar suas ações, o que demanda justificação[13]. Aliás, é exatamente por isso que o estudo de políticas públicas avulta em importância no Brasil atual: primeiro, pela imensidão de tarefas que foram cometidas ao Estado com o advento da Constituição Federal de 1988; segundo, pela enorme carga tributária impingida à cidadania com o intuito de

---

[11] HOWLETT, Michael; RAMESH, M. *Studying public policy*: policy cycles and policy subsystems, 1995, p. 30:"Enquanto o Ótimo de Pareto pode ser alcançado num mercado competitivo (a despeito disto ser controvertido também), é impossível aplicá-lo na arena das políticas públicas *porque todas as ações governamentais deixam alguns em situação melhor às expensas de outros*". (destaque acrescentado)

[12] Os opositores à economia do bem-estar social normalmente alegam que o governo falha em sua incapacidade de conter os custos com a manutenção da burocracia necessária à prestação de serviços: cf. HOWLETT, Michael; RAMESH, M. *Studying public policy: policy cycles and policy subsystems*, 1995, p. 30:"Por causa da pretensa separação entre as receitas do governo e os seus custos isto é citado como um outro caso de falha governamental. O governo obtém receitas tributárias de fontes gerais mas tem programas com custos específicos. Sem um método que corresponda os custos e as receitas, é dito, os governos normalmente falham no controle de despesas".

[13] Neste sentido é a análise de MAJONE, Giandomenico. *Evidence, arguments & persuasion in the policy process*, 1989, p. 31:"Argumentos de justificação possuem papel ainda mais importante na formulação de políticas. Decidir, até mesmo decidir corretamente, nunca é suficiente na política. As decisões devem ser legitimadas, aceitas e realizadas. Após o momento da escolha vem o processo de justificação e persuasão". Justificação, aliás, que serve exatamente ao propósito de amenizar a denominada "crise de legitimação" do Estado, cf. HABERMAS, Jurgen. *Legitimation crisis*, 1975, p. 91:"Claro, um argumento de crise pode ser construído a partir desta somente em conexão com o ponto mais largo que a expansão da atividade estatal produz o efeito colateral de um aumento desproporcional na necessidade de legitimação. Eu considero um aumento desproporcionado provável, não somente porque a expansão dos assuntos tratados administrativamente faz necessária lealdade em massa para as novas funções da atividade estatal, mas por causa dos limites do sistema político vis-à-vis a mudança de sistema cultural, como resultado dessa expansão".

subsidiar a realização destes objetivos sociais. Feito este breve comentário sobre a relevância do estudo das políticas públicas, dá-se prosseguimento à análise da definição do termo.

No âmbito da produção legislativa o termo *política pública* tem sido reservado para designar os sistemas legais com pretensão de vasta amplitude, os quais definem competências administrativas, estabelecem princípios, diretrizes e regras, e em alguns casos impõem metas e preveem resultados específicos. São as chamadas normas-gerais ou leis-quadro, instituidoras das políticas nacionais, normalmente inseridas no âmbito das competências administrativas comuns ou legislativas concorrentes previstas, respectivamente, nos arts. 23 e 24 da Constituição Federal de 1988. É importante assinalar que as leis produzidas com a tarefa de delinear competências que inicialmente estão difusas são extremamente importantes, na medida em que permitem correlacionar obrigações constitucionais e respectivos entes federativos[14].

Isto ocorre, por exemplo, com a Lei n. 11.343/2006, que instituiu o sistema nacional de *políticas públicas* sobre drogas. Também podem ser incluídas nesta categoria a Lei n. 6.938/81, que organizou a política nacional de meio ambiente, a Lei n. 9.472/97, disciplinadora das telecomunicações, a Lei n. 11.771/2008, a qual estabeleceu a política nacional de turismo, e a Lei n. 11.445/2007, que implementou as diretrizes nacionais de saneamento básico. Mais recentemente, tivemos o Estatuto da Juventude (Lei n. 12.852/2013) e o marco legal das *startups* (Lei Complementar n. 182/2021), que também servem de exemplos.

Sem embargo da importância destes diplomas legislativos, muitos dos quais definindo e delimitando atribuições constitucionais vagas – atividade extremamente importante, como se verá no Capítulo IV –, não

---

[14] Quanto a estas leis, duas questões problemáticas avultam. A primeira, que não é objeto deste trabalho, diz respeito à excessiva compressão dos espaços de atuação de Estados e Municípios efetuada por leis federais. O ponto foi objeto de manifestação pelo Supremo Tribunal Federal na ADI-MC 927/RS, rel. Min. Carlos Velloso, *DJ* 11-11-1994, onde se afirmou a existência de limites para o espaço de conformação do legislador federal na edição de normas gerais. A questão é aprofundada por PIRES, Thiago Magalhães. *As competências legislativas na Constituição de 1988*, 2007. Em segundo lugar, a existência de competências comuns pode ser vista como uma garantia da cidadania de que todos os entes federativos são devedores solidários do adimplemento da obrigação constitucional. É o que o Poder Judiciário tem reconhecido nas prestações de saúde pública. Esta questão será tratada no Capítulo IV, tópico II.1.

parece que a melhor definição para políticas públicas seja a que as equipara às leis, já que a mera edição de um diploma legal não garante que o Estado praticará qualquer ação concreta para implementá-lo[15]. Ademais, a não ser que se entenda política pública apenas como sinônimo de planejamento público e regulação legal, o que não parece adequado por razões que serão declinadas adiante, tal definição não pode ser aceita.

No âmbito jurisprudencial convém destacar inicialmente algumas decisões relevantes proferidas pelo Supremo Tribunal Federal[16]. A primeira, que gerou ampla repercussão acadêmica, diz respeito à Arguição de Descumprimento de Preceito Fundamental n. 45/DF, julgada monocraticamente em 2004 pelo Ministro Celso de Mello. Nesta ação, o Partido da Social Democracia Brasileira (PSDB) pretendia a suspensão do veto presidencial aposto ao art. 59, § 2º da Lei n. 10.707/2003[17], que dispunha sobre as diretrizes para a elaboração do orçamento da União Federal para o ano de 2004, por violação a preceito fundamental da

---

15 V. STEINER, George A.; MINER, John B. *Política e estratégia administrativa*, 1981, p. 322-323. Bruce Ackerman chama a atenção para a relação existente entre a cúpula da Administração Pública e a burocracia, a qual não pode mais ser apreendida nos termos clássicos do princípio da separação de poderes, advertindo os constitucionalistas, nos termos seguintes: "Os constitucionalistas devem, portanto, alargar a sua reflexão para abraçar os distintos problemas estruturais envolvidos no controle do quarto poder do governo: a burocracia". In: "The new separation of powers", *Harvard Law Review*, v. 113, n. 3, 2000, p. 633-729. Segundo HOWLETT, Michael; RAMESH, M., até 1970 a implementação de políticas públicas não havia sido problematizada. In: *Studying public policy*: policy cycles and policy subsystems 1995, p. 153.

16 Para comentários a respeito destas decisões e outras, proferidas no mesmo âmbito temático, v. VALLE, Vanice Lírio do. "Constitucionalização das políticas públicas e seus reflexos no controle". *Fórum Administrativo n.* 08, 2008, 10-15. Por oportuno, vale transcrever o comentário da autora após apresentar os julgados pertinentes: "O rápido percurso às decisões acima – que se apresentam emblemáticas no que toca à compreensão, e, mais ainda, à estratégia de decisão de cada qual das Cortes Superiores – está a demonstrar, claramente, o processo de formação ainda em curso da delimitação da esfera possível de sindicabilidade das políticas públicas, seja quando o tema se põe de pronto, a partir da sua compreensão global, seja quando ela se apresenta a partir da repercussão da hipótese na esfera de direitos individuais" (p. 15).

17 "Art. 59. (...) § 2º Para efeito do inciso II do *caput*, consideram-se como ações e serviços públicos de saúde a totalidade das dotações do Ministério da Saúde, deduzidos os encargos previdenciários da União, os serviços da dívida e a parcela do Ministério financiada com recursos do Fundo de Combate e Erradicação da Pobreza.

Constituição Federal. Como explicou a arguente, as verbas destinadas ao Ministério da Saúde eram tradicionalmente divididas em quatro rubricas: (i) ações e serviços de saúde; (ii) encargos previdenciários; (iii) serviço da dívida; (iv) gastos do Ministério da Saúde subsidiados com os recursos do Fundo de Combate e Erradicação da Pobreza – FUNCEP, sendo certo que o dispositivo vetado previa que somente as verbas destinadas à primeira rubrica contariam para a observância do mínimo constitucional destinado à saúde, vinculação orçamentária imposta pela Emenda Constitucional n. 29/2000, que alterou o art. 77 do ADCT[18].

É dizer: com o veto presidencial, também as verbas destinadas ao pagamento da dívida, ao custeio da previdência e aos gastos com recursos do FUNCEP passaram a ser incluídas no cômputo do mínimo orçamentário para a saúde pública. Na mensagem presidencial que acompanhou o veto, o Presidente da República alegou que a exclusão das outras verbas em dito cálculo cria dificuldades para o alcance do equilíbrio orçamentário, de modo que o interesse público justificaria a reprovação do dispositivo[19]. O arguente afirmou, em conclusão, que a atitude presidencial vulnerou os dispositivos do art. 6º e 196 da Constituição Federal, normas consagradoras do direito à saúde. Antes que a ação pudesse ser julgada, o Presidente da República encaminhou projeto de lei ao Congresso Nacional restaurando o dispositivo vetado, que restou aprovado, de modo que o processo tornou-se desnecessário.

A perda do objeto da ação, contudo, não impediu que o Min. Celso de Mello proferisse longa decisão, como nítido propósito doutrinário, apreciando a possibilidade de controle judicial de políticas públicas, exatamente o tema estudado. Em primeiro lugar, o Ministro qualifica a ADPF como instrumento idôneo para tal mister[20]. Também vislumbra

---

18 O ponto será objeto de consideração no Capítulo V.

19 v. *Razões do veto*: "A exclusão das dotações orçamentárias do Ministério da Saúde financiadas com recursos do Fundo de Combate e Erradicação da Pobreza do montante de recursos a serem aplicados em ações e serviços públicos de saúde cria dificuldades para o alcance do equilíbrio orçamentário, em face da escassez de recursos disponíveis, o que contraria o interesse público, motivo pelo qual se propõe oposição de veto a essa dispositivo".

20 A operacionalização do controle judicial de políticas públicas mediante o uso de ações específicas será objeto do último capítulo deste livro. Sobre o tema, com maior profundidade, v. GOUVÊA, Marcos Maselli. *O controle judicial das omissões administrativas*, 2000, p. 273-346, e TUTUNGI JÚNIOR, Nicola. *Ação civil pública e políticas públicas:* implicações na tensão entre o Estado-Administrador e o Estado-Juiz, 2012.

a necessidade de ação judicial onde há omissão administrativa, para garantia dos direitos fundamentais de natureza econômica, social e cultural, que necessitam de ações do Estado para serem concretizados. Desconstrói a"reserva do possível"enquanto argumento genérico para defesa estatal em ações desta natureza, mas lhe dá relevo quando: (i) houver comprovação objetiva de que não é possível a concretização do direito invocado ante a realidade financeira do ente público; e (ii) a pretensão formulada em face do Estado for irrazoável. Este precedente constitui o primeiro enfrentamento direto dos argumentos envolvendo políticas públicas pelo Supremo Tribunal Federal, muito embora as soluções aventadas pelo Min. Celso de Mello não estejam infensas à crítica e não tenham o crivo do colegiado. Outras considerações críticas sobre o conteúdo da ADPF 45/DF serão efetuadas mais adiante, no curso do trabalho.

Outro caso em que o tema foi explicitamente discutido diz respeito ao direito subjetivo à creche. Tome-se como exemplo a decisão proferida no Agravo Regimental no Recurso Extraordinário 410.715-5/SP, julgado pela 2ª Turma do Supremo Tribunal Federal, também relatado pelo Min. Celso de Mello[21]. Tratava-se de agravo interposto pelo Município de Santo André contra decisão monocrática que reconheceu o dever da municipalidade de fornecer creche para menor.

No voto-condutor, o relator rejeitou a argumentação do recorrente, extraindo da conjugação entre os arts. 208, IV e 212, § 2º da Constituição, um direito subjetivo ao atendimento em creches oponível aos municípios. Nele aprofundou a discussão antes iniciada na ADPF 45/DF, propondo inclusive critérios para a judicialização das políticas públicas, que podem ser resumidos da seguinte maneira: (i) a política pública deve ser constitucionalizada e relacionada a direitos fundamentais para que seja possível o controle, pois neste âmbito não há espaço para o exercício de discricionariedade pelo administrador; (ii) deve haver omissão estatal ou prestação deficiente; e (iii) argumentos orçamentários não servem de justificativa para a omissão, salvo se houver comprovação objetiva de que os recursos existentes e/ou mobilizáveis foram efetivamente utilizados para a finalidade.

---

21 Há outros precedentes do Supremo Tribunal Federal sobre o direito à creche. V. STF, RE 431.773/SP, rel. Min. Marco Aurélio, *DJ* 22-10-2004 e RE 436.996/SP, rel. Min. Celso de Mello, *DJ* 7-11-2005. No STJ, v. REsp 736.524/SP, rel. Min. Luiz Fux, *DJ* 3-4-2006.

Estes critérios serão debatidos adiante, pois o momento destina-se apenas à formulação de um conceito, mas convém salientar a importância dos *standards* para que o controle judicial de políticas públicas possa ser operacionalizado.

Em recente oportunidade, o Supremo Tribunal, também em recurso extraordinário[22], determinou a nomeação de defensor público para a comarca de Groaíras-CE, conforme pedido deduzido de ação civil pública ajuizada pelo Ministério Público do Estado do Ceará. O STF entendeu que a medida seria judicialmente exigível ante o disposto no art. 5º, LXXIV, da Carta da República[23], e reformou o acórdão oriundo do TJ-CE[24].

O julgado reformado consignava ser o pleito autoral tentativa de "nítida interferência do Judiciário em atribuição típica do Executivo", assentando que "o controle dos atos do poder público pelo Judiciário" não pode "ser abrangente a ponto de substituir o administrador ou o legislador na prática de atos que lhe são privativos". O Supremo Tribunal Federal, entretanto, entendeu que se tratava a medida de necessária "intervenção jurisdicional concretizadora de programa constitucional destinado a viabilizar o acesso dos necessitados à orientação jurídica integral e à assistência judiciária gratuitas". Para o STF, o caso em tela ensejaria a atuação "do Poder Judiciário na implementação de políticas públicas instituídas pela Constituição e não efetivadas pelo Poder Público". No entender dos ministros, a "atividade de fiscalização judicial" das políticas públicas estaria calcada na "necessidade de observância de certos parâmetros cons-

---

[22] STF, 2ª Turma, RE 763.667 AgR, rel. Min. Celso de Mello, *DJe* 13-12-2013. Em sentido absolutamente idêntico, confiram-se: AI 598.212 (*DJe* 20-6-2013, também constante no *Informativo 711*); RE 795.749 AgR (*DJe* 20-5-2014) e AI 764.969 AgR (*DJe* 18-12-2013. Esse conjunto de decisões acabou por pressionar os demais poderes e, nesse contexto, o Congresso Nacional aprovou e promulgou Proposta de Emenda à Constituição que estabelece que, no "prazo de oito anos, a União, os Estados e o Distrito Federal deverão contar com defensores públicos em todas as unidades jurisdicionais". Observa-se, nesse episódio, interessante diálogo institucional que evidencia que, para além da resolução de demandas e problemas específicos, o Poder Judiciário tem condições de contribuir no desenho das macropolíticas públicas.

[23] CF/88, art. 5º, LXXIV: "o Estado prestará assistência judiciária integral e gratuita aos que comprovarem insuficiência de recursos".

[24] TJ/CE, Apelação Cível n.: 0000021-38.2007.8.06.0082, Rel. Des. Francisco Sales Neto, j. 10-3-2012.

titucionais (proibição de retrocesso social, proteção ao mínimo existencial, vedação da proteção insuficiente e proibição de excesso[25])".

Também merece nota que o STF vem consolidando sua jurisprudência no sentido de determinar a realização de obras em escolas, tanto da rede pública quanto do sistema privado, para garantir a acessibilidade de portadores de necessidades especiais ao local[26].

A discussão nos tribunais superiores acerca do acesso de pessoas com deficiências físicas a serviços públicos vem ocorrendo também em outros campos das políticas públicas, como no caso dos transportes. Vale anotar decisão recente do STJ, em que o tribunal constatou a mora de empresa concessionária de serviço de ônibus em promover a adaptação dos veículos de transporte coletivo para pessoas deficientes[27].

---

[25] O tema será retomado, de forma mais aprofundada, no Item 1, do Título II, do Capítulo IV, da Parte II desta obra.

[26] Referente à rede pública, v. STF, 1ª Turma, RE 440.028, rel. Min. Marco Aurélio, *DJe* 26-11-2013: "PRÉDIO PÚBLICO – PORTADOR DE NECESSIDADE ESPECIAL – ACESSO. A Constituição de 1988, a Convenção Internacional sobre Direitos das Pessoas com Deficiência e as Leis n. 7.853/89 – federal –, n. 5.500/86 e n. 9.086/95 – estas duas do Estado de São Paulo – asseguram o direito dos portadores de necessidades especiais ao acesso a prédios públicos, devendo a Administração adotar providências que o viabilizem". No mesmo sentido, v. STJ, REsp 1.607.472-PE (*Informativo* n. 592), rel. Min. Herman Benjamin, *DJe* 11-10-2016: "ADEQUAÇÃO DOS PRÉDIOS DA UNIVERSIDADE FEDERAL DE PERNAMBUCO – PORTADORES DE NECESSIDADES ESPECIAIS – IMPOSSIBILIDADE DE UTILIZAÇÃO DA TEORIA DA RESERVA DO POSSÍVEL – É essencial, incluso no conceito de mínimo existencial, o direito de pessoas com necessidades especiais poderem frequentar universidade pública, razão pela qual não pode a instituição alegar a incidência da cláusula da reserva do possível como justificativa para sua omissão em providenciar a conclusão de obras de adaptação em suas edificações e instalações". Já no tocante ao ensino privado, v. STF, Plenário, ADI 5.357 (*Informativo* n. 829) MC-Referendo/DF, rel. Min. Edson Fachin, *DJe* 11-11-2016: "LEI n. 13.146/2015 – ESTATUTO DA PESSOA COM DEFICIÊNCIA. ENSINO INCLUSIVO – CONVENÇÃO INTERNACIONAL SOBRE OS DIREITOS DA PESSOA COM DEFICIÊNCIA – o ensino inclusivo é política pública estável. Se as instituições privadas de ensino exercem atividade econômica, devem se adaptar para acolher as pessoas com deficiência, prestando serviços educacionais que não enfoquem a deficiência apenas sob a perspectiva médica, mas também ambiental."

[27] STJ, REsp 1.292.875-PR, rel. Min. Herman Benjamin, julgado em 15-12-2016, *DJe* 7-3-2017.

Na última edição desta obra, registrou-se que os tribunais superiores, que não costumavam tratar diretamente do tema objeto deste estudo, vêm passando por uma rápida mudança em sua jurisprudência, com a multiplicação exponencial de casos envolvendo o controle de políticas públicas[28]. Antes, os tribunais concebiam as políticas públicas como meios de concretização de normas constitucionais de cunho programático. Ao proclamar a incorreção conceitual dessa visão, lembrou-se que as políticas públicas também são meios idôneos para a efetivação de direitos fundamentais de primeira e terceira geração, além de outros objetivos públicos igualmente legítimos. O ponto foi assim ilustrado: "[é] inegável que a construção de núcleos de atendimento e a investidura de defensores públicos representa uma política pública de garantia do direito de acesso à justiça". Pouco tempo depois, o STF, como referido acima, determinou justamente a nomeação de defensores públicos para comarcas desassistidas.

Em que pese a recente e intensa evolução da matéria nos tribunais superiores, percebe-se que o protagonismo jurisprudencial no que tange ao controle de políticas públicas ainda persiste no âmbito das

[28] No âmbito do STJ e do STF, nos últimos anos, vários precedentes o fizeram de modo expresso. Nesse sentido, confira-se ilustrativamente: STJ, *DJe* 6-12-2013, AgRg no REsp 1.107.511/RS, rel. Min. Herman Benjamin: "ADMINISTRATIVO. *CONTROLE JUDICIAL DE POLÍTICAS PÚBLICAS*. POSSIBILIDADE EM CASOS EXCEPCIONAIS – DIREITO À SAÚDE. FORNECIMENTO DE MEDICAMENTOS. MANIFESTA NECESSIDADE. OBRIGAÇÃO SOLIDÁRIA DE TODOS OS ENTES DO PODER PÚBLICO. NÃO OPONIBILIDADE DA RESERVA DO POSSÍVEL AO MÍNIMO EXISTENCIAL; STF, *DJe* 24-4-2014, AI 598.212 ED, rel. Min. Celso de Mello: "A função constitucional da Defensoria Pública e a essencialidade dessa Instituição da República: a transgressão da ordem constitucional – porque consumada mediante inércia (violação negativa) derivada da inexecução de programa constitucional destinado a viabilizar o acesso dos necessitados à orientação jurídica integral e à assistência judiciária gratuitas (CF, art. 5º, LXXIV, e art. 134) – autoriza o *controle jurisdicional* de legitimidade da omissão do Estado e *permite aos juízes e Tribunais que determinem a implementação, pelo Estado, de políticas públicas* previstas na própria Constituição da República, sem que isso configure ofensa ao postulado da divisão funcional do Poder" (destaque acrescentado). Nesse sentido, apontam-se ainda os seguintes julgados: STJ, REsp 1.068.731, *DJe* 8-3-2012; STF, RE 581.352 AgR, *DJe* 22-11-2013; STF, RE 763.667 AgR, *DJe* 13-12-2013 STF RE 592581/RS, *DJe* 1°-2-2016; RE 580.252/MS *DJe* 1°-2-2018.

cortes inferiores, que têm enfrentado crescente e diverso número de demandas afetas ao tema.

De modo geral, os temas discutidos em tais casos podem ser assim mapeados: (i) direito à saúde: concessão de tratamentos médicos, transferência de unidade hospitalar, entrega de medicamentos e insumos em espécie, *home care*, mantimentos, próteses e saneamento básico; (ii) direito à educação: construção de escolas, provimento de professores para escolas, garantia de vaga em escola, garantia de transporte para a escola; (iii) direito dos presos: condições de salubridade do cárcere, restrição de visitas, contratação de equipe médica; (iv) direito das crianças e adolescentes: criação de conselho tutelar, construção de delegacia especializada, disponibilidade de vaga em creche e escolha, tutoria para autistas, prorrogação de licença-maternidade; (v) direito dos idosos: construção de abrigo para acolhimento de idosos; (vi) direito à moradia: fornecimento de abrigo ou auxílio pecuniário equivalente, realização de obras de contenção de encostas, instalação de sistemas de saneamento básico; (vii) direito à acessibilidade: adequação de prédios públicos para assegurar o acesso de portadores de necessidades especiais; (viii) direito à assistência jurídica: provimento de cargos de defensor público em comarcas desassistidas objetivando assegurar o acesso à justiça pela população local; (ix) *direito ambiental*: contenção de riscos geológicos, reflorestamento, proteção da fauna e flora, elaboração de diagnóstico socioambiental; (x) *direito ao transporte público*: fornecimento de meios de locomoção, controle de tarifa; (xi) *direito à segurança pública*[29].

Dessa lista é possível extrair uma conclusão: para os órgãos julgadores, as políticas públicas estão diretamente vocacionadas à concretização dos direitos fundamentais de todas as dimensões. Da análise dos acórdãos verifica-se, como regra geral, a premissa de que o desenho das políticas públicas deve ficar ordinariamente a cargo do processo político, dando-se a intervenção judicial apenas em caráter excepcional.

[29] A pesquisa foi amplamente refeita com base em acórdãos proferidos entre 2020 e 2021, abrangendo os Tribunais de Justiça do Rio de Janeiro, Distrito Federal, São Paulo, Rio Grande do Sul, Santa Catarina. O encerramento da pesquisa foi em 30 de junho de 2021. A lista de acórdãos consultados em formato *Excel* encontra-se disponível em: <https://bit.ly/2VjTn1J>. A íntegra das ementas pode ser consultada em arquivo único no seguinte endereço: <https://bit.ly/3BT37AO>.

Porém, para as políticas públicas constitucionalizadas e que dizem respeito a direitos fundamentais, faz-se cabível a intervenção judicial no intuito de compelir a Administração Pública a realizar prestações materiais concernentes a tais direitos, quando verificado o inadimplemento. Como se verá a seguir, a identificação entre prestações materiais e políticas públicas, oriunda da pesquisa acima relatada, está de acordo com a definição encontrada na doutrina.

Na literatura há diversas definições de políticas públicas[30], sendo disputável até mesmo se elas se referem exclusivamente a ações de governo[31]. Segundo Michael Howlett e M. Ramesh, é possível destacar três definições utilizadas com maior abrangência pelos estudiosos no assunto.

A primeira delas é de Thomas Dye, segundo o qual *será política pública tudo aquilo que o governo decida fazer ou não fazer*[32]. Tal definição peca pelo excesso, pois incluirá no conceito todas as atividades realizadas pelo governo, tais como, e.g., desde a decisão de comprar papel, o trânsito de um veículo de representação para conduzir determinada autoridade pública e até mesmo as decisões judiciais. Não há nenhuma preocupação em distinguir as atividades governamentais, as quais, contudo, possuem notória especialização e diferenciação. Além disso, nos termos da crítica empreendida pelos autores citados, a definição dada por Thomas Dye reduz o fenômeno das políticas públicas ao aspecto decisório, descurando

---

30 Cf. HOWLETT, Michael; RAMESH, M. *Studying public policy:* policy cycles and policy subsystems, 1995, p. 4-7; BIRKLAND, Thomas A. *An introduction to the policy process*, 2005, p. 18. Estes dois trabalhos serviram de base para o primeiro trecho deste capítulo.

31 Em edições anteriores afirmamos que havia consenso quanto ao fato de que as políticas públicas se definiam pela presença do elemento *governo*, fazendo a seguinte citação: "O conceito de política pública sempre se refere às ações de governo e às intenções que determinam tais ações". In: *An introduction to the policy process*, 2005, p. 18. Ocorre, contudo, que há autores que defendem que as políticas públicas existem para lidar com problemas considerados públicos (o adjetivo *público* se refere, portanto, à coletividade, não ao Estado). A propósito, v. SECCHI, Leonardo. *Políticas públicas*, 2014, p. 2-5. A existência de agentes privados vocacionados à busca do interesse público é o que legitima a própria existência do terceiro setor e se trata de ponto incontroverso. Contudo, opta-se no texto por uma abordagem *estadocêntrica* na definição de políticas públicas, na medida em que a reflexão desenvolvida no texto tem por parâmetro a atividade do Estado.

32 DYE, Thomas. *Understanding public policy*, 2013, p. 3.

de outras questões relacionadas a elas, tal como a implementação e avaliação das políticas adotadas, pontos importantes para a ciência política.

Um segundo conceito oriundo dos estudiosos da ciência das políticas públicas é de William Jenkins. Segundo ele, política pública *é um conjunto de decisões inter-relacionadas tomadas por um indivíduo ou um grupo de atores políticos a respeito da escolha de objetivos e os meios de alcançá-los em uma situação específica, onde tais decisões devem, em princípio, estar inseridas no poder de alcance destes atores.* O conceito é mais completo que o apresentado por Thomas Dye, e envolve diversas considerações. Em primeiro lugar, para Jenkins as políticas públicas não se circunscrevem a um ato isolado, mas se apresentam como um processo que pode demandar uma série de atos, os quais envolverão a escolha de objetivos e os meios para atingi-los. Em segundo lugar, as decisões podem emanar de um ou vários atores políticos, o que se trata de uma constatação essencial para as sociedades modernas, cuja complexidade exigirá quase sempre a atuação conjunta de diversos membros e instituições sociais, especialmente quando houver demanda de recursos públicos. E, ainda, Jenkins considera essencial ao conceito que sejam consideradas as limitações ao poder de ação dos governantes. Muito embora não pareça adequado incluir a existência de restrições à definição de políticas públicas em seu próprio conceito (e.g., há restrições constitucionais e legais a prestação de serviços públicos e nem por isso elas servem para definir o que eles são), isto pode ser importante como um elemento pedagógico. No âmbito da ciência das políticas públicas, por sua vez, os fatores limitativos serão sempre importantes, na medida em que uma análise acurada da política pública sempre deverá considerá-los.

Uma última definição de políticas públicas utilizada no campo das ciências políticas é de James Anderson. Segundo o autor, elas se caracterizam por *um curso de ação intencional construído por um ator ou um conjunto de atores para lidar com um problema ou um motivo de preocupação.* A novidade na definição de Anderson, em comparação com as anteriores, consiste na percepção de que as políticas públicas são deflagradas em razão de problemas sociais.

Um breve apanhado das definições utilizadas no âmbito da ciência política demonstra que também neste campo não há consenso definitivo. Contudo, parece que a definição apresentada por William Jenkins, aliada a outros elementos inerentes ao fenômeno jurídico, pode ser especialmente útil para a construção de um conceito propriamente jurídico. Além disto, é oportuno dizer que os avanços da ciência das políticas públicas nos Estados Unidos e na Europa[33] não podem ser negligenciados (como ainda são) no campo jurídico, mas devem ser importados, aplicando-se os devidos filtros. Em última análise, o sucesso desta investida do direito sobre as políticas públicas depende do estudo interdisciplinar. A seguir são estudadas as definições de políticas públicas trabalhadas no direito brasileiro.

De modo geral, os estudiosos do direito tratam as políticas públicas como *meios* para a efetivação de direitos de cunho prestacional pelo Estado (objetivos sociais em sentido lato)[34], sem embargo de sua importância para a efetivação de direitos não considerados como fundamentais. Esta assertiva vale inclusive para a doutrina estrangeira[35]. Este é um ponto consensual entre os estudiosos do assunto que deve ser sublinhado, pois implica reconhecer nos direitos sociais e nos demais direitos fundamentais o objetivo final de *algumas* das políticas públicas executadas pelo Estado (certamente não de todas, frise-se, como será explicado adiante). Sendo possível atestar empiricamente a existência

---

33 Para um panorama da questão no âmbito europeu, v. VOLCANSEK, Mary L (org.). *Judicial politics and policy-making in Western Europe*, 1992 e SWEET, Alec Stone. *Governing with judges*: constitutional politics in Europe, 2000.

34 FREIRE JR., Américo Bedê. *O controle judicial de políticas públicas*, 2005, p. 48: "Interessante frisar que, em regra, as políticas públicas são os meios necessários para a efetivação dos direitos fundamentais, uma vez que pouco vale o mero reconhecimento formal de direitos se ele não vem acompanhado de instrumentos para efetivá-los". BUCCI, Maria Paula Dallari. "As políticas públicas e o direito administrativo". *Revista Trimestral de Direito Público n. 13*, 1996, p. 135: "O fundamento mediato das políticas públicas, o que justifica o seu aparecimento, é a própria existência dos direitos sociais (...) a função estatal de coordenar as ações públicas (serviços públicos) e privadas para a realização de direitos dos cidadãos – à saúde, à habitação, à previdência, à educação – se legitima pelo convencimento da sociedade quanto à necessidade de realização desses direitos sociais". BARCELLOS, Ana Paula de. "Neoconstitucionalismo, direitos fundamentais e controle das políticas públicas", *Revista de Direito Administrativo n. 240*, 2005, p. 90: "É fácil perceber que apenas por meio das políticas públicas o Estado poderá, de forma sistemática e abrangente, realizar os fins previstos na Constituição (e muitas vezes detalhados pelo legislador), sobretudo no que diz respeito aos direitos fundamentais que dependam de ações para sua promoção".

35 FEELEY, Malcolm M.; RUBIN, Edward L. *Judicial policy making and the modern state*, 1998, p. 5: "Fazer políticas públicas, por um juiz ou qualquer outra pessoa, é o processo pelo qual autoridades exercitam poder com base em seu julgamento de que suas ações irão produzir resultados socialmente desejáveis".

de meios idôneos e inidôneos para alcançar os resultados exigidos pela Constituição, é também aceitável, ao menos em tese, a construção de parâmetros de controle sobre esses meios, que sirvam no mínimo para afastar a utilização dos absolutamente ineptos.

Porém, a despeito deste relevante consenso, ainda reina um clima de incerteza a respeito de uma *exata definição* do que são as políticas públicas. E aqui já é possível distinguir grupos de doutrinadores consoante a definição que adotam. Há autores que trabalham com o termo abdicando da tentativa de formular explicitamente uma definição[36]. Existe mesmo quem critique a expressão, afirmando tratar-se de redundância, já que"a política é essencialmente pública"[37]. A despeito de tal opinião, o uso corrente do termo na doutrina e na jurisprudência quer indicar mais do que uma casual união de duas palavras com significações autônomas, trata-se, na realidade, do surgimento de uma nova categoria de relevância para a ciência jurídica.

Dentre aqueles que buscam definir as políticas públicas, é possível identificar um grupo de autores oriundos da USP, representados por Maria Paula Dallari Bucci, Fábio Konder Comparato e Eros Roberto Grau, sem embargo de outros que eventualmente sigam tal posição, que trabalha com um *conceito amplo* do termo – alinhados com a definição empregada por Thomas Dye, citada acima[38]. Para a primeira

---

[36] É o que ocorre, por exemplo, no texto de SALLES, Carlos Alberto."Políticas públicas e a legitimidade para defesa de interesses difusos e coletivos". *Revista de Processo v. 121*, e nos livros de AMARAL, Gustavo. *Direito, escassez & escolha*, 2001 e BOSCO, Maria Goretti Dal. *Discrionariedade em políticas públicas*, 2008. Apesar dessa constatação, é possível buscar uma definição implícita nas obras referidas. Importante registrar a existência de autores que defendem a possibilidade de políticas públicas *privadas*, sob o argumento de que o adjetivo"público"se refere à natureza dos problemas que são enfrentados, e não no ator envolvido. A propósito, v. SECCHI, Leonardo. *Políticas públicas*, 2015, pp. 2-5.

[37] É o que faz SILVA, Guilherme de Amorim Campos da, *apud* FREIRE Jr., Américo Bedê. *O controle judicial de políticas públicas*, 2005, p. 47. Importante registrar a existência de autores que defendem a possibilidade de políticas *públicas* privadas, sob o argumento de que o adjetivo "público" se refere à natureza dos problemas que são enfrentados, e não ao ator envolvido. A propósito, v. SECCHI, Leonardo. *Políticas públicas*, 2015, pp. 2-5.

[38] Nas palavras de Leonardo Secchi:"Nessa interpretação, a'política pública'é estruturante, e os programas, planos e projetos são apenas seus elementos operativos, não pode ser considerados políticas públicas individualmente" (*Políticas públicas*, 2015, p. 7).

autora, por exemplo, as políticas públicas são "os programas de ação do governo, para a realização de objetivos determinados, num espaço de tempo certo"[39]. No entender dela, embora as políticas públicas sejam categorias abstratas, que espelham a escolha de prioridades pelo governo, elas normalmente ganham forma por meio dos planos públicos, como o "programa de material escolar, o programa do álcool"[40], que, por sua vez, vão exigir a edição de atos infralegais e legais. Nesta linha, a autora entende que "a política pública transcende os instrumentos normativos do plano ou do programa"[41].

Há dois pontos problemáticos em se entender as políticas públicas como abstrações que se materializam *exclusivamente* em planos ou programas. Primeiro, é identificá-las com categorias jurídicas que já possuem definição própria e autônoma, tais como planos e programas, ou mesmo correlacioná-la com o móvel de agentes públicos, tornando virtualmente impossível qualquer possibilidade de controle. No mais, ao deixá-las muito distante da realidade do Poder Judiciário, cujas matérias-primas de trabalho são, via de regra, atos normativos e atos concretos, reduzem-se as possibilidades de controle objetivo e parametrizado[42]. Isso não quer dizer que os planos e o planejamento públicos devam ser negligenciados no controle de políticas públicas. Eles podem ser especialmente valiosos quando a discussão assume patamares mais elevados, como em eventual controle de constitucionalidade em sede abstrata. Até

---

[39] BUCCI, Maria Paula Dallari. "As políticas públicas e o direito administrativo". *Revista Trimestral de Direito Público n. 13*, 1996, p. 140. Para maior desenvolvimento das ideias da autora, v. *Direito administrativo e políticas públicas*, 2006, p. 241-272. Endossando esta concepção ampla de políticas públicas, v. VALLE, Vanice Lírio do. "Direito fundamental à boa administração, políticas públicas eficientes e a prevenção do desgoverno". *Interesse público n. 48*, 2008, p. 95: "A perspectiva, portanto, há de ser muito mais abrangente do que a simples identificação entre uma ação estatal em concreto e a política pública na medida em que a ação, isoladamente considerada, pode nada representar do que a reação imediata a um fato ou demanda, traduzida pela sociedade ou mesmo por outros atores importantes, sempre presentes na cena política".

[40] BUCCI, Maria Paula Dallari. "As políticas públicas e o direito administrativo". *Revista Trimestral de Direito Público n. 13*, 1996, p. 140/1.

[41] BUCCI, Maria Paula Dallari. "As políticas públicas e o direito administrativo". *Revista Trimestral de Direito Público n. 13*, 1996, p. 141.

[42] A objetividade no controle de políticas públicas é essencial à hipótese trabalhada, sob pena de não haver qualquer legitimidade na atuação do Poder Judiciário na matéria.

mesmo porque é uma questão de relevo saber até que ponto o Estado está vinculado pelas políticas gerais que se propõe a adotar.

Em segundo lugar, não se pode negar que o controle realizado em processos individuais também envolve juízo de constitucionalidade das políticas públicas, ainda que não incida diretamente sobre planos públicos ou intenções políticas de longo alcance, e neste ponto a definição peca pela restrição. Essas intervenções, ainda que pontuais, também devem ser objeto de estudo.

Fábio Konder Comparato segue linha similar à apresentada acima, definindo as políticas públicas como o"conjunto organizado de normas e atos tendentes à realização de um objetivo determinado"[43]. O autor distingue entre as políticas públicas e os atos e normas que lhe dão concretude, para afirmar que"o juízo de validade de uma política – seja ela empresarial ou governamental – não se confunde nunca com o juízo de validade das normas e dos atos que a compõem"[44]. Assim, conclui:

> "Determinada política governamental, em razão da finalidade por ela perseguida, pode ser julgada incompatível com os objetivos constitucionais que vinculam a ação do Estado, sem que nenhum dos atos administrativos, ou nenhuma das normas que a regem, sejam, em si mesmos, inconstitucionais"[45].

Ora, a se seguir a proposta do autor, semelhante declaração de inconstitucionalidade seria despida de utilidade prática. Se não há qualquer efeito sobre as normas jurídicas e atos que dão sustentação à política pública, não há razão para que o controle incida sobre este "plano superior". Ademais, valem aqui as mesmas críticas feitas acima.

Para Eros Roberto Grau, "a expressão políticas públicas designa todas as atuações do Estado, cobrindo todas as formas de intervenção do poder público na vida social"[46]. Uma definição tão abrangente tem o condão de transformar, por exemplo, decisões judiciais em espécies de política pública, já que se trata de uma intervenção do Estado na

---

[43] COMPARATO, Fábio Konder. "Ensaio sobre o juízo de constitucionalidade de políticas públicas". *Revista dos Tribunais n. 737*, 1997, p. 18.

[44] COMPARATO, Fábio Konder. "Ensaio sobre o juízo de constitucionalidade de políticas públicas". *Revista dos Tribunais n. 737*, 1997, p. 18.

[45] COMPARATO, Fábio Konder. "Ensaio sobre o juízo de constitucionalidade de políticas públicas". *Revista dos Tribunais n. 737*, 1997, p. 19.

[46] GRAU, Eros Roberto. *O direito posto e o direito pressuposto*, 2011, p. 16.

vida social. Aliás, é justamente o que conclui o autor, ao dizer que "o *direito* é também, ele próprio, uma política pública"[47]. Parece mais adequado afirmar que o direito define os meios que podem ser empregados e os objetivos que podem ser legitimamente perseguidos em matéria de políticas públicas, mas não que ele próprio seria uma delas[48]. Assim, tal definição não se compatibiliza com objetivo do presente trabalho porque ampliaria em demasia o campo de discussão, inviabilizando qualquer tentativa de dar tratamento uniforme ao assunto. No mais, como se viu acima, não parece ser esse o sentido empregado pela jurisprudência ao trabalhar a nova categoria.

Por sua vez, Américo Bedê Freire Júnior define-as da seguinte maneira: "a expressão pretende significar um conjunto ou uma medida isolada praticada pelo Estado com o desiderato de dar efetividade aos direitos fundamentais ou ao Estado Democrático de Direito"[49]. A crítica que se pode fazer a esta definição também reside em sua excessiva abrangência, já que ação do Estado voltada à realização de um direito fundamental, como dito antes, pode ser uma sentença judicial. Ademais, é forçoso reconhecer que há políticas públicas que não estão voltadas diretamente à concretização do Estado Democrático de Direito ou aos direitos fundamentais[50], como a política pública de transporte ou a financeira, por exemplo[51].

---

47 GRAU, Eros Roberto. *O direito posto e o direito pressuposto*, 2011, p. 27.

48 Um ponto aqui precisa ser esclarecido: é inequívoco o papel do direito enquanto uma das ferramentas disponíveis para o desenho de políticas públicas. Portanto, a depender do contexto, o *direito* pode sim ser considerado (genericamente) ele próprio uma política pública. A propósito do tema, v. HOOD, Christopher. *The tools of government*, 1983, pp. 54-71.

49 FREIRE Jr., Américo Bedê. *O controle judicial de políticas públicas*, 2005, p. 47.

50 Essa dimensão restritiva do conceito de políticas públicas, que reduz o instituto à condição de instrumento exclusivo de promoção dos direitos fundamentais de cunho prestacional, também é comungada por FREITAS, Juarez, "O controle jurisdicional das políticas públicas e o início do fim do Estado omisso". *Interesse Público*, n. 84, 2014, p. 18: "as políticas públicas são autênticos programas de Estado (mais do que de governo), que intentam, por meio da articulação eficiente e eficaz dos atores governamentais e sociais, cumprir os objetivos vinculantes da Carta, em ordem a assegurar, com hierarquizações fundamentadas, a efetividade do complexo de direitos fundamentais das gerações presentes e futuras".

51 Reconhecendo a existência de uma *política pública de tráfego urbano*, que somente de forma muito sutil pode ser remetida aos direitos fundamentais, v.

Na verdade, o caminho que se propõe aqui é justamente o oposto: procura-se o reconhecimento de políticas públicas indo do particular ao geral. As políticas públicas são conhecidas pelos atos e normas que lhe dão concretude, ou seja, pela ação efetiva da Administração Pública e o suporte normativo que lhe sustenta. É dizer: em grande medida, o controle judicial das políticas públicas confundir-se-á com o controle de constitucionalidade da execução (ou omissão) de serviços, entrega de bens e dos atos administrativos e legislativos que lhe dão suporte. É neste sentido que Ana Paula de Barcellos define as políticas públicas:

> "Nesse contexto, compete à Administração Pública efetivar os comandos gerais contidos na ordem jurídica e, para isso, cabe-lhe implementar ações e programas dos mais diferentes tipos, garantir a prestação de serviços, etc. *Esse conjunto de atividades pode ser identificado como políticas públicas*"[52]. (destaque acrescentado)

Logo, as políticas públicas compreendem as ações e programas para dar efetividade aos comandos gerais impostos pela ordem jurídica que necessitam da ação estatal. Portanto são as ações levadas a cabo pela Administração Pública que se encaixam nesta definição[53]. Além

---

TJRJ, 17ª Câmara Cível, MS 2008.004.00677, Rel. Des. Elton Leme: "MANDADO DE SEGURANÇA. ATO DO PREFEITO DO MUNICÍPIO DO RIO DE JANEIRO. IMPOSIÇÃO DE LIMITAÇÕES AO TRÁFEGO DE VEÍCULOS DE TRANSPORTE DE CARGA E DESCARGA. IMPUGNAÇÃO DE LEI EM TESE. DENEGAÇÃO DA SEGURANÇA. (...) 6. Diante da ausência de ilegalidade, não cabe a interferência do Poder Judiciário no sentido de indicar o melhor modo de atuar do administrador no exercício do poder de polícia, fixando critérios e parâmetros não previstos em lei e interferindo na sua esfera discricionária. 7. Mais do que o legislador primário, o Poder Executivo tem condições – sob o prisma da reflexividade administrativa e da autolimitação de possibilidades ditada pela observância dos demais sistemas e relações com que compulsoriamente convive – de bem avaliar a solução adequada no controle de políticas públicas, com escolhas regulatórias que atendam às vicissitudes cotidianas. 8. Denegação da ordem".

52 BARCELLOS, Ana Paula de. "Neoconstitucionalismo, direitos fundamentais e controle das políticas públicas". *Revista de Direito Administrativo v. 240*, 2005, p. 90.

53 Embora os autores, ao definir as políticas públicas, falem genericamente em ações do "Estado", a generalidade deles acaba voltando suas atenções para as ações da Administração Pública, veja-se, exemplificativamente, COMPARATO, Fábio Konder. "Ensaio sobre o juízo de constitucionalidade de políticas públicas". *Revista dos Tribunais n. 737*, 1997, p. 21: "Não se pode, porém,

da tarefa especialíssima de dar efetividade às normas de direitos sociais, as políticas públicas também servirão aos direitos fundamentais de primeira geração, por meio, por exemplo, da política de segurança pública (que objetiva a proteção da propriedade e das liberdades individuais), de terceira geração, pela política pública para o meio ambiente, e para direitos não fundamentais, como a já mencionada política pública de tráfego urbano. Este é um ponto importante. As políticas públicas não são fenômeno necessária e invariavelmente ligado aos direitos fundamentais prestacionais, muito embora esteja com eles fortemente relacionado, mas sim ao Estado que pretende interferir sobre a realidade social por múltiplas razões (como, e.g., a necessidade de intervir na economia para manter o equilíbrio do mercado ou nele suprir lacunas, cumprindo-se, assim, certos mandamentos legais).

A correlação entre *ação do Estado* e *política pública* é algo a se remarcar, já que permite assentar que, por regra geral, *a execução de políticas públicas depende de gastos públicos.* Logo, é no processo político-jurídico de definição do dispêndio público que se encontra a gênese das políticas públicas[54]. É nas leis orçamentárias, nas diretrizes orçamentárias e nos planos plurianuais, todos de iniciativa exclusiva do Poder Executivo[55] e aprovados pelo Poder Legislativo, o ponto de partida das políticas públicas. Não é o ponto de chegada, já que é corrente na doutrina e jurisprudência a natureza meramente autorizativa

---

deixar de admitir que esse efeito invalidante há de produzir-se tão só *ex nunc*, ou seja, com a preservação de todos os atos ou contratos concluídos antes do trânsito em julgado da decisão, pois de outra sorte poder-se-ia instituir o caos na Administração Pública e nos negócios privados".

[54] Mesmo havendo um ramo específico do direito para este tema – o direito financeiro – ainda existe uma certa negligência com os mecanismos de controle dos gastos públicos, como bem notou BARCELLOS, Ana Paula de."Neoconstitucionalismo, direitos fundamentais e controle das políticas públicas". *Revista de Direito Administrativo n. 240*, 2005, p. 93: "Para um estudante de direito dos primeiros períodos será curioso comparar a quantidade de títulos jurídicos dedicados ao tema da tributação com aqueles que se ocupam de estudar a questão do gasto dos recursos públicos, recursos esses obtidos pelo Estado, em sua maior parte, pela arrecadação tributária. (...) Há uma grave e legítima preocupação em limitar juridicamente o ímpeto arrecadador do Estado; nada obstante, não existe preocupação equivalente com o que o Estado fará, afinal, com os recursos arrecadados".

[55] Cf. CF/88, art. 165. Leis de iniciativa do Poder Executivo estabelecerão: I – o plano plurianual; II – as diretrizes orçamentárias; III – os orçamentos anuais.

do orçamento, podendo o Executivo simplesmente contingenciar os valores, deixando de efetuar gastos. O resultado final do procedimento, por óbvio, é a real prestação de serviços públicos à população e a edição de atos administrativos voltados a tal finalidade.

A definição das prioridades da Administração Pública é, naturalmente, um processo político a ser realizado pelos agentes de cúpula, como Presidente, Governadores e Prefeitos[56], bem como legisladores. Na tomada de decisões, eles devem levar em conta as disposições da Constituição e das leis, seus princípios e regras. Do ponto de vista estritamente jurídico, ressalvada a hipótese de edição de ato normativo e a questão da competência, este processo político de tomada de decisões tem pouca relevância, mas sua importância é capital para o controle social. Os agentes políticos devem sempre declinar suas razões e explicitar suas escolhas para que os cidadãos possam fazer um juízo consciente a respeito de sua valia[57]. Porém, para o julgador do caso concreto, é importante olhar para os atos jurídicos, legais ou infralegais, e para o resultado efetivo proporcionado por eles, verificando, desta forma, se estão de acordo com os mandamentos legais e constitucionais, especialmente com os direitos fundamentais.

É importante acrescentar que, em trabalho diverso, Maria Paula Dallari Bucci elenca diversas concepções sobre políticas públicas, aventando duas hipóteses principais para a definição do termo[58]. Primeiro, sugere a possibilidade de elas consistirem mera *atividade estatal*. Como tal, confundir-se-iam com a própria noção de discricionariedade administrativa, de modo que nada de novo haveria no conceito. Sob tal

---

56 COMPARATO, Fábio Konder. "Ensaio sobre o juízo de constitucionalidade de políticas públicas". *Revista dos Tribunais n. 737*, 1997, p. 21: "Uma política pública é sempre decidida e executada no nível mais elevado da instância governamental". Faz-se aqui uma ressalva quanto à execução das políticas públicas, cujo conceito adotado no texto permite sua execução em instâncias inferiores, enquanto a decisão cinge-se aos órgãos de cúpula.

57 Nesse sentido, vale mencionar obras recentes que ressalvam a importância da apresentação de razões no âmbito do processo político. V. NASCIMENTO, Roberta Simões. *Teoria da legislação e argumentação legislativa*, 2019. BARCELLOS, Ana Paula de. *Direitos fundamentais e direito à justificativa*, 2020. Sob a perspectiva filosófica, v. SOUZA NETO, Cláudio Pereira de. *Constitucionalismo democrático e governo de razões*, 2011.

58 BUCCI, Maria Paula Dallari. "O conceito de política pública em direito". In: *Políticas públicas – reflexões sobre o conceito jurídico*, 2006, p. 23 e s.

ângulo, o estudo de políticas públicas corresponderia ao estudo da discricionariedade administrativa, o que vem sendo feito pela doutrina há tempos. A autora tem razão na afirmação, na medida em que reduzir o conceito ao mero fato administrativo seria deixar de extrair todas as suas potencialidades e negligenciar a complexidade do tema.

Segundo, afirma que elas podem ser consideradas como uma categoria normativa autônoma, na linha da divisão traçada por Ronald Dworkin entre princípios (*principles*) e políticas (*policies*)[59]. É notória a distinção de Dworkin entre princípios e políticas, a qual não reverberou no direito brasileiro com tanta força quanto a distinção entre princípios e regras aventada pelo autor. Dworkin afirma que as políticas definem objetivos a serem alcançados ou situações a serem mantidas, todos relacionados a aspectos sociais, políticos ou econômicos da comunidade. Por sua vez, os princípios estão relacionados a comportamentos que são exigidos por razões de justiça, equidade ou moralidade. No direito brasileiro, as duas categorias (princípios e políticas) acabaram inseridas sob o rótulo de *princípios*[60], sem qualquer distinção quanto ao conteúdo. Dentro do sistema de Dworkin, a diferenciação terá eco na utilização de argumentos de princípio e argumentos de política para a fundamentação das decisões judiciais. O autor rejeita sumariamente a utilização dos argumentos de política pelos juízes, pois isto os conduziria à condição de legisladores[61]. Sob tal prisma, seria inviável a judicialização de políticas públicas.

Ocorre, porém, que a separação proposta por Dworkin, talvez relevante no país de origem do autor, não teria a mesma utilidade no contexto brasileiro. É sabido que a Constituição norte-americana não

---

[59] DWORKIN, Ronald. *Levando os direitos a sério*, 2002, p. 26 e s.

[60] ÁVILA, Humberto. *Teoria dos princípios*, 2014, p. 102: "Os princípios são normas imediatamente finalísticas, primariamente prospectivas e com pretensão de complementaridade e de parcialidade, para cuja aplicação se demanda uma avaliação da correlação entre o estado de coisas a ser promovido e os efeitos decorrentes da conduta havida como necessária à sua promoção". O direito brasileiro acabou recepcionando, com mais intensidade, a distinção proposta por Robert Alexy, que sustenta uma teoria bipartida das normas jurídicas, cf. *Teoría de los derechos fundamentales*, 2002, p. 81 e s.

[61] DWORKIN, Ronald. *Levando os direitos a sério*, 2002, p. 128-132. V. também, sobre o ponto específico, ARGUELHES, Diego Werneck. "Deuses pragmáticos, mortais formalistas: a justificação consequencialista de decisões judiciais", mimeo, 2006, p. 135-141.

consagrou, em seu bojo, direitos sociais, diferentemente da Constituição brasileira. Logo, não é correto afirmar que o juiz brasileiro estaria investido da condição de legislador caso recorresse às *policies* para julgar um caso concreto, exatamente porque elas estão radicadas no texto constitucional – aliás, este é o argumento predominante nos acórdãos analisados para fundamentar o controle de políticas públicas. Afirmar que as metas sociais, econômicas e políticas inseridas no principal texto jurídico da comunidade, que as define como fundamentais, não são princípios jurídicos, seria defender um passo atrás em relação à teoria constitucional brasileira, que muito insistiu na efetividade das normas constitucionais. Observe-se que só recentemente foi superada a tradicional distinção entre normas programáticas de aplicabilidade diferida e normas de aplicabilidade imediata, nos termos propostos por José Afonso da Silva[62]. O ponto será abordado adiante.

Em conclusão, o conceito aqui proposto de política pública pode ser sintetizado da seguinte maneira: *políticas públicas compreendem o conjunto de atos e fatos jurídicos que têm por finalidade a concretização de objetivos estatais pela Administração Pública.* Naturalmente, somente podem ser qualificados como objetivo estatal os problemas que são percebidos como pertencentes à esfera pública. Assim, a política pública pode ser decomposta em normas abstratas de direito (e.g., Constituição, leis estabelecendo finalidades públicas), atos administrativos (e.g., os contratos administrativos, as nomeações de servidores públicos para o desempenho de determinada função, os decretos regulamentando o serviço etc.), a habilitação orçamentária para o exercício do dispêndio público e os fatos administrativos propriamente ditos (e.g., o trabalho no canteiro de obras, o atendimento em hospitais

[62] Cf. SILVA, José Afonso da. *Aplicabilidade das normas constitucionais,* 2000. A superação dessa tipologia clássica pode ser verificada na obra de SOUZA NETO, Cláudio Pereira de. "Fundamentação e normatividade dos direitos fundamentais: uma reconstrução teórica à luz do princípio democrático". In: BARROSO, Luís Roberto (org.). *A nova interpretação constitucional – ponderação, direitos fundamentais e relações privadas,* 2008, p. 293-294: "As expressões 'norma programática', 'norma de eficácia limitada', 'princípio programático' acabaram por se construir em verdadeiros índices da não efetivação da Constituição. Quando se quis, nos últimos vinte anos, deixar de aplicar a Constituição, bastou-se etiquetar a norma suscitada como programática e transferir para o legislador uma tarefa que, muitas vezes, era mesmo do Judiciário".

públicos, as lições de professor em estabelecimento de ensino, etc.)[63]. O juízo de constitucionalidade pode recair sobre cada um deles, em particular, ou sobre o todo[64]. Em todos os casos haverá controle de políticas públicas.

2. O ciclo das políticas públicas

A ideia de que as políticas públicas englobam leis, diversos atos administrativos e fatos tendentes à realização de determinada finalidade imediatamente remete à noção de *procedimento*[65]. Daí por que em sede doutrinária há o reconhecimento das etapas que dão ensejo à formação e execução das políticas públicas[66]. Ademais, as políticas públicas são *cíclicas* porque dificilmente as questões que demandaram a sua concretização são solucionadas em curto prazo. Vale dizer que este corte pode não corresponder a momentos verdadeiramente estanques entre si, mas deve ser compreendido como uma tentativa de facilitar o estudo do tema, de modo que a organização proposta está

---

[63] A noção de fato administrativo compreende as condutas materiais da Administração que não encontram anteparo formal direto, tais como a mobilização de viaturas da polícia de um local para outro, a imissão na posse decorrente da desapropriação, etc. Para uma definição, v. CARVALHO FILHO, José dos Santos. *Manual de direito administrativo*, 2014, p. 98: "A ideia de fato administrativo (...) tem o sentido de atividade material no exercício da função administrativa, que visa a efeitos de ordem prática para a Administração". No mesmo sentido, ARAGÃO, Alexandre Santos de. *Curso de direito administrativo*, 2013, p. 148.

[64] Vale aqui referir à advertência de Michael Howlett e M. Ramesh: "Tudo ilustra que estudar política pública numa área peculiar é uma tarefa difícil, que não pode ser completada simplesmente valendo-se de registros oficiais das decisões governamentais tais como as encontradas em leis, atos, regulamentos e promulgações (promulgations). Muito embora estas sejam fontes vitais de informações, as políticas públicas estendem-se para além dos registros das escolhas concretas para abranger o âmbito das escolhas em potencial, ou escolhas não feitas". In: *Studying public policy*: policy cycles and policy subsystems, 1995, p. 6.

[65] Uma análise detida do complexo processo de constituição das políticas públicas pode ser encontrada em BUCCI, Maria Paula Dallari. *Fundamentos para uma teoria jurídica das políticas públicas*, 2013, p. 109-203. V., ainda, SECCHI, Leonardo. *Políticas públicas*, 2015, pp. 43-80.

[66] V. MASSA-ARZABE, Patrícia Helena. "Dimensão jurídica das políticas públicas". In: BUCCI, Maria Paula Dallari (org.). *Políticas públicas – reflexões sobre o conceito jurídico*, 2006, p. 70.

sujeita a eventuais correções e críticas futuras. São identificadas, basicamente, quatro fases[67], que compreendem: (i) a definição da agenda pública; (ii) a formulação e escolha das políticas públicas; (iii) sua implementação pelo órgão competente; e (iv) avaliação pelos diversos mecanismos previstos na Constituição e nas leis.

A *definição da agenda pública*[68] decorre da percepção de um problema por parte do governo que demanda sua ação[69]. Não existe um modo científico de se afirmar quando uma questão deve ser objeto de ação governamental, *i.e.*, de quando a ação estatal sobre ela se torna obrigatória e/ou legítima, ou de como os indivíduos afetados por ela devem agir para canalizar suas reivindicações ao governo. Os agentes eleitos (legisladores e administradores) são, por dever de ofício, os responsáveis por perceber e incluir na discussão pública determinado assunto relevante para a coletividade, mas isso não exclui a participação da sociedade civil, que pode ocorrer por meio de associações privadas, meios de comunicação de massa, sindicatos, grupos de *lobby*, e mesmo indivíduos autônomos com grande capacidade de mobilização pública. A existência de espaços de interpretação jurídica deferidos à Administração Pública permite afirmar que, inequivocamente, o processo de definição da agenda pública estende-se ao Executivo.

No campo da ciência política são tradicionais algumas distinções no que tange ao tema de definição da agenda pública, algumas das

---

67 Na literatura da ciência política são reconhecidas cinco fases no chamado "ciclo" das políticas públicas (há, contudo, quem vislumbre a existência de outras etapas). v. HOWLETT, Michael; RAMESH, M. *Studying public policy:* policy cycles and policy subsystems, 1995, p. 11. Para este estudo, de viés jurídico, estas etapas foram reduzidas a quatro, pois entendemos que os momentos de formulação (*policy formulation*) e decisão (*policy decision-making*) podem ser agrupados em uma única fase, sem qualquer prejuízo teórico.

68 Para uma definição de agenda: BIRKLAND, Thomas A. *An introduction to the policy process*, 2005, p. 108: "Uma agenda é um conjunto de problemas, o entendimento das causas, símbolos, soluções e outros elementos de problemas públicos, que vêm à atenção dos membros do público e aos seus funcionários governamentais".

69 HOWLETT, Michael; RAMESH, M. *Studying public policy:* policy cycles and policy subsystems, 1995, p. 104: "Na sua forma mais básica, a definição da agenda diz respeito ao reconhecimento de um problema por parte do governo". BIRKLAND, Thomas A. *An introduction to the policy process*, 2005, p. 108: "Definição da Agenda é o processo pelo qual os problemas e as soluções alternativas ganham ou perde, a atenção do público e da elite".

quais são de especial interesse para o direito. Uma primeira diz respeito à abrangência do grupo social responsável por tomar as decisões concernentes às políticas públicas. Definir os rumos da ação governamental é um dos mais importantes exercícios de poder nas sociedades modernas. Se o processo de decisão política é dominado por um pequeno grupo, então entram em cena as teorias elitistas para explicá-lo, as quais, por sinal, têm prevalecido no âmbito da ciência política norte-americana[70]. De outro lado, se existe abertura no sistema político para a participação ampla de diversos grupos, então este cenário é explicado pelas teorias pluralistas[71]. A importância desta distinção é que a existência de dominação dos canais políticos – legislativos, executivos ou ambos – por um determinado grupo de interesse é um fator que legitimará ação mais intensa do Poder Judiciário, a fim de corrigir a distorção.

Uma segunda distinção ocorre entre a *agenda sistêmica* (ou pública) e a *agenda institucional* (ou formal)[72]. Aquela trata da percepção dos problemas que têm os membros da comunidade política, ao passo que a segunda cuida da agenda oficial dos agentes públicos. A primeira, portanto, formula pretensões de inclusão na agenda institucional, e o descompasso entre uma e outra pode gerar problemas sociais e tensões políticas. O momento por excelência de acertamento entre as agendas

---

70 É o que noticia Thomas Birkland. In: *An introduction to the policy process*, 2005, p. 109.

71 BIRKLAND, Thomas A. *An introduction to the policy process*, 2005, p. 109: "*Pluralismo*. Nas teorias de grupo de política, teoria, hipótese, ou crença de que existem muitos grupos que competem entre si em um sistema político razoavelmente aberto e que as políticas públicas resultam competição entre grupos. Contrasta com o elitismo, que, em estudos de grupos e da política, é a teoria ou crença de que a formulação de políticas públicas é dominada pelos mais bem-educados, os mais ricos, e as elites mais poderosas".

72 V. HOWLETT, Michael; RAMESH, M. *Studying public policy:* policy cycles and policy subsystems, 1995, p. 112: "Uma distinção quase sempre feita, seguindo Cobb e Elder, entre agenda sistêmica ou pública e agenda institucional ou formal. A agenda sistêmica 'consiste em todos os assuntos que são corriqueiramente percebidos pelos membros da comunidade política como merecedores da atenção pública e como envolvidos na jurisdição legítima da autoridade governamental existente. (...) Uma vez que o governo tenha aceito que algo necessita ser feito sobre um problema, ele pode ser dito como incluído na agenda institucional", e BIRKLAND, Thomas A. *An introduction to the policy process*, 2005, p. 111 e s.

deve ser as eleições – daí a importância de programas políticos consistentes por parte de candidatos e partidos –, mas as eventuais correções podem e devem ocorrer no curso dos governos[73].

Para uma análise jurídica, parece importante acrescentar ao debate político o *texto constitucional*, com suas múltiplas implicações. É certo que nos Estados Unidos, onde se desenvolveu a ciência das políticas públicas, a Constituição é vista como um *condicionador* de possibilidades de formulação de políticas públicas, e não como um indutor delas. Naquele país, ela é a barreira que impede a ação ilimitada do Estado. Porém, nas sociedades que adotam constituições programáticas – ou dirigentes, na expressão de Canotilho[74] – o texto do principal documento jurídico sempre formulará pretensões relativamente à agenda institucional. Neste passo, parece importante apontar uma terceira categoria, que se pode afirmar ser uma *agenda constitucional*. É dizer: a Constituição, além de limitar o Estado, reclamará algum tipo de ação governamental para sua concretização[75].

Convém afirmar que a agenda constitucional não tem pretensão de ser toda a agenda institucional, e também não esgota toda a problemática social em dado momento histórico. Lembre-se que o papel da Constituição é, principalmente, organizar o Estado e garantir os direitos

---

[73] A interação entre agendas é objeto de estudos no campo da ciência política, e este é um assunto de relevância marginal para o direito, especialmente no que tange à manutenção de mecanismos capazes de desobstruir os canais de participação popular nos assuntos públicos, o que ocorre por meio dos sistemas eleitorais e dos mecanismos de democracia semidireta. A propósito do tema específico, v. BONAVIDES, Paulo. *Ciência política*, 2013, p. 265-276 e 302-316; KINGDON, John. W. *Agendas, alternatives, and public policies*, 2014; LIPPAMNN, Walter. *Public opinion*, 1998; DOWNS, Anthony. Up and down with ecology the issue attention cycle, *Public Interest* n. 28, 1972, p. 38.

[74] CANOTILHO, Joaquim José G. Canotilho. *Constituição dirigente e vinculação do legislador*, 1994.

[75] Registre-se que, na visão original da Canotilho, o dirigismo constitucional funciona essencialmente como um chamado voltado a administradores e legisladores, não abarcando o Poder Judiciário. Afirma o autor: "Em sede de constituição dirigente, não tem grande sentido nem alcance prático falar- se dos tribunais ou de um tribunal constitucional como'defensor da Constituição'. (...) Quer pela especificidade das suas funções, quer pelos problemas de legitimação democrática, o alargamento das funções do juiz a tarefas de conformação social positiva é juridicamente questionável" (In: *Constituição dirigente e vinculação do legislador*, 1994 p. 169- 170)

fundamentais, sendo certo que esta não pode ter a pretensão de assumir para si o papel de regulação integral da vida social, sob pena de ser profundamente antidemocrática. O oposto disto é a hipótese em que a agenda institucional *nada contém* da agenda constitucional, o que representa uma grave violação ao texto fundamental da sociedade. O fenômeno sintetiza o que Karl Loewenstein denominou *Constituição semântica*, na bastante difundida classificação ontológica das constituições[76].

Em resumo, além de uma agenda sistêmica, que diz respeito ao pensamento difuso na comunidade política a respeito dos problemas que reclamam a ação do Estado, e uma agenda institucional, que se reporta às prioridades dos agentes eleitos, há um terceiro grupo de prioridades públicas o qual encontra fundamento direto no texto constitucional, e que também formula pretensões de se fazer incluir na agenda institucional de cada momento histórico. A observância desta agenda pode se dar em graus, e parece razoável afirmar que pelo menos um conteúdo mínimo poderá ser objeto de observância coativa, pela via judicial. Estes limites, porém, são um problema cuja discussão e solução são reservados para um momento posterior deste trabalho[77].

A *formulação e escolha das políticas públicas*[78] requerem, em sua etapa primária, a identificação de objetivos que possam ser reconduzíveis ao ordenamento jurídico, em obediência ao *princípio da legalidade,*

---

[76] LOEWENSTEIN, Karl. *Teoría de la Constitución*, 1976, p. 170: "(...). *Este tipo se puede designar como constitución semántica*. Si no hubiese en absoluto ninguna constitución formal, el desarollo fáctico del proceso del poder no sería notablemente diferente. En lugar de servir a la limitación del poder, la constitución es aqui el instrumento para estabilizar y eternizar la intervención de los dominadores fácticos de la localización del poder político. Y para continuar con el símil anterior: el traje no es en absoluto un traje, sino un disfraz". (destaque acrescentado)

[77] A grande questão portanto segue sendo o que pode ser exigido normativamente com base em um texto constitucional programático, como percebeu Joaquim José G. Canotilho, quando afirma que "[o] problema central da directividade da constituição reside não tanto na própria constitucionalização do instrumento do plano como *na definição das exigências normativo-constitucionais deste*". In: *Constituição dirigente e vinculação do legislador*, 1994, p. 170. (destaque acrescentado)

[78] HOWLETT, Michael; RAMESH, M. *Studying public policy:* policy cycles and policy subsystems, 1995, p. 122-152; BIRKLAND, Thomas A. *An introduction to the policy process*, 2005, p. 157-180.

cuja observância é exigida em toda a atividade administrativa[79]. A definição das metas públicas (por meio da agenda pública) deve ser efetuada pelas maiorias de cada momento valendo-se da *lei*, que é o instrumento básico de habilitação da ação governamental nos sistemas jurídicos romano-germânicos. Sobre este momento já se falou acima. Portanto, a formulação de políticas públicas ocorre em um espectro menor de escolhas. Enquanto ao legislador cabe exercer a discricionariedade de maneira quase ilimitada, apenas constrito pelos limites constitucionais (e, no caso das Constituições programáticas, pelas suas exigências de ação), o administrador somente poderá agir dentro dos limites balizados pela legislação (e pelo próprio texto constitucional).

Cabe ainda ao legislador definir a quantidade de dinheiro que será retirada da sociedade para a realização de tais metas públicas, bem como da proporção que ficará disponível para cada tema de relevância social, o que faz por meio do orçamento público e na definição de suas rubricas. Como é sabido, no direito financeiro brasileiro o Poder Executivo tem papel de grande relevo neste processo. Por ora, apenas é necessário afirmar que a formulação das políticas públicas sempre exige uma dupla habilitação legal, a saber: (i) pela sua recondução ao sistema jurídico de modo geral, por exigência do princípio da legalidade; (ii) pela obrigatoriedade de que os gastos públicos estejam devidamente previstos na lei orçamentária, o que se traduz na reserva de orçamento (ou princípio da legalidade orçamentária). Sem estas duas autorizações prévias, não pode o administrador seguir adiante no seu mister de formulação de políticas públicas.

Note-se que esta primeira escolha exigirá do administrador participação ativa na interpretação do direito. O processo de definição abstrata de metas públicas não exclui a utilização da discricionariedade na escolha dos meios para alcançá-las. Alguns fundamentos normativos podem ser dados em favor do exercício desta atribuição, tais como o princípio democrático e o princípio da separação de poderes.

---

79 O princípio da legalidade (ou da juridicidade, incluído também o texto constitucional) é uma exigência da adoção do Estado de Direito, e encontra positivação específica no texto constitucional brasileiro (art. 37, *caput*). Sobre ele, v. MELLO, Celso Antônio Bandeira de. *Curso de direito administrativo*, 2013, p. 102-111. Para uma revisão da versão clássica do princípio, v. ARAGÃO, Alexandre Santos de. *Curso de direito administrativo*, 2013, p. 59-64.

O primeiro reclama que as decisões públicas alocativas sejam deferidas a um órgão que possua *responsabilidade política*, isto é, que seja avaliado diretamente pelos participantes da sociedade. Portanto, quando a Administração Pública exerce seus poderes, pode afirmar que age em nome da sociedade (ou, pelo menos, da maioria dela), pois seus agentes de cúpula foram eleitos. De outro lado, o princípio da separação de poderes, além de sua tradicional função de contenção do poder, exibe uma faceta de especialização funcional. Os temas serão aprofundados nos capítulos seguintes, dada a sua importância, mas vale já dizer que em determinadas condições as decisões sobre o conteúdo do direito formuladas pela Administração Pública possuem a aptidão de produzir resultados melhores que as do Poder Judiciário.

Na técnica da ciência política, existe distinção entre a formulação e a escolha de políticas públicas. A primeira corresponde a uma etapa prévia, onde os atores sociais e agentes públicos apresentam diversas soluções para o problema que o Estado se propôs a resolver. A coleta destas pode ser um processo aberto à ampla participação popular (e.g., uma audiência, consulta pública ou plebiscito) ou profundamente concentrado em setores particulares do governo. Ressalvadas algumas hipóteses em que a legislação previu procedimentos específicos de tomada de decisões, como ocorre com as agências reguladoras, afunilar ou alargar o canal de participação é uma escolha puramente discricionária[80]. De todo modo, a participação aqui já exigirá algum nível de conhecimento técnico, o que diminui o campo de atores capazes de contribuir para a definição da agenda pública. A segunda etapa, por conseguinte, é o momento em que ocorre a escolha de *uma* ou *algumas* dentre as diversas fórmulas apresentadas. Algumas teorias procuram explicar o modo como as decisões são ou deveriam ser tomadas pelo governo. Estas análises são relevantes na medida em que permitem desmistificar certas afirmações que são feitas em estudos jurídicos, notadamente em matéria de políticas públicas.

---

[80] E.g., o art. 42 da Lei Federal n. 9.472/97 (Lei Geral de Telecomunicações) impõe que os atos normativos da Agência Reguladora de Telecomunicações sejam objeto de consulta pública prévia. Igualmente, o art. 19 da Lei Federal n. 9.478 (Lei do Petróleo) exige a realização de audiência pública nas iniciativas de projetos de lei e alterações de normas administrativas que afetem o interesse dos atores do setor. Nestes casos a observância do procedimento é compulsória, sob pena de nulidade da decisão.

Duas teorias prevalecem na ciência política acerca da escolha de políticas, não por acaso uma reflete a realidade prática e a outra um ideal a ser perseguido. O modelo puramente *racional* corresponde à técnica idealizada, apontando para uma série de passos a serem percorridos em busca de um objetivo: máxima eficiência com o uso de recursos públicos. Em outras palavras, com este modelo procura-se obter mais *output* com menos ou igual *input*. O roteiro consiste na definição do problema, levantamento de *todas* as estratégias possíveis, assim como *todas* as consequências dignas de nota de cada uma delas, para que, com base em uma avaliação de custo-benefício, seja escolhida a melhor de todas[81]. Em uma análise empírica, as evidências apontam para algo bem distinto deste arcabouço racional no modo de agir das autoridades públicas. Isto porque dificilmente os agentes públicos podem contar com a *expertise* e o tempo necessários para verificar como cada solução possível afetará a realidade, e nem sempre tais consequências serão de fato previsíveis mesmo para os especialistas. Por outro lado, em raras hipóteses a solução com o melhor custo-benefício – que por sinal é algo difícil de ser alcançado na prática – poderá ser adotada sem custos políticos ou financeiros inaceitáveis[82].

Com base nesta constatação surgiu o modelo incremental de análise das decisões em matéria de políticas públicas. A ideia central é que os agentes públicos as tomam com base em acordos entre as forças sociais e políticas envolvidas, normalmente focados em interesses particulares (político, eleitoral, econômico etc.), e não públicos. Assim, o critério utilizado em tais decisões é muito mais pragmático, orientado à obtenção do voto e perpetuação no poder, do que preocupado com eficiência no sentido acima mencionado; o político quer o que é factível, e não o desejável em termos idealizados. Charles Lindblom

[81] HOWLETT, Michael; RAMESH, M. *Studying public policy:* policy cycles and policy subsystems, 1995, p. 140.

[82] Figure-se o seguinte exemplo: a utilização de pedágios e imposição de rodízio de veículos nos grandes centros urbanos são medidas extremamente impopulares desenhadas para reduzir a circulação de veículos e melhorar a qualidade do ar. Em muitos casos, os responsáveis pela decisão a respeito de políticas públicas preferirão decidir por atos politicamente menos onerosos e, por vezes, menos efetivos, como aumentar a tributação incidente sobre carros e combustíveis mais poluentes. Adota-se uma solução intermediária como forma de otimizar os interesses envolvidos.

sustenta que as decisões administrativas são tomadas com base em tentativa e erro, muitas vezes de modo sumário[83]. Desta visão decorrem alguns resultados práticos, a saber: na medida em que resultam de compromissos políticos, dificilmente as políticas públicas tendem a afetar o *status quo*, pois qualquer mudança maior nos critérios de distribuição de bens públicos escassos produz imediatamente perdedores e ganhadores; e, além disso, uma vez estabelecida, a burocracia (formada pelo corpo de funcionários públicos, que normalmente não muda substancialmente a cada governo) tende a resistir às mudanças mais radicais, exigindo dos agentes públicos mais esforços para superar este estado inercial[84].

Diante disso, pode-se dizer que não é totalmente procedente a afirmação de que o Poder Judiciário não tem qualquer função a desempenhar em matéria de políticas públicas simplesmente porque não tem visão sistêmica, ao passo que a Administração Pública pode dela dispor. Ora, basta que a Administração tome decisões premida pelo tempo e sem o devido acesso à informação técnica, e então não haverá qualquer razão institucional para que ela seja privilegiada[85]. Uma decisão administrativa nestas condições pode se revelar mais desastrosa para o público do que decisões judiciais esparsas e pontuais. Além disso, o travamento da agenda sistêmica em razão de impasses nas forças políticas pode ser campo propício para a intervenção judicial. Porém, não menos importante é afirmar que a deferência institucional às decisões administrativas decorre também da visão de que o processo

---

83 LINDBLOM, Charles E. The Science of "muddling through", *Public Administration Review*, v. 19, n. 2, 1959, pp. 79-88. Sobre o tema, v. HOWLETT, Michael; RAMESH, M. *Studying public policy:* policy cycles and policy subsystems, 1995, p. 141.

84 Há ainda uma terceira teoria, chamada *garbage can* (literalmente, lata de lixo). Para os seus defensores, não há qualquer possibilidade de apreensão racional (e, portanto, científica) do processo decisório em matéria de políticas públicas. HOWLETT, Michael e RAMESH, M. *Studying public policy*: policy cycles and policy subsystems, 1995, p. 144-145.

85 O ponto diz respeito ao argumento sistêmico-institucional para privilegiar decisões administrativas sobre judiciais. Contudo, segue pertinente o argumento democrático. Na prática, são os administradores eleitos que arcarão com as consequências políticas das escolhas eventualmente desastrosas que tomam. A diferença qualitativa no âmbito das consequências políticas é uma importante objeção ao controle judicial de políticas públicas e deve inspirar cautela. O tema será objeto de consideração adiante.

de escolha em políticas públicas é essencialmente político, e não puramente técnico. O que não impede que algumas correções sejam judicialmente efetuadas, pois há de ser observada alguma juridicidade na gestão do poder público.

O terceiro momento diz respeito ao processo de *implementação das políticas públicas*[86] já traçadas. Aqui os planos e programas normativos deixam o mundo das ideias e convertem-se em ação efetiva do Estado. Esta se constitui da edição de atos administrativos para a alocação de servidores públicos em determinada atividade, realização de licitações, publicação de editais, realização de empenho e liquidação de despesas, enfim, de toda a atividade destinada à realização do planejamento estabelecido pela Administração para realizar a finalidade pública colimada. A implementação de políticas públicas era uma matéria não problematizada na década de setenta na ciência política, e no direito permanece sendo um assunto marginal, a despeito da crescente atenção que lhe tem sido devotada. A evidente questão que avulta diz respeito à fidelidade com que a burocracia executa os comandos advindos dos escalões superiores da Administração[87], e aqui as abordagens se dividem na prevalência da burocracia não eleita (análise *bottom-up*) ou da cúpula (análise *top-down*) na efetivação das políticas.

O cumprimento fiel das diretrizes traçadas pelos agentes de cúpula é essencialmente um problema político. Tanto assim que a solução encontrada pelo sistema constitucional é a previsão dos chamados *cargos em comissão*, que se traduzem na presença de indivíduos nos órgãos administrativos que são politicamente nomeados, e por isso mesmo demissíveis *ad nutum*. Todavia, pode converter-se em problema jurídico na medida em que as decisões a respeito das políticas públicas recebem a forma de atos normativos, tais como ordens de serviço e

---

86 HOWLETT, Michael; RAMESH, M. *Studying public policy:* policy cycles and policy subsystems, 1995, p. 153-166; BIRKLAND, Thomas A. *An introduction to the policy process*, 2005, p. 181-200.

87 Segundo Michael Howlett e M. Ramesh, o estudo pioneiro na questão é de Pressman e Wildavsky, os quais verificaram que o programa federal para o desempregados residentes na cidade de Oakland, Califórnia, não estavam sendo realizados na forma idealizada pelos agentes responsáveis pela formulação das políticas públicas. In: *Studying public policy*: policy cycles and policy subsystems, 1995, p. 153. Como salientando acima, o princípio da separação de poderes carece de maior desenvolvimento no que toca às relações entre burocracia e Poder Executivo.

decretos regulamentares, os quais são vinculantes para os órgãos e servidores públicos aos quais se dirigem. Neste caso, a inobservância do regulamento poderá ensejar responsabilidade administrativa dos agentes hierarquicamente subordinados.

Limitações de todos os tipos também devem ser objeto de consideração quando se pensa em transformar decisões políticas em realidade palpável. Falta de dinheiro, condições sociais, econômicas e tecnológicas adversas, desorganização da máquina administrativa, circunstâncias políticas desfavoráveis e poderes de grupos sociais especificamente afetados, são exemplos de situações que podem inviabilizar ou dificultar este processo. Cumpre relembrar que a habilitação orçamentária não significa a efetiva existência de dinheiro, mas mera estimativa acompanhada de autorização. De igual maneira, embora a previsão legislativa que permita a consecução de determinada ação possa permanecer no mundo jurídico, pode ser que os grupos políticos que apoiaram a edição da norma já não tenham mais interesse no assunto. Em suma, o estudo dos dados oriundo da realidade não é desimportante na matéria.

No esquema proposto, o *último momento é o da avaliação das políticas públicas*[88]. Os mecanismos constitucionais e legais de avaliação de políticas públicas são complexos e institucionalmente diversificados, tornando muitas vezes difícil estabelecer limites claros entre os papéis de um e outro órgão de poder (especialmente quanto ao papel do Poder Judiciário). Ademais, é oportuno alertar que, como já se disse, nem sempre é possível antecipar resultados de políticas públicas formuladas. Além disso, a solução posta em prática pelo governo pode não corresponder àquela mais eficiente em uma análise de custo-benefício de caráter puramente econômico, mas corresponder ao politicamente viável no arranjo de interesses dos grupos socialmente afetados. Por esta razão, ressalvados, uma vez mais, os casos extremos, revela-se irrazoável rotular determinada ação pública como um *fracasso* ou um *sucesso*, pois os critérios de avaliação são cambiantes e muitas vezes não consideram estas variáveis políticas.

Feita esta advertência inicial, é possível, com base no sistema da Constituição Federal de 1988, apontar a existência de *quatro* mecanis-

---

[88] HOWLETT, Michael; RAMESH, M. *Studying public policy*: policy cycles and policy subsystems, 1995, p. 168-181.

mos de avaliação de políticas públicas, cujos parâmetros de controle são distintos, a saber: (i) político-eleitoral; (ii) administrativo-interno; (iii) legislativo; e (iv) judicial.

O primeiro método de avaliação é puramente *político*, e ele é indubitavelmente o mais importante de todos, pois é ínsito às democracias contemporâneas. Ao estabelecer eleições periódicas para o exercício das funções administrativa e legislativa, a Constituição permite que os cidadãos julguem, a partir da percepção que têm dos problemas sociais, os partidos políticos e seus respectivos planos de ação[89]. O partido escolhido no pleito eleitoral transformará suas metas em material legislativo, sempre com a intervenção das minorias representadas pela oposição, para que então a Administração Pública possa colocá-los em prática. Portanto, o voto é o primeiro e principal instrumento de controle social de políticas públicas.

A avaliação política também permanece no transcorrer dos mandatos, mas de forma diferente de acordo com o regime político e os mecanismos de democracia semidireta que cada país adota. Naqueles que optaram pelo sistema de governo parlamentar, há constante interação entre Executivo e Legislativo, na medida em que o gabinete é formado dentro do próprio parlamento. A qualquer momento um voto de desconfiança pode ser aprovado e o governo destituído. Nos sistemas presidencialistas ocorre algo distinto. O presidente não pode ser destituído por realizar um governo desastroso, a não ser que pratique crime de responsabilidade capaz de ensejar seu *impeachment*, circunstância que torna mais importante os outros mecanismos de controle e correção. Além disso, algumas Constituições preveem mecanismos de democracia semidireta que permitem esta intervenção popular pós-eleitoral (e.g., a iniciativa legislativa popular e o *recall*).

Como forma de permitir esta constante avaliação popular das políticas públicas, a Constituição determina o dever de prestação de

[89] Este é o modelo das democracias liberais, cf. MAJONE, Giandomenico, "Agenda setting". In: *The oxford handbook of public policy*, 2006, p. 233: "Os partidos políticos identificam problemas e formulam programas; o eleitorado discute questões e os candidatos, após o grande debate de uma eleição geral, expressam uma maioria a favor de um dos programas; a maioria legislativa traduz programas em leis, em constante debate com a oposição; finalmente, a discussão é transportada para o gabinete, onde se traduz em políticas específicas".

contas ao público. Muito mais que um dever da Administração Pública, o acesso à informação é uma garantia fundamental da cidadania, conforme determinam os incisos XIV e XXXIII do art. 5º da Constituição Federal de 1988[90]. Só escapam a este genuíno direito subjetivo público as informações cujo sigilo seja imprescindível à segurança da sociedade e do Estado. Em correlação com os incisos citados, o art. 37 da Constituição institui o princípio da publicidade dos atos administrativos. *A regra é a publicização da atividade estatal*, excepcionalmente admitindo-se o sigilo[91]. O ponto será objeto de análise mais aprofundada no capítulo IV.

Também poderá ocorrer avaliação pelos próprios mecanismos internos da Administração Pública. É o que se chama controle administrativo ou autotutela, tema abordado corriqueiramente nos manuais de direito administrativo[92]. De acordo com Odete Medauar, quanto ao objeto de incidência o controle pode ser de legalidade (o qual também envolve a fidelidade orçamentária e financeira), de mérito e de "boa administração", este último compreendendo eficiência, produtividade e gestão[93]. O arranjo institucional destes órgãos de controle e avaliação é confiado a cada ente federativo, embora sua

---

[90] CF/88. "Art. 5º. Todos são iguais perante a lei, sem distinção de qualquer natureza, garantindo-se aos brasileiros e aos estrangeiros residentes no País a inviolabilidade do direito à vida, à liberdade, à igualdade, à segurança e à propriedade, nos termos seguintes: XIV – é assegurado a todos o acesso à informação e resguardado o sigilo da fonte, quando necessário ao exercício profissional; XXXIII – todos têm direito a receber dos órgãos públicos informações de seu interesse particular, ou de interesse coletivo ou geral, que serão prestadas no prazo da lei, sob pena de responsabilidade, ressalvadas aquelas cujo sigilo seja imprescindível à segurança da sociedade e do Estado" (regulamento pela Lei n. 11.111/2005).

[91] STF, MS 25.382/DF, rel. Min. Sepúlveda Pertence, *DJ* 31-3-06: "Em suma, a transparência administrativa é suficiente razão para se afiançar acesso de procedimento em curso na Administração Pública a qualquer cidadão, ressalvadas as hipóteses concretas que exijam andamento sigiloso".

[92] MEDAUAR, Odete. *Direito administrativo moderno*, 2014, p. 428-438; NETO, Diogo de Figueiredo Moreira. *Curso de direito administrativo*, 2006, p. 557-620; MELLO, Celso Antônio Bandeira de. *Curso de direito administrativo*, 2013, p. 953-973; CARVALHO FILHO, José dos Santos. *Manual de direito administrativo*, 2014, p. 951-1153; ARAGÃO, Alexandre Santos de. *Curso de direito administrativo*, 2013, p. 611-614.

[93] MEDAUAR, Odete. *Direito administrativo moderno*, 2014, p. 428.

presença seja obrigatória, nos termos dos arts. 70 e 74 do texto constitucional[94]. No âmbito federal, o papel de avaliação e controle interno da atividade administrativa é exercido pela Controladoria-Geral da União. O controle interno é fundamental para garantir a observância às regras e aos princípios legais, mas também para assegurar que a burocracia governamental guarde fidelidade ao planejamento mais amplo definido pelos agentes de cúpula e pela legislação.

O terceiro mecanismo de avaliação e controle de políticas públicas é desempenhado pelo *Poder Legislativo* e pelos *Tribunais de Contas.* O primeiro exerce-o de formas diversas, às vezes diretamente, por meio da aprovação de leis, mas também nos diversos casos em que os atos administrativos exigem a concordância do Congresso Nacional para se aperfeiçoarem (e.g., assinatura de tratados; alienação de terras públicas com medidas superiores a dois mil e quinhentos hectares etc.). Dentre as possibilidades de controle se destacam as previsões contidas no art. 49, V e X, da Constituição Federal de 1988[95], as quais permitem: a sustação dos atos normativos do Poder Executivo que exorbitem do poder regulamentar ou dos limites da delegação legislativa; e a fiscalização, exercida com o auxílio dos tribunais de contas. Acrescente-se que os limites do controle exercido pelo Poder Legislativo restaram restringidos sobremaneira por diversas decisões do Supremo Tribunal Federal que reconheceram a existência de um espaço de *reserva de administração*[96]. Cumpre consignar, por outro lado, que o STF produziu

---

[94] CF/88: "Art. 70. A fiscalização contábil, financeira, orçamentária, operacional e patrimonial da União e das entidades da administração direta e indireta, quanto à legalidade, legitimidade, economicidade, aplicação das subvenções e renúncia de receitas, será exercida pelo Congresso Nacional, mediante controle externo, e *pelo sistema de controle interno de cada Poder*". Não se pode olvidar que o art. 74 da CF/88 determina a integração entre os poderes na missão de efetuar o controle.

[95] CF/88: "Art. 49. É da competência exclusiva do Congresso Nacional: (...) V – sustar os atos normativos do Poder Executivo que exorbitem do poder regulamentar ou dos limites de delegação legislativa; (...) X – fiscalizar e controlar, diretamente, ou por qualquer de suas Casas, os atos do Poder Executivo, incluídos os da administração indireta;".

[96] São espaços de atuação da Administração Pública infensos à atuação do Poder Legislativo, o que derivaria de certa leitura do princípio da separação de poderes. Sobre a reserva de administração, com amplas referências à jurisprudência brasileira, v. CORREIA, Arícia Fernandes. "Reserva de administração e separação de poderes". In: BARROSO, Luís Roberto (org). *A reconstrução democrática*

jurisprudência prestigiando os poderes das Comissões Parlamentares de Inquérito, que constituem um dos principais mecanismos da fiscalização parlamentar sobre a Administração Pública[97].

Além disso, há também funções exercidas de forma autônoma pelos Tribunais de Contas, cuja função precípua é de auxílio e orientação ao Poder Legislativo, cabendo-lhe fornecer parecer para o julgamento das contas do chefe do Poder Executivo. Contudo, a Constituição Federal de 1988 legou importante papel a tais cortes administrativas, ao determinar que elas deveriam, por iniciativa própria ou por provocação do Poder Legislativo, realizar *inspeções* e *auditorias* de natureza contábil, financeira, orçamentária, operacional e patrimonial (arts. 70, *caput*, e 71, IV, da CF/88), em todas as esferas de poder, de maneira que sua função não se restringe a coadjuvar os legisladores.

Pois bem. De acordo com o art. 70 da Constituição Federal, o controle poderá ser contábil, financeiro, orçamentário, operacional e patrimonial. O art. 75 da Lei n. 4.320/64[98] estabelece as exatas dimensões do *controle contábil, financeiro* e *orçamentário*, ao afirmar que ele envolve a apreciação da legalidade dos atos de arrecadação de receita ou realização da despesa, criação ou extinção de obrigações, a fidelidade funcional dos agentes públicos responsáveis por bens e valores, e o cumprimento do programa de trabalho expresso em termos monetários e a realização de obras e prestação de serviços.

---

do direito público no Brasil, 2007, p. 575-612, especialmente p. 596. O caso mais emblemático sobre o tema possivelmente é o acórdão proferido na ADI n. 5.501 (*DJ* 1º-12-2020), que reputou inconstitucional a lei que determinou a distribuição da fosfoetanolamina, um composto que supostamente serviria de combate ao câncer, independentemente de registro pelas agências sanitárias.

97 Ilustrativamente, v. STF, MS 24831/DF, rel. Min. Celso de Mello, *DJ* 24-8-2006. Para uma análise mais robusta da jurisprudência do Supremo Tribunal Federal sobre o tema, confira-se: *O Supremo Tribunal Federal e as Comissões Parlamentares de Inquérito*. Brasília: Supremo Tribunal Federal, 2006. Disponível em: <http://www.stf.jus.br/arquivo/cms/publicacaoPublicacaoTematica/anexo/CPI.pdf>. Acesso em: 17-9-2014.

98 Lei n. 4.320/64 :"Art. 75. O contrôle da execução orçamentária compreenderá: I – a legalidade dos atos de que resultem a arrecadação da receita ou a realização da despesa, o nascimento ou a extinção de direitos e obrigações; II – a fidelidade funcional dos agentes da administração, responsáveis por bens e valores públicos; III – o cumprimento do programa de trabalho expresso em têrmos monetários e em têrmos de realização de obras e prestação de serviços".

A fiscalização operacional está intimamente ligada à atividade-fim do ente, sendo igualmente relevante. De forma bem simplificada, no âmbito da contabilidade e do direito privado o conceito de atividade operacional abrange tudo aquilo que tiver relação direta ou indireta com o exercício do objeto social da sociedade[99]. Portanto, feita a devida adaptação, a fiscalização operacional recairá nos serviços prestados e atividades realizadas pela Administração Pública[100]. Interessante verificar que as constituições anteriores à de 1988 não faziam qualquer menção à fiscalização operacional, com o que se pode afirmar ser essa uma bem-vinda novidade, que sugere maior amplitude do controle exercido pelos Tribunais de Contas e órgãos legislativos sobre a atividade finalística do Estado[101]. Por fim, a fiscalização patrimonial está relacionada ao acervo de bens pertencente ao ente, de modo que as alterações devem ser fiscalizadas a fim de preservá-lo. O controle dos Tribunais de Contas compreende a análise de legalidade e economicidade das ações administrativas[102].

Por fim, mas não menos importante, não resulta evidente de uma primeira leitura do texto constitucional qualquer papel de maior relevo para o Poder Judiciário em matéria de avaliação de políticas públi-

---

99 Cf. IUDÍCIBUS, Sérgio de; MARTINS, Eliseu; GELBCKE, Ernesto Rubens. *Manual de contabilidade das sociedades por ações (aplicável às demais sociedades)*, 2000.

100 Nesse sentido, o manual de auditoria operacional do Tribunal de Contas da União assenta: "A auditoria operacional é o exame independente, objetivo e confiável que analisa se empreendimentos, sistemas, operações, programas, atividades ou organizações do governo estão funcionando de acordo com os princípios de economicidade, eficiência, eficácia e efetividade e se há espaço para aperfeiçoamento (ISSAI 3000/17)". Disponível em: <https://portal.tcu.gov.br/controle-externo/normas-e-orientacoes/normas-de-fiscalizacao/auditoria-operacional.htm>.

101 Regis Fernandes de Oliveira dá uma outra definição para a fiscalização operacional, afirmando que ela "diz respeito à obediência aos meios legais de liberação de verbas ou de sua arrecadação". In: *Curso de direito financeiro*, 2013, p. 455. Em nossa opinião, tal definição tem o condão de tornar indistintos os mandamentos de fiscalização financeira e operacional. Por se tratar de uma novidade da Constituição de 1988, convém extrair dela todas as suas potencialidades.

102 A propósito, v. BUGARIN, Paulo Soares. *O princípio constitucional da economicidade na jurisprudência do Tribunal de Contas da União*, 2004. O princípio da economicidade será objeto de estudo específico no Capítulo IV.

cas. De fato, nos estritos termos da Constituição, cabe a este poder estatal efetuar o reconhecimento da inconstitucionalidade de atos da Administração Pública quando estes confrontarem com o texto constitucional, ou de sua ilegalidade quando aqueles não puderem ser enquadrados na ordem jurídica infraconstitucional. Segundo o conhecimento convencional, fora das hipóteses de ilegalidade e inconstitucionalidade dos atos administrativos ou das leis, não cabe aos magistrados efetuar qualquer ingerência sobre as decisões dos demais poderes estatais, os quais se inserem nas rubricas *discrionariedade administrativa* ou *legislativa*, conforme o caso.

Porém, como visto neste capítulo, esta descrição da realidade dificilmente poderia subsistir em um ambiente em que o Poder Judiciário reiteradamente profere decisões que afetam políticas públicas estabelecidas ou determinam a sua realização. A necessidade de revisão da tese tornou-se imperiosa quando o Supremo Tribunal Federal e o Superior Tribunal de Justiça – órgãos de cúpula do Poder Judiciário brasileiro – passaram a reconhecer legitimidade aos juízes para ingressar neste campo. Resta saber, assim, os limites e possibilidades desta incursão.

Enfim, neste tópico foi exposto o ciclo das políticas públicas e as questões que cada uma de suas etapas podem suscitar. Como se percebe, foi efetuado um largo esforço de sintetizar teses e sistematizações que há muito são discutidas e desenvolvidas na ciência das políticas públicas, e que podem fornecer importantes subsídios para o debate jurídico. Na medida em que afetam o direito, alguns dos temas abordados serão retomados no curso no trabalho. O tópico seguinte destina-se a uma breve análise dos chamados elementos das políticas públicas.

3. Elementos das políticas públicas

Antes de encerrar este tópico inicial, é essencial ainda apresentar o que consideramos os *elementos* das políticas públicas. O ciclo das políticas públicas demonstra que elas se radicam inicialmente em algo intangível, que é a agenda institucional. Paulatinamente, elas passam a ganhar roupagem jurídica, com a edição de duas importantes habilitações ao exercício da ação governamental: as leis orçamentárias e as leis em sentido lato, as quais servirão de sustentáculo à prática de atos e fatos administrativos tendentes à consecução das finalidades públicas. Portanto, discricionariedade administrativa e legislação orçamentária são os instrumentos por excelência de concretização jurídica das políticas públicas, além das leis em sentido amplo. Dentre estas, avultam de importância as leis que cuidam do planejamento público. É o que se estuda a seguir.

3.1. *Orçamento público*

Existe certa percepção entre os estudiosos das finanças públicas no sentido de que são elas que de fato definem o funcionamento de um sistema político[103]. E nenhuma dúvida pode haver sobre a importância superlativa que o dinheiro público exerce nas sociedades contemporâneas. Os políticos precisam de dinheiro para pôr em prática os projetos que têm para o Estado (quando eles existem) ou, na pior das hipóteses, seus próprios projetos pessoais; os cidadãos, por sua vez, exigem a prestação de serviços diversos que são notoriamente custosos (segurança, hospitais, escolas etc.), e às vezes até mesmo dinheiro em espécie (mediante, e.g., aposentadorias, pensões, benefícios assistenciais, vencimentos etc.). É um truísmo afirmar que o sucesso das gestões administrativas tem como fator preponderante, embora não exclusivo, a disponibilidade de caixa, sem a qual as ações públicas simplesmente não serão factíveis. Os orçamentos, sempre crescentes na previsão da despesa pública, refletem exatamente a tendência de incremento da burocracia e da participação do Estado na sociedade.

É possível ir um pouco mais longe. O dinheiro público – e, por consequência, a disciplina das finanças públicas – acaba por ditar os índices de efetividade da própria Constituição da República, pois muito da programação constitucional depende de investimentos vigorosos do Estado. Metas como a erradicação da pobreza, redução das desigualdades sociais, universalização da saúde e da educação, são evidentemente dispendiosas, mas mesmos as aspirações menos abrangentes e nobres também têm seus custos (como o asfaltamento de uma rodovia, por exemplo), razão pela qual dependem fundamentalmente de escolhas

---

[103] Neste sentido, MERCATI, Livia. *Le procedure di Bilacio tra Sistemi Elettorali e Forme di Governo: un'Analisi Comparata*, 1997, p. 376 e s. *apud* DUARTE, Tiago. *A lei por detrás do orçamento*, 2007, p. 17, nota de rodapé n. 2: "Para a autora, as Finanças Públicas representam, em todos os sistemas constitucionais contemporâneos, uma clara expressão das relações existentes entre o poder executivo e o poder legislativo (...), sendo uma das mais significativas expressões da forma de governo num determinado ordenamento".

orçamentárias. Neste passo, vê-se que *o processo orçamentário público se encontra no epicentro dos sistemas políticos atuais*, porquanto nele são definidas as prioridades sociais e delimitada a ação do Estado no futuro. Esse ponto muitas vezes passa despercebido.

Isso porque o orçamento público pode ser visto como um mero instrumento contábil, por meio do qual o Estado organiza suas finanças, tal como o fazem as pessoas jurídicas e os indivíduos de modo geral[104]. São lançadas as estimativas de despesas e receitas e durante o exercício efetuam-se os ajustes necessários, em ordem a compatibilizá-lo com a realidade. Sob este viés, o orçamento revela-se essencial à organização do poder público, gerando previsibilidade e estabilidade, elementos desejáveis na vida comum, mas cruciais ao adequado funcionamento do Estado. Contudo, sem outras considerações, esta visão é deficitária e de pouca valia para o Direito. Isso porque negligencia um aspecto elementar do orçamento – ser ele peça essencial às engrenagens políticas de um Estado democrático, organizado segundo as bases políticas liberais.

Segundo a doutrina especializada[105], a preocupação política com as finanças públicas encontra origem remota na prática constitucional inglesa. Primeiro, com a exigência de que a tributação fosse previamente aprovada pelos representantes do povo, o que restou previsto no célebre art. 12 da *Magna Carta* subscrita no ano de 1215[106], considerada

---

[104] As discussões acadêmicas na seara econômica, por exemplo, tendem a cingir-se a respeito da conveniência ou não do equilíbrio orçamentário, sem refletir a respeito do papel político inerente ao processo orçamentário.

[105] Cf. OLIVEIRA, Regis Fernandes de. *Curso de direito financeiro*, 2011, p. 344 e s., ROSA Jr., Luiz Emygio F. *Manual de direito financeiro e direito tributário*, 2007, p. 66 e s. e TORRES, Ricardo Lobo. *Tratado de direito constitucional, financeiro e tributário*, v. 5, 2008, p. 3-5; VIANA, Arizio de. *Orçamento brasileiro*, 1950, p. 43; STOURM, René. *Le budget*, 1900, p. 9; GIACOMONI, James. *Orçamento público*, 1985, p. 39.

[106] "Nenhuma 'scutage' ou 'auxílio' será cobrado em nosso reino, sem o seu consentimento geral, a menos que seja para o resgate da nossa pessoa, para tornar o nosso filho mais velho cavaleiro, e (uma vez) para casar a nossa filha mais velha. Para estas finalidades uma ajuda 'razoável' pode ser cobrada. Os auxílios da cidade de Londres serão tratados da mesma forma". O termo "scutage", sem tradução, refere-se à indenização em dinheiro paga pelos cavaleiros aos senhores, em substituição ao serviço militar. (no original: "No 'scutage' or 'aid' may be levied in our kingdom without its general consent, unless it is for the ransom of our person, to make our eldest son a knight, and (once) to marry

a primeira imposição jurídica de previsão orçamentária. Posteriormente, a prática ampliou-se, cabendo ao Parlamento rejeitar, modificar ou aprovar as propostas de despesas encaminhadas pela Coroa inglesa, o que resultou em atritos e embates entre as duas instituições ao longo de séculos[107]. A consolidação somente ocorreria em 1822, quando o orçamento público recebeu a sua feição moderna. A partir daí o chanceler do Erário passou a apresentar ao Parlamento um relatório contemplando a fixação das despesas e receitas de cada exercício, solicitando sua aprovação. Essas foram as primeiras limitações ao exercício do poder de tributação e dispêndio conferido ao Estado. Porém, ressalvadas estas contenções políticas pontuais, no modelo monárquico absolutista não havia cisão entre o patrimônio público e os bens do monarca, o que descaracteriza a função democrática da peça orçamentária.

Assim, a feição moderna dos orçamentos públicos somente começaria a ser delineada e disseminada com o advento das revoluções liberais do século XVIII. Os revolucionários franceses impuseram a regra da aprovação prévia da tributação e reconheceram o direito público de acompanhamento dos gastos efetuados pelo Estado com o dinheiro oriundo dos cidadãos, o que inclusive consta da Declaração de Direitos do Homem e do Cidadão[108]. A Constituição americana de 1787 reservou ao Congresso o poder de pagar dívidas e instituir tributos[109]. Também nestes países a consolidação da prática orçamentária foi um processo lento e gradual[110]. Somente com o advento do Estado Democrático de Direito o orçamento pode finalmente assumir suas funções, quais sejam, de mecanismo pleno de gestão e controle democráticos

---

our eldest daughter. For these purposes ouly a reasonable 'aid' may be levied. 'Aids' from the city of London are to be treated similarly").

[107] Sobre eles, v. STOURM, René. *Le budget*, 1900, p. 9-19.

[108] "Art. 14. Todos os cidadãos têm direito de verificar, por si ou pelos seus representantes, da necessidade da contribuição pública, de consenti-la livremente, de observar o seu emprego e de lhe fixar a repartição, a coleta, a cobrança e a duração".

[109] "Art. 1º Seção 8, 1. Será da competência do Congresso: lançar e arrecadar taxas, direitos, impostos e tributos, pagar dívidas e prover a defesa comum e o bem-estar geral dos Estados Unidos; mas todos os direitos, impostos e tributos serão uniformes em todos os Estados Unidos;".

[110] V., com indicações bibliográficas, GIACOMONI, James. *Orçamento público*, 1985, p. 38-45; STOURM, René. *Le budget*, 1900, p. 1-39.

das receitas e despesas públicas. Em resumo, o orçamento público de natureza política é fruto do pensamento político liberal, ao qual foram agregadas funções em razão da expansão das atividades estatais.

Como se sabe, antes das revoluções liberais e mesmo durante muito tempo após, os Estados eram caracterizados pela sua função primordial de prover segurança aos súditos, e os tributos tinham o objetivo de subsidiar a burocracia destinada à gestão pública desta finalidade[111]. Na era medieval, a arrecadação tributária servia ao financiamento de guerras e dos luxos da aristocracia que vivia de rendas públicas, mas não a um projeto de melhoria do bem-estar coletivo[112]. Como se verá no capítulo II, esta concepção de Estado mínimo já não existe mais empiricamente, pois com a industrialização, no século XIX, o Estado assume a função de prestar serviços públicos e gerir bens coletivos. A grande virada ocorreu a partir de 1929, nos Estados Unidos, e do fim da Segunda Guerra Mundial, nos demais países do mundo ocidental, quando cresceu vertiginosamente o papel do Estado, que assumiu a função de indutor da atividade econômica e da melhoria de vida da população (*Welfare-State*)[113]. Naturalmente, um Estado maior demandará mais recurso e formulará políticas públicas nos mais diversos campos, tudo a exigir constantes escolhas alocativas por parte da sociedade.

É importante, neste ponto, separar as duas fases históricas do orçamento. A primeira corresponde ao *orçamento liberal*, quando este servia à finalidade estrita de *controle político*, consolidada na segunda década do século XIX. A aprovação do parlamento ocorria não porque este era um órgão de efetiva representação, mas sim porque havia necessidade de controle dos gastos e da arrecadação efetuada pelo chefe de governo.

---

[111] GIACOMONI, James. *Orçamento público*, 1985, p. 57-59. Emblemáticos desta fase inicial do orçamento são os dizeres de Jean-Baptiste Say, transcritos por James Giacomoni: "...todos os consumos públicos constituem por si mesmos um sacrifício, um mal sem nenhuma outra compensação que a vantagem resultante para o público da satisfação de uma necessidade". In: *Orçamento público*, 1985, p. 58. O orçamento político, assim, caracterizava-se essencialmente pela função de conter e reduzir as despesas públicas, evitando-se a expansão desmedida do Poder Executivo.

[112] MOOJEN, Guilherme. *Orçamento público*, 1959, p. 23.

[113] SUNSTEIN, Cass. *After the rights revolution*, 1990, p. 19: "A despeito desses vários antecedentes, a ascensão da moderna regulação social e econômica deve ser vista como parte das reformas empreendidas pelo *New Deal* na estrutura constitucional norte-americana".

Na segunda fase, do *orçamento moderno*, a função da lei orçamentária é servir de planejamento para a execução de ações estatais e de veículo da vontade democrática no que tange às escolhas alocativas, que somente se consolida entre a terceira e a quinta décadas do século XX[114].

Especificamente no contexto latino-americano e na Península Ibérica, o discurso social deixou o campo da retórica e ganhou corpo jurídico com a promulgação de constituições que consagram amplos direitos[115]. No Brasil, a *era* dos direitos sociais se iniciou com a Constituição Federal de 1934, mas somente se consolida com a Constituição Federal de 1988, que efetivamente alcança o *status* de norma jurídica, e ainda assim somente após a primeira década de sua vigência. Ora, desde a primeira hora a eficácia dos direitos sociais é condicionada à existência de recursos públicos disponíveis, o que evitou a sua judicialização por certo período. A reserva de orçamento para a vigência dos direitos sociais deveria ter representado a valorização do orçamento público enquanto instrumento legítimo para a tomada de decisões públicas, muito embora isto não se tenha verificado na prática. Pelo contrário, o momento de confecção do orçamento público segue despercebido, e só recentemente seu resultado passou a ser suscetível de controle judicial na via concentrada[116].

---

114 Segundo Ricardo Lobo Torres, o orçamento público possui três funções, a saber: política, econômica e reguladora. In: *Tratado de direito constitucional, financeiro e tributário*, v. 5, 2008, p. 65-77.

115 TORRES, Ricardo Lobo. *Tratado de direito constitucional, financeiro e tributário*, v. 5, 2008, p. 5: "Com a crise do Estado Fiscal no início do século XX e com o crescimento do Estado de Bem-estar Social, modificam-se as Constituições Orçamentárias dos diversos países, para agasalhar a intervenção do Estado no domínio econômico e social. No Brasil, a disciplina constitucional do orçamento se amplia a partir de 1937, para atender à nova orientação política e econômica".

116 No julgamento da ADI n. 4.048, rel. Min. Gilmar Mendes, *DJ* 22-8-2008 o Plenário do STF, superando antigo entendimento (ADI n. 2.100), afirmou ser possível a impugnação, em sede de controle abstrato de constitucionalidade, de leis orçamentárias: "Supremo Tribunal Federal deve exercer sua função precípua de fiscalização da constitucionalidade das leis e dos atos normativos quando houver um tema ou uma controvérsia constitucional suscitada em abstrato, independente do caráter geral ou específico, concreto ou abstrato de seu objeto. Possibilidade de submissão das normas orçamentárias ao controle abstrato de constitucionalidade". No mesmo sentido: ADI 5.449-MC, rel. Min. Teori Zavascki, *DJe* 22-4-2016.

Nos países desenvolvidos o orçamento foi prontamente ligado às políticas públicas desenhadas pelo Estado e valorizado enquanto instrumento de poder e contenção do Poder Executivo. Nos Estados Unidos, o controle orçamentário é reconhecidamente a garantia mais importante da autoridade legislativa sobre o Poder Executivo[117]. Nos países latino-americanos, além das políticas ordinárias, a própria política de efetivação dos direitos fundamentais foi integralmente remetida ao momento de confecção do orçamento, o que resultou, em conjunto com outros elementos, em graus elevados de inefetividade de tais direitos. Causa estranheza que a necessidade de previsão orçamentária para a efetivação dos direitos prestacionais não tenha despertado maior interesse social sobre o assunto[118]. Por outro lado, a constante omissão estatal no que tange aos direitos dependentes de prestação, embora expressamente previstos no texto constitucional, contribuiu para a reação do Poder Judiciário, já relatada na introdução deste trabalho.

De todo modo, resta claro que a transformação do Estado-gendarme em Estado-providência retirou os orçamentos públicos de um papel apenas marginal (de contenção política) e os colocou – ou deveria tê-los colocado – no centro do debate político, pois é na feitura do orçamento onde são feitas as grandes escolhas a respeito da atuação deste novo Estado, agigantado pelas inúmeras tarefas que lhe foram legadas pelas constituições contemporâneas. A importância do orçamento público, portanto, decorre de *sua importantíssima vocação para cristalizar escolhas alocativas, efetuadas democraticamente, sobre recursos escassos*. O momento de feitura da peça orçamentária é, por excelência, a ocasião em que as forças sociais se encontram para decidir

---

117 WILDAVSKY, Aaron; CAIDEN, Naomi. *The new politics of the budgetary process*, 1997: "Os americanos há muito têm temido a opressão por parte do poder executivo. Os membros do Congresso há muito veem-se como o baluarte contra tal opressão. O público, a julgar pelas pesquisas de opinião, confia no Congresso não mais do que na Presidência; mas os membros do Congresso ainda se veem em um papel protetor. *Sua arma principal é o 'poder da bolsa' (...). O poder da bolsa é, então, o poder legislativo de que nenhum dinheiro poderá ser gasto sem a previsão orçamentária feita pelo Congresso*". (destaque acrescentado)

118 Esse cenário talvez esteja se modificando em anos recentes. As Emendas Constitucionais n. 85 e 86, de 2015, bem como a n. 109, de 2021, alteraram diversas regras sobre o orçamento público, em especial para tornar a despesa orçamentária como de execução obrigatória. O ponto será abordado adiante.

quanto de recursos será retirado da sociedade em favor do Estado, e *como* serão revertidos na atuação deste[119].

É de concluir, neste passo, que o orçamento público, nas sociedades democráticas contemporâneas, é *peça-chave* no desenho das políticas públicas, pois é por meio dele que se define o *tamanho* do Estado em cada momento histórico. Sem a devida previsão orçamentária, não é possível a realização de políticas públicas, pois o seu exercício seria essencialmente *antidemocrático,* exatamente porque ausente a devida autorização popular. Quando o magistrado determina que sejam efetuados gastos que não estão previstos no orçamento, ou procura, diretamente, alterar-lhes a feição, incorre, ao menos em tese, nesta violação.

Neste subtópico apenas se procurou apresentar o orçamento enquanto elemento essencial na definição das políticas públicas. O subtópico seguinte tem o mesmo objetivo, mas cuidará das leis que veiculam planos públicos.

3.2. *Planejamento público*

O planejamento público, como mencionado acima, pode ser entendido como sinônimo de políticas públicas. Aliás, normalmente é o que ocorre quando se dá a edição de leis veiculando planos, rotulados de "políticas públicas" para determinada questão ou setor. Porém, como também foi dito, parece mais adequado entender o plano público como um elemento que se encaixa nas engrenagens que movem a ação pública estatal, pois, sem a complementação do orçamento público e a discricionariedade administrativa na ação do Estado, os planos perdem seu interesse e relevância, ao menos enquanto vetores determinantes para a execução de políticas públicas. No primeiro caso porque sem dinheiro não serão executados; no segundo, por sempre deixarem margem para algum tipo de apreciação administrativa em sua execução concreta.

A atividade de planejamento estatal ganhou relevância jurídica a partir da experiência da extinta União Soviética, que adotou rígido regime de economia planificada em 1921[120]. O dirigismo estatal soviético

---

[119] RUBIN, Irene S. *The politics of public budgeting,* 1997, p. 2: "A essência do orçamento é que ele aloca recursos escassos e, portanto, implica uma escolha entre os objetos potenciais do gasto. Orçamentação significa equilíbrio, e requer algum tipo de processo decisório".

[120] SOUTO, Marcus Juruena Villela. *Direito administrativo da economia,* 2003, p. 17.

foi desde logo tido como incompatível com as liberdades próprias dos regimes capitalistas, em que figurava o modelo de economia de mercado e a propriedade privada dos meios de produção. Como frisa a doutrina, o *planejamento da economia* implica a substituição do mercado pelo Estado enquanto mecanismo de regulação do processo econômico, mas o planejamento do desenvolvimento nacional é compatível com o Estado Democrático de Direito e, ademais, desejado[121]. O crescimento das funções do Estado no pós-guerra demandou a criação de instrumentos que pudessem abarcar a complexidade das relações sociais, impondo a utilização dos planos também nas sociedades capitalistas[122].

Segundo pontifica a doutrina, o plano se caracteriza por ser um projeto de ação futura racionalizada, por meio do qual se especificam objetivos a serem alcançados e as maneiras para alcançá-los, mediante a coordenação dos instrumentos existentes[123]. Em diversas passagens a Constituição Federal de 1988 impôs ao Estado a necessidade de *planejar* sua atuação sobre a sociedade[124]. De modo mais amplo, o próprio orçamento público já é uma forma de antecipar ações futuras, mas o dever de planejar não se esgota nele. Em seu art. 165, § 1º, a Constituição determina a elaboração de um *plano plurianual*, que deverá prever as diretrizes, objetivos e metas da administração pública federal para despesas de capital e as relativas aos programas de duração

---

121 Cf. GRAU, Eros Roberto. *A ordem econômica na Constituição de 1988*, 2007, p. 309-311; ZIPPELIUS, Reinhold. *Teoria geral do Estado*, 1997, p. 476-477; BREYER, Stephen. STEWART, Richard. SUNSTEIN, Cass. VERMULE, Adrian. HERZ, Michael. *Administrative law and regulatory policy*, 2014, p. 11.

122 SOUTO, Marcus Juruena Villela. *Direito administrativo da economia*, 2003, p. 31.

123 Cf. GRAU, Eros Roberto. *A ordem econômica na Constituição de 1988*, 2007, p. 310 e ZIPPELIUS, Reinhold. *Teoria geral do Estado*, 1997, p. 476. V. MENDONÇA, José Vicente. *Direito constitucional econômico*, 2017.

124 Segundo Marcus Juruena Villela Souto, o planejamento público tornou-se relevante no Brasil a partir da edição do Decreto-Lei n. 200/67, que em seu art. 7º expressamente consagrou a necessidade de observância ao plano, muito embora já tivesse sido objeto de referências esparsas desde a Constituição de 1934. O auge da planificação na economia brasileira ocorreu durante os governos militares, através da edição dos chamados Planos Nacionais de Desenvolvimento (PND), em 1974 e 1979. A Constituição Federal de 1988 é objeto de consideração no texto, valendo salientar suas inúmeras referências aos planos, e.g., art. 21, IX e XVIII; 30, VIII; 43, § 1º, II; 48, IV. In: *Direito administrativo da economia*, 2003, p. 20-24.

continuada[125]. Outro importante dispositivo sobre o planejamento público está no art. 174, o qual disciplina a intervenção do Estado na atividade econômica enquanto agente normativo e regulador. Segundo a norma, o plano será determinante para o setor público e indicativo para o setor privado.

O planejamento público atende a duas funções essenciais, a saber: *transparência* e *racionalização*[126]. Ao definir os objetivos globais e setoriais que serão perseguidos pela ação governamental, o planejamento público permite aos indivíduos que se preparem adequadamente para ela. Ademais, o planejamento clarifica as prioridades políticas dos que detêm a titularidade de cargos políticos, distinguindo entre os objetivos primários, secundários e as questões que sequer serão objeto de ação pública, por estarem fora da agenda. Isto é determinante para a contínua avaliação social sobre eles. O plano, por sua natureza mais detalhada, está alguns passos além do orçamento relativamente à concretização das políticas públicas[127].

Por sua vez, a racionalização advém da exclusão do elemento aleatório da ação estatal. O plano é exatamente o oposto do improviso, do capricho e do arbítrio. É nele que são coordenados os meios disponíveis,

---

125 CF/88: "Art. 165. Leis de iniciativa do Poder Executivo estabelecerão: (...) § 1º – A lei que instituir o plano plurianual estabelecerá, de forma regionalizada, as diretrizes, objetivos e metas da administração pública federal para as despesas de capital e outras delas decorrentes e para as relativas aos programas de duração continuada".

126 ZIPPELIUS, Reinhold. *Teoria geral do Estado*, 1997, p. 476. No mesmo sentido, v. BUCCI, Maria Paula Dallari. *Fundamentos para uma teoria jurídica das políticas públicas*, 2013, p. 177: "(...) não é por outra razão que a racionalização do poder passa pelo esforço de disciplinar a alocação de meios, apresentando de maneira transparente não apenas as decisões alocativas, mas também os processos e as condições subjacentes a essas escolhas, o que demonstra a pertinência da noção de relação jurídica nesse contexto".

127 Sobre a ligação umbilical entre planejamento público e políticas públicas, v. VALLE, Vanice Lírio do. "Direito fundamental à boa administração, políticas públicas eficientes e a prevenção do desgoverno". *Interesse público n. 48*, 2008, p. 97: "A enunciação de programas de ação – especialmente se contemplando a cada qual das etapas que permitem a sua escolha e detalhamento – é prática que traduz objetivamente o dever de planejamento da ação estatal (art. 174 da CF), dever esse que lança seus olhos para além do administrar o presente, da gestão ordinária dos fatos conjunturais, incorporando uma visão dos efeitos de longo prazo do agir do poder".

clarificadas as diretrizes, estabelecidas as regras de ação. E mais: o planejamento, na forma da lei, conta com a aprovação do Poder Legislativo, fortificando o seu viés democrático e, por esse motivo, dificultando a intervenção judicial. Como já se disse, em uma sociedade profundamente complexa, revela-se essencial definir marcos de ação de modo a evitar o desperdício e a desordem, exatamente a função do plano.

Discute-se a respeito da natureza das leis que estabelecem os planos públicos. Por não se destinarem à vigência por prazo indeterminado, entende-se que não podem ser tidos como iguais às leis que estabelecem normas gerais. Por exemplo, um plano de recuperação de instituições bancárias esgotar-se-ia quando estas efetivamente restabelecessem sua saúde financeira. Ao contrário, as regras ordinárias de direito se destinam à vigência indeterminada. Desta diferenciação surge a questão relativa à eficácia das leis que veiculam planos. Segundo Eros Roberto Grau, os planos são *normas-objetivo*, razão pela qual são incapazes de gerar direitos subjetivos[128]. Segundo entende o autor, a única obrigação que gera é de natureza moral, pois sua inexecução não tem consequências para o ente público. De outro lado, sustenta-se que o plano é lei material como outra qualquer, e retirar sua eficácia jurídica seria despi-lo de qualquer importância prática.

Ora, os argumentos de que os planos são desenhados para uma realidade cambiante e de que são temporários nada dizem a respeito de sua natureza. As leis também podem se destinar à vigência temporária, como prevê o art. 2º da Lei de Introdução às Normas do Direito Brasileiro[129], e nem por isso deixam de ser de observância obrigatória. Ademais, a ideia de que a vigência das leis é indeterminada também revela certa visão utópica do direito, já que, a bem da verdade, elas são sucessivamente revogadas e substituídas por outras novas mais adequadas à realidade. E mais: certos planos públicos destinam-se, sim, à vigência indeterminada. Quando se realizam planos de segurança rodoviária ou de redução da pobreza – os exemplos são de Reinhold Zippelius – não se pensa que tais objetivos serão alcançados no curto prazo, ou que as eventuais melhoras tornam dispensáveis os respectivos planos[130]. Logo,

---

[128] GRAU, Eros. *A ordem econômica na Constituição de 1988*, 2007, p. 310-311.

[129] LINDB: "Art. 2º Não se destinando à vigência temporária, a lei terá vigor até que outra a modifique ou revogue".

[130] ZIPPELIUS, Reinhold. *Teoria geral do Estado*, 1994, p. 477.

quando o planejamento público se destinar à realização de finalidades constitucionais, ínsitas ao próprio Estado Democrático de Direito, não haverá a alegada transitoriedade.

Posto o argumento, a solução que se afigura correta reside na compreensão das normas que o plano veicula. Quando elas possuírem viés *principiológico*, não devem ser objeto de tutela específica; quando forem *regras*, por sua vez, devem ser objeto desta tutela. A distinção entre tais categorias será abordada com mais vagar no próximo capítulo. Por ora, tome-se como exemplo a Lei n. 8.742/93, que dispõe sobre a assistência social. O art. 4º[131] do referido diploma determina a universalização do acesso aos direitos sociais, objetivando permitir que o indivíduo assistido frua também das demais políticas públicas. A rigor, esta norma não veicula um direito, mas sim um objetivo a ser alcançado paulatinamente, e por esta razão pode ser classificada como um princípio. Outra norma, prevista no art. 20[132], estabelece o direito à percepção de 1 (um) salário mínimo para os idosos acima de 65 (sessenta e cinco) anos e aos deficientes físicos que não tenham condições de prover a própria subsistência. Cuida-se da reprodução do benefício previsto no art. 203, V, da Constituição Federal. A natureza de regra é evidente, legitimando assim a atuação judicial.

O planejamento, portanto, situa-se em um âmbito próprio, diferenciado das leis (normas gerais) e dos atos administrativos (concretos), exatamente porque, ao lado das regras, também consagram princípios e diretrizes. Sua natureza é híbrida, e ele possuiu singular importância em matéria de políticas públicas, pois, conforme pontuado, permite transparência e racionalização no âmbito da atividade administrativa, reduzindo, ainda, o espaço de discricionariedade do administrador.

3.3. *Discricionariedade administrativa*

O terceiro e último elemento que compõe as políticas públicas, segundo a definição acima declinada, é a chamada *discricionariedade*

---

[131] Lei n. 8.742/93: "Art. 4º. A assistência social rege-se pelos seguintes princípios: (...) – universalização dos direitos sociais, a fim de tornar o destinatário da ação assistencial alcançável pelas políticas públicas".

[132] Lei n. 8.742/93: "Art. 20. O benefício de prestação continuada é a garantia de 1 (um) salário mínimo mensal à pessoa portadora de deficiência e ao idoso com 70 (setenta) anos ou mais e que comprovem não possuir meios de prover a própria manutenção e nem de tê-la provida por sua família".

administrativa, a qual se apresenta tanto na decisão dos instrumentos para a realização de políticas públicas, quanto em matéria de dispêndio público. Viu-se que a formação e execução de políticas públicas é um fenômeno complexo, que jamais poderia esgotar-se somente na discricionariedade da Administração Pública, tradicionalmente responsável pela sua implementação. Contudo, mesmo ausente em alguns casos específicos, a discricionariedade é parte integrante do fenômeno da ação governamental, razão pela qual não se pode deixá-la de lado em um estudo sobre políticas públicas[133].

A discricionariedade é um tema central no direito administrativo e a sua importância talvez o transcenda, alcançando a teoria geral do direito[134]. De modo geral, a discussão sobre os poderes discricionários assume duas vertentes[135]. A primeira relativa à discricionariedade administrativa propriamente dita, *i.e.*, o espaço que tem a Administração Pública para decidir sem que esteja sujeita à revisão jurisdicional ou legislativa. Uma segunda acepção de discricionariedade leva em conta a sua existência no Poder Judiciário. Discute-se, assim, se os magistrados têm discricionariedade no momento em que vão aplicar a lei e decidir uma demanda[136]. Em uma vertente mais recente, veem-se debates a respeito da discricionariedade do legislador, que já não possui mais a antiga liberdade soberana para decidir sobre o conteúdo das leis, pois atualmente encontra-se

---

133 É de rejeitar uma cisão radical entre as atividades administrativa e legislativa, no sentido de que à primeira compete implementar políticas públicas, e à segunda defini-las. Como regra, a definição de objetivos pelo legislador deixará amplos espaços para a ação administrativa, não se podendo afirmar que o administrador tem um papel de mera aplicação mecânica daqueles. Nesse sentido, MAJONE, Giandomenico. *Evidence, argument & persuasion in the policy process*, 1989, p. 25-26: "Política e administração não ocupam duas esferas distintas de ação, mas interagem durante todo o processo de decisão política. (...) Como a incerteza é tão difundida na formulação de políticas públicas, os valores dos administradores e especialistas possuem inevitavelmente grande peso". No mesmo sentido, MORAND, Charles-Albert, *apud* ARAGÃO, Alexandre Santos de. *Curso de direito administrativo*, 2013, p. 6: "A visão dos juízes e do governo como meros aplicadores da lei é uma concepção mítica e mistificadora. Nenhum governo se limitou à execução de leis".

134 Neste sentido, MOREIRA NETO, Diogo de Figueiredo. *Legitimidade e discricionariedade*, 1998, p. 31.

135 Cf. KELSEN, Hans. *Teoria pura do* direito, 2003, pp. 388-390; VIDAL, Isabel Lifante. Dos conceptos de discrecionalidad jurídica, *Doxa* 25:2002, p. 413 e s.

136 A propósito, v. DWORKIN, Ronald. *Levando os direitos a sério*, 2002, p. 127 e s.

confinado pelos limites ditados pela Constituição, que teve sua normatividade expandida nas últimas décadas do século XX[137].

A existência da discricionariedade administrativa – única modalidade que interessa ao trabalho – possui duas explicações principais, que podem ser vistas de modo complementar. Uma primeira visão afirma ser impossível que o legislador preveja todas as situações do mundo dos fatos, exatamente porque a linguagem é imprecisa, razão pela qual cabe ao intérprete preencher este "vazio" decorrente da incapacidade de englobar todas as situações em uma norma abstrata. Assim, a discricionariedade é uma imposição resultante de limitações semânticas e também um defeito na subsunção. O próprio Kelsen reconhecia, em seu escalonamento de normas, que a determinação exercida pelas normas superiores não é absoluta. É dizer, sempre haverá um espaço de liberdade conferido ao intérprete no momento de integrar a ordem jurídica[138]. Igualmente, Hart entendia que a utilização de termos gerais da linguagem gerava esta liberdade na interpretação, e que não é possível, e tampouco seria desejável, que as regras fossem extremamente minuciosas, a ponto de impedir qualquer margem de apreciação em sua aplicação[139].

Uma segunda explicação diz que os espaços discricionários são deliberadamente criados pelo Poder Legislativo, em atenção à natureza da separação de poderes, que também tem um viés de especialização funcional. Assim, o legislador teria deixado ao administrador certa liberdade para decidir tendo em vista a sua proximidade com o caso concreto, pois somente ele pode apreciar a questão à luz de todas as informações, de modo a melhor alcançar o interesse público. Em outras palavras, seria inerente à função administrativa integrar os comandos da ordem jurídica quando necessário valer-se de sua expertise, de sua capacidade de ação mais célere e da maior proximidade

---

137 Sobre o tema, confira-se a obra de CANOTILHO, Joaquim José Gomes. *Constituição dirigente e vinculação do legislador*, 1994, p. 223 e s.

138 KELSEN, Hans. *Teoria pura do direito*, 2003, p. 388: "A norma do escalão superior não pode vincular em todas as direções (sob todos os aspectos) o ato através do qual é aplicada. Tem sempre de ficar uma margem, ora maior ora menor, de livre apreciação, de tal forma que a norma do escalão superior tem sempre, sem relação ao ato de produção normativa ou de execução que a aplica, o caráter de um quadro ou moldura a preencher por este ato".

139 Cf. SGARBI, Adrian. *Clássicos de teoria do direito*, 2006, p. 130-133.

aos problemas sociais. Logo, segundo este entendimento, a discricionariedade existe em razão das vantagens institucionais da Administração Pública em relação aos demais poderes na perquirição do já mencionado interesse público[140].

Está conectada com esta segunda concepção a ideia de que a discricionariedade decorre da existência de um poder administrativo, que escaparia à esfera de controle dos demais poderes estatais. Nesse sentido, a literatura clássica do direito administrativo distingue entre os conceitos jurídicos indeterminados, que resultariam do primeiro fenômeno – ou seja, da dificuldade semântica –, e a discricionariedade, que seria decorrência deste poder administrativo inerente à estrutura de separação de poderes. Ocorre que a liberdade que resulta do chamado "poder discricionário", ao menos no Estado Democrático de Direito, não se justifica como um fim em si mesmo, e só pode ser reconhecida como instrumento indispensável se voltada para a realização do interesse público e dos fins constitucionais, especialmente do princípio democrático e da dignidade da pessoa humana.

Portanto, no exercício da discricionariedade a Administração Pública integra a ordem jurídica, tomando decisões relativas aos problemas concretos que se apresentam, produzindo ações e atos jurídicos, objetivando, desta forma, a consecução do interesse público[141].

---

[140] Celso Antônio Bandeira de Mello é quem nos dá a exata definição de discricionariedade administrativa: "Discricionariedade é a margem de 'liberdade' que remanesça ao administrador para eleger, segundo critérios consistentes de razoabilidade, um, dentre pelo menos dois comportamentos, cabíveis perante cada caso concreto, a fim de cumprir o dever de adotar a solução mais adequada à satisfação da finalidade legal, quando, por força da fluidez das expressões da lei ou da liberdade conferida no mandamento, dela não se possa extrair objetivamente uma solução unívoca para a situação vertente". In: *Curso de direito administrativo*, 2013, p. 988-989.

[141] Celso Antônio Bandeira de Mello é quem nos dá a exata definição de discricionariedade administrativa: "Discricionariedade é a margem de 'liberdade' que remanesça ao administrador para eleger, segundo critérios consistentes de razoabilidade, um, dentre pelo menos dois comportamentos, cabíveis perante cada caso concreto, a fim de cumprir o dever de adotar a solução mais adequada à satisfação da finalidade legal, quando, por força da fluidez das expressões da lei ou da liberdade conferida no mandamento, dela não se possa extrair objetivamente uma solução unívoca para a situação vertente". In: *Curso de direito administrativo*, 2013, p. 988-989.

Estas considerações remetem, por fim, à distinção entre as chamadas discricionariedades forte e fraca. A discricionariedade *forte* é exercida pela Administração Pública pela outorga legislativa (como ocorre em muitos planos públicos, por exemplo), e também pela multiplicidade de interesses consagrados pela Constituição Federal, que permitem uma ampliação considerável do espaço de ação administrativa. A Administração também exerce discricionariedade *fraca*, no sentido da discricionariedade instrumental, isto é, que decorre acidentalmente da utilização de termos pouco precisos pelo legislador, segundo distingue Isabel Lifante Vidal e Hans Kelsen[142].

No campo específico das políticas públicas a discricionariedade avulta como um fenômeno extremamente importante. Isto porque normalmente a definição dos instrumentos das políticas públicas estará sujeita à discricionariedade em sentido forte, cabendo ao administrador público optar por uma ampla gama de meios de ação, como já se falou. Além disso, consagrou-se no direito brasileiro, ao menos até 2019[143], o entendimento de que a realização do gasto público é uma opção discricionária do administrador, tudo em decorrência da natureza autorizativa do orçamento público. Assim, a Administração Pública encontra-se limitada pelos créditos orçamentários, mas não está obrigada a utilizá-los nos programas a que estão relacionados, e sequer tem que justificar eventuais contingenciamentos.

Com estas considerações dá-se por encerrado o primeiro capítulo deste trabalho. Esclarecidas as convenções terminológicas e delimitado o objeto de estudo, o capítulo seguinte cuida de aprofundar a teoria dos direitos fundamentais, essencial por ser o parâmetro principal para o controle judicial de políticas públicas, conforme proclamado pelo Supremo Tribunal Federal.

---

142 In: "Dos conceptos de discrecionalidad jurídica", *DOXA 25:2002*, p. 7 e s.

143 Há discussões relevantes sobre a natureza autorizativa da fixação de despesa na lei orçamentária, face as alterações promovidas pelas EC n. 100/2019, que inseriu o § 10 no art. 165 da Constituição, com o seguinte teor: "§ 10. A administração tem o dever de executar as programações orçamentárias, adotando os meios e as medidas necessários, com o propósito de garantir a efetiva entrega de bens e serviços à sociedade".

Capítulo II

TEORIA DOS DIREITOS FUNDAMENTAIS

Em cerca de três séculos os direitos fundamentais se tornaram uma categoria extremamente relevante na ciência jurídica, em especial no direito público contemporâneo. Não se pode mais pensar qualquer ramo do direito de forma alheia a esta constatação. Contudo, a despeito do importante consenso quanto ao valor e à necessidade de proteção e promoção dos direitos fundamentais pelo Estado, fruto da experiência histórica recente dos regimes totalitários, restam contraditoriamente algumas perguntas relevantes a serem esclarecidas, das quais se destaca a seguinte: como reconhecer quais são os direitos fundamentais e como saber sua extensão em um dado ordenamento jurídico?[1] Diversas são as teorias que disputam a prima-

[1] Ricardo Lobo Torres afirma que"[h]á certa perplexidade metodológica em torno do assunto. Norberto Bobbio chega a dizer que'o problema fundamental em relação aos direitos do homem, hoje, não é tanto o de justificá-los, mas o de protegê-los'. Outros autores, pelo contrário, afirmam que cumpre redefinir os direitos fundamentais, posto que as garantias já estão constitucionalmente asseguradas e seguem naturalmente os direitos que se definirem como fundamentais; (...)". In: TORRES, Ricardo Lobo (org.). *Teoria dos direitos fundamentais*, 2004, introdução. Sobre a afirmação de Norberto Bobbio, merecem transcrição as seguintes observações de NETO, Cláudio Pereira de Souza:"Na verdade, o plano da efetivação e o da fundamentação são não só complementares, como interrelacionados. Por conseguinte, perde atualidade o ponto de vista de Bobbio, segundo o qual seria desnecessário o debate sobre a fundamentação dos direitos humanos, mas antes se imporia a tarefa de efetivá-los. *A fundamentação dos direitos humanos, por conta de seu potencial persuasivo,*

zia a propósito de um critério que defina a *fundamentalidade material dos direitos*, e neste capítulo objetiva-se apresentar, ainda que de modo sumário, algumas delas.

É bom ressaltar que a adoção de um critério material de fundamentalidade dos direitos é de inegável importância quando se discute a possibilidade de controle judicial de políticas públicas orientado aos direitos fundamentais, o que é exatamente a proposta deste trabalho. Fora deste campo, como se verá no capítulo que sucede a este, a atuação dos juízes revela-se profundamente antidemocrática, pois invade espaço onde deve prevalecer o princípio majoritário e a soberania popular, corolários que são de um conceito mínimo de democracia[2]. O critério adotado deverá servir de norte para que as decisões judiciais possam ser racionais e justificadas, considerando ainda que o texto da Constituição Federal de 1988 é deveras prolixo na estipulação de direitos[3].

Assim, se a discricionariedade administrativa é reduzida ou inexistente no que toca aos direitos fundamentais cujas políticas públicas estejam constitucionalizadas, como quer o STF, a expansão desmedida no reconhecimento da fundamentalidade dos direitos representará o esvaziamento contramajoritário de funções que são tipicamente administrativas e legislativas. Por sua vez, um conceito restritivo terá o efeito oposto: menores garantias para as minorias. De toda sorte, vale destacar desde logo que a fórmula adotada pelo STF para o controle de políticas públicas, embora menos vaga que o critério da "razoabilidade" da pretensão formulada em face do Estado, empregada na decisão proferida na ADPF 45/DF e oriunda da teoria da reserva do possível, também não tem a virtude da precisão, e deixa muito ao arbítrio do magistrado de ocasião. Isto porque a Constituição é pró-

---

pode contribuir de forma decisiva também para a sua efetivação: 'o que não pode ser fundamentado, não tem por que ser visto pelos seres racionais como obrigatório'". In: *Teoria constitucional e democracia deliberativa*, 2006, p. 3-4. (destaque acrescentado)

2 HESSE, Konrad. *Elementos de direito constitucional na República Federal da Alemanha*, 1998, p. 115 e s.

3 É oportuno relembrar, como visto no Capítulo I, que dentre os critérios utilizados pelo Supremo Tribunal Federal para a judicialização das políticas públicas figuram a sua direita relação com os direitos fundamentais, hipótese em que a discricionariedade administrativa e legislativa será reduzida.

diga na consagração de direitos que podem ser considerados fundamentais em razão da posição em que foram positivados no catálogo constitucional. Portanto, será relevante verificar a forma como os direitos fundamentais estão estruturados no texto constitucional, o que terá impacto na aplicação judicial do direito.

Ainda a título de introdução, vale referir à tese rotulada de "teoria da reserva do possível"[4] – influenciada pelo julgado do Tribunal Constitucional alemão conhecido como *numerus clausus* –, segundo a qual os direitos fundamentais de natureza prestacional somente seriam exigíveis quando existente dinheiro para que o Estado possa promovê-los. Assim, por estarem sujeitos à disponibilidade de caixa ou à reserva de orçamento, dependendo da vertente adotada, não se poderia reconhecer a existência real de um direito subjetivo público à determinada prestação estatal, mas somente uma legítima expectativa de que os poderes constituídos otimizem de forma suficiente os bens sociais constitucionalmente protegidos. De certo modo, esta foi uma teoria vitoriosa no direito brasileiro por muitos anos, mesmo após o advento da Constituição Federal de 1988, mas que recentemente perdeu grande parte do vigor. Por isso, os dois últimos tópicos deste capítulo são especialmente dedicados à relação entre o dinheiro público e os direitos fundamentais.

I. OS DIREITOS FUNDAMENTAIS NO ESTADO CONTEMPORÂNEO[5]

1. O Estado liberal fundado na liberdade

O Estado contemporâneo possui múltiplas tarefas relativas à concretização de metas públicas, tantas que se tornou impossível imaginar

---

[4] V. MÂNICA, Fernando Borges. "Teoria da reserva do possível: direitos fundamentais a prestações e a intervenção do Poder Judiciário na implementação de políticas públicas". *Revista Brasileira de Direito Público n. 18*, 2007, p. 180-185.

[5] Parece importante, a esta altura, diferenciar os chamados "direitos humanos" (ou do homem), nomenclatura oriunda da tradição americana (*human rights*) e latina, e também comum direito internacional, dos "direitos fundamentais", expressão utilizada na tradição germânica, também entendidos como os direitos que estão positivados no ordenamento jurídico. Na França é comum a utilização do termo "liberdades públicas", as quais significam os direitos básicos, de propriedade, liberdade e segurança. Para uma definição de direitos fundamentais, cf. BONAVIDES, Paulo. *Curso de direito constitucional*, 2013, p. 578-580.

a vida sem ele. Chamado a ser responsável pelo adimplemento dos direitos fundamentais, reconhecidos em extensão generosa em diversos países do mundo, o Estado se tornou prestador de saúde, educação, cultura, lazer, trabalho etc., além de promover os clássicos direitos fundamentais ditos"de defesa", tais como proteção da propriedade e da liberdade individual. Mesmo nos campos onde não vigora a marca da fundamentalidade, ou onde ela apenas incide indiretamente, o Estado também está presente: regulação financeira, construção de estradas, portos e aeroportos, classificação indicativa de programas de televisão, proteção de consumidores, criação de postos de trabalho, enfim, a lista é extensa. Mas nem sempre foi assim.

No início, o Estado tinha o papel restrito à garantia da segurança de sua população (de ameaças internas e, especialmente, externas), e cobrava os tributos para a realização deste relevante serviço. Este momento inicial decorre das revoluções burguesas do século XVIII, das quais se destacam a Revolução Francesa e a Independência americana, ocasião em que ocorre a fundação do Estado de Direito, de cunho marcadamente liberal. Neste momento histórico os ditos direitos naturais, especialmente o direito à chamada liberdade natural do homem, são afirmados *contra* o Estado. É também neste ponto que o modelo absoluto, baseado em classes e estamentos, marcado pelos caprichos de governantes despóticos e pela centralização do poder estatal, encontra finalmente o colapso. No modelo pretérito a reunião de poderes nas mãos do soberano implicava a sua insubmissão às próprias regras que criava. O postulado da irresponsabilidade do monarca – *the king can do no wrong, le roi ne peut mal faire* – trazia em si a evidência de que o direito comum, destinado aos súditos, não se aplicava ao próprio Estado que o produzia[6]. Outros abusos ainda eram identificados, como a criação unilateral de tributos e de figuras criminais *post facto*.

No Estado absoluto, a soberania, isto é, o poder de ditar as regras em última instância, pertencia exclusivamente ao monarca. Era exercida inicialmente pela força bruta, e posteriormente alicerçou-se no direito divino, em determinadas regiões[7]. Em contraposição, os Estados

---

[6] MELLO, Celso Antônio Bandeira. *Curso de direito administrativo*, 2013, p. 1017.

[7] BONAVIDES, Paulo. *Ciência política*, 2007, p. 138: "O problema portanto de legitimar a soberania na pessoa de seu titular e do mesmo passo explicar a origem do poder soberano tem suscitado historicamente várias doutrinas, começando com as que sustentam o direito divino dos reis até as que assen-

fundados após a revolução, e que aderem a seus fundamentos, fazem repousar o pressuposto da soberania estatal na vontade popular, dando origem ao chamado Estado Democrático. À evidência, ainda muitas águas haveriam de correr para que se chegasse às democracias modernas, nas quais o sufrágio universal é regra, mas é neste ponto histórico em que se entrelaçam, de maneira definitiva, o poder político e a necessidade de consideração da vontade dos indivíduos que compõem o tecido social.

Como dito, os direitos fundamentais nesta ocasião inaugural eram vistos como esferas de *liberdade* do indivíduo contra o Estado[8], pois visavam meramente circunscrever o primeiro em perímetros impenetráveis pelo segundo. Nos termos da doutrina clássica, são direitos que exigem um *non facere* dos poderes públicos, dotados de plena eficácia, já que a simples inércia estatal é suficiente para a efetividade dos chamados*"direitos de defesa"*[9]. São típicos direitos individuais: o direito de propriedade, o direito à incolumidade física, o direito à liberdade de manifestação do pensamento, direito à liberdade religiosa, dentre muitos outros. Para exemplificar o que foi dito, basta dizer que para um indivíduo gozar do direito de propriedade sobre um bem, apenas será necessário que o Estado simplesmente deixe-o sozinho com ele, não sendo necessário o dispêndio de recursos para que usufrua deste direito fundamental[10].

---

tam no povo a sede da soberania. Dividem-se em dois grupos: doutrinas teocráticas e doutrinas democráticas".

8 ANDRADE, José Carlos Vieira de. *Os direitos fundamentais na Constituição Portuguesa de 1976*, 1998, p. 43:"Aparecem [os direitos fundamentais], por isso, fundamentalmente, como liberdades, esferas de autonomia dos indivíduos em face do poder do Estado, a quem se exige que se abstenha, quanto possível, de se intrometer na vida social. São liberdades sem mais, puras autonomias sem condicionamentos de fim ou de função, responsabilidades privadas num espaço autodeterminado".

9 SOUZA NETO, Cláudio Pereira de; SARMENTO, Daniel. *Direito constitucional*: teoria, história e métodos de trabalho, 2013, p. 78:"O constitucionalismo liberal-burguês baseou-se na ideia de que a proteção dos direitos fundamentais dependia, basicamente, da limitação dos poderes do Estado. Naquele modelo, os direitos fundamentais eram concebidos como direitos negativos, que impunham apenas abstenções aos poderes políticos".

10 AMARAL, Gustavo. *Direito, escassez & escolha*, 2001, p. 56:"Os direitos de liberdade seriam, assim, normas de distribuição de competências entre o indivíduo (sociedade) e o Estado, delimitando o âmbito em que o indivíduo e

A invenção do constitucionalismo daria ao modelo o toque final: a limitação do Estado por uma norma jurídica que lhe precede, editada pelo povo em assembleia – titular do poder constituinte originário – e intangível às maiorias ocasionais. Desde a obra inaugural de Sieyès[11], muita tinta seria vertida na defesa do *poder constituinte*. Por ora, basta dizer que o constitucionalismo liberal democrático submeteu-se ao julgamento da história, e foi bem-sucedido. Enfim, no crepúsculo do século XVIII, funda-se o Estado Democrático de Direito e tem início o constitucionalismo e sua trajetória de sucesso na construção de governos moderados e vinculados aos direitos fundamentais. Contudo, ainda haveria que ocorrer uma transformação essencial, qual seja, a superação do individualismo de cariz liberal em favor de uma visão do Direito mais comprometida com as condições sociais dos menos favorecidos.

2. A invenção do Estado social e a ascensão da igualdade material como valor político

Neste passo, os *direitos sociais*, nomenclatura que encerra a abreviação de *direitos sociais, econômicos e culturais*[12], somente começaram a ganhar corpo nas constituições francesas de 1793 e 1848, brasileira de 1824 e alemã de 1849[13]. Até então o tratamento da problemática social era uma questão deixada a instituições privadas, tais como à família, às igrejas e às ordens de caridade, e estavam fora da gestão pública. As prestações de assistência social não poderiam ser reconhecidas como

---

suas estruturas sociais próprias são competentes para regular condutas e organização de prestações, ante o âmbito da regulação política dominante das condutas organizadas pelo Estado, na forma da ação estatal soberana". V. SUNSTEIN, Cass; HOLMES, Stephen. *The Cost of Rights – why Liberty Depends on Taxes*, 1999, p. 40: "Direitos negativos proíbem e excluem o governo; positivos convidam e demandam o governo".

[11] Existe versão em português da obra, distribuída pela editora Lumen Juris: SIEYÈS, Emmanuel Joseph. *A constituinte burguesa*: que é o terceiro Estado?, 1997.

[12] MELLO, Celso de Albuquerque. *Curso de direito internacional público*, v. I, 2002, p. 809: "Os direitos humanos têm sido classificados por vários autores em gerações. A 1ª geração unia a de direitos civis e políticos, a 2ª de direitos econômicos, sociais e culturais e a 3ª geração dos direitos com 'vocação comunitária' (Gross Espiell), ou direitos de solidariedade (esta denominação parece ser de Karel Vasak), ou ainda novos direitos humanos".

[13] SARLET, Ingo Wolfgang. *A eficácia dos direitos fundamentais*, 2012, p. 47.

genuínos direitos públicos, pois eram ideologicamente compreendidas como ligadas a vocações de caráter afetivo, ético e/ou espiritual[14]. A publicização e juridicização de tais prestações decorreram da atuação conjunta e desordenada de diversos fatores.

O processo de industrialização promoveu a migração de um grande contingente de pessoas para as grandes cidades, já que as indústrias precisavam de mão de obra barata e em larga escala. Com o passar do tempo e a superveniência de crises econômicas, formou-se um excedente de trabalhadores desempregados, de modo que os empresários e empregadores acabaram por desejar transferir ao Estado os encargos de cuidar destas pessoas. O assistencialismo estatal tornou-se, assim, uma vontade da burguesia. Além disso, os sindicatos e associações de trabalhadores, durante as crises de emprego, encontraram no Estado uma resposta rápida para as demandas de suas classes. Uma terceira causa para a encampação da questão social pelo Estado concerne à crescente necessidade de legitimação da atividade administrativa. A ampliação das esferas de atuação da Administração Pública e a realização de políticas fiscais de arrecadação crescente demandavam contrapartidas que pudessem justificá-las, e os direitos sociais foram uma delas. Por fim, a própria democratização do poder, realizada na medida em que o sufrágio ia se expandindo, permitiu que os interessados nas ajudas estatais exercessem sua influência por meio da representação política[15].

---

[14] Cf. BALDASSARRE, Antonio. *Derechos sociales*, 2001, p. 17-19.

[15] ANDRADE, José Carlos Vieira de. *Os direitos fundamentais na Constituição Portuguesa de 1976*, 1998, p. 45: "A ideia democrática não está ausente das teorias liberais. Representa, pelo contrário, uma das suas componentes, que, a princípio comprimida, se vai (naturalmente) desenvolver, provocando o alargamento do público político. As transformações sociais e económicas ligadas ao processo de industrialização quebram o encanto liberal de 'sociedade de infinitamente pequenos', homogénea e pacífica. O poder político é reivindicado pelas classes não proprietárias e o mundo burguês tem de pactuar com o quarto estado. Esfumam-se os resíduos do poder monárquico, favorecem-se as autonomias locais, a sociedade estrutura-se em grupos, organizam-se os partidos de massas e o sufrágio universal torna-se um programa político de curto prazo. (...) *Esse processo de democratização (política) não poderia deixar de influenciar decisivamente a matéria dos direitos fundamentais, precisamente na medida em que fez sobressair as garantias de igualdade no contexto das relações indivíduo-Estado*". (destaque acrescentado)

Consoante largamente difundido, o marco histórico do nascimento do *constitucionalismo social* situa-se nos anos de 1917 e 1919, quando são editadas, respectivamente, as constituições do México e de Weimar[16]. Ocorre que as promessas de tais textos constitucionais jamais deixaram de ser isso: *apenas promessas*, pois os direitos sociais não chegaram a ser reconhecidos como verdadeiros direitos subjetivos exigíveis em face do Estado naquela oportunidade[17]. Neste momento inicial, segundo leciona Antonio Baldassarre, ditos direitos – *vinculados à ideia de igualdade material* – foram vislumbrados em contraposição ao próprio Estado de Direito e seus direitos fundamentais, fundados no valor *liberdade*. Diante da questão filosófica (são os direitos sociais verdadeiros direitos fundamentais?) e normativa (são os direitos sociais exigíveis?), surgem duas teorias na Alemanha de Weimar que procuram respondê-las, a saber: a primeira, defendida por G. Anschütz e C. Schmitt[18], sustenta que os direitos sociais são premissas, diretivas ou indicações dirigidas ao legislador, que deve concretizá-los de acordo com sua ampla discricionariedade. Em outras palavras, os direitos sociais dependiam da mediação de leis para se tornarem exigíveis, e não seriam verdadeiros direitos fundamentais; para a segunda, sustentada por W. Kaskel[19], os direitos sociais são normas principiológicas que vinculam o legislador ordinário, obrigando-o a desenvolvê-las, e são relevantes para a interpretação dos direitos fundamentais traduzidos em leis ordinárias. É dizer: embora a segunda corrente atribua maior importância aos direitos sociais, nenhuma delas lhes reconhecia plena

---

16 BALDASSARRE, Antonio. *Derechos sociales*, 2001, p. 23:"En el curso del medio siglo comprendido entre los años 80 del siglo XIX y los años 30 del XX, casi todos los Estados de origen liberal realizaron las principales reformas legislativas y sociales que representaron las premisas esenciales para la institución de un moderno'Estado social'". No mesmo sentido, SOUZA NETO, Cláudio Pereira de; SARMENTO, Daniel. *Direito constitucional*: teoria, história e métodos de trabalho, 2013, p. 82.

17 BALDASSARRE, Antonio. *Derechos sociales*, 2001, p. 17.

18 G. Anschütz. *Die Verfassung des deutschen Reichs*, 1933, p. 584; SCHMITT, Carl. *Verfassungslehre*, p. 212 e s. *apud* BALDASSARRE, Antonio. *Derechos sociales*, 2001, p. 34.

19 W. Kaskel. *Arbeitrecht*, 1925, p. 53 *apud* BALDASSARRE, Antonio. *Derechos sociales*, 2001, p. 35.

eficácia[20]. Estas visões, escamoteadas em classificações diversas das normas constitucionais, acabaram por influenciar, por longo período, a compreensão a respeito da eficácia dos direitos sociais.

Comumente associados à ascensão do *Welfare State*[21], é somente após a Segunda Guerra Mundial, com o fenômeno mundial de reconstitucionalização dos Estados[22], que os direitos sociais – e os direitos fundamentais, de maneira geral – começam realmente a ser tomados a sério. É neste período que se reconhece o surgimento de fenômenos tais como a constitucionalização do direito infraconstitucional, o papel dos princípios jurídicos na interpretação jurídica, a técnica da interpretação conforme a Constituição, dentre outros[23]. A chamada "virada kantiana", ocorrida no pós-guerra, representou a superação da teoria do direito positivista, calcada essencialmente em um "controle de fonte"[24], *i.e.*, no

---

20 BALDASSARRE, Antonio. *Derechos sociales*, 2001, p. 35-36: "Se entende así el consenso unánime con que los juristas de Weimar negaban que los 'derechos sociales' pudieran de algun manera ponerse en el mismo plano de los 'derechos de libertad' clásicos: respecto de éstos, aquellos se situaban sin duda en un nivel inferior, tanto desde el punto de vista de la tutela de las garantías como (y ello es particularmente importante) desde el punto de vista de su rango (que era, para los 'derechos sociales', fundamentalmente 'legislativo', no constitucional).

21 TORRES, Ricardo Lobo. "A metamorfose dos direitos sociais em mínimo existencial". In: SARLET, Ingo Wolfgang (org.). *Direitos fundamentais sociais: estudos de direito constitucional, internacional e comparado*, 2003, p. 13: "Ao tempo do Estado de Bem-Estar Social, que prosperou nas décadas de 50 a 70 e durante o qual a doutrina defendia a generalização do conceito de direitos fundamentais sociais, a dignidade da pessoa humana era apontada como princípio absoluto, insuscetível de ponderação e colocado no patamar superior da hierarquia estabelecida na Constituição".

22 BARROSO, Luís Roberto. "Neoconstitucionalismo e constitucionalização do direito (o triunfo tardio do direito constitucional no Brasil)". *Revista de Direito Administrativo n. 240*, 2005, p. 3: "A reconstitucionalização da Europa, imediatamente após a 2ª Grande Guerra e ao longo da segunda metade do século XX, redefiniu o lugar da Constituição e a influência do direito constitucional sobre as instituições contemporâneas".

23 SILVA, Anabelle Macedo. *Concretizando a Constituição*, 2005, p. 25.

24 STRUCHINER, Noel. *Para falar de regras: o positivismo conceitual como cenário para uma investigação filosófica acerca dos casos difíceis do direito*, 2005, p. 35: "(...) a tese do positivismo conceitual, segundo a qual o direito é identificado por meio de um critério de fonte e não um critério de mérito, é a única tese genuinamente compartilhada por todos os positivistas jurídicos, enquanto tais".

reconhecimento do direito com base nas suas fontes de produção e não na qualidade das normas que veicula, para levar a reflexão à conexão do direito com a ética e a moral[25].

É importante notar ainda que o acoplamento entre o Estado social e o Estado Liberal, que resulta na fundação do Estado Social e Democrático de Direito, surge como solução política para problemas eminentemente práticos, a saber: crises econômicas sucessivas (1873 e 1929, e pós-guerra), que causaram desemprego e empobrecimento em massa, e posteriormente a ascensão dos Estados comunistas com viés socialista. E, atualmente, segundo Antonio Baldassarre: "En pocas palavras, el 'Estado social' es la respuesta politico-constitucional frente a la inseguridad social creciente y objetiva (...)"[26]. Os direitos sociais ainda devem ser vistos como uma teia de proteção da sociedade face aos riscos da globalização, da progressiva inovação tecnológica, das mudanças nas relações de trabalho e demais fenômenos congêneres.

3. As teorias sobre a eficácia dos direitos sociais prestacionais

Objetivando conferir maior efetividade aos direitos sociais, eis que capturados por discurso que lhes negava até o *status* de direitos fundamentais, surgem as teorias que procuram reconhecer alguma modalidade de eficácia às previsões constitucionais que os consagraram[27]. Inicialmente, os direitos sociais são identificados com as normas programáticas ou princípios jurídicos, ficando, naturalmente, à mercê das

---

25 TORRES, Ricardo Lobo. *Tratado de direito constitucional, financeiro e tributário*, v. 5, 2008, p. 140-143: "De uns trinta anos para cá assiste-se ao retorno aos valores e à reaproximação entre ética e direito, a partir do que se convencionou chamar de 'virada kantiana' (kantischen Wende) (...) Percebe-se que a filosofia de Kant postula, no campo da fenomenologia do direito e da sua aplicação prática, a distinção entre direito e moral, entre conduta externa e intenção, daí não se extrai a conclusão de que também no plano abstrato haja tal separação. Pelo contrário. O imperativo categórico, enquanto norma universal de conduta fundada na liberdade individual, condiciona ao mesmo tempo o direito e a moral em sua fundamentação básica e em seus valores".

26 BALDASSARRE, Antonio. *Derechos sociales*, 2001, p. 27.

27 Ficou famosa, na Itália, a doutrina de Vezio Crisafulli (*La constituzione e le sue disposizioni di principio*, 1952), que procurou demarcar um campo específico de eficácia para as normas constitucionais, e que foi trazida ao Brasil por José Afonso da Silva, nos termos elucidados adiante no texto.

doutrinas de eficácia dos direitos constitucionais. Especificamente no Brasil, o primeiro teórico sobre a eficácia das normas constitucionais foi Ruy Barbosa, que importou do direito norte-americano a distinção entre normas autoexecutáveis (*self-executing*) e não autoexecutáveis (*not self-executing*). Estas, por sua pouca densidade normativa, ficariam na dependência da necessária interposição do legislador para ganhar eficácia jurídica[28]. O grau de abstração ínsito às normas de direito social fez com que elas se encaixassem perfeitamente nas características das normas *not self-executing*. A influência doutrinária de Ruy Barbosa acabou por minar, neste primeiro momento, a possibilidade de maior efetividade dos direitos sociais no país.

Outra distinção dicotômica a respeito das normas constitucionais foi apresentada por J. H. Meirelles Teixeira[29], que introduziu a ideia de que mesmo as normas não autoaplicáveis deveriam ter algum tipo de eficácia[30]. As normas de eficácia limitada ou reduzida seriam subdivididas em programáticas e de legislação. No caso das programáticas, Meirelles Teixeira entendia que elas possuíam eficácia negativa e interpretativa[31], ou seja, embora não conferissem direitos subjetivos, também

---

[28] SARLET, Ingo Wolfgang. *A eficácia dos direitos fundamentais*, 2012, p. 243: "Já no que concerne às normas não autoaplicáveis (ou não autoexecutáveis), Ruy Barbosa, aqui também se valendo das lições do constitucionalista norte-americano G. Tucker, salienta que muitas das normas constitucionais requerem uma ação do legislador para tornar efetivos os seus preceitos, visto que 'não se revestem dos meios de acção essenciaes ao seu exercício os direitos, que outorgam, ou os encargos que impõem: estabelecem competências, atribuições, poderes, cujo uso tem de aguardar que a Legislatura, segundo o seu critério, os habilite a exercerem'".

[29] Não está sendo considerada a contribuição de Pontes de Miranda sobre o assunto, já que nada acrescenta diretamente ao objeto de estudo deste trabalho. SARLET, Ingo Wolfgang. *A eficácia dos direitos fundamentais*, 2012, p. 244: "Cumpre salientar, ainda, que ao contrário de Ruy Barbosa, Pontes de Miranda reconheceu a existência de normas constitucionais programáticas (...) reconhecendo a estas um certo grau de cogência, na medida em que cerceiam a atividade do legislador, que não pode contrariar o programa estabelecido na Constituição". Nesse sentido, cf. MIRANDA, Pontes de. *Comentários à Constituição de 1967*, v. I, 1970, p. 127.

[30] BARCELLOS, Ana Paula de. *A eficácia dos princípios constitucionais:* o princípio da dignidade da pessoa humana, 2002, p. 40-41. SARLET, Ingo Wolfgang. *A eficácia dos direitos fundamentais*, 2012, p. 246-247.

[31] O problema da eficácia dos direitos sociais constitucionais foi tratado por Ana Paula de Barcellos (In: *A eficácia dos princípios constitucionais:* o princípio

não permitiam que o legislador obrasse contra elas, e serviriam de norte para a interpretação das normas autoaplicáveis e da legislação infraconstitucional.

O terceiro aporte doutrinário sobre o assunto veio da obra famosa de José Afonso da Silva, que promoveu a clássica distinção das normas constitucionais em: *(i) normas de eficácia plena e aplicabilidade imediata*, sendo aquelas normas que não precisam de interposição do legislador para ter aplicação pelos juízes, dentre as quais se incluem os direitos fundamentais de primeira geração; *(ii) normas de eficácia contida (ou restringível) e aplicabilidade imediata*, são normas plenamente eficazes, mas que admitem a interposição do legislador para regular a sua aplicação; *(iii) normas programáticas de aplicabilidade diferida*, são normas que não têm eficácia direta, que não são judicialmente exigíveis e que dependem de superveniente desenvolvimento legislativo, atuando com eficácia meramente negativa. O autor entende que os direitos sociais são típicas normas programáticas, ao contrário dos direitos individuais, conforme se extrai do seguinte trecho:

> "Nos nossos estudos sobre as normas programáticas sempre as entendemos vinculadas à disciplina das relações econômico-sociais. É que há muito está superada a chamada 'regulamentação da liberdade', que pretendia que cada direito individual fosse organizado, isto é, que as condições e os limites de sua aplicabilidade fossem determinados por uma lei

---

da dignidade da pessoa humana, 2002, p. 59 e s.). Segundo a autora, a regra geral é que as normas jurídicas sejam dotadas de eficácia positiva ou simétrica, ou seja, normalmente o ordenamento jurídico conferirá um direito subjetivo ao indivíduo, para que este vá ao Judiciário e exija a realização dos efeitos pretendidos pela norma. O ordenamento jurídico também poderá cominar nulidade ou ineficácia a determinado ato que o contrarie. Por outro lado, são normalmente associadas aos direitos sociais e aos princípios jurídicos em geral as modalidades de eficácia negativa, interpretativa e vedativa do retrocesso. A eficácia negativa impede que sejam praticados atos contrários ao fim pretendido pela norma jurídica. A dificuldade reside em descobrir quais são os efeitos pretendidos e em que medida o ato praticado é contrário à finalidade que a norma pretende produzir. A eficácia interpretativa consiste na exigência de que as normas de hierarquia inferior sejam interpretadas de acordo com as normas de hierarquia superior. Por fim, a eficácia vedativa do retrocesso, a mais controversa de todas, eis que jamais foi aplicada pelos tribunais brasileiros, impede que seja reduzido o nível de concretização dos princípios já alcançado.

orgânica. Pois as normas constitucionais que enunciam os direitos individuais são de aplicabilidade direta e imediata"[32].

Numa época em que vigorava a mentalidade de indiferença ao texto constitucional, em que não era incomum a busca de soluções políticas contrárias à Constituição, a classificação de José Afonso da Silva serviu como suporte doutrinário para que o direito constitucional fosse minimamente cogente. Porém, com o passar do tempo, e especialmente após 1988, a construção jurídica serviu ao propósito oposto: sob a justificativa de que os direitos sociais são normas programáticas/ principiológicas, os tribunais simplesmente negavam-lhes qualquer eficácia[33]. Por seu turno, o legislador permanecia inerte, apático diante da imposição constitucional legiferante. Assim, por exemplo, durante algum tempo o Superior Tribunal de Justiça escudou-se na programaticidade do direito à saúde para negar-lhe eficácia, afirmando que:

> "Inexiste direito certo se não emanado da Lei ou da Constituição. Normas meramente programáticas protegem um interesse geral, mas não conferem aos respectivos beneficiários o poder de exigir a sua satisfação antes que o legislador cumpra o dever de complementá-las com a legislação integrativa"[34].

E até hoje ainda há tribunais e magistrados que insistem na absoluta ineficácia das normas programáticas, com base na classificação acima proposta. Como já se mencionou antes, a jurisprudência vem

---

[32] SILVA, José Afonso da. *Aplicabilidade das normas constitucionais*, 2000, p. 140.

[33] SOUZA NETO, Cláudio Pereira de. "Fundamentação e normatividade dos direitos fundamentais: uma reconstrução teórica à luz do princípio democrático". In: BARROSO, Luís Roberto (org.). *A nova interpretação constitucional – Ponderação, direitos fundamentais e relações privadas*, 2008, p. 293-294: "As expressões 'norma programática', 'norma de eficácia limitada', 'princípio programático' acabaram por se construir em verdadeiros índices da não efetivação da Constituição. Quando se quis, nos últimos vinte anos, deixar de aplicar a Constituição, bastou-se etiquetar a norma suscitada como programática e transferir para o legislador uma tarefa que, muitas vezes, era mesmo do Judiciário".

[34] STJ, REsp 57.614/RS, rel. Min. Demócrito Reinaldo, *DJ* 1-7-1996. Interessante panorama da evolução jurisprudencial dos Tribunais Superiores nas demandas envolvendo prestações de saúde pode ser encontrada em GOUVÊA, Marcos Maselli. "O direito ao fornecimento estatal de medicamentos". In: GARCIA, Emerson (coord.). *A efetividade dos direitos sociais*, 2004, p. 203-206.

alterando sua visão a respeito dos direitos sociais, para conferir-lhes ampla eficácia, num genuíno"retorno do pêndulo"que acabou por gerar excessos e exageros – como ocorre atualmente com o direito a prestações de saúde[35]. E curioso será notar que a aplicação da teoria de José Afonso da Silva tem causado complicações na justificação das decisões judiciais, já que é um contrassenso afirmar-se a programaticidade de um direito e reconhecer, imediatamente e sem outras considerações, sua aptidão para produzir direitos subjetivos. É o que muitas vezes fez o Min. Celso de Mello, do Supremo Tribunal Federal[36].

Assim, direitos de natureza social são fortemente associados à ideia de que sua efetividade exige prestações do Estado, por isso são chamados de *positivos*. Fazem contraposição aos direitos individuais – também conhecidos como *direitos de liberdade* ou *direitos de defesa* –, chamados de *negativos* por exigirem abstenções estatais. O consectário lógico da distinção é o seguinte: se a efetivação dos direitos sociais exige um *facere* estatal, então sua concretização deve estar condicionada à viabilidade orçamentária do Estado. Logo, sua implementação deve ser gradual e progressiva, não sendo exigíveis pela via judicial. Esta maneira de pensar os direitos sociais criou um problema grave de eficácia, cuja consequência bem sintetizou Marcos Maselli Gouvêa:"cabe reconhecer que a efetividade destes direitos ainda depende, quase completamente,

---

35 A propósito, v. BARROSO, Luís Roberto."Da falta de efetividade à judicialização excessiva: direito à saúde, fornecimento gratuito de medicamentos e parâmetros para a atuação judicial". *Revista de Direito da Procuradoria Geral do Estado do Rio de Janeiro*, v. 63, 2008. Sobre a judicialização em geral, em tom crítico, v. SOUTO, Marcus Juruena Villela,"Neoconstitucionalismo e controle de políticas públicas". *Revista de Direito Público da Economia n. 17*, 2007.

36 A crítica é de GOUVÊA, Marcos Maselli."O direito ao fornecimento estatal de medicamentos". In: GARCIA, Emerson (coord.). *A efetividade dos direitos sociais*, 2004, p. 208-9. V., a título de exemplo, o STF, RE n. 273.834/RS, rel. Min. Celso de Mello, *DJ* 24-11-2000:"O caráter programático da regra inscrita no art. 196 da Carta Política – que tem por destinatários todos os entes políticos que compõem, no plano institucional, a organização federativa do Estado brasileiro – não pode converter-se em promessa constitucional inconsequente, sob pena de o Poder Público, fraudando justas expectativas nele depositadas pela coletividade, substituir, de maneira ilegítima, o cumprimento de seu impostergável dever, por um gesto irresponsável de infidelidade governamental ao que determina a própria Lei Fundamental do Estado".

da caprichosa vontade dos governantes"[37]. Este ponto será aprofundado mais adiante, no tópico III deste capítulo.

Nada obstante, o Poder Judiciário brasileiro, como se verificou na Introdução e no Capítulo I, superou o estado de inoperância das normas constitucionais veiculadoras de direitos sociais, reconhecendo a sua eficácia positiva contra o Estado em diversas hipóteses. E muito embora não seja dever do Poder Judiciário oferecer um conceito técnico e uma construção teórica dos limites de sua intervenção na matéria, não se pode deixar de considerar relevantes, em algum nível, as objeções arguidas pelos teóricos de Weimar mencionados acima[38], especialmente as ideias de que (i) os direitos sociais não estão vinculados ao valor *liberdade*, que é o alicerce último da existência de direitos fundamentais, mas sim ao valor *igualdade*; e (ii) por dependerem de ações concretas, os direitos sociais estão sempre condicionados à interposição legal legislativa e à existência de recursos disponíveis. Tais teses serão analisadas nos próximos tópicos.

II. TEORIAS DOS DIREITOS FUNDAMENTAIS

O objetivo deste tópico é delimitar o campo que se pode chamar de essencial dentre os direitos fundamentais prestacionais albergados pela Constituição de 1988. Objetiva-se definir o ponto de convergência dentre os diversos critérios de fundamentalidade material sustentados pelas teorias mais importantes no âmbito da filosofia moral. Ele é necessário ante a natureza compromissória, analítica e pródiga no reconhecimento de "direitos"[39] que marca a Constituição Federal de 1988, que acabou por consagrar posições claramente antagônicas, entrincheirar questões irrelevantes e prometer o irrealizável[40].

---

[37] GOUVÊA, Marcos Maselli. *O controle judicial das omissões administrativas*, 2000, p. 5.

[38] Para um apanhado geral sobre os óbices à sindicação de prestações estatais positivas, v. GOUVÊA, Marcos Maselli. *O controle judicial das omissões administrativas*, 2003, p. 14-23.

[39] O "direito" vai entre aspas, pois não se está falando em direitos subjetivos propriamente ditos, mas somente em proposições jurídicas em sentido lato, cuja eficácia é objeto de controvérsia. V. SARLET, Ingo. *A eficácia dos direitos fundamentais*, 2012, p. 242 e s.

[40] A propósito, v. BARROSO, Luís Roberto. *O direito constitucional e a efetividade de suas normas*, 2009, p. 47-72; e SARMENTO, Daniel. *Livres e iguais:* estudos

Quanto a este último elemento, veja-se que afirmar que determinada norma jurídica possui conotação jusfundamental é torná-la importante sob diversos enfoques. Do ponto de vista da filosofia política, um direito fundamental é aquele cuja moralidade vigente exige que seja observado pelo simples fato de considerar alguém como pessoa, indivíduo ou cidadão, ante a necessidade de preservação de sua liberdade e dignidade. Do ponto de vista jurídico, a aplicação de um direito fundamental possui feição preferencial em relação aos demais dispositivos do sistema em caso de colisão[41], e a sua implementação assume viés contramajoritário, legitimando a atuação ampla do Poder Judiciário. O poderoso argumento, portanto, não pode ser banalizado.

Como este trabalho não pretende ser uma obra de cunho filosófico, mas possui foco eminentemente prático, convém reunir as teorias a respeito da fundamentalidade material dos direitos em grupos, com autores representativos destacados de acordo com a repercussão teórica de seu trabalho, de modo a facilitar a compreensão do todo. Foram identificados três grupos, a saber: teorias liberais, fundadas essencialmente no valor "liberdade individual"; teorias comunitárias, centradas na tradição cultural de cada comunidade, rejeitando a existência de valores universais acessíveis pela razão; e "democrático-deliberativas", na qual se inclui a obra de Jürgen Habermas, que busca fundamento na valorização do diálogo e da razão como elementos essenciais para a construção de uma teoria dos direitos fundamentais, e que de certa maneira sintetiza e tenta conciliar os argumentos esgrimidos pelas teorias anteriores.

1. Teoria liberal dos direitos fundamentais

A primeira resposta ao problema da fundamentalidade material dos direitos advém das chamadas *teorias liberais*, fundadas no valor

---

de direito constitucional, 2006, p. 181: "(...) a Carta de 88 tem também os seus defeitos, e um deles é especialmente grave: trata-se de uma Constituição excessivamente longa, prolixa, detalhista, pródiga em miudezas".

41 Cf. propõe BARCELLOS, Ana Paula de. *Ponderação, racionalidade e atividade jurisdicional*, 2005, p. 235-274. Dito parâmetro pode atrair crítica por contrariar o princípio da unidade da Constituição, segundo o qual não há hierarquia interna no texto constitucional. Porém, não se está propondo aqui uma superioridade definitiva, mas sim meramente preferencial, *i.e.*, *prima facie*. Para outras críticas ao mencionado princípio, v. SILVA, Virgílio Afonso da. "Interpretação constitucional e sincretismo metodológico". In: *Interpretação constitucional*, 2005, p. 123-125.

liberdade[42]. O pensamento político-liberal, que basicamente sustenta as ideias de autonomia moral do indivíduo, governo moderado e Estado de Direito, ganhou expressão moderna com o trabalho de John Locke. Em linhas gerais, a reflexão liberal busca estabelecer as bases de uma teoria da justiça para a cooperação mútua entre cidadãos considerados livres e iguais, membros que são de uma sociedade organizada[43]. As respostas para tal problema fornecerão diferentes soluções no que tange ao reconhecimento, extensão e salvaguarda de direitos básicos. Na filosofia política contemporânea, desponta a obra de John Rawls, que será brevemente analisada neste tópico[44].

A concepção liberal de John Rawls é erigida em contraposição ao intuicionismo e ao utilitarismo, teorias morais predominantes na década de 70 do século XX[45]. Seu pensamento é complexo e repleto de categorias próprias, tais como a estrutura básica, o véu da ignorância, ordem léxica, princípios de justiça, posição menos favorecida e justiça procedimental pura, para citar algumas delas. Cabe analisar, ainda que de modo perfunctório e voltado ao objetivo apresentado linhas acima, tais elementos.

John Rawls procura delinear os princípios de justiça que devem reger as estruturas básicas[46] em determinada sociedade, a qual ele

---

[42] KYMLICKA, Will. *Filosofia política contemporânea*, 2006, p. 68: "Estes direitos são muito importantes para o liberalismo – na verdade, uma maneira de distinguir o liberalismo é simplesmente o fato de que ele dá prioridade às liberdades básicas".

[43] RAWLS, John. *Liberalismo político*, 1999, p. 29.

[44] A obra de Ronald Dworkin, também um relevante autor de cunho liberal, será analisada no tópico IV.2, haja vista a importância de seus argumentos na construção de uma teoria equilibrada da "reserva do possível".

[45] Para este trabalho foram analisadas as obras *Uma teoria da justiça*, 2002, tradução brasileira, e *Liberalismo político*, 1999, p. 29, tradução espanhola.

[46] O autor não parece preocupado com a alocação específica de bens dentro de uma determinada sociedade ou com a construção de uma teoria mais abrangente, pois afirma que: "Não devemos supor que haja muita similaridade, do ponto de vista da justiça, entre uma alocação administrativa de bens para pessoas específicas e a concepção adequada de sociedade", e "[n]ão há motivo para supor de antemão que os princípios satisfatórios para a estrutura básica se mantenham em todos os casos. Esses princípios podem não funcionar para regras e práticas de associações privadas ou para aquelas de grupos sociais menos abrangentes". In: *Uma teoria da justiça*, 2002, p. 9 e 69.

batiza como "justiça como equidade"[47]. Inicialmente, o autor procura remarcar a importância da justiça na cooperação social, pois "cada pessoa possui uma inviolabilidade fundada na justiça que nem mesmo o bem-estar da sociedade como um todo pode ignorar"[48]. Portanto, em seu entendimento, a justiça é parte constitutiva da própria dignidade do indivíduo. A cooperação, em uma sociedade bem ordenada, exigirá que os parâmetros com que as pretensões recíprocas são formuladas entre os homens sejam explicitados, para que então elas possam ser julgadas como justas ou injustas, conforme o caso. Esses parâmetros são precisamente os critérios de justiça. Por sua vez, "[a] justiça de um esquema social depende essencialmente de como se atribuem direitos e deveres fundamentais e das oportunidades econômicas e condições sociais que existem nos vários setores da sociedade"[49]. Com base nisto já se pode inferir que os princípios de justiça estão intimamente relacionados com as suas consequências na distribuição social de bens, direitos e deveres.

Os princípios de justiça de Rawls são extraídos pelo recurso ao contrato social[50], que diz com as escolhas que seriam hipoteticamente realizadas – ou seja, que tipo de moralidade política – caso pessoas livres e racionais, preocupadas em resguardar seus próprios interesses, estivessem em uma posição original, equivalente ao estado de natureza. Estas escolhas devem ser objeto de consenso entre estas pessoas. Ademais, o contrato é amplo, abarcando decisões em todos os níveis: "Estes princípios [a serem escolhidos] devem regular todos os acordos subse-

---

[47] Há controvérsias sobre a tradução mesmo entre os autores de língua inglesa. Adotou-se, no texto, a tradução utilizada na versão em português de *Uma teoria da justiça* da Editora Martins Fontes.

[48] RAWLS, John. *Uma teoria da justiça*, 2002, p. 4.

[49] RAWLS, John. *Uma teoria da justiça*, 2002, p. 7.

[50] RAWLS, John. *Uma teoria da justiça*, 2002, p. 12: "Meu objetivo é apresentar uma concepção de justiça que generaliza e leva a um plano superior de abstração a conhecida teoria do contrato social como se lê, digamos, em Locke, Rousseau e Kant". Naturalmente, a primeira crítica que se pode fazer a este recurso argumentativo, é a sua falta de correspondência histórica (nunca houve tal estado de natureza, tampouco qualquer contrato) e a sua incapacidade de fornecer consequências precisas, pois como é evidente, Kant, Rousseau e Locke, mesmo iniciando do mesmo ponto de partida, acabaram por alcançar resultados muito distintos. Para esta e outras críticas ao "contrato", v. KYMLICKA, Will. *Filosofia política contemporânea*, 2006, p. 76 e s.

quentes; especificam os tipos de cooperação social que se podem assumir e as formas de governo que se podem estabelecer. *A esses princípios da justiça eu chamarei de justiça como equidade*"[51]. Um ingrediente deve ainda ser acrescentado. Tais princípios da sociedade política devem ser definidos com o recurso ao chamado "véu da ignorância", que consiste no desconhecimento dos participantes a respeito de suas posições de classe e *status* social e seus talentos naturais. Pois conhecer tais vantagens seria incluir um elemento injusto na posição original proposta, que deve ser equitativa[52]. Assim, Rawls acaba por induzir uma situação de igualdade extrema entre todos os seres morais (este, sim, o *fundamento* de sua teoria), de onde retira seus princípios de justiça.

Segundo o autor os indivíduos estão comprometidos com o ideal de "vida boa", e o acesso a certos bens primários são necessários para alcançá-la. Rawls então divide os bens primários em naturais, que são absolutamente aleatórios (saúde, inteligência, imaginação, talentos etc.) e sociais (renda, riqueza, oportunidades, poderes, direitos e liberdades). O véu da ignorância, portanto, fará com que cada um distribua os critérios de acesso a estes bens de maneira que assegure a sua possibilidade de obtê-los mesmo que, por azar do destino, acabe por receber a pior situação social possível. É o que o filósofo chama de estratégia "maximin", a qual consiste em *maximizar* aquilo que conseguiria se terminasse na posição *mínima* da sociedade. Como observa Will Kimlicka: "Como ninguém sabe que posição irá ocupar, pedir às pessoas que

---

51 RAWLS, John. *Uma teoria da justiça*, 2002, p. 12. (destaque acrescentado).

52 A ausência de conhecimento a respeito de status, posições sociais e atributos naturais levaria muitos críticos a assinalarem a adoção de uma teoria bizarra a respeito da identidade pessoal. V. WALZER, Michael. "A crítica comunitarista do liberalismo". In: *Política e paixão: rumo a um liberalismo mais igualitário*, 2008, p. 212: "Homens e mulheres desligados de todos os seus vínculos sociais, literalmente desimpedidos, cada um o único inventor de sua própria vida, sem nenhum critério, sem padrões comuns a guiar essa invenção – estas são figuras míticas". Contudo, como menciona Will Kimlicka, "O véu da ignorância, porém, não é a expressão de uma teoria da identidade pessoal. É um teste intuitivo de equidade (...). A posição original, supostamente 'representa a igualdade entre os seres humanos como pessoas morais', e os princípios de justiça resultantes são aqueles que as pessoas 'consentiram como iguais, quando não se tinha conhecimento de ninguém que fosse favorecido por contingências sociais e naturais". In: *Filosofia política contemporânea*, 2006, p. 79-80.

decidam o que é melhor para elas tem a mesma consequência que pedir que decidam o que é melhor para todo mundo, considerado imparcialmente"[53].

Aplicando suas premissas ao pacto, Rawls afirma que a escolha racional de pessoas livres não seriam os princípios utilitaristas de maximização da felicidade segundo critérios de eficiência, já que ninguém quer ter sua posição sacrificada em favor do maior bem-estar dos outros, mas sim os seguintes:

> "*Primeiro princípio*
>
> Cada pessoa deve ter um direito igual ao mais abrangente sistema total de liberdades básicas iguais que seja compatível com um sistema semelhante de liberdade para todos.
>
> *Segundo princípio*
>
> As desigualdades sociais e econômicas devem ser ordenadas de tal modo que, ao mesmo tempo:
>
> (a) tragam para o maior benefício possível para os menos favorecidos, obedecendo às restrições do princípio da poupança justa, e
>
> (b) sejam vinculadas a cargos e posições abertos a todos em condições de igualdade equitativa de oportunidades.
>
> *Primeira regra de prioridade* (A prioridade da liberdade)
>
> Os princípios da justiça devem ser hierarquizados na ordem lexical e, portanto, as liberdades básicas só podem ser restringidas em nome da liberdade.
>
> (...)
>
> *Segunda regra de prioridade* (a prioridade da justiça sobre a eficiência e sobre o bem-estar)
>
> O segundo princípio da justiça é lexicamente anterior ao princípio da eficiência e ao princípio da maximização da soma das vantagens; e a igualdade equitativa é anterior ao princípio da diferença"[54].

O primeiro princípio sustenta a maior parcela de liberdade possível desde que possa ser extensível aos demais, e denota o valor que os liberais dão a ela. A liberdade é importante porque dela decorre a capacidade de autodeterminação dos indivíduos, condição necessária a que sejam efetuadas as escolhas de vida de cada um. O fato de uma

---

53 KYMLICKA, Will. *Filosofia política contemporânea*, 2006, p. 82.

54 RAWLS, John. *Uma teoria da justiça*, 2002, p. 12. (destaque acrescentado)

pessoa pretender alcançar a"vida boa"não significa que suas escolhas momentâneas realmente servirão a tal propósito. Assim, se tais opções, relativas ao ideal de vida de cada um, são imperiosamente contingentes e falíveis, ninguém está em melhores condições de fazê-las que nós mesmos (e não o Estado ou outros grupos sociais). Com base nesta lógica, os liberais apregoam a neutralidade estatal, isto é, a proibição de que o Estado interfira na definição das concepções de vida dos cidadãos, o que reclamará, ademais, uma jurisdição constitucional atuante na defesa dos direitos de liberdade[55].

De acordo com os princípios de John Rawls, há bens sociais que, em razão de sua importância, não podem ser sacrificados em favor de outros. Assim, há clara preferência dos direitos de liberdade sobre os demais (igualdade de oportunidades e igualdade de recursos), sendo inaceitável que ele ceda por razões de bem-estar coletivo – é o que chama de prioridade léxica. Mas a desigualdade dentro de cada categoria está necessariamente vinculada à otimização dos que estão em situação inferior, que devem ter suas perspectivas melhoradas.

Logo, as desigualdades econômicas e sociais somente serão justificadas se, em decorrência dela, tornarem-se melhores as expectativas dos que estão em posição socialmente inferior. Com base no princípio da diferença e na observância do grupo social menos favorecido, Rawls constrói a noção de "mínimo social razoável" nos seguintes termos: "[q]ualquer um desses critérios parece abarcar os mais desfavorecidos pelas várias contingências, fornecendo uma base para determinar em que nível um mínimo social razoável pode ser fixado, a partir do qual, em conjunto com outras medidas, a sociedade poderia começar a satisfazer o princípio da diferença"[56].

---

55 CITTADINO, Gisele. *Pluralismo, direito e justiça distributiva*, 1999, p. 183: "Os argumentos liberais acerca da prestação jurisdicional constitucional estão organizados em torno de uma ideia central, segundo a qual uma democracia constitucional deve, sobretudo, assegurar os direitos fundamentais dos cidadãos, conferindo um papel proeminente à Constituição e ao sistema de direitos nela inscritos. Contra eventuais procedimentos majoritários que possam ameaçar a neutralidade liberal que assegura o espaço do desacordo razoável, a Constituição deve fixar um âmbito de liberdade imune a interferências externas indevidas".

56 RAWLS, John. *Liberalismo político*, 1999, p. 104-105. Note-se que o princípio da diferença é secundário na definição da justiça das estruturas básicas da sociedade, pois afirma o autor: "Na medida do possível, a estrutura básica

Posteriormente, o autor argumenta que, para que seja mantida a equidade, a implementação dos princípios de justiça às estruturas básicas da sociedade deve ser feita em etapas[57]. Na primeira são definidos os princípios, nos moldes já mencionados (contrato social e véu da ignorância). Posteriormente, amplia-se o nível de conhecimento dos indivíduos, que agora poderão saber o estágio civilizatório da sociedade, as condições econômicas e culturais gerais, mas não qualquer situação particular. Este momento destina-se à feitura da Constituição e da inclusão dos direitos em seu corpo, que deve incluir o próprio princípio da liberdade. O terceiro momento de aplicação ocorre na feitura de leis, ocasião em que o conhecimento será ampliado. Porém, de acordo com o primeiro modelo da teoria construída por Rawls, os direitos sociais, por não possuírem a prioridade absoluta, estão sujeitos à discricionariedade legislativa e somente se incorporam ao direito neste terceiro momento. Por fim, o quarto estágio é de aplicação dos princípios a situações concretas, e aí todas as particularidades envolvidas serão conhecidas (posições sociais). Confira-se o ponto:

> "*O segundo princípio atua no estágio da legislatura*. Determina que as políticas sociais e econômicas visem maximizar as expectativas a longo prazo dos menos favorecidos, em condições de igualdade equitativa de oportunidades e obedecendo à manutenção das liberdades iguais"[58]. (destaque acrescentado)

Em suma, em *Uma Teoria da Justiça*, os direitos sociais e o mínimo social (este último equivalente ao mínimo existencial)[59] estão vinculados estritamente ao princípio da diferença, e por isso jamais poderão suplantar os princípios da igual liberdade e da igualdade de oportunidades.

---

deve ser avaliada a partir da posição da cidadania igual. Essa posição é definida pelos direitos e liberdades *exigidos pelo princípio da liberdade igual e pelo princípio da igualdade equitativa de oportunidades*" (p. 102).

57 RAWLS, John. *Liberalismo político*, 1999, p. 216.

58 RAWLS, John. *Liberalismo político*, 1999, p. 215-216. E posteriormente, de forma mais clara: "Em primeiro lugar, a autoridade que determina as políticas sociais básicas reside num corpo representativo escolhido, para ocupar um cargo durante um período determinado, por um eleitorado ao qual esse corpo deve basicamente prestar contas" (p. 242).

59 Conforme percepção de RIBEIRO, Gustavo Moulin. "O mínimo existencial e o direito constitucional brasileiro", mimeo, 2003, p.43; e BARCELLOS, Ana Paula de. *A eficácia jurídica dos princípios constitucionais*, 2002, p. 127 e s.

O adimplemento do mínimo social razoável está diretamente relacionado à justiça da estrutura básica da sociedade (é o mínimo para atender ao princípio da diferença), enquanto os demais direitos sociais ficam condicionados à concretização legislativa, sempre observando a máxima de ampliação das expectativas dos que estão em situação pior.

Em obra mais recente – *Liberalismo político* – Rawls reconhece a existência de um princípio"anterior"ao próprio princípio da igual liberdade, que aponta para a necessidade de o Estado fornecer os bens materiais mínimos para o provimento das necessidades básicas dos cidadãos,"cuando menos en la medida en que su satisfación es necesaria para que los ciudadanos entiendan y puedan ajercer fructíferamente esos derechos y libertades", que decorrem do princípio da igualdade tal como concebido inicialmente, e conclui: "Ciertamente, tal principio precedente debe adoptarse al aplicar el primer principio"[60]. Assim, mesmo vinculando os direitos fundamentais ao conceito de liberdade, e deixando os direitos sociais e econômicos à definição do legislador de acordo com seu esquema institucional, já que não há reconsideração do autor em relação aos princípios de justiça, Rawls não exclui a necessidade de que haja um conjunto de direitos que sejam garantidos mesmo *antes* dos chamados direitos individuais fundados no valor liberdade. Este raciocínio fundamenta o mínimo existencial em John Rawls.

Para encerrar este item, vale dizer que a força das teorias liberais encontra-se na afirmação da igualdade e liberdade intrínsecas a todos os seres humanos, sem qualquer distinção, daí que"[p]arte da ideia de os indivíduos serem iguais moralmente é a afirmação de que nenhum de nós é inerentemente subordinado à vontade dos outros, que nenhum de nós vem ao mundo como propriedade de outro ou sujeitado a outro. Todos nascemos livres e iguais"[61]. E também de sua forte defesa de um sistema de proteção de direitos.

2. Teoria comunitária dos direitos fundamentais

A busca de um fundamento moral que legitime a existência de direitos oponíveis às maiorias prossegue com a análise das abordagens comunitaristas, que compõem um segundo grupo de respostas ao problema proposto. O comunitarismo é reconhecidamente uma reação

---

[60] RAWLS, John. *Liberalismo político*, 1999, p. 32-33.
[61] KYMLICKA, Will. *Filosofia política contemporânea*, 2006, p. 76.

teórica à ascensão das teorias liberais, fundadas na supremacia do indivíduo e da liberdade individual, que ocorre no período que compreende as décadas de 60 e 70 do século XX, quando se dá nos Estados Unidos o período histórico denominado "revolução dos direitos"[62]. O reconhecimento dos direitos das minorias e ampliação dos direitos civis, de cunho individual, trouxe a reboque o questionamento a respeito de quem iria arcar com tais custos, e também certa desvalorização da noção de deveres comunitários. Tendo este pano de fundo, o pensamento comunitarista focou-se nos seguintes problemas: (i) a relação do indivíduo com a comunidade na qual está inserido, posto que não há autonomia individual desconectada de quaisquer vínculos sociais e culturais, tal como pretendem os liberais; e (ii) o papel das responsabilidades sociais e o seu adequado balanço com os direitos reconhecidos pela comunidade[63].

Saliente-se que dentro do rótulo cabem diversas variantes, as quais compreendem desde o "comunitarismo universalista" até o chamado "comunitarismo-conservador", tendo por termo médio o "comunitarismo liberal", na classificação proposta por Winfried Brugger[64]. O comunitarismo conservador sustenta a tese de que "uma ordem política e jurídica pode apenas funcionar a longo prazo quando existir um nível relativo de homogeneidade interna garantindo lealdade, entendimento e preocupação mútuos entre os cidadãos"[65]. Assim, este viés rejeita de maneira peremptória o pressuposto liberal, restringindo o espectro de direitos oponíveis ao Estado – na medida em que decorrem de laços de afetividade – e, por via de consequência, acaba por ser de pouca

---

[62] Sobre o tema, v. SUNSTEIN, Cass. *After the rights revolution: reconceiving the regulatory state*, 2003, p. 24-31; e TUSHNET, Mark. "The Rights Revolution in the Twentieth Century", disponível em: http://www.law.georgetown.edu/faculty/documents/RightsRevolution.doc, acesso em: 5-4-2009.

[63] Cf. SILVA, Ricado Almeida Ribeiro da. "A crítica comunitarista ao liberalismo". In: TORRES, Ricardo Lobo (org.). *Teoria dos direitos fundamentais*, 2001, p. 197-200.

[64] BRUGGER, Winfried. "O comunitarismo como teoria social e jurídica por trás da Constituição alemã". *Revista de Direito do Estado n. 11*, 2008, p. 60-67.

[65] BRUGGER, Winfried. "O comunitarismo como teoria social e jurídica por trás da Constituição alemã". *Revista de Direito do Estado n. 11*, 2008, p. 62. Segundo o autor, um seguidor desta visão seria Ferdinand Tönnies, pelas razões expostas na obra "Gemeinschaft und Gesellschaft" (Comunidade e Sociedade).

aplicabilidade para as sociedades democráticas modernas, marcadas pelo pluralismo e o multiculturalismo.

O autor identifica, no outro extremo, o chamado "comunitarismo igualitarista liberal", que consiste na defesa da tese de que há igualdade intrínseca a todos os seres humanos, na qual inclui Ronald Dworkin e Jürgen Habermas. De acordo com Brugger, tal corrente "enfatiza dois postulados universais de igualdade os quais Ronald Dworkin expressou em *Taking Rights Seriously* com a fórmula 'igual preocupação e respeito' – ou seja, igual consideração das necessidades básicas e do interesse de autodeterminação para todas as pessoas, bem como igual respeito entre diferentes estilos de vida para todos os indivíduos e grupos"[66]. Igualmente, a fórmula habermasiana tende a proteger o indivíduo por sua capacidade de razão e utilização da linguagem, elementos que compõem o liame entre todas as pessoas. O problema do comunitarismo (ou liberalismo)[67] desta estirpe é que um Estado mundial, pressuposto para o reconhecimento de direitos sem vínculos de nacionalidade, ainda está longe de ser uma realidade. E, de toda sorte, este pensamento desconsidera inúmeras características que são constitutivas da identidade de grupos e culturas, arguindo que qualquer outro critério de diferenciação seria intrinsecamente suspeito[68].

Uma terceira corrente de comunitaristas, ainda de acordo com a mencionada abordagem, seria composta por "comunitaristas liberais", que se situam no meio termo entre a valorização dos laços de comunidade e o reconhecimento da substância universal do ser humano. "A tese central do comunitarismo liberal no que se refere à filosofia social é que

---

[66] BRUGGER, Winfried. "O comunitarismo como teoria social e jurídica por trás da Constituição alemã". *Revista de Direito do Estado n. 11*, 2008, p. 63.

[67] Sobre a classificação dos autores referidos como "comunitaristas", o autor esclarece: "Pode-se perguntar por que autores como Dworkin e Habermas não são apontados como seguidores do 'liberalismo'. Eles são. Nada obstante, como notado com os argumentos na seção 2 e acima no texto, eles podem também ser designados como comunitaristas universalistas igualitários. Ambos os autores escolhem as características da igualdade e identidade de todos os seres humanos como ponto de partida para suas teorias dos direitos humanos e da ordem justa". In: "O comunitarismo como teoria social e jurídica por trás da Constituição alemã". *Revista de Direito do Estado n. 11*, 2008, p. 63, nota de rodapé n. 37.

[68] Os pensamentos de Jürgen Habermas e de Ronald Dworkin serão analisados, respectivamente, nos tópicos II.3 e IV.2 neste capítulo.

o ambiente de um ser humano consiste de diferentes esferas de responsabilidade ou formas de associação, que vão desde um indivíduo singular e o seu *horizonte próximo* (...) ao *horizonte distante* de todos os seres humanos"[69]. É com base nesta dicotomia entre o particular e o universal, e no reconhecimento de que os bens sociais e seus critérios de acesso são valorados e estruturados de maneira distinta em cada contexto social que se situa a obra de Michael Walzer, *Esferas de justiça – uma defesa do pluralismo e da igualdade*[70], possivelmente a de maior curso e importância no contexto das correntes comunitaristas. Cumpre analisar sua tese central, ainda que brevemente, e o modo como ela se relaciona com o tema proposto.

Walzer está preocupado com a formulação de uma teoria da igualdade que não seja restrita à mera pretensão de equalização social por meio de um bem específico, como o dinheiro ou o poder político. Como esclarece, uma vez distribuídos quinhões iguais de um determinado bem, bastarão algumas horas para que ele seja redistribuído em quinhões desiguais. Se for poder político, e.g., a primeira assembleia de cidadãos imediatamente subsequente à redistribuição traçará diferenças entre as classes de indivíduos que compõem a sociedade. Assim formulado, o igualitarismo puro e simples exige dos seres humanos capacidades que não possuem, o que por sua vez demandará a existência de um Estado forte e opressor, que seja capaz de garantir, a cada momento, uma nova redistribuição de bens igualitária tal como preconizado inicialmente. Logo, esta perspectiva não é adequada. Segundo o autor, o igualitarismo serve a um propósito específico: a abolição de privilégios, da superioridade de indivíduos e grupos sociais, uns sobre os outros. Ele diz: "[e]ssa é a esperança vigorosa à qual denomina a palavra *igualdade*: fim das mesuras e rapapés; das bajulações e adulações; fim do temor trêmulo; fim dos todo-poderosos; fim dos senhores, fim dos escravos"[71].

Assim, se o propósito das teorias igualitárias é suprimir toda a opressão que deriva da superioridade, Michael Walzer entende que a

---

69 BRUGGER, Winfried. "O comunitarismo como teoria social e jurídica por trás da Constituição alemã". *Revista de Direito do Estado n. 11*, 2008, p. 65.

70 WALZER, Michael. *Esferas de justiça – uma defesa do pluralismo e da igualdade*, 2003. A obra analisada é a edição em língua portuguesa, editada pela Martins Fontes.

71 WALZER, Michael. *Esferas de justiça – uma defesa do pluralismo e da igualdade*, 2003, p. XVI (prefácio).

verdadeira igualdade decorre da vedação de que os bens sociais sejam utilizados como forma de dominação. Assim, os bens sociais devem ser distribuídos de acordo com os critérios internos de cada esfera de sentido (as chamadas esferas de justiça)[72], e a dominação seria exatamente a utilização de bens sociais em esferas que não lhe pertencem. Note-se que a própria ideia de "bem social" decorre de uma teoria dos bens particular, elaborada por Walzer, na qual sustenta basicamente que eles são produto de concepções sociais próprias, de modo que o valor e a importância de cada bem é fruto de determinada particularidade histórica (assim, e.g., o pão, por seu significado religioso, seria extremamente importante na antiguidade, o que lhe daria a condição de *essencial* naquele contexto social). Se os bens possuem valores que cambiam, então é desnecessário pensar em um esquema abstrato que possa lidar com sua distribuição, já que também o acordo distributivo é essencialmente contingente. O que se deve observar é que: "[t]odo bem social ou conjunto de bens sociais constitui, por assim dizer, uma esfera distributiva dentro da qual só são apropriados certos critérios e acordos"[73]. Esta é a teoria da igualdade complexa[74].

---

[72] WALZER, Michael. *Esferas de justiça – uma defesa do pluralismo e da igualdade*, 2003, p. XIX (prefácio): "Se pretendemos respeitar os objetivos sociais, as distribuições não podem ser coordenadas, seja com relação à felicidade geral ou a qualquer outra coisa. Só se evita a dominação se os bens sociais forem distribuídos por motivos claros e 'internos'". A rejeição de um parâmetro geral de redistribuição de bens, tal como fornece o utilitarismo, parece também importar na não aceitação, para Walzer, do princípio da diferença elaborado por John Rawls. O autor afirma que: "[q]uero defender mais que isso: os princípios de justiça são pluralistas na forma; que os diversos bens sociais devem ser distribuídos por motivos, segundo normas e por agentes diversos; e que toda essa diversidade provém das interpretações variadas dos próprios bens sociais – o inevitável produto do particularismo histórico e cultural" (p. 5). Os direitos sociais, neste caso, teriam de encontrar um novo fundamento, como se verá adiante.

[73] WALZER, Michael. *Esferas de justiça – uma defesa do pluralismo e da igualdade*, 2003, p. 10.

[74] WALZER, Michael. *Esferas de justiça – uma defesa do pluralismo e da igualdade*, 2003, p. 21: "A argumentação pela igualdade complexa começa com nossa interpretação – isto é, nossa interpretação real, concreta, positiva e particular – dos diversos bens sociais. (...) A igualdade simples é uma situação distributiva simples: se tenho quatorze chapéus e você tem quatorze chapéus, somos iguais. (...) *A igualdade é uma relação complexa de pessoas, mediadas por bens que criamos, compartilhamos e dividimos entre nós; não é uma identidade de posses.*

Haverá situações em que um dos bens sociais prevalecerá nas trocas com os demais, equivalente assim a uma espécie de padrão-ouro social – fenômeno que o autor rotula de "predomínio" (nas sociedades capitalistas, o bem predominante é o dinheiro) – e que um grupo social ou indivíduo o possuirá, constituindo um "monopólio" (caso dos industriais nas sociedades capitalistas do século XIX). O predomínio e o monopólio nunca serão absolutos e completos, mas eles existirão em todas as sociedades. "Nenhum bem social predomina inteiramente sobre todos os bens; nenhum monopólio é perfeito"[75]. Walzer então ressalta a importância de três tipos de reivindicações sociais que são normalmente encontradas: (i) pela distribuição igualitária do bem predominante (o monopólio é injusto); (ii) pela distribuição igualitária no acesso aos bens sociais (fim da predominância de determinado bem; o predomínio é injusto); e (iii) pela adoção de um novo bem como padrão para as trocas sociais (o predomínio e o monopólio são injustos). Prossegue afirmando que a tirania é decorrência exatamente da invasão de determinado bem onde os critérios de acesso são outros, assim concluindo:

> "O regime da igualdade complexa é o contrário da tirania. Define um conjunto de relações de modo que torne impossível o predomínio. Em termos formais, a igualdade complexa significa que a situação de nenhum cidadão em uma esfera ou com relação a um bem social pode definir sua situação em qualquer outra esfera, com relação a qualquer outro bem.
>
> (...)
>
> A crítica do predomínio e da dominação indica um princípio distributivo limitado. *Nenhum bem social x será distribuído a quem possua algum outro bem y meramente porque possui y e sem consideração ao significado de x*"[76].

Assim, é injusto alguém obter amor em troca de dinheiro; alcançar um cargo público em razão de sua força física; receber um diploma

---

Requer, então, uma diversidade de critérios distributivos que expresse a diversidade de bens sociais". (destaque acrescentado)

75 WALZER, Michael. *Esferas de justiça – uma defesa do pluralismo e da igualdade*, 2003, p. 12.

76 WALZER, Michael. *Esferas de justiça – uma defesa do pluralismo e da igualdade*, 2003, p. 23 e 25. E afirma: "Esta é a consequência da regra: bens distintos para cada grupo por razões diferentes e de acordo com métodos específicos. E entender bem tudo isso, ou mais ou menos entendê-los, é mapear todo o mundo social" (p. 32).

universitário em razão de sua valentia e coragem. As esferas e os respectivos bens não se compatibilizam, maculando a troca que ocorrer nesses casos. A partir destas considerações, o autor desenvolve três princípios distributivos: o livre intercâmbio, mérito e necessidade. Destes três, convém analisar o último. Walzer entende que a necessidade possui uma esfera especial, onde ela é o próprio princípio de distribuição adequado. E afirma que em uma sociedade pobre, grande parte das riquezas sociais será destinada à realização desta esfera (*i.e.*, sanar a necessidade)[77]. A provisão de bens essenciais ao convívio comunitário dependerá da definição dada pelo próprio grupo.

Cuidando do tema "segurança e bem-estar social", Michael Walzer sugere que a necessidade de prover tais bens a todos os indivíduos decorre da ideia de afiliação que existe na comunidade. "A afiliação é importante em razão do que os membros da comunidade política devem uns aos outros e a ninguém mais, ou a ninguém mais no mesmo grau. (...) Se não provêssemos uns aos outros, (...) não teríamos motivos para formar e manter comunidades políticas"[78]. A união dos seres humanos decorre da necessidade de ajuda mútua contra as intempéries da própria vida social e da natureza, e portanto toda comunidade politicamente organizada é potencialmente um Estado de "bem-estar social", posto que provê a "esfera de segurança e bem-estar social".

E quem decide a respeito do que deve compor tal esfera? Walzer esclarece de maneira contundente:

> "*Desconfio que essas escolhas só podem ser políticas.* Estão sujeitas a certa elucidação filosófica, mas a ideia de necessidade e o compromisso com a provisão comunitária não produzem nenhuma definição clara de prioridades ou graus. (...) A questão do grau indica com mais clareza ainda a

---

[77] O autor parece dar relevo à "reserva do possível", pois entende que quando a pobreza é generalizada, a necessidade não é suficiente como critério distributivo: "Numa sociedade pobre, uma proporção alta das riquezas sociais será atraída para dentro dessa esfera. Mas, dada a grande diversidade de bens oriundos de qualquer vida comum, mesmo quando é vivida num nível material baixíssimo, *sempre haverá outros critérios distributivos em operação paralela à necessidade, e sempre será necessário preocupar-se com as fronteiras que os separam uns dos outros*". WALZER, Michael. *Esferas de justiça – uma defesa do pluralismo e da igualdade*, 2003, p. 32. (destaque acrescentado)

[78] WALZER, Michael. *Esferas de justiça – uma defesa do pluralismo e da igualdade*, 2003, p. 85.

importância das opções políticas e a irrelevância de qualquer estipulação meramente filosófica. Além de enganosas, as necessidades também são dilatáveis"[79]. (destaque acrescentado)

Em resumo, a igualdade complexa estabelece que o acesso a bens sociais deve se dar por esferas, sem que haja interferência nos critérios definidos para um ou outro. Tais critérios são definidos socialmente. A provisão de direitos básicos da comunidade (fundamentais) é uma obrigação decorrente da própria noção de pertencimento à comunidade, mas a sua extensão é definida pelo processo democrático. Esta é fundamentalmente uma decisão política. "Os direitos ao bem-estar social só são fixos quando a comunidade adota algum programa de assistência mútua"[80]. Ressalva Walzer, contudo, um conjunto de prestações básicas essenciais à sobrevivência do indivíduo que não podem ser negligenciadas pela comunidade:

> "[n]ão há dúvida de que contém alguma versão do direito hobbesiano à vida, alguma reivindicação dos recursos comunitários para a subsistência básica. *Nenhuma comunidade pode permitir que seus membros morram de fome quando há alimentos disponíveis para eles; nenhum governo pode permanecer passivo numa ocasião dessas – se alega ser governo da comunidade, por ela e para ela*"[81]. (destaque acrescentado)

De modo geral, as teorias comunitaristas acabam por deixar muito espaço à deliberação coletiva, valorizando a participação dos membros da comunidade nas decisões públicas, na qual sobrelevam a dimensão argumentativa e o debate público. Em consequência, eleva-se a importância das decisões proferidas pelo Poder Legislativo, ante sua posição central no processo democrático, ao passo que o papel legado ao Poder Judiciário é reduzido significativamente, assumindo a feição de mero garantidor de uma ordem de valores concretamente estabelecida. A política liberal de reconhecimento de direitos é denunciada como incapaz de promover a coexistência das múltiplas identidades culturais, e a

---

79 WALZER, Michael. *Esferas de justiça – uma defesa do pluralismo e da igualdade*, 2003, p. 88-89.

80 WALZER, Michael. *Esferas de justiça – uma defesa do pluralismo e da igualdade*, 2003, p. 105.

81 WALZER, Michael. *Esferas de justiça – uma defesa do pluralismo e da igualdade*, 2003, p. 105.

captura das decisões públicas pelo Poder Judiciário, verdadeira "infantilização" da cidadania[82].

Sem dúvida alguma, a crítica comunitarista oferece um interessante contraponto à absolutização do indivíduo promovida pelo liberalismo político, culminando numa concepção de direitos fundamentais edificada sobre a ideia de pertencimento e afetividade entre os cidadãos. Mas, ao sustentar a primazia das práticas sociais, acaba por deixar largo espaço para a legitimação de regimes autoritários, e também permitir a afirmação de grupos majoritários sobre as minorias[83]. Cabe assim analisar a teoria de Jürgen Habermas, que de certo modo procura compatibilizar os direitos fundamentais, as práticas comunitárias e a primazia da deliberação coletiva na tomada de decisões públicas.

3. Teoria democrático-procedimental dos direitos fundamentais

Um terceiro grupo de teorias são as chamadas democrático-procedimentais a respeito dos direitos fundamentais. Em sentido amplo, todas elas partem de um mesmo pressuposto: o valor da democracia como instrumento para a pacificação de conflitos sociais, os quais decorrem das diversas concepções de bem que os indivíduos e grupos sustentam na esfera pública, resultante do pluralismo nas sociedades contemporâneas. A realização destes diversos desejos sociais encontra-se limita-

---

82 V. a crítica contundente de MAUS, Ingeborg. "Judiciário como Superego da Sociedade: o papel da atividade jurisprudencial na 'sociedade órfã'". In: *Novos Estudos CEBRAP n. 58*, 2000, p. 187: "*Quando a Justiça ascende ela própria à condição de mais alta instância moral da sociedade, passa a escapar de qualquer mecanismo de controle social* – controle ao qual normalmente se deve subordinar toda instituição do Estado em uma forma de organização política democrática" (destaque acrescentado). E também CITTADINO, Gisele. *Pluralismo, direito e justiça distributiva*, 1999, p. 194: "A postura liberal frente aos direitos individuais visa, segundo Taylor, neutralizar as exigências de diferenciação, instituindo controles judiciais que violam o exercício da autonomia por parte de determinados grupos culturais".

83 BARCELLOS, Ana Paula de. *A eficácia jurídica dos princípios constitucionais – o princípio da dignidade da pessoa humana*, 2002, p. 136: "Acerca do tema que aqui interessa, os críticos apontaram a possibilidade de a teoria de Walzer abrigar, doutrinariamente, regimes violadores dos direitos básicos do homem. Isso porque, uma vez que o ideário e as práticas desses movimentos estivessem de acordo com os valores compartilhados pela sociedade local, estariam eles legitimados pela concepção de igualdade complexa".

da, ora pela impossibilidade de adoção de políticas contraditórias (e.g., o aborto deve ser proibido ou permitido?), ora pela escassez de meios físicos (e.g., deve prevalecer uma saúde de excelência, educação de excelência, ou níveis medianos de ambos?). Assim, a decisão na esfera pública representa a melhor maneira de estabelecer compromissos sobre estas questões, sendo desnecessário recorrer a concepções pré-políticas ou contrafáticas para resolvê-las. Por seu turno, a fundamentalidade material dos direitos decorreria naturalmente dos mecanismos de proteção à deliberação democrática[84].

A prática democrática tem origem remota na antiga cidade-Estado de Atenas, onde encontrou desenvolvimento teórico na relevante obra de Aristóteles. A valorização do espaço e do debate públicos, e o reconhecimento de que a realização do homem ocorre com a participação na vida pública da cidade, compreendem o que veio a ser rotulado como "liberdade dos antigos"[85]. Porém, como se sabe, a democracia ateniense restringia consideravelmente a participação popular, haja vista que as mulheres e os escravos não tinham direito à palavra e ao voto nas assembleias públicas, o que maculou esta concepção inicial, que não pode ser compatibilizada com a noção atual de direitos fundamentais. Rousseau também contribuiu de modo importante para a reflexão democrática, mas a concepção que erigiu acabou servindo de suporte teórico a regimes autoritários, dada a prevalência da vontade majoritária sobre os direitos da minoria. A democracia é um tema recorrente na filosofia política contemporânea. Dentre os autores que lidam com ele, avulta em importância teórica e prática a obra de Jürgen Habermas, que será brevemente analisada a seguir.

Jürgen Habermas parte de um elemento fático e de uma concepção política para construir sua teoria[86]. O primeiro consiste no fato do plu-

---

[84] A propósito, v. ELY, John Hart. *Democracy and distrust*, 1980.

[85] CONSTANT, Benjamim. *A liberdade dos antigos comparada à dos modernos*, 2001.

[86] A obra de Habermas é substancialmente complexa, de modo que os elementos abordados neste tópico restringem-se ao necessário para o prosseguimento na construção de um parâmetro de fundamentalidade material para os direitos. Por esta razão, este trecho serviu-se sobremaneira da leitura que Claudio Pereira de Souza Neto efetuou dos trabalhos do autor, a qual se encontra em *Teoria constitucional e democracia deliberativa*, 2006, p. 126-166. Foram consultadas ainda as seguintes obras: HABERMAS, Jürgen. *Direito e democracia entre facticidade e validade*, v. I, 2006; Durango Álvarez, Gerardo A.

ralismo. O consenso ético resultante da homogeneidade que existia nas sociedades pré-industriais simplesmente deixou de existir. As decisões estatais não podem mais ser justificadas com fundamento neste acordo global de natureza ética entre os cidadãos. Pelo contrário: nas sociedades contemporâneas eles discordam veementemente sobre as mais diversas questões. Assim, a legitimidade das normas jurídicas só pode ser extraída do processo de autolegislação levado a efeito pelos próprios cidadãos. Esta é a sua concepção política: primazia do processo democrático (deliberação pública) na construção de um direito legítimo[87]. Desta forma, Habermas rejeita o modelo liberal que propugna, com base em uma teoria que também é abrangente, a existência de direitos pré-políticos, anteriores ao Estado, erigidos com base em um contrato social hipotético. Isto porque o liberalismo acaba por restringir materialmente o espectro de deliberação democrática, sendo incapaz de dar conta das expectativas normativas plurais dos diversos grupos inseridos na esfera pública[88]. O comunitarismo também é rejeitado pela mesma razão, já que nesta teoria a vida pública tem por objetivo a realização dos valores comunitários, impondo obrigações aos cidadãos que não são essenciais à manutenção da democracia[89].

"Aproximación a los derechos fundamentales desde la perspectiva habermasiana", *Revista Telemática de Filosofía del Derecho n. 11*, 2007/2008, p. 1-23; e CITTADINO, Gisele. *Pluralismo, direito e justiça distributiva*, 1999, p. 170-181; 203-218.

87 HABERMAS, Jürgen. *Direito e democracia entre facticidade e validade*, v. I, 2006, p. 145: "A fim de obter critérios precisos para a distinção entre princípio da democracia e princípio moral, parto da circunstância de que o princípio da democracia destina-se a amarrar um procedimento de normatização legítima do direito. Ele significa, com efeito, que somente podem pretender validade legítima as leis jurídicas capazes de encontrar o assentimento de todos os parceiros do direito, num processo jurídico de normatização discursiva". A importância do processo democrático é um tema que será retomado no capítulo III.

88 NETO, Claudio Pereira de Souza. *Teoria constitucional e democracia deliberativa*, 2006, p. 132: "A vertente liberal de Rawls não faria jus às expectativas normativas de participação popular vinculadas à democracia, já que legitima o conteúdo fundamental da ordem jurídica por meio de artifícios pré-políticos, e não através de processos concretos de legiferação".

89 NETO, Claudio Pereira de Souza. *Teoria constitucional e democracia deliberativa*, 2006, p. 133-134: "O fundamental para o modelo não é que os cidadãos se engajem permanentemente na política motivados por suas virtudes republicanas, mas que, ao participarem do processo deliberativo democrático, possam fazê-lo em condições de liberdade e igualdade".

O modelo de Habermas encontra seu alicerce teórico mais amplo na ideia de"ética do discurso"e"razão comunicativa", motivo pelo qual ele pode ser denominado "teoria do discurso, do direito e da democracia". A ética do discurso é a alternativa de Habermas aos modelos centrados no sujeito (filosofia do sujeito). Nela o foco está na capacidade de comunicação e entendimento entre os indivíduos, os quais devem se reconhecer em condições de igualdade. Com base nesta assertiva, Habermas verifica que somente desta relação podem surgir direitos subjetivos:

> "Direitos subjetivos não estão referidos, de acordo com seu conceito, a indivíduos atomizados e alienados, que se entesam possessivamente uns contra os outros. Como elementos da ordem jurídica, eles pressupõem a colaboração de sujeitos, que se reconhecem reciprocamente em seus membros livres e iguais do direito. *Tal reconhecimento recíproco é constitutivo para a ordem jurídica, da qual é possível extrair direitos subjetivos reclamáveis judicialmente*"[90].

A consideração dos interesses requer que as pretensões individuais públicas submetam-se ao teste do diálogo, *i.e.*, elas devem estar abertas às críticas dos demais participantes implicados no processo de comunicação. Para passar no teste, é preciso demonstrar que a pretensão atende ao interesse de todos os participantes do diálogo (o que decorre da igualdade entre os participantes). Este é o componente ético na teoria habermasiana, e que enseja a formulação do princípio da universalização (U): "Toda norma válida tem que preencher a condição de que as consequências e efeitos colaterais que previsivelmente resultem de sua observância universal, para a satisfação dos interesses de *todo* indivíduo, possam ser aceitos sem coação por *todos* os concernidos"[91]. O teste dos argumentos, diferentemente do que propugna John Rawls, realizar-se-á concretamente, garantido procedimentalmente pelo princípio"D: São válidas as normas de ação às quais todos os possíveis atingidos poderiam dar o seu assentimento, na qualidade de participantes de discursos racionais"[92].

---

[90] HABERMAS, Jürgen. *Direito e democracia entre facticidade e validade*, v. I, 2006, p. 121.

[91] NETO, Claudio Pereira de Souza. *Teoria constitucional e democracia deliberativa*, 2006, p. 139.

[92] HABERMAS, Jürgen. *Direito e democracia entre facticidade e validade*, v. I, 2006, p. 142.

Neste passo, os direitos fundamentais emanam de uma dupla dimensão: são necessários para que exista um verdadeiro espaço público democrático, *i.e.*, que sejam garantidas a abertura dos espaços comunicativos e a possibilidade de participação dos implicados nele; e são imposições decorrentes do reconhecimento mútuo entre os indivíduos da condição de seres autônomos, livres e iguais, autolegisladores e membros de uma comunidade jurídica comum[93]. Estes direitos são elencados por Habermas no rol a seguir:

> "(1) Direitos fundamentais que resultam da configuração politicamente autônoma do *direito à maior medida possível de iguais liberdades subjetivas de ação.*
>
> Esses direitos exigem como correlatos necessários:
>
> (2) Direitos fundamentais que resultam da configuração politicamente autônoma do *status de um membro* numa associação voluntária de parceiros de direito;
>
> (3) Direitos fundamentais que resultam imediatamente da *possibilidade de postulação judicial* de direitos e da configuração politicamente autônoma da proteção jurídica individual.
>
> (...)
>
> (4) Direitos fundamentais à participação, em igualdade de chances, em processos de formação da opinião e da vontade, nos quais os civis exercitam sua *autonomia política* e através dos quais eles criam direito legítimo.
>
> (...)
>
> (5) Direitos fundamentais a condições de vida garantidas social, técnica e ecologicamente, na medida em que isso for necessário para um aproveitamento, em igualdade de chances, dos direitos elencados de (1) até (4)"[94].

---

[93] DURANGO ÁLVAREZ, Gerardo A. "Aproximación a los derechos fundamentales desde la perspectiva habermasiana", *Revista Telemática de Filosofía del Derecho n. 11*, 2007/2008, p. 2: "Los derechos fundamentales presentan en la teoría habermasiana una doble dimensión: son, de una parte, condición de posibilidad de los espacios públicos democráticos y, de otra, construcciones o elaboraciones intersubjetivas de sujetos autónomos que se reconocen mutuamente libres e iguales en tanto autores de las normas – esto es, autolegisladores – y miembros de una comunidad jurídica".

[94] HABERMAS, Jürgen. *Direito e democracia entre facticidade e validade*, v. I, 2006, p. 159-160.

Na feliz síntese de Cláudio Pereira de Souza Neto, "[é] o próprio diálogo, é a exposição dos argumentos à crítica pública, que garante a correção dos resultados, e não os compromissos éticos dos sujeitos (...). A democracia deliberativa representa, desse modo, uma aplicação da ética do discurso no campo da política"[95]. Partindo da capacidade de diálogo como pressuposto para uma teoria política, Habermas constrói um sistema de proteção de direitos baseado na preservação do processo comunicativo. Note-se, porém, que o modelo habermasiano, em matéria de direitos fundamentais prestacionais, apenas garante aqueles necessários à manutenção da democracia, deixando de lado eventuais direitos substanciais que possam decorrer de necessidades comunitárias. Como é sabido, Habermas insere-se no âmbito mais geral dos teóricos da *democracia deliberativa*, tema sobre o qual se voltará a falar no capítulo III, que consiste na ideia de que o desacordo moral deve ser resolvido pelo debate e pela realização de acordos mútuos entre os cidadãos e/ou seus representantes[96].

4. Teoria mínima dos direitos fundamentais: o espaço de convergência, os limites normativos e o princípio da dignidade da pessoa humana

Inicialmente, foi afirmado que a Constituição Federal de 1988 apresenta traços característicos (caráter compromissório e analítico) que impedem a formulação de uma teoria da fundamentalidade material dos direitos, necessária ao adequado delineamento do espaço de intervenção judicial[97]. Aliás, exatamente porque há demasiada previsão de

---

95 NETO, Claudio Pereira de Souza. *Teoria constitucional e democracia deliberativa*, 2006, p. 145.

96 GUTMANN, Amy; THOMPSON, Dennis. *Democracy and disagreement*, 1997, p. 1: "Junto com um número crescente de outros teóricos da política, nós chamamos essa concepção de democracia deliberativa. A ideia central é simples: quando cidadãos ou seus representantes discordam moralmente, eles deveriam continuar a raciocinar juntos para chegar a decisões mutuamente aceitáveis". V. também NETO, Claudio Pereira de Souza. *Teoria constitucional e democracia deliberativa*, 2006.

97 Decorrência deste caráter multifacetado do texto constitucional é a percepção de que "[v]igora, de fato, um hiato considerável entre a autocompreensão metodológica predominante e a prática concreta de nossos tribunais". In: NETO, Claudio Pereira de Souza. *Teoria constitucional e democracia deliberativa*, 2006, p. 17.

direitos e pouca precisão em seu delineamento que se faz necessário o recurso à filosofia política, como critério de identificação de direitos. Do contrário, o controle judicial de políticas públicas inevitavelmente implicaria a substituição dos Poderes Executivo e Legislativo pelo Poder Judiciário. Além disso, Francisco Laporta afirma, com integral razão, que "cuanto más se multiplique la nómina de los derechos humanos menos fuerza tendrán como exigencia, y cuanto más fuerza moral o jurídica se les suponga más limitada ha de ser la lista de derechos que la justifiquen adecuadamente"[98]. Em outras palavras, de nada adiantaria a expansão desmedida dos direitos fundamentais, pois, desta forma, seriam forçosamente inferiores seus índices de eficácia jurídica e efetividade, considerado o contexto de escassez de recursos[99].

Com este esclarecimento, cumpre recapitular o que foi visto no capítulo anterior: (i) de acordo com o liberalismo de John Rawls, o mínimo existencial corresponde ao conjunto de prestações materiais necessárias ao exercício das liberdades básicas, e os direitos sociais existem com a finalidade de promover o princípio da diferença, segundo o qual as desigualdades só se justificam se incrementar as expectativas do que estão em situação socialmente pior; (ii) o comunitarismo reconhece a necessidade de ajudas públicas, fundamentando-a no vínculo de pertencimento (afiliação) entre os indivíduos que compõem a comunidade, mas deixa os seus limites e modalidades de acesso ao acordo distributivo de cada sociedade, pontuando apenas que nas sociedades ocidentais este acesso ocorre pelo critério da "necessidade"; e (iii) o procedimentalismo de Jürgen Habermas estabelece a identidade entre o Estado de Direito e os direitos relacionados ao processo de discussão e argumentação, reconhecendo, contudo, os direitos prestacionais ligados às condições de vida necessárias à participação democrática em igualdade de chances.

Com base nestes aportes, é possível identificar, portanto, um consenso essencial no campo de filosofia moral no que tange à necessidade de que o Estado (e a sociedade) forneça certos bens para seus membros, ainda que impostos coativamente pelo Poder Judiciário. *O mínimo exis-*

---

[98] In: "Sobre el concepto de derechos humanos". *DOXA n. 4*, 1987, p. 23.

[99] Além disso, o fundamento moral especial que motiva o reconhecimento de direitos fundamentais (e, em especial, do mínimo existencial) nas modernas sociedades pluralistas não pode ser muito abrangente, sob pena de impedir que haja o consenso sobre este conjunto essencial e intangível de direitos.

tencial corresponde precisamente a este conteúdo, indisponível para as maiorias eventuais. Este acordo permite refutar a primeira das objeções ao controle judicial de políticas públicas: a de que a matéria seria de definição puramente majoritária, sendo descabida a intervenção judicial. Permitir que as próprias maiorias definam os limites a que deveriam estar confinadas, obviamente, é um risco à manutenção da legalidade constitucional e dos pressupostos para o exercício da democracia. Quanto aos demais objetivos socialmente desejáveis, devem ser deixados à livre conformação democrática.

Este quadro geral oriundo da filosofia política precisa ser complementado com o argumento jurídico, o que se traduz numa dupla consideração. Primeiro, o Poder Judiciário está legitimado a efetuar o controle da Administração Pública e das leis tendo como parâmetro o texto constitucional, tratando-se de direito fundamental ou não. É importante não cair no exagero de sobrevalorizar concepções teóricas que não foram pensadas especificamente para a sociedade brasileira, por vezes incompatíveis até com o próprio conteúdo normativo da Constituição. Assim, a adoção do procedimentalismo puro habermasiano, por exemplo, levaria à desconsideração de alguns conteúdos básicos do texto constitucional de 1988, tal como a proteção à liberdade religiosa, art. 5º, VI, da CF/88, que não é precondição para a deliberação democrática. Portanto, onde o constituinte quis imprimir plena imperatividade ao comando – adotando a estrutura de regra no enunciado normativo –, não há espaço para abrandamentos teóricos. Neste passo, vê-se que o recurso ao "conteúdo essencial" das teorias morais, capaz de fundamentar um "consenso mínimo" a respeito do que são os direitos fundamentais exigíveis *tout court*, não pode excluir a importância do argumento normativo na apreciação do texto de 1988. Na realidade, o aporte filosófico deve ser um elemento complementar na leitura dos enunciados normativos da Constituição.

O segundo ponto a considerar consiste na adoção do princípio da dignidade da pessoa humana enquanto elemento-chave da ordem constitucional que entrou em vigor em 1988[100]. O princípio encontra-

---

[100] Sobre o tema, v., dentre outros, SARLET, Ingo Wolfgang. *Dignidade da pessoa humana e direitos fundamentais*, 2012; BARCELLOS, Ana Paula de. *A eficácia jurídica dos princípios constitucionais – o princípio da dignidade da pessoa humana*, 2002; VIEIRA, Oscar Vilhena. *Direitos fundamentais: uma leitura da jurisprudência do STF*, 2006, p. 63-132; MORAES, Maria Celina de. "O princípio da

-se previsto no art. 1º, III, da Constituição Federal de 1988, onde ostenta a qualidade de fundamento da República[101]. É referenciado nos arts. 226, § 7º, onde figura como princípio inerente ao planejamento familiar[102], 227 e 230, quando menciona o dever da família, da comunidade e do Estado de assegurarem, respectivamente, a dignidade da criança e do idoso[103]. De acordo com a doutrina, trata-se do "ponto de Arquimedes no Estado constitucional"[104], de modo que seu valor en-

---

dignidade humana": In: *Princípios do direito civil contemporâneo*, 2006, p. 1-60; ROCHA, Cármen Lúcia A. "O princípio da dignidade da pessoa humana e a exclusão social". *Interesse Público n. 38*, 1999. A descrição do percurso histórico que levou à consagração da dignidade humana como princípio-valor dos principais ordenamentos jurídicos ocidentais é dispensável para os fins do trabalho, pelo que se remete o leitor aos trabalhos citados, especialmente ao de Ingo Wolfgang Sarlet, com amplas referências doutrinárias nacionais e estrangeiras.

[101] CF/88: "Art. 1º A República Federativa do Brasil, formada pela união indissolúvel dos Estados e Municípios e do Distrito Federal, constitui-se em Estado Democrático de Direito e tem como fundamentos: (...) III – *a dignidade da pessoa humana;*".

[102] CF/88: "Art. 226. (...) § 7º Fundado nos princípios da *dignidade da pessoa humana* e da paternidade responsável, o planejamento familiar é livre decisão do casal, competindo ao Estado propiciar recursos educacionais e científicos para o exercício desse direito, vedada qualquer forma coercitiva por parte de instituições oficiais ou privadas".

[103] CF/88: "Art. 227. É dever da família, da sociedade e do Estado assegurar à criança e ao adolescente, com absoluta prioridade, o direito à vida, à saúde, à alimentação, à educação, ao lazer, à profissionalização, à cultura, à *dignidade*, ao respeito, à liberdade e à convivência familiar e comunitária, além de colocá-los a salvo de toda forma de negligência, discriminação, exploração, violência, crueldade e opressão. (...) Art. 230. A família, a sociedade e o Estado têm o dever de amparar as pessoas idosas, assegurando sua participação na comunidade, defendendo sua *dignidade* e bem-estar e garantindo-lhes o direito à vida". As normas insculpidas nos arts. 227 e 230 consagram verdadeiros direitos subjetivos oponíveis à família, à sociedade e ao Estado, razão pela qual não se concorda com a afirmação de VIEIRA, Oscar Vilhena. *Direitos fundamentais*: uma leitura da jurisprudência do STF, 2006, p. 63, no sentido de que a dignidade somente aparece no art. 1º, III, como direito subjetivo público. De resto, alinha-se com o autor no que afirma o caráter multidimensional da dignidade.

[104] SARLET, Ingo Wolfgang. *Dignidade da pessoa humana e direitos fundamentais*, 2012, p. 91. A afirmação é atribuída por Sarlet ao autor alemão G. Haverkate. V., também, BARCELLOS, Ana Paula de. *A eficácia jurídica dos princípios constitucionais – o princípio da dignidade da pessoa humana*, 2002, p. 103-104: "(...)

quanto fonte própria e autônoma de obrigações e direitos não pode ser esquecido. O princípio da dignidade humana tem o importante papel de conferir unidade de sentido ao sistema de direitos fundamentais, sendo certo que estes se ancoram naquela, isto é, existem em função da necessidade de se garantir a dignidade do ser humano[105]. O problema na conceituação da expressão "dignidade humana" leva à conclusão de que os órgãos investidos de legitimidade democrático-eleitoral devem ter papel importante neste trabalho[106], mas não

---

o fato é que a dignidade da pessoa humana, o valor do homem como um fim em si mesmo, é hoje um axioma da civilização ocidental, e talvez a única ideologia remanescente". MORAES, Maria Celina de. "O princípio da dignidade humana": In: *Princípios do direito civil contemporâneo,* 2006, p. 14: "A Constituição consagrou o princípio [da dignidade humana] e, considerando a sua eminência, proclamou-o entre os princípios fundamentais, atribuindo-lhe o valor supremo de alicerce da ordem jurídica democrática. Com efeito, da mesma forma que Kant estabelecera para a ordem moral, é na dignidade humana que a ordem jurídica (democrática) se apoia e constitui-se".

[105] ANDRADE, José Carlos Vieira de. *Os direitos fundamentais na Constituição portuguesa de 1976,* 1988, p. 102: "Realmente, o princípio da dignidade da pessoa humana está na base de todos os direitos constitucionalmente consagrados, quer dos direitos e liberdades tradicionais, quer dos direitos de participação política, quer dos direitos dos trabalhadores e direitos a prestações sociais". No mesmo sentido: SARLET, Ingo Wolfgang. *Dignidade da pessoa humana e direitos fundamentais,* 2012, p. 101-102: "Em suma, o que se pretende sustentar de modo mais enfático é que a dignidade da pessoa humana, na condição de valor (e princípio normativo) fundamental que 'atrai o conteúdo de todos os direitos fundamentais', exige e pressupõe o reconhecimento e proteção dos direitos fundamentais de todas as dimensões (ou gerações, se assim preferirmos). Assim, sem que se reconheçam à pessoa humana os direitos fundamentais que lhe são inerentes, em verdade estar-se-á lhe negando a própria dignidade". Note-se que esta generalização da dignidade é criticada por MORAES, Maria Celina de. "O princípio da dignidade humana": In: *Princípios do direito civil contemporâneo,* 2006, p. 16: "Uma vez que a noção é ampliada pelas infinitas conotações que enseja, corre-se o risco da generalização absoluta, indicando-a como *ratio* jurídica de todo e qualquer direito fundamental. Levada ao extremo, essa postura hermenêutica acaba por atribuir ao princípio um grau de abstração tão completo que torna impossível qualquer sua aplicação". O argumento da autora apenas reforça a necessidade de estabelecer graus de eficácia para os diversos desdobramentos da dignidade humana.

[106] SARLET, Ingo Wolfgang. *Dignidade da pessoa humana e direitos fundamentais,* 2002, p. 123: "Nesta linha de raciocínio, sustenta-se, com razão, que a concretização do programa normativo do princípio da dignidade da pessoa huma-

torna inviável o reconhecimento, desde logo, de elementos essenciais ao conceito[107].

Sendo assim, a adoção do princípio da dignidade e a necessidade de sua observância, que pode ocorrer em diversos graus[108], permitem o reconhecimento de dois níveis de direitos fundamentais na Constituição de 1988: (i) aqueles de imposição obrigatória, diretamente vinculados à materialização do seu núcleo (identificados como mínimo existencial); e (ii) os demais, consagrados normativamente pelo constituinte de 1988 e ligados, ainda que em grau menos intenso, à dignidade da pessoa humana, mas que podem se submeter à concretização realizada pelo legislador e pelo administrador público. Esta distinção será essencial para a construção dos regimes jurídicos de políticas públicas proposto no Capítulo IV, ocasião em que o tema da dignidade será retomado.

III. A ESTRUTURAÇÃO DAS NORMAS DE DIREITOS FUNDAMENTAIS

Como foi visto acima, e será objeto de maior desenvolvimento no Capítulo IV, trabalha-se com a hipótese de que há um espaço próprio para o Poder Judiciário atuar nas políticas públicas dos direitos fundamentais. São situações em que o arranjo institucional defere a ele o poder de agir independentemente de outros questionamentos, pois se referem a um espaço de atuação contramajoritária. Estes casos incluem, indubitavelmente, as violações ao mínimo existencial e as regras de direitos fundamentais de cunho constitucional. Com efeito, o Poder

---

na incumbe aos órgãos estatais, *especialmente, contudo, ao legislador*, encarregado de edificar uma ordem jurídica que atenda às exigências do princípio". (destaque acrescentado)

[107] De acordo com a lição de ENGISCH, Karl Engisch. *Introdução ao pensamento jurídico*, 2001, p. 209:"Com PHILIPP HECK, podemos distinguir nos conceitos jurídicos indeterminados um *núcleo* conceitual e um *halo* conceitual. Sempre que temos uma noção clara do conteúdo e da extensão dum conceito, estamos no domínio do núcleo conceitual. Onde as dúvidas começam, começa o halo do conceito".

[108] SARLET, Ingo Wolfgang. *Dignidade da pessoa humana e direitos fundamentais*, 2012, p. 88:"Além disso, resta a evidência, amplamente comprovada na prática, de que o princípio da dignidade da pessoa humana pode ser realizado em diversos graus, isto sem falar na necessidade de se resolver eventuais tensões entre a dignidade de diversas pessoas (...)".

Judiciário não está autorizado a atuar livremente em *quaisquer* questões relacionadas a direitos fundamentais, ainda que constitucionalizadas, como parece indicar a jurisprudência do Supremo Tribunal Federal. O espaço não nuclear dos princípios deve ser preenchido por intermédio da atuação do legislador e do administrador, através do exercício da discricionariedade, e somente por razões excepcionais é admitida a intervenção pelo Poder Judiciário. Neste passo, este tópico destina-se ao brevíssimo esclarecimento das distinções metodológicas acima mencionadas, essenciais à compreensão do modelo[109].

1. A distinção entre enunciado e norma, princípios e regras

Inicialmente, é oportuno afirmar que texto e norma jurídica não se confundem, sendo categorias autônomas. Isto se comprova com a evidência de que de um mesmo texto jurídico (enunciado normativo) podem ser extraídas inúmeras normas jurídicas (princípios e regras), as quais já são o resultado da interpretação. Por exemplo, do texto previsto no art. 5º, LXIII da CF/88 ("o preso será informado de seus direitos, entre os quais o de permanecer calado, sendo-lhe assegurada a assistência da família e de advogado") extrai-se o princípio de que ninguém é obrigado a produzir provas contra si mesmo (*nemo tenetur se detegere*). Em alguns casos poderá haver coincidência entre a literalidade do texto e a norma produzida, mas isto não é obrigatório. Pode haver norma sem dispositivo (e.g., princípio da proporcionalidade, sem correspondência específica no texto constitucional) e dispositivo sem norma (e.g., proteção divina invocada no preâmbulo na Constituição Federal de 1988). Segundo Humberto Ávila, o enunciado normativo possui um caráter heurístico, isto é, que em si já representa um modelo provisório da norma que pretende produzir[110]. Além disso, sabe-se

---

[109] Sobre o tema, v. ALEXY, Robert. *Teoría de los derechos fundamentales,* 1997; DWORKIN, Ronald. *Levando os direitos a sério,* 2002; LARENZ, Karl. *Metodologia da ciência do direito,* 1997. Entre nós: ÁVILA, Humberto. *Teoria dos princípios,* 2014; BARROSO, Luís Roberto. *Curso de direito constitucional contemporâneo,* 2013; BARCELLOS, Ana Paula de. *A eficácia jurídica dos princípios constitucionais – o princípio da dignidade da pessoa humana,* 2002; BARCELLOS, Ana Paula de. *Ponderação, racionalidade e atividade jurisdicional,* 2002; PEREIRA, Jane Reis Gonçalves. *Interpretação constitucional e direitos fundamentais,* 2006; SARLET, Ingo Wolfgang. *A eficácia dos direitos fundamentais,* 2012.

[110] Desta forma, segundo o autor, a estruturação do direito em princípios em regras teria duas finalidades precípuas: (i) antecipação das características das

que a literalidade do texto é não apenas o ponto de partida da interpretação como também o seu limite último, sob pena de o intérprete assumir a função de legislador[111].

Pois bem. Relembre-se que os princípios jurídicos estabelecem uma meta a ser perseguida (e.g., princípio da moralidade, da boa-fé) ou um estado de coisas a ser alcançado (e.g., princípio da proteção à saúde, da redução da pobreza)[112]. Nos dizeres de Robert Alexy, eles são *mandados de otimização*, e a sua observância ocorre em diversos graus, pois seu caráter fluido permite apenas o estabelecimento de obrigações *prima facie*, isto é, que podem ceder ante a existência de razões contrapostas. Quando a Constituição estabelece que a erradicação da pobreza é um princípio a ser observado, ela não diz *como* isto deverá ser feito. Falta exatamente a especificidade da conduta exigida para tornar exequível o comando jurídico pela via judicial. Assim, não se pode afirmar somente com base neste princípio que todas as pessoas pobres tenham um direito subjetivo em face dos poderes públicos de obter os recursos necessários para deixar tal situação de miséria, já que o poder público pode atuar de diversas maneiras a fim de alcançar o mesmo objetivo[113].

---

espécies normativas, já que princípios e regras cumprem funções distintas no sistema jurídico; (ii) redução do ônus argumentativo do intérprete/aplicador do direito. Cf. ÁVILA, Humberto. *Teoria dos princípios*, 2014, p. 95-97.

[111] MÜLLER, Friedrich. *Métodos de trabalho do direito constitucional*, 2005, p. 64: "O teor literal demarca as fronteiras extremas das possíveis variantes de sentido, i.e., funcionalmente defensáveis e constitucionalmente admissíveis. Outro somente vale onde o teor literal for comprovadamente viciado. *Decisões que passam por cima do teor literal da constituição não são admissíveis*" (destaque acrescentado). No campo da metodologia jurídica não há controvérsia relevante sobre o ponto, de modo que a compatibilidade de uma decisão judicial com o próprio Estado de Direito depende de sua referibilidade ao sistema jurídico.

[112] Para a distinção entre princípios e regras, v. ALEXY, Robert. *Teoría de los derechos fundamentales*, 1997. DWORKIN, Ronald. *Levando os direitos a sério*, 2002. Entre nós, v. ÁVILA, Humberto. *Teoria dos princípios*, 2014.

[113] ÁVILA, Humberto. *Teoria dos princípios*, 2014, p. 57-60: "Alexy, partindo das considerações de Dworkin, precisou ainda mais o conceito de princípios. Para ele os princípios jurídicos consistem apenas em uma espécie de normas jurídicas por meio da qual são estabelecidos deveres de otimização aplicáveis em vários graus, segundo as possibilidades normativas e fáticas. (...) Os princípios, portanto, possuem uma dimensão de peso e não determinam consequências normativas de forme direta, ao contrário das regras. (...) 'De outro lado regras são normas que podem ou não ser realizadas. Quando uma regra

As regras, ao contrário, apresentam-se no esquema clássico "hipótese de incidência – consequência jurídica". Verificado no plano dos fatos o acontecimento previsto na regra, ela deverá ser aplicada. Por esta razão, afirma-se que as regras são implementadas no modo *tudo ou nada*. Por exemplo, a consequência para a conduta *matar alguém* é aplicação da pena privativa de liberdade, de seis a vinte anos, conforme estatuído no art. 121 do Código Penal. No campo dos direitos fundamentais de cunho prestacional, outros exemplos são as regras previstas nos art. 208, I e IV, da Constituição Federal de 1988[114], as quais garantem o ensino fundamental gratuito e o atendimento em creche e pré-escola para crianças com até 5 (cinco) anos de idade. Como se verifica, os direitos fundamentais podem ser articulados na forma de regras e princípios, com consequências distintas para o aplicador do direito.

Isto porque regras e princípios possuem diferenças estruturais num dado sistema jurídico. Segundo Humberto Ávila: "as regras têm a função de eliminar ou reduzir problemas de coordenação, conhecimento, custos e controle de poder. A descrição daquilo que é permitido, proibido ou obrigatório diminui a arbitrariedade e a incerteza, gerando ganhos em previsibilidade e em justiça para a maior parte dos casos"[115]. Assim,

---

vale, então é determinado fazer exatamente o que ela exige, nada mais e nada menos'". O autor arrola quatro critérios para a distinção entre regras e princípios, a saber: "*caráter hipotético-condicional*, que se fundamenta no fato de as regras possuírem uma hipótese e uma consequência que predeterminam a decisão, sendo aplicadas ao modo *se, então*, enquanto os princípios apenas indicam o fundamento a ser utilizado pelo aplicador no caso concreto"; "*modo final de aplicação*, que se sustenta no fato de as regras serem aplicadas de modo absoluto, *tudo ou nada*, ao passo que os princípios são aplicados de modo gradual *mais ou menos*; "*relacionamento normativo*, que se fundamenta na ideia de a antinomia entre regras consubstanciar verdadeiro conflito, solucionável com a declaração de invalidade de uma das regras ou com a criação de uma exceção, ao passo que o relacionamento entre os princípios consiste num imbricamento, solucionável mediante ponderação que atribuía uma dimensão de peso a cada um deles"; "*fundamento axiológico*, que considera os princípios, ao contrário das regras, como fundamentos axiológicos para a decisão a ser tomada".

[114] CF/88: "Art. 208. O dever do Estado com a educação será efetivado mediante a garantia de: I – ensino fundamental, obrigatório e gratuito, inclusive para os que a ele não tiveram acesso na idade própria; (...) IV – educação infantil, em creche e pré-escola, às crianças até 5 (cinco) anos de idade;".

[115] ÁVILA, Humberto. "'Neoconstitucionalismo': entre a 'ciência do direito' e o 'direito da ciência'". *Revista Eletrônica de Direito do Estado (REDE)*, 2009, p. 4.

quando o legislador aprova textos jurídicos com previsões legais que apresentam feições de regras, seu objetivo é reduzir a incerteza na aplicação do direito, reduzindo ademais o espaço de liberdade dos demais intérpretes do direito, com ganhos de segurança jurídica e eficiência. O mesmo vale para o constituinte. Desconsiderar esta natureza específica das regras é exatamente descurar desta sua função[116].

Este esclarecimento tem o intuito de superar uma patologia na prática constitucional. Quando o constituinte originário estabeleceu regras no texto constitucional, fazendo-as constar inclusive no rol de cláusulas pétreas como direitos fundamentais, obviamente pretendeu que a eficácia de tais direitos fosse plena. É dever dos poderes públicos atuar no sentido de viabilizar as regras que constam na Constituição, máxime as que estipulam direitos fundamentais. Por outro lado, os princípios são vetores interpretativos e pleiteiam determinados comportamentos do Estado *prima facie*, mas que podem ser suplantados por razões contrárias. Quando o Poder Judiciário converte princípios em regras, ou ignora propositalmente as regras existentes para aplicar princípios em seu lugar, acaba por violar este conteúdo funcional da cada espécie normativa, em prejuízo para o sistema como um todo.

2. Núcleo essencial dos princípios, derrota de regras e ponderação

Sobre a distinção entre princípios e regras é importante fazer mais três apontamentos. Primeiro, o espaço de complementação dos princípios é exercido pelo Poder Legislativo e pela Administração Pública, pois tais órgãos detêm a chamada legitimidade democrática. Prevalece aqui um amplo espaço de conformação do legislador. O caráter eletivo dos cargos que compõem tais poderes traz consigo a noção de responsabilidade política (*accountability*), que é estranha ao Poder Judiciário. Porém, os princípios devem ter algum conteúdo suscetível de controle jurídico (e, portanto, judicial), pois se assim não fosse convolar-se-iam em meros conselhos ou recomendações. Surge então a noção de *núcleo essencial* dos princípios. Em termos práticos, o núcleo do princípio é aquele conteúdo mínimo que é exigível como se regra fosse, pois sem a sua observância não seria possível afirmar que ele é *parte integrante* do sistema

[116] ÁVILA, Humberto. "'Neoconstitucionalismo': entre a 'ciência do direito' e o 'direito da ciência'". *Revista Eletrônica de Direito do Estado (REDE)*, 2009, p. 4.

jurídico[117]. No exemplo tomado acima, pode-se afirmar que embora não seja possível exigir do Estado os meios necessários para deixar a condição de pobreza, seria ao menos possível pleitear com sucesso algum tipo de benefício *in natura* que seja capaz de impedir o absoluto estado de indigência. A violação ao núcleo essencial de um princípio jurídico corresponde ao total descaso ante o mandamento mais básico que consta da norma jurídica, por maior que seja sua abstração.

O segundo apontamento diz respeito às regras e a necessidade de sua observância *tout court*. Há vívida controvérsia entre os estudiosos da metodologia do direito a respeito da possibilidade ou não de ponderação de regras. A despeito da posição que se adote na discussão, é possível afirmar com segurança que *normalmente* as regras *não* devem ser ponderadas ou afastadas. Isto porque, como mencionado, a função sistêmica das regras é conferir previsibilidade e segurança ao direito posto, permitindo que os indivíduos pautem suas condutas e negócios sem surpresas. Quando se permite a ponderação ou o afastamento de regras sem razões maiores, elas perdem exatamente esta função que lhes é própria. O direito então se torna fruto das escolhas efetuadas pelo intérprete de ocasião. De mais a mais, as regras também podem representar escolhas morais efetuadas pelo poder democraticamente investido – e muitas vezes serão fruto de ponderações em sentido amplo –, de maneira que se afigura ilegítima a sua modificação pelo Poder Judiciário. Aí reside o mérito da crítica ao controle judicial por princípios que denuncia os riscos de uma "ditadura de juízes"[118].

Pois bem. As regras relacionadas aos direitos fundamentais previstas no texto constitucional simplesmente não podem deixar de ser aplicadas, pois representam posições jurídicas definitivas estatuídas pelo poder constituinte originário em favor dos indivíduos. Porém, as demais regras

---

[117] Sobre o assunto, v. PEREIRA, Jane Reis Gonçalves. *Interpretação constitucional e direitos fundamentais*, 2006, p. 366-386; BARCELLOS, Ana Paula de. *Ponderação, racionalidade e atividade jurisdicional*, 2005, p. 139-146; e GAVARA DE CARA, Juan Carlos. *Derechos fundamentales y desarrollo legislativo*, 1994.

[118] Sobre o tema, v. HIRSCHL, Ran. *Towards juristocracy*, 2004, p. 1: "Ao longo dos últimos anos, o mundo assistiu a uma transição surpreendentemente rápida do que pode ser chamado juristocracia (juristocracy). (...) A crença de que os direitos judicialmente afirmados são uma força de mudança social removidas das limitações do poder político já atingiu um status quase sagrado na discussão pública".

podem ser afastadas por razões de equidade em algumas situações concretas. O que ocorre nessas hipóteses não é uma ponderação, mas sim uma análise de congruência entre o conteúdo da regra e a situação fática sobre a qual deverá atuar. Isto porque as regras são normalmente desenhadas de modo abstrato e geral, sem que sejam consideradas situações excepcionais que eventualmente possam surgir no caso concreto, as quais tornariam injusta sua incidência. A hipótese acadêmica é a do cego que ingressa em um restaurante, onde há expressa proibição de entrada de animais, com o seu cão-guia. A finalidade da norma, qual seja, proteger a higiene e a paz no estabelecimento, não impõe a vedação de uso do estabelecimento pelo cego, que contudo só poderá fazê-lo utilizando o animal adestrado. Pela mesma razão, um indivíduo que ultrapassa o semáforo vermelho quando em situação de emergência (e.g., levar uma pessoa acidentada ao hospital) não pode ser punido, a despeito de inexistir qualquer escusativa legal específica nas regras de trânsito.

Um terceiro apontamento importante, nesta sumária revisão de conceitos, diz respeito ao método próprio de solucionar colisões de princípios. Segundo lição clássica, o ordenamento jurídico é completo e coerente, *i.e.* não possui contradições. As aparentes antinomias devem ser solucionadas com recurso aos princípios clássicos para tal propósito: cronológico, hierárquico e da especialidade[119]. Ocorre que as constituições contemporâneas abrigam em seu texto inúmeros princípios os quais são incompatíveis entre si, e exatamente porque são cooriginários, possuem a mesma hierarquia e estão em mesmo grau de abstração, tais colisões não podem ser resolvidas com recurso aos critérios clássicos acima listados. O método para resolver tais entraves é o da ponderação de princípios, segundo o qual cabe ao intérprete *sopesar* entre as obrigações jurídicas que os princípios reclamam e, fundamentadamente, optar pela aplicação de um deles no caso concreto. Nas palavras de Ana Paula de Barcellos:

> "Ponderação (também chamada, por influência da doutrina norte-americana, de balancing) será entendida neste estudo como a *técnica jurídica de solução de conflitos normativos que envolvem valores ou opções políticas em tensão, insuperáveis pelas formas hermenêuticas tradicionais*"[120].

---

[119] Segundo a lição clássica de BOBBIO, Norberto. *Teoria geral do ordenamento jurídico*, 1999, p. 91-96.

[120] BARCELLOS, Ana Paula. *Ponderação, racionalidade e atividade jurisdicional*, 2005, p. 23.

Com estas considerações fica estabelecido um modelo metodológico para a discussão sobre os limites e possibilidades da intervenção judicial em matéria de políticas públicas, o qual envolve: (i) o reconhecimento de diferentes cargas de eficácia entre princípios e regras; (ii) a necessidade de proteger o conteúdo essencial dos princípios jurídicos; (iii) a possibilidade de derrota de regras por razões de equidade; e (iv) a utilização da técnica da ponderação para o caso de conflitos entre princípios jurídicos de mesma hierarquia. Todos esses elementos serão importantes para as diretrizes de controle de políticas públicas que serão expostas no Capítulo IV.

IV. A TEORIA DA RESERVA DO POSSÍVEL

1. Os custos dos direitos e a reserva do possível

A par dos problemas metodológicos que desafiam a eficácia dos direitos fundamentais, a doutrina clássica costumava condicioná-la à existência de recursos públicos disponíveis, no que era seguida pela jurisprudência dos Tribunais Superiores. A lógica é singela: como não há dinheiro suficiente para cobrir todas as necessidades existentes, compete aos órgãos políticos decidir quais serão as prioridades contempladas a cada momento histórico, e que áreas serão deixadas de lado momentaneamente. Isto se dá mediante a definição de políticas públicas. Em resumo, a tese sustenta que as prestações estatais sujeitas à implementação por intermédio de políticas públicas não conferem aos particulares direitos subjetivos oponíveis ao Estado. O reconhecimento de que os direitos sociais, econômicos e culturais são custosos e devem ser oferecidos na medida dos recursos de cada sociedade é ideia fortemente arraigada no pensamento constitucional clássico brasileiro[121] e que acabou reproduzida acriticamente na jurisprudência dos Tribunais Superiores durante longo período[122]. Portanto, o ponto deve ser analisado em toda a sua extensão.

---

[121] Por todos, v. SILVA, José Afonso da. *Curso de direito constitucional positivo*, 2013, p. 288-289: "Assim, podemos dizer que os direitos sociais, como dimensão dos direitos fundamentais do homem, são prestações positivas proporcionadas pelo Estado direta ou indiretamente, enunciadas em normas constitucionais, que possibilitam melhores condições de vida aos mais fracos, direitos que tendem a realizar a igualização de situações sociais desiguais".

[122] *E.g.*, contraditoriamente, STF, ADPF 45/DF, rel. Min. Celso de Mello, *DJ* 4-5-2004: "Não se ignora que a realização dos direitos econômicos, sociais e cul-

De início, antes de seguir à denominada "teoria da reserva do possível", é fundamental questionar a dicotomia "direitos sociais/custosos" e "direitos individuais/gratuitos", a qual encobre um discurso fortemente ideológico que procurou legitimar a inefetividade dos direitos sociais ao argumento de que seus custos inviabilizam qualquer índice de eficácia jurídica. Em contrapartida, os direitos tipicamente individuais deveriam ter eficácia por não demandarem aporte de recursos públicos para serem adimplidos. Este estado do pensamento permaneceu até a desmistificadora obra de Stephen Holmes e Cass Sustein, *The cost of rights*[123] (em tradução livre: "O custo dos direitos"). São duas as premissas básicas do texto, que podem ser resumidas nas seguintes assertivas: (i) direitos de qualquer espécie custam dinheiro e (ii) todos os direitos reclamam o uso do tesouro público[124]. Assim, conforme cabalmente comprovaram os autores, é falaciosa a tese de que há direitos sem custos, e de que há direitos que exigem abstenções estatais absolutas, isto é, que são eficazes sem a realização de alguma atividade estatal[125]. Todos os direitos exigem a presença do Estado, mesmo que sejam contra ele mesmo (ditos de defesa).

Logo no início da obra os autores demonstram como um singelo evento, o incêndio ocorrido em Westhampton, em 1995, no Estado de

turais – além de caracterizar-se pela gradualidade de seu processo de concretização – depende, em grande medida, de um inescapável vínculo financeiro subordinado às possibilidades orçamentárias do Estado, de tal modo que, comprovada, objetivamente, a alegação de incapacidade econômico-financeira da pessoa estatal, desta não se poderá razoavelmente exigir, então, considerada a limitação material referida, a imediata efetivação do comando fundado no texto da Carta Política".

[123] A qual recebeu divulgação em língua portuguesa através de GALDINO, Flávio. "O custo dos direitos". In: TORRES, Ricardo Lobo. *Legitimação dos direitos humanos*, 2002, p. 214.

[124] SUNSTEIN, Cass; HOLMES, Stephen. *The Cost of Rights – why Liberty Depends on Taxes*, 1999, p. 15.

[125] A mesma lição também é disseminada pela doutrina nacional, ilustrativamente, v. CANELA JÚNIOR, Osvaldo. "O orçamento e a 'reserva do possível': dimensionamento no controle judicial de políticas públicas". *Revista Judiciária do Paraná*, ano VIII, n. 5, 2013, p. 128: "Inicialmente, impende assentar que não só os direitos sociais, como também os direitos fundamentais de primeira geração, impõem custos ao Estado. Todas as gerações (ou dimensões) de direitos fundamentais demandam receita para a sua realização, posto que estabelecem, mesmo reflexamente, deveres negativos e positivos para o Estado".

NovaYork, foi controlado graças ao trabalho ostensivo das forças públicas (bombeiros e voluntários), tendo custado, na menor estimativa, cerca de um milhão e cem mil dólares aos cofres públicos, conforme apurado pelos autores. Ora, os maiores beneficiados com a ação do Estado foram exatamente os titulares de propriedades imobiliárias na região. Sem o Estado, provavelmente as propriedades teriam sido consumidas pelo fogo, inviabilizando o exercício de um direito que supostamente seria"de defesa". Asseveram os autores que:

> "Não há nada de excepcional sobre esta história. Em 1996, os contribuintes americanos devotaram no mínimo 11,6 bilhões de dólares à proteção da propriedade privada por meio de auxílios e seguros em caso de desastres. Todos os dias, todas as horas, catástrofes privadas são evitadas ou mitigadas por gastos públicos que às vezes são altos, até mesmo massivos, mas que quase sempre passam despercebidos. (...) O apoio público do tipo de"rede de salvamento" (*safety net*) que beneficiou os residentes de Westhampton é amplo e profundo, mas ao mesmo tempo, aos americanos parece fácil esquecer que os direitos individuais dependem fundamentalmente de vigorosa ação estatal"[126].

Não demanda muita pesquisa a comprovação empírica da aplicabilidade da teoria também à realidade brasileira. Em outubro de 2005, por exemplo, toda a sociedade brasileira foi mobilizada em razão do Estatuto do Desarmamento (Lei n. 10.826/2003), que previa em seu art. 35, § 6º[127], a realização de referendo sobre a proibição do comércio de armas. O custo de um evento deste porte foi estimado, no melhor cenário, *em duzentos milhões de reais*[128]. Como se sabe, os instrumentos da democracia semidireta são voltados à efetivação dos direitos políticos, de primeira geração.

Outro exemplo para ficar ainda mais claro o ponto. O relatório de execução orçamentária do Estado do Rio de Janeiro, referente ao ano

---

[126] SUNSTEIN, Cass; HOLMES, Stephen. *The Cost of Rights – why Liberty Depends on Taxes*, 1999, p. 14.

[127] "Art. 35. É proibida a comercialização de arma de fogo e munição em todo o território nacional, salvo para as entidades previstas no art. 6º desta Lei. § 1º Este dispositivo, para entrar em vigor, dependerá de aprovação mediante referendo popular, a ser realizado em outubro de 2005."

[128] Cf. http://proc.direito2.com.br/asen/2005/fev/25/camata-quer-plebiscito--amplo-com-questoessobre-aborto-e-reeleicao, acesso em 23-8-2009.

de 2013[129], apontou o gasto de três bilhões e seiscentos milhões de reais com o Poder Judiciário estadual[130] e mais de um bilhão e cem milhões de reais com a gestão administrativa e as ações do Poder Legislativo, incluído neste cômputo o Tribunal de Contas do Estado. Os gastos com Segurança Pública, que também abrangem os dispêndios com as ações de Defesa Civil, ultrapassaram os sete bilhões e novecentos e trinta milhões de reais – quantia superior aos valores desembolsados pelo Estado para atender diversos direitos fundamentais de segunda dimensão, como os direitos à educação, à saúde, à cultura e à habitação[131].

Embora estes gastos não sejam exclusivamente voltados à efetividade dos direitos civis e políticos, é inegável que os números afastam qualquer argumentação na defesa da suposta gratuidade deles.

Mas por que o custo dos direitos foi ignorado por tanto tempo ou, melhor dizendo, por que foi simplesmente mantido no escuro? Os próprios autores respondem ao problema:

> "Apesar de o custo elevado dos direitos devesse ser uma obviedade, soa, em vez disso, como um paradoxo, uma ofensa aos modos educados, ou talvez até mesmo uma ameaça para a preservação de direitos. Verificar os custos que um direito impõe é confessar que temos que dar algo a fim de adquiri-lo ou assegurá-lo. Ignorar os custos é deixar dolorosas escolhas disjuntivas (*tradeoffs*) convenientemente fora do debate".
>
> (...)
>
> "Embora politicamente apartidária, a dicotomia entre direitos negativos/positivos de modo algum é politicamente inocente, dando forma a alguns de nossos debates mais importantes. Ela fornece as bases teóricas para os ataques e defesas do Estado de bem-estar regulatório. A polaridade negativo/positivo, poderíamos até dizer, fornece uma linguagem comum na

---

129 Os dados podem ser aferidos pelo seguinte sítio eletrônico: <http://www.transparencia.rj.gov.br/transparencia/faces/OrcamentoTematico/despesaGenerica?_afrLoop=683635713810000&_afrWindowMode=0&_adf.ctrl-state=11y7dpnw61_29>. Acesso em: 26 set. 2014.

130 O valor referido abrange os gastos com a gestão administrativa do Poder Judiciário e a melhoria, modernização e ampliação da prestação jurisdicional.

131 Eis os gastos consolidados: R$ 6.534.585.038,63 com educação; R$ 4.725.279.384,46 com saúde; R$ 171.180.606,32 com cultura; R$ 178.540.753,24 com habitação.

qual os liberais do *welfare state* e os conservadores libertários podem entender um a outro e negociar violações [a direitos][132]".

Consequência direta desta nova visão sobre os direitos, especialmente sobre os direitos fundamentais, é trazer ao debate jurídico a questão dos custos. Afinal, quando profere a sentença no caso concreto, seja de procedência ou de improcedência, o juiz estará participando ativamente neste processo de alocação de recursos públicos:

"O Judiciário se orgulha de ser isolado do processo político, seguindo os ditames da razão e não a oportunidade, e geralmente respeitando o Legislativo e Executivo em matéria fiscal. Mas, na prática, os juízes respeitam muito menos em questões fiscais do que aparenta, simplesmente porque os direitos que os juízes ajudam a proteger têm custos"[133].

Perceba-se aqui a fina ironia perpetuada através dos tempos: também os direitos ditos negativos implicam gastos para o Estado – em alguns casos, até bastante elevados –, só que esta consideração jamais entrou em jogo nas demandas judiciais e na discussão jurídica como um todo. Seria o caso de aplicar também a reserva do possível a eles? A resposta é negativa. Reconhecer que todo direito tem um custo não resolve o problema dos direitos sociais, mas revela que há um forte componente ideológico na questão. Mas é preciso deixar claro que, embora na maioria dos casos os direitos de defesa sejam menos custosos que os direitos a prestações, nos dois casos há custos envolvidos, e, *a priori*, nada justifica uma precedência daqueles sobre estes. Feito este esclarecimento inicial, passa-se ao estudo da reserva do possível.

A *reserva do possível* surge como um argumento na discussão a respeito da concretização judicial dos direitos sociais, exigindo que as pretensões formuladas em face do Estado sejam analisadas com a devida razoabilidade. Em outras palavras, os direitos sociais não seriam *a priori* exigíveis, mas somente se a conduta do Estado fosse reprovada nesse "teste de razoabilidade". Ele foi elaborado pelo Tribunal Constitucional alemão, em julgado conhecido como "*numerus clausus*"[134].

---

[132] SUNSTEIN, Cass; HOLMES, Stephen. *The Cost of Rights – why Liberty Depends on Taxes*, 1999, p. 42 e 50.

[133] SUNSTEIN, Cass; HOLMES, Stephen. *The Cost of Rights – why Liberty Depends on Taxes*, 1999, p. 50.

[134] BverfGE 33, 303 (333) *apud* ALEXY, Robert. *Teoría de los derechos fundamentales*, 2002, p. 498. Houve outros julgados subsequentes tratando do mesmo

No processo em questão discutia-se a constitucionalidade das restrições ao direito à livre escolha da profissão, consubstanciadas no número restrito de vagas em medicina nas universidades públicas, que era – e provavelmente permanece sendo – inferior à demanda estudantil. A decisão consignou expressamente que as pretensões individuais se encontram submetidas à:"(...) *reserva de lo posible en el sentido de lo que el particular puede exigir en forma razonable de la sociedad*"[135].

A reserva do possível emerge como importante argumento contra a sindicação dos direitos fundamentais quando estes exigem prestações do Estado – embora, como visto, todos o exijam –, tanto aqui quanto alhures. Na Alemanha, Böckenford é defensor da reserva do possível, considerando que a garantia dos direitos fundamentais depende de meios financeiros disponíveis[136]. Robert Alexy, analisando a objeção material à eficácia positiva dos direitos sociais, afirma que ditos direitos, mesmo reconhecidos em limites mínimos, são custosos, e que se reconhecidos em limites amplos implicariam a submissão de partes relevantes da política orçamentária ao direito constitucional, e consequentemente ao Tribunal Constitucional, responsável pela sua interpretação, contrariando o que dispõe a Constituição alemã[137]. Segundo Marcos Maselli Gouvêa, afirma-se que "em situações extremas, as despesas realizadas em função de direitos prestacionais judicialmente impostos inviabilizariam outros projetos estatais, eventualmente até projetos relacionados a outros direitos fundamentais"[138], de modo que escolhas sociais disjuntivas deixariam o Parlamento e passariam ao

---

tema que também são conhecidos pela expressão"numerus clausus", que se refere ao método de seleção de alunos para as universidades alemãs quando a demanda excede o número de vagas em determinado curso.

135 SCHWABE, Jürgen. *Cincuenta años de jurisprudencia del tribunal constitucional federal alemán*, 2003, p. 265.

136 GOUVÊA, Marcos Maselli. *O controle judicial das omissões administrativas*, 2000, p. 19.

137 ALEXY, Robert. *Teoría de los derechos fundamentales*, 2002, p. 491 e 495:"(...) la existencia de derechos fundamentales sociales amplios judicialmente imponibles conduciría a que la política presupuestaria estaría determinada, en partes essenciales, por el derecho constitucional. (...) También los derechos fundamentales sociales mínimos tienen considerables efectos financieros cuando son muchos quienes los hacen valer".

138 GOUVÊA, Marcos Maselli. *O controle judicial das omissões administrativas*, 2000, p. 19.

Poder Judiciário, com prejuízo à legitimação das ações do Estado. Além disso, o reconhecimento do direito a grupos específicos que procuraram a tutela judicial poderia impedir que outros grupos, que não recorreram ao Judiciário, pudessem receber a mesma prestação, violando-se o princípio isonômico. Este é um ponto central no argumento.

Isto posto, impõe-se reconhecer inicialmente que há certo descompasso entre o que foi afirmado pelo Tribunal Constitucional e pela doutrina alemã, e o que dizem os julgados proferidos no Brasil. A importação acrítica de teoria elaborada em outro contexto acabou por gerar um argumento genérico em defesa da prestação deficiente de bens e serviços públicos ou mesmo da total omissão estatal. Em outros termos, admitir a reserva do possível, na versão original, significa entender que os direitos subjetivos a prestações dependem de um exame de razoabilidade da pretensão individual, e de que os direitos sociais não são *prima facie* exigíveis dos órgãos públicos[139]. Embora não pareça ser possível resumir a questão à simplicidade da fórmula apresentada, a teoria alemã não diz respeito à disponibilidade financeira, mas sim a um problema democrático. O ponto ainda será aprofundado, já que encontrar o critério de razoabilidade aplicável consiste precisamente na questão última a respeito das políticas públicas[140]. Em outro

---

[139] SARLET, Ingo Wolfgang; FIGUEIREDO, Mariana Filchtiner. "Reserva do possível, mínimo existencial e direito à saúde: algumas aproximações", In: SARLET, Ingo Wolfgang; TIMM, Luciano Bennetti (orgs.). *Direitos fundamentais:* orçamento e "reserva do possível", 2008, p. 29: "De acordo com a noção de reserva do possível, a efetividade dos direitos sociais a prestações materiais estaria sob a reserva das capacidades financeiras do Estado, uma vez que seriam direitos fundamentais dependentes de prestações financiadas pelos cofres públicos. A partir disso, a 'reserva do possível' (Der Vorbehalt des Möglichen) passou a traduzir (tanto para a doutrina majoritária quanto para a jurisprudência constitucional na Alemanha), *a ideia de que os direitos sociais a prestações materiais dependem da real disponibilidade de recursos financeiros por parte do Estado, disponibilidade esta que estaria localizada no campo discricionário das decisões governamentais e parlamentares, sintetizadas no orçamento público*". (destaque acrescentado)

[140] Afinal, sendo a razoabilidade um princípio constitucional implícito, não seria exagero dizer que qualquer pretensão exige, em alguma medida, conformidade com a razoabilidade. A singeleza da fórmula deixará ao intérprete liberdade incompatível com os princípios constitucionais da separação de poderes, da reserva de administração e democrático, de modo que a "reserva do possível", na fórmula prescrita pelo Tribunal Constitucional alemão, é de ser rejeitada. O ponto será abordado no Capítulo III.

passo e contexto, a jurisprudência brasileira criou uma espécie de *condição* ao reconhecimento de direitos subjetivos aos serviços públicos, que é a existência de dinheiro nos cofres do Estado, o que é algo bem diferente (reserva de cofres cheios). Assim, a reserva do possível convolou-se em instrumento de defesa da ampla discricionariedade administrativa em matéria orçamentária, em contraposição à efetividade dos direitos fundamentais. Veja-se, por exemplo:

> "Mais uma vez o tema remonta ao investimento de recursos públicos. Como infelizmente não há recursos para se investir e suprirem-se todas as necessidades públicas, o direcionamento deve ser efetuado dentro de um critério de preferência de importância, que é de exclusiva competência dos Poderes Legislativo ou Executivo (...). A legitimidade é, portanto, dos ocupantes de cargos eletivos, e não do magistrado. A escolha de uma, entre diversas opções, somente pode ser do administrador público, por ser eminentemente opção política, ato de governo, 'ato de criação'"[141].

O caso concreto em que foi proferido o acórdão acima mencionado referia-se a uma ação em que se pretendia ver reconhecida a responsabilidade civil do Estado do Rio de Janeiro em razão de danos morais sofridos por ex-presidiário, que passou quatro meses em carceragem superlotada e insalubre. Embora o autor tenha sido vencedor em primeira instância, a sentença acabou reformada pela 2ª Câmara Cível do mencionado Tribunal sob o fundamento de que a responsabilidade civil do Estado na hipótese seria por omissão, dependendo da demonstração do elemento culpabilidade. Ainda assim, o Relator não deixou de frisar seu ponto de vista, no sentido de que a reserva do possível se traduz na *ausência presumida* de dinheiro nos cofres públicos, e por consequência, na discricionariedade absoluta da Administração Pública na definição de prioridades de investimento.

O argumento de tal forma se generalizou que já foi alçado à condição de "princípio constitucional implícito", tendo sido aplicado mesmo em situações mais banais, como ações em face de concessionárias públicas por questões consumeristas[142]. No Tribunal de Justiça

---

[141] TJRJ, Apelação Cível n. 2005.001.16264, Rel. Des. Antonio Saldanha Palheiro, *DJ* 26-9-2005. Inverteu-se a ordem do texto para facilitar a compreensão, sem alteração do sentido empregado pelo magistrado.

[142] TJRJ, Apelação Cível n. 2004.001.14423, 16ª Câmara Cível, Des. Gerson Arraes, j. 13-7-2004: "É a aplicação do princípio constitucional conhecido como RE-

do Rio Grande do Sul há vários julgados que, de maneira curiosa, utilizam a reserva do possível para afirmar direitos e não para negá-los[143]. No âmbito do Supremo Tribunal Federal, a reserva do possível recebeu especial consideração em decisão monocrática proferida pelo Min. Celso de Mello, na ocasião do julgamento da ADPF 45, já mencionada neste trabalho. Na paradigmática decisão, proferida em caráter doutrinário porquanto a ação já havia perdido seu objeto, o Ministro entendeu possível a excepcional intervenção do Poder Judiciário na formulação de políticas públicas, mas também reiterou a existência da cláusula da reserva do possível, fazendo-o nos seguintes termos:

> "Não deixo de conferir, no entanto, assentadas tais premissas, significativo relevo ao tema pertinente à 'reserva do possível' (STEPHEN HOLMES/CASS R. SUNSTEIN,'The Cost of Rights', 1999, Norton, New York), notadamente em sede de efetivação e implementação (sempre onerosas) dos direitos de segunda geração (direitos econômicos, sociais e culturais), cujo adimplemento, pelo Poder Público, impõe e exige, deste, prestações estatais positivas concretizadoras de tais prerrogativas individuais e/ou coletivas"[144].

SERVA DO POSSÍVEL, em que se tem como parâmetro para a exigência de qualidade no fornecimento e prestação do serviço, o que for realmente alcançável e realizável pelo seu prestador, não só tecnologicamente, como também, economicamente". A questão versava sobre a exigência ou não das concessionárias de telefonia apresentarem detalhamento de faturas. No julgado, o Relator reconheceu a impossibilidade da exigência, diante do princípio da reserva do possível (afinal, o custo seria elevado, levando ao aumento da tarifa). Porém, parece-nos que a questão poderia ser resolvida com base no princípio da legalidade, já que os regulamentos da Anatel e as normas relativas ao direito das telecomunicações não impunham tal exigência às concessionárias.

143 TJRS, Apelação Cível n. 700142342827, Rel. Des. Araken de Assis, j. 12-4-2006: "O direito à vida (CF/88, art. 196), que é de todos e dever do Estado, exige prestações positivas, e, portanto, se situa dentro da 'reserva do possível', ou seja, das disponibilidades orçamentárias". No mesmo sentido: TJRS, Agravo de Instrumento n. 70013392873, Rel. Des. Ricardo Raupp Ruschel, j. 7-12-2005 e muitos outros.

144 STF, ADPF 45/DF, rel. Min. Celso de Mello, *DJ* 4-5-2004. Curiosamente, o Ministro fala em efetivação *sempre onerosa* dos direitos de segunda geração, quando, na realidade, deveria ter englobado *todas* as gerações, como propugnam os autores citados.

Em recentes acórdãos relatados pelo Ministro Celso de Mello envolvendo o controle de políticas públicas[145], há explícita menção à reserva do possível como um elemento relevante para o controle de políticas públicas. Todavia, aparentemente a reiteração não tem servido como um parâmetro real para as decisões do próprio tribunal, que raramente discute as razões orçamentárias apresentadas no caso concreto. A reserva do possível parece antes ser um argumento meramente retórico ou, na sua melhor versão, uma mensagem pedagógica do Supremo aos demais graus de jurisdição e poderes do Estado.

Pois bem. Para o uso corrente, é possível diferenciar dois aspectos da reserva do possível[146]. Diz-se reserva do possível jurídica a ideia de que o Estado não pode violar regras e princípios de direito orçamentário e administrativo para efetivar direitos prestacionais, ainda que tenha dinheiro suficiente para fazê-lo[147]. Assim, se as tutelas judiciais em matéria de saúde, por exemplo, ultrapassarem a rubrica orçamentária destinada ao tema, o administrador terá que fazer despesa além do que está auto-

---

145 STF, ARE 727864, rel. Min. Celso de Mello, *DJe* 17-9-2014.

146 Ingo W. Sarlet e Mariana F. Figueiredo entendem que a teoria da reserva do possível possui uma dimensão tríplice. Além dos dois aspectos que serão explanados no texto, acrescentam também a ideia de razoabilidade da pretensão, cf. "Reserva do possível, mínimo existencial e direito à saúde: algumas aproximações". In: SARLET, Ingo Wolfgang; TIMM, Luciano Bennetti (orgs.). *Direitos fundamentais*: orçamento e "reserva do possível", 2008, p. 30. Contudo, como visto acima, a exigência de razoabilidade da pretensão, a nosso ver, é mais ampla, devendo ser exigida de qualquer pretensão jurídica. Além disso, o recurso à "razoabilidade" ajuda muito pouco no esclarecimento das questões envolvidas, já que inexiste qualquer padrão jurídico preciso para avaliá-la. V. SILVA, Virgílio Afonso da. "O proporcional e o razoável". *Revista dos Tribunais n. 798*, 2002, p. 32-50.

147 GOUVÊA, Marcos Maselli. *O controle judicial das omissões administrativas*, 2000, p. 20: "Mesmo que o Estado disponha, materialmente, dos recursos necessários a um determinado direito prestacional, e ainda que eventual dispêndio destes recursos não obstaculize o atendimento a outro interesse fundamental, não disporia o Judiciário de instrumentos teóricos para, em última análise, determinar, por via oblíqua, uma reformulação do orçamento, documento formalmente legislativo para cuja confecção devem se somar, por determinação constitucional, os esforços do Executivo e do Legislativo"'; V. SARLET, Ingo Wolfgang; FIGUEIREDO, Mariana Filchtiner. "Reserva do possível, mínimo existencial e direito à saúde: algumas aproximações". In: SARLET, Ingo Wolfgang; TIMM, Luciano Bennetti (orgs.). *Direitos fundamentais*: orçamento e "reserva do possível", 2008, p. 30.

rizado, sujeitando-se à responsabilização política, nos termos do art. 85 da Constituição, e até mesmo por improbidade administrativa, haja vista a violação ao art. 167, II, do texto constitucional. Portanto, estes limites podem ser traduzidos na vedação de obrigar alguém a fazer o impossível, argumento que não é totalmente estranho ao direito[148].

O argumento aponta a existência de uma colisão constitucional. As normas de controle político do orçamento podem ser remetidas ao *princípio da legalidade da despesa pública*[149]. Ora, o conflito entre princípios de natureza orçamentária e outros relacionados a direitos fundamentais prestacionais (não somente sociais, relembre-se) deve ser resolvido pelo método da ponderação, conforme o modelo propugnado por Robert Alexy[150]. Segundo o autor, o que ocorre nestes casos é uma ponderação entre o princípio da liberdade fática, a qual é condição de fruição das liberdades jurídicas[151], e princípios formais relativos à separação de poderes e democracia. O princípio da liberdade fática aponta para a existência de direitos *prima facie* contra o Estado, mas, presente por razões antagônicas, pode ceder ante os princípios contrapostos. A fórmula é sintetizada pelo autor da seguinte maneira:

---

[148] GOMES, Orlando. *Obrigações*, 2002, p. 145-148: "É juridicamente impossível a prestação cujo cumprimento for obstado por proibição legal" (p. 146). No campo específico do direito processual, a impossibilidade jurídica tem efeitos, e.g., na definição da autoridade coatora nas ações de mandado de segurança. Não pode figurar nesta posição aquele que não possui os poderes necessários para reverter o ato coator, cf. MEIRELLES, Hely Lopes. *Mandado de segurança*, 2007, p. 63: "Essa orientação funda-se na máxima 'ad impossibilia nemo tenetur': ninguém pode ser obrigado a fazer o impossível. Se as providências pedidas no mandado não são da alçada do impetrado, o impetrante é carecedor da segurança contra aquela autoridade, por falta de legitimação passiva para responder pelo ato impugnado".

[149] Neste sentido: GRAU, Eros. "Despesa pública – conflito entre princípios e a eficácia das regras jurídicas – o princípio da sujeição da administração às decisões do poder judiciário e o princípio da legalidade da despesa pública". *Revista Trimestral de Direito Público n. 2*, 1993, p. 143. Deve-se ressalvar que a ponderação sugerida pelo autor, a nosso sentir, não está correta. O dever de cumprimento das decisões judiciais é uma regra decorrente da adoção da cláusula do Estado de Direito, e não está sujeita a ponderações. A colisão que se submete à apreciação judicial é entre o princípio da legalidade da despesa orçamentária e outros princípios do direito material (como o princípio da dignidade da pessoa humana). O resultado final deverá cumprido.

[150] ALEXY, Robert. *Teoría de los derechos fundamentales*, 2002, p. 494-501.

[151] ALEXY, Robert. *Teoría de los derechos fundamentales*, 2002, p. 494-501.

"Pero, con todo, es posible dar una respuesta general. Habrá que considerar que una posición de prestación jurídica está definitivamente garantizada iusfundamentalmente si (1) la exige muy urgentemente el principio de la liberdad fáctica y (2) el principio de la división de poderes y el de la democracia (que incluye la competencia presupuestaria del parlamento) al igual que (3) principios materiales opuestos (especialmente aquellos que apuntan a libertad jurídica de otros) son afectados en una medida relativamente reducida a través de la garantía iusfundamental de la posición de prestación jurídica y las decisiones del Tribunal Constitucional que la toman en cuenta en todo caso, estas condiciones están satisfechas en el caso de los derechos fundamentales sociales mínimos (...)"[152].

O resultado das colisões sobre cada situação específica deve ser objeto de estudo em separado, salvo quanto ao *essencial*, segundo aponta Alexy no texto transcrito acima. Nesta esteira, verifica-se que para a garantia do mínimo existencial (qualquer que seja o seu fundamento jurídico e conteúdo, já que ele variará segundo a teoria adotada – a discussão sobre o conteúdo dele está no Capítulo IV) não pode haver reserva do possível, ao menos no sentido jurídico. Este raciocínio é adotado majoritariamente na doutrina brasileira[153]. Note-se que a restrição que Alexy faz ao princípio da liberdade fática não se justifica, e deve ser incluído ao seu lado o princípio da dignidade da pessoa humana. O ponto ainda será discutido com mais vagar.

O potencial questionamento que surge deste modelo é a respeito da possibilidade de se desconsiderar regras constitucionais específicas (e não princípios, como alega o autor mencionado, já que ele não está escrevendo para o direito brasileiro), como a da limitação de créditos orçamentários (art. 167, II, da CF/88), do precatório (art. 100, da CF/88), do dever de licitação (art. 37, XXI, da CF/88) e da iniciativa privativa do Poder Executivo em matéria financeira (art. 165, I, II e III, da CF/88). Os enunciados normativos apontam no sentido da *exigibilidade imediata* de observância destes comandos, o que torna problemática a sua categorização como princípios. Como enunciado normativo e norma

---

[152] ALEXY, Robert. *Teoría de los derechos fundamentales*, 2002, p. 495.

[153] Este entendimento deriva do reconhecimento de que o mínimo existencial possui a natureza de regra. Cf. TORRES, Ricardo Lobo. *O direito ao mínimo existencial*, 2009, p. 84. BARCELLOS, Ana Paula de. *A eficácia jurídica dos princípios constitucionais*, 2002, p. 305. SARLET, Ingo Wolfgang. *A eficácia dos direitos fundamentais*, 2012, p. 349-373.

não se confundem, com algum esforço interpretativo, pode-se fazer remissão a um princípio genérico da legalidade da despesa, o que, todavia, não parece adequado. As demais soluções possíveis são (i) admitir a ponderação de *regras* constitucionais, o que está fora da proposta de Alexy, ou (ii) a derrota destas mesmas regras em face de sua peculiar desconsideração com o caso concreto, o que redundaria em situações de flagrante injustiça.

Neste passo, vale destacar que Ana Paula de Barcellos sugere, como parâmetro abstrato para a ponderação, a precedência das regras sobre os princípios, e das normas que realizam direitos fundamentais sobre as normas que não os realizam. Porém, a própria autora adverte que "os modelos que se passa a discutir não pretendem funcionar como elementos rígidos ou imutáveis, mas como preferências ou parâmetros preferenciais"[154]. É dizer: o intérprete "não estará radicalmente impedido de afastá-los em um caso concreto, por razões extremamente particulares que sejam capazes de ilidir a presunção contida nos parâmetros"[155]. Em conclusão, a ponderação é a forma de resolver o problema da reserva do possível jurídica, mas precisará das adequações efetuadas no tópico anterior (tal como a possibilidade de derrota de regras em casos específicos). De toda sorte, cumpre consignar que o direito orçamentário é um valor importante do sistema jurídico, já que o orçamento, ao menos em tese, é o resultado das decisões alocativas efetuadas pelos representantes do povo[156] – o ponto será abordado no próximo capítulo. A execução orçamentária é realizada pelo ente que tem, igualmente, o beneplácito popular, qual seja, a Administração Pública. Respeitar o orçamento é, por consequência, respeitar a soberania popular (art. 1º, parágrafo único, da CF/88). Assim, há razões relevantes para que as regras orçamentárias não sejam *sempre* afastadas no caso concreto[157].

---

[154] BARCELLOS, Ana Paula. *Ponderação, racionalidade e atividade jurisdicional*, 2005, p. 161.

[155] BARCELLOS, Ana Paula. *Ponderação, racionalidade e atividade jurisdicional*, 2005, p. 162.

[156] TORRES, Ricardo Lobo. *O orçamento na Constituição*, 1995, p. 36: "A lei orçamentária anual é o instrumento que sintetiza as políticas e opta entre as suas diversas possibilidades". Sobre a valorização da lei orçamentária, v. Capítulo V, tópico I.

[157] É possível pensar em situação concreta na qual deve prevalecer o direito orçamentário, em prejuízo ao direito fundamental social do indivíduo. No

Por outro lado, a *reserva do possível fática* significa a ausência de dinheiro nos cofres públicos para prestar os serviços e bens demandados. Em contexto de múltiplas necessidades sociais, de recursos finitos e tributação constitucionalmente limitada, deflui claro que não será possível atendê-las integralmente mediante prestações públicas. Acrescente-se a isto o fato de que as escolhas disjuntivas não devem normalmente ser efetuadas pelos magistrados, para que não se desconsiderem as competências dos órgãos de representação política e a autonomia dos cidadãos para decidir acerca de seu próprio destino, além de questões técnicas e macropolíticas para as quais os juízes, no mais das vezes, não têm aptidão institucional para conhecer. Dessas premissas extrai-se a fórmula que proíbe expressamente o ingresso ordinário do Poder Judiciário na seara das políticas públicas.

É preciso começar pelo óbvio: "o condicionamento da realização de direitos econômicos, sociais e culturais [*rectius*, direitos fundamentais de cunho prestacional] à existência de 'caixas cheios' do Estado significa reduzir sua eficácia a *zero*"[158]. Reserva do possível não é pre-

---

Rio Grande do Sul, por exemplo, uma criança ajuizou uma ação, com fundamento na Constituição e no Estatuto da Criança e do Adolescente, para ver reconhecido o seu direito à realização de tratamento dentário com finalidade meramente estética. Ora, mesmo com o fim narcisista, estava em jogo uma questão de saúde individual (talvez até mesmo psicológica, e não meramente física), não há dúvida quanto ao enquadramento semântico. Porém, neste caso específico, o Tribunal decidiu que o art. 196 da Constituição não deve prevalecer em razão da reserva do possível, mantendo a absoluta discricionariedade de a Administração sobre prover ou não tal tratamento. TJRS, Apelação Cível n. 70014417869, Rel. Des. Maria Berenice Dias, j. 3-4-2006: "Portanto, não existe suporte legal para o pedido de fornecimento de tratamento ortodôntico ao apelado, porquanto, em relação a este pedido, não existe regramento infraconstitucional às normas programáticas da Constituição Federal, além do que se deve observância à cláusula da reserva do possível". No caso, a julgadora sequer precisaria ter feito referência à programaticidade do art. 196 (que, aliás, é negada em outros acórdãos do próprio Tribunal), bastando afirmar a reserva do possível para negar o reconhecimento do direito.

158 KRELL, Andreas J. *Direitos sociais e controle judicial no Brasil e na Alemanha*, 2002, p. 54. SARLET, Ingo Wolfgang; FIGUEIREDO, Mariana Filchtiner. "Reserva do possível, mínimo existencial e direito à saúde: algumas aproximações". In: SARLET, Ingo Wolfgang; TIMM, Luciano Bennetti (orgs.). *Direitos*

sunção absoluta (ou mesmo relativa) de inexistência de dinheiro, nem fundamento autônomo de discricionariedade administrativa e/ou legislativa capaz de justificar a omissão ou adimplemento defeituoso de direitos fundamentais. Além disso, se o viés jurídico da reserva do possível encontra-se ancorado em regras e princípios constitucionais explícitos, o aspecto fático não possui qualquer sustentação normativa, de modo que sua inclusão no discurso dos direitos fundamentais somente pode resultar de uma leitura pragmática/consequencialista da Constituição, que deve ser prontamente rechaçada. Se se pode conceder algo a este discurso, é apenas dar-lhe a função de"vetor interpretativo", e não argumento definitivo na sindicação de direitos, a exigir que os magistrados sejam parcimoniosos nas obrigações que reconheçam contra a Fazenda Pública[159].

Ademais, o espaço de liberdade dos poderes majoritários está confinado aos limites da Constituição, e causa perplexidade que se considere a supremacia da política sobre o direito em questão tão sensível, pois afinal o que foi juridicizado pelo constituinte originário deve ser passível, em alguma extensão, de controle judicial. Do contrário, a Constituição convolar-se-ia em promessa vã. Assim, é de discordar de Robert Alexy quando sugere que não se podem submeter trechos da política orçamentária à Constituição. Pelo contrário, é importante que seja afirmada a plena supremacia do texto constitucional sobre as decisões orçamentárias, consoante defendem German J. Bidart Campos e Horacio Guillermo Corti, autores que sustentam abertamente a primazia dos direitos fundamentais também no campo do direito financeiro[160].

---

fundamentais: orçamento e"reserva do possível", 2008, p. 32:"O que tem sido, de fato, falaciosa é a forma pela qual muitas vezes a reserva do possível tem sido utilizada entre nós como argumento impeditivo da intervenção judicial e desculpa genérica para a omissão estatal no campo da efetivação dos direitos fundamentais, especialmente de cunho social".

[159] Por exemplo, permitindo que a Administração entregue um remédio genérico/similar em vez de determinada marca específica – pleiteada pelo demandante – que custe mais caro, no caso de uma demanda por medicamento.

[160] BIDART CAMPOS, German J. *El orden socioeconomico en la constitución*, 1999, p. 354. GUILLERMO CORTI, Horacio. *Derecho financiero*, 1997, *apud* BIDART CAMPOS, German J. *El orden socioeconomico en la constitución*, 1999, p. 354: "(...) no cabe menoscabar derechos constitucionales bajo el subterfugio de no contar con medios financieros suficientes para ello. De ser así, estaríamos

Na esteira da defesa que faz German J. Bidart Campos, o autor sugere a construção de um princípio de"máximo de recursos disponíveis" – doravante denominado *prioridade orçamentária dos direitos fundamentais* –, cujo conteúdo é um dever"de destinar a los derechos sociales y a los condicionamientos que los hacen viables una asignación de recursos y gastos de la *mayor dimensión posible*"[161], em contraposição ao conteúdo da reserva do possível. Andreas J. Krell parece endossar esta construção teórica, embora sem chegar a formulá-la em termos genéricos como faz Bidart Campos:"(...) se os recursos não são suficientes, deve-se retirá-los de outras áreas (transporte, fomento econômico, serviço da dívida) onde sua aplicação não está tão intimamente ligada aos direitos mais essenciais do homem: sua vida, integridade física e saúde"[162]. Interessante notar que o Supremo Tribunal Federal adotou algo muito similar, ao afirmar que argumentos orçamentários não servem de justificativa para a omissão inconstitucional, salvo se houver comprovação objetiva de que os recursos existentes e/ou mobilizáveis foram efetivamente utilizados para a finalidade constitucional[163]. Vale referir

---

en una situación en la cual estaría totalmente desnaturalizada la razón misma de ser de la actividad financiera. *De ser un medio para la institucionalización de un estado de derecho se convertiría en medio idóneo para socavarlo*". (destaque acrescentado)

161 BIDART CAMPOS, German J. *El orden socioeconomico en la constitución*, 1999, p. 350

162 KRELL, Andreas J. *Direitos sociais e controle judicial no Brasil e na Alemanha*, 2002, p. 53. E prossegue:"Um relativismo nessa área pode levar a'ponderações' perigosas e anti-humanistas do tipo'por que gastar dinheiro com doentes incuráveis ou terminais?, etc.'".

163 STF, RE-AgR 410.715-5/SP, rel. Min. Celso de Mello, *DJ* 3-2-2006. *Excerto do voto do Min. Relator*:"Não se ignora que a realização dos direitos econômicos, sociais e culturais – além de caracterizar-se pela gradualidade de seu processo de concretização – depende, em grande medida, de um inescapável vínculo financeiro subordinado às possibilidades orçamentárias do Estado, de tal modo que, comprovada, objetivamente, a alegação de incapacidade econômico-financeira da pessoa estatal, desta não se poderá razoavelmente exigir, então, considerada a limitação material referida, a imediata efetivação do comando fundado no texto da Carta Política.

Não se mostrará lícito, contudo, ao Poder Público, em tal hipótese, criar obstáculo artificial que revele – a partir de indevida manipulação de sua atividade financeira e/ou político-administrativa – o ilegítimo, arbitrário e censurável propósito de fraudar, de frustrar e de inviabilizar o estabelecimento e a preservação, em favor da pessoa e dos cidadãos, de condições materiais mí-

ainda à distinção entre *inexistência de recursos* e *alocação indevida de recursos*, na esteira do proposto por Thiago Breus Lima. Se o que ocorre é a primeira hipótese, então não será legítimo constranger a Administração Pública a fornecer determinado bem ou serviço, se, porém, o caso é o segundo, então o orçamento público está em desconformidade com a Constituição, sendo cabível a censura judicial[164]. No mesmo sentido, vale citar passagem específica de Ana Paula de Barcellos:

> "É possível, todavia, cogitar da construção teórica de outros parâmetros nessa matéria, além dos objetivamente já fixados pela Constituição. Com efeito, é plausível imaginar relações de prioridade exigíveis entre diferentes tipos de gastos do Poder Público e em função dessas relações desenvolver controles. Pode ser juridicamente consistente, por exemplo, sustentar que os gastos com publicidade governamental não poderão ser superiores aos investimentos com saúde ou educação, uma vez que necessidades importantes de tais áreas sofram com carência de recursos, ou que os gastos públicos com eventos culturais (e.g., shows) não possam ultrapassar ou representar mais do que determinada fração daqueles com educação fundamental e média, etc."[165].

---

nimas de existência (ADPF 45/DF, rel. Min. Celso de Mello, Informativo/STF n. 345/2004).

Cumpre advertir, desse modo, na linha de expressivo magistério doutrinário (...), que a cláusula da 'reserva do possível' – ressalvada a ocorrência de justo motivo objetivamente aferível – não pode ser invocada, pelo Estado, com a finalidade de exonerar-se, dolosamente, do cumprimento de suas obrigações constitucionais, notadamente quando, dessa conduta governamental negativa, puder resultar nulificação ou, até mesmo, aniquilação de direitos constitucionais impregnados de um sentido essencial de fundamentalidade".

[164] LIMA, Thiago Breus. *Políticas públicas no Estado constitucional*, 2007, p. 240: "Logo, existe a necessidade de diferenciar o que não é possível, porque, comprovadamente, não existem meios suficientes, mesmo após o atendimento de normas constitucionais que determinam alocação de recursos, e o que não é possível, porque os meios suficientes foram alocados para outras prioridades".

[165] BARCELLOS, Ana Paula de. "Constitucionalização das políticas públicas em matéria de direitos fundamentais. O controle político-social e o controle jurídico no espaço democrático". *Revista de Direito do Estado n. 3*, 2006, p. 28. Veja-se, ainda, a nota de rodapé n. 55, que fornece exemplo prático de aplicação da teoria: "O Ministério Público do Estado do Rio de Janeiro ajuizou ação por improbidade administrativa em face de autoridades municipais do Município de Campos dos Goytacazes por conta do excesso de gastos públicos em eventos culturais. A Prefeitura organizou mais de 150 eventos musi-

Ainda sobre o tema, para finalizar, deve-se considerar a hipótese *in extremis* de inexistência de dinheiro nos cofres públicos. Neste caso, a reserva do possível fática deixaria de ser uma presunção (como tem funcionado, quando acolhida) e convolar-se-ia em um fato comprovado no curso do processo judicial. Imagine-se assim um município sem qualquer estrutura, recém-emancipado, que não tenha capacidade de manter e financiar os mais básicos serviços públicos, como uma escola primária e um posto de saúde. Como fazer neste caso? Para estas hipóteses, no contexto do federalismo brasileiro, pode-se facilmente chegar à obrigação subsidiária entre União, Estados, Distrito Federal e Municípios em matéria de adimplemento de direitos. Aliás, a jurisprudência já reconhece a solidariedade dos entes em matéria de saúde pública, tema que demanda maior discussão[166]. A dificuldade aqui estará na repartição dos custos entre os entes federativos *a posteriori*, já que não há mecanismo constitucional ou legal para realizar este acerto. Este tema específico, porém, será enfrentado no Capítulo IV.

Se, porém, nem os outros entes puderem pagar por estes direitos? No Brasil este argumento não pode passar de hipótese acadêmica, mas imagine-se que o país fosse um Estado unitário, sem recursos financeiros para pagar por esses serviços. Neste caso, um outro princípio

---

cais em menos de dois anos gerando, em média, três shows por fim de semana. Além das acusações de superfaturamento em tais contratações, alega-se que os gastos milionários nessas áreas não se repetem em outras áreas de atuação obrigatória do poder público, violando a razoabilidade. Não se tem notícia de que haja sido proferida decisão nessa demanda (Processo 2003.014.016724-4, 4ª Vara Cível da Comarca de Campos dos Goytacazes)". O caso ainda segue pendente de julgamento.

[166] STJ, REsp 661.821/RS, rel. Min. Eliana Calmon, *DJ* 13-6-2005: "A CF, no art. 196, e a Lei 8.080/90 estabelecem um sistema integrado entre todas as pessoas jurídicas de Direito Público Interno, União, Estados e Municípios, responsabilizando-os em solidariedade pelos serviços de saúde, o chamado SUS. A divisão de atribuições não pode ser arguida em desfavor do cidadão, pois só tem validade internamente entre eles". No mesmo sentido: STF, ARE 727864, rel. Min. Celso de Mello, *DJe* 17-9-2014. No Estado do Rio de Janeiro, v. Enunciado n. 65 da Súmula do TJ: "Deriva-se dos mandamentos dos artigos 6º e 196 da Constituição Federal de 1988 e da Lei n. 8.080/90, a responsabilidade solidária da União, Estados e Municípios, garantindo o fundamental direito à saúde e consequente antecipação da respectiva tutela". Também para educação, moradia e assistência social vale o mesmo raciocínio acima exposto.

deveria ser trazido à baila: o *princípio da solidariedade*, presente no art. 1º, I da Constituição da República[167]. O texto constitucional várias vezes reconhece direitos fundamentais contra pessoas privadas (direitos trabalhistas, pátrio poder, obrigação alimentar entre familiares etc.). Em tais hipóteses, o juiz do caso concreto deveria reconhecer a existência do direito subjetivo e fazê-lo incidir contra particulares, como já ocorreu na Argentina, segundo narra Mariano Morelli[168]. Vale salientar que este processo de extensão subjetiva da eficácia dos direitos prestacionais está em pleno curso no Judiciário, já que os juízes concedem tutela de urgência para que a internação de doentes seja realizada em hospitais particulares, quando não há vagas ou aparato técnico para fazer frente à situação do paciente na rede pública[169]. O

---

167 MORAES, Maria Celina Bodin de. "O princípio da solidariedade". In: PEIXINHO, Manoel Messias; GUERRA, Isabela Franco; NASCIMENTO FILHO, Firly (orgs.). *Os princípios na Constituição de 1988*, 2001, p. 169: "(...) a expressa referência à solidariedade, feita pelo legislador constituinte, longe de representar um vago programa político ou algum tipo de retoricismo, estabelece um princípio jurídico inovador em nosso ordenamento, a ser levado em conta não só no momento da elaboração da legislação ordinária e na execução das políticas públicas, mas também nos momentos de interpretação-aplicação do Direito".

168 No caso concreto foi ajuizada a ação de amparo para a obtenção de alimentos em favor de três crianças. A liminar foi concedida, e os responsáveis legais podiam retirar alimentos em um supermercado, que se não fosse ressarcido pelo poder público em determinado prazo poderia descontar os valores dos tributos devidos à Província. Cf. MORELLI, Mariano G. "La justicia social y su protección jurisdiccional. Consideraciones con ocasión de un caso judicial". *Revista Telemática de Filosofía del Derecho n. 7*, 2003/2004, p. 93.

169 À primeira vista essa prática não recebeu o plácito dos Tribunais Superiores, eis que não se admitia a eficácia contra privados de direitos sociais, que são *a priori* deveres estatais: STJ REsp 736.524/SP, rel. Min. Luiz Fux, *DJ* 3-4-2006: "O Estado não tem o dever de inserir a criança numa escola particular, porquanto as relações privadas subsumem-se a burocracias sequer previstas na Constituição". Todavia, recentíssima decisão do Supremo Tribunal Federal aponta no sentido da revisão dessa tendência no âmbito das Cortes Superiores. Confira-se, STF, ARE 727864, rel. Min. Celso de Mello, *DJe* 17-9-2014: "CUSTEIO, PELO ESTADO, DE SERVIÇOS HOSPITALARES PRESTADOS POR INSTITUIÇÕES PRIVADAS EM BENEFÍCIO DE PACIENTES DO SUS ATENDIDOS PELO SAMU NOS CASOS DE URGÊNCIA E DE INEXISTÊNCIA DE LEITOS NA REDE PÚBLICA". Ou seja, de acordo com a decisão transcrita, que confirmou o acórdão recorrido, os hospitais particulares teriam o dever de fornecer atendimento médico, em caso de urgência ou

problema aqui está em definir a legitimidade jurídica e os limites desta vinculação horizontal, que a toda evidência não pode passar de hipótese extremamente excepcional, e o modo como será efeito o acerto de contas entre o Estado e o particular. Esta questão também será discutida no Capítulo IV.

Por fim, se não é possível retirar dinheiro de pessoas públicas e/ou particulares, o que fazer? Então, de fato, é forçoso admitir que o direito, embora deva ser reconhecido, tornar-se-á uma promessa inconsequente. Porém, com as devidas vênias, não parece razoável a tese sustentada por Flávio Galdino, no sentido de incluir no conceito de direito subjetivo o custo dos direitos[170]. Explica-se o ponto: é que, em tema de direitos fundamentais sociais e políticas públicas, o reconhecimento da"reserva do possível"como regra tem levado à improcedência do pedido formulado. Porém, no processo civil em geral, caso o devedor não possua bens para o pagamento ao credor, o juiz deve suspender o processo até a consumação da prescrição da pretensão executória, e não simplesmente extingui-lo[171]. Nada justifica a diferença de tratamento. Assim seria interessante e justo que as sentenças nesta matéria reconhecessem o direito prestacional pretendido na demanda, mesmo que fosse para condicioná-lo à existência de previ-

---

falta de estrutura da rede pública, e o Estado teria o dever de ressarcir os custos despendidos para tal propósito.

[170] GALDINO, Flávio."O custo dos direitos". In: TORRES, Ricardo Lobo. *Legitimação dos direitos humanos*, 2002, p. 214:"Por estas razões, e ressalvando que ainda não temos opinião com *animus* de definitividade sobre o tema, parece conveniente considerar a sugestão de Cass Sustein e Stephen Holmes consoante a qual os custos devem integrar previamente a própria concepção do direito (subjetivo) fundamental (devem ser trazidos para dentro do conceito)".

[171] CPC, Art. 791."Suspende-se a execução: (...) III – quando o devedor não possuir bens penhoráveis". O mesmo vale para a Fazenda Pública em seus processos fiscais: STJ, REsp 738.310/RS, rel. Min. CASTRO MEIRA, *DJ* 1-8-2005:"PROCESSUAL CIVIL. EXECUÇÃO FISCAL. NÃO LOCALIZAÇÃO DO DEVEDOR OU BENS PENHORÁVEIS. EXTINÇÃO. ABANDONO DE CAUSA. REQUERIMENTO DO RÉU. AUSÊNCIA. IMPOSSIBILIDADE. SÚMULA N. 240/STJ. SUSPENSÃO DO PROCESSO. ART. 40, *CAPUT*, DA LEI N. 6.830/80. 1.'A extinção do processo, por abandono da causa pelo autor, depende de requerimento do réu' (Súmula n. 240/STJ). 2. No caso de ausência de localização do executado ou bens para penhora, o art. 40, *caput*, da Lei n. 6.830/80 não autoriza o julgador a extinguir o feito, mas, tão só, suspender a execução fiscal. 3. Recurso especial provido".

são orçamentária futura, quem sabe até incluí-los na lista de precatórios alimentares prevista no art. 100 da Constituição Federal de 1988. Se não houver urgência no caso concreto, é aceitável, e até menos impactante para o processo democrático, que o juiz expeça ordem no sentido de determinar a inclusão da despesa na próxima lei orçamentária. Essas soluções serão objeto de consideração no Capítulo V. Por outro lado, se o administrador não puder cumprir a decisão judicial em razão da ausência de condições fáticas, é imperioso reconhecer a *inexigibilidade de conduta diversa*, excludente de qualquer possibilidade de punição a ele dirigida.

2. Um avanço possível: a correlação entre direitos fundamentais e tributação. Os direitos prestacionais como "seguro" contra as intempéries do mundo contemporâneo

Uma teoria disponível que procura correlacionar prestações públicas, justiça e níveis de tributação é a de Ronald Dworkin[172], sendo certo que vale recorrer a suas ideias, ainda que com algumas simplificações[173]. Em seu trabalho, Dworkin cuida, preliminarmente, da distribuição igual de recursos e dinheiro na comunidade, *i.e.*, a chamada "igualdade distributiva". Para tanto, constrói o seguinte enredo: imagine-se que alguns náufragos cheguem a uma ilha deserta abundante em recursos naturais, os quais devem ser divididos entre eles. Eles aceitam um teste para verificar a igualdade da divisão, que rotulam *teste da cobiça*, segundo o qual "[n]enhuma divisão de recursos será uma divisão igualitária se, depois de feita a divisão, qualquer imigrante preferir o quinhão de outrem a seu próprio quinhão"[174]. A escolha

---

172 DWORKIN, Ronald. *A virtude soberana – a teoria e prática da igualdade*, 2005, p. 3-156 (teoria). Para aplicação prática das teses a respeito da saúde e do seguro-desemprego no contexto norte-americano, v. p. 431-492.

173 Will Kymlicka, mesmo reconhecendo a importância da teoria de Dworkin, coloca em dúvidas a possibilidade de transplantá-la para a prática. In: *Filosofia política contemporânea*, 2006, p. 109: "Os cálculos hipotéticos que a teoria de Dworkin requer são tão complexos e sua implementação institucional é tão difícil que suas vantagens teóricas não podem ser traduzidas na prática". O ceticismo não se justifica, pois as ideias de Dworkin são perfeitamente assimiláveis como justificativas para uma teoria da justiça redistributiva aplicada a um contexto social real.

174 DWORKIN, Ronald. *A virtude soberana – a teoria e prática da igualdade*, 2005, p. 81.

de um único imigrante para efetuar esta divisão revela-se naturalmente insatisfatória, não apenas porque a distribuição física dos recursos de forma igual dificilmente será possível na prática, mas também porque haverá uma injustiça imperceptível ao teste da cobiça: mesmo sem desejar o quinhão de outro indivíduo, alguém pode preferir que outra divisão houvesse sido feita. A simples divisão por um terceiro, portanto, não é aceitável, por ser fonte de arbitrariedade e injustiça.

O autor, então, escolhe o mercado como ferramenta analítica para aferir a correção distributiva. Segundo ele, o mercado é importante por ser reconhecidamente o meio mais eficiente de alocação de recursos, e por tratar as pessoas com igual consideração, já que nele os indivíduos poderão escolher seus quinhões guiados apenas pelas suas preferências particulares. O método selecionado é o leilão dos bens da ilha. Ele propõe a distribuição aos imigrantes de conchas ou fichas em número igual – *i.e.*, algum meio de troca sem valor intrínseco – que servirão para que sejam dados lances nos lotes referentes aos objetos da ilha. No resultado final ninguém cobiçará o pacote dos demais porque todos tiveram a oportunidade de escolher seus próprios bens e também não há arbitrariedade na divisão de pacotes, já que eles foram montados de acordo com tais preferências pessoais[175]. Este processo de seleção permite que cada um exerça sua individualidade e que os custos das opções de vida reflitam-se diretamente no montante de recursos destinados a cada pessoa. Segundo Dworkin:

> "O leilão de mercado não é simplesmente um dispositivo *ad hoc* para resolver os problemas técnicos da igualdade de recursos, que surgem em exercícios bem simples como no caso da nossa ilha deserta. É uma forma institucionalizada do processo de descoberta e adaptação que está no núcleo da ética desse ideal. A igualdade de recursos supõe que os recursos dedicados à vida de cada pessoa devem ser iguais. Esse objetivo precisa de uma métrica. O leilão propõe o que o teste da cobiça de fato assume, isto é, que a verdadeira medida dos recursos sociais dedicados

[175] DWORKIN, Ronald. *A virtude soberana – a teoria e prática da igualdade*, 2005, p. 84:"Muita gente poderá imaginar um conjunto de porções diferentes que passe no teste da não cobiça poderia se estabelecer, mas o verdadeiro conjunto de porções tem o mérito de fazer com que cada pessoa desempenhe, por intermédio de suas compras com um estoque inicial igualitário de fichas, um papel igualitário que determina o conjunto de porções realmente escolhido".

à vida de uma pessoa seja determinada indagando sobre a real importância desse recurso para os outros. Repito que o custo, avaliado dessa forma, aparece na noção que cada pessoa tem do que é seu com justiça, e no juízo que cada um faz da vida que deve levar, dado aquele mesmo comando de justiça"[176].

De fato, um teste simples como este, aplicável a uma situação hipotética, dificilmente poderá ser transplantado integralmente para as complexas sociedades contemporâneas. O autor reconhece o problema, mas ressalta que o mecanismo ainda assim pode ser útil, e supõe que há três maneiras de fazê-lo: como teste da coerência e integridade do próprio ideal de igualdade distributiva[177]; como padrão de julgamento das instituições reais[178]; e como parâmetro a ser seguido no projeto de instituições do mundo real[179]. Saliente-se que Ronald Dworkin procura em sua teoria das parcelas equitativas superar uma dificuldade da teoria da justiça de Rawls, que consiste na ausência de sensibilidade quanto às aspirações e aos esforços individuais. Tanto Rawls quanto Dworkin admitem a injustiça da distribuição inicial de talentos na sociedade, tais como força, inteligência e beleza, os quais imputam à sorte bruta[180]. Na tentativa de neutralizar este fator, Rawls sugere o

---

[176] DWORKIN, Ronald. *A virtude soberana – a teoria e prática da igualdade*, 2005, p. 86.

[177] DWORKIN, Ronald. *A virtude soberana – a teoria e prática da igualdade*, 2005, p. 88.

[178] DWORKIN, Ronald. *A virtude soberana – a teoria e prática da igualdade*, 2005, p. 89: "O mecanismo do leilão poderia proporcionar, em outras palavras, um padrão para se julgar até que ponto uma distribuição real, qualquer que tenha sido o modo de se chegar a ela, aproxima-se da igualdade de recursos em dado momento".

[179] DWORKIN, Ronald. *A virtude soberana – a teoria e prática da igualdade*, 2005, p. 89: "Em terceiro lugar, tal mecanismo poderia ser útil no projeto das instituições políticas reais. Em certas (talvez bem limitadas) circunstâncias, quando se satisfazem pelo menos aproximadamente as condições do leilão igualitário, então um leilão real poderia ser a melhor maneira de alcançar ou preservar a igualdade de recursos no mundo real".

[180] Dworkin chega a cogitar da tese da propriedade de si próprio, ao que pontua: "Diríamos que, por ser dona do próprio corpo e da própria mente, a pessoa possui os talentos que só são capacidades por serem oriundos do corpo e da mente e, por conseguinte, é dona dos frutos desses talentos? Trata-se, evidentemente, de uma série de *non sequiturs*. Também é um argumento conhecido a favor do mercado *laissez-faire* de trabalho que já defini-

princípio da diferença, cujo conteúdo foi visto neste capítulo (as desigualdades só são admitidas em benefício dos que estão em situação social pior). Dworkin, porém, critica o princípio da diferença como fonte de injustiça, pois desconsidera as aspirações individuais, contrariando a ideia intuitiva de que os esforços devem ser recompensados[181].

A igualdade de recursos só será possível se no leilão inicial houver a neutralização das desvantagens naturais. Alguém que sofra de uma doença grave terá que, em primeiro lugar, gastar a maior parte de suas conchas (ou mesmo todas elas) com tratamento médico, restando-lhe pouco para satisfazer outras necessidades. A compensação pode vir pela atribuição de mais conchas, mas às vezes o mal de que os indivíduos padecem não é recompensável com mais poder aquisitivo (e.g., uma doença incurável não pode ser apreciada em termos econômicos), e também não se afigura adequado colocar todos os bens sociais à disposição de alguns poucos, pois neste caso as pessoas que ficaram sem nada não poderão fazer escolhas, e, por consequência, não serão tratadas com igual respeito e consideração. Para resolver o problema, Dworkin utiliza um artifício semelhante ao utilizado por Rawls. Supõe que estas pessoas não saibam quais as desvantagens naturais que têm ou terão, perguntando então se elas aceitariam um esquema de seguro para se resguardar contra elas, garantindo-lhes um rendimento mínimo para o caso de não conseguirem alcançá-lo.

Crendo na aceitação de um tipo de seguro como este, pergunta-se então a razão pela qual as pessoas não optariam pelo seguro da renda mais alta possível caso sobrevenha o sinistro. O autor entende que esta não seria uma opção vantajosa, precisamente porque tornariam os indivíduos escravos de seus próprios rendimentos elevados. O prêmio

---

mos como uma violação da igualdade de recursos, quando as pessoas são desiguais em talentos. Mas não poderíamos aceitá-lo de qualquer maneira, porque emprega a ideia de direito de posse pré-político com base em algo que não é a igualdade, e isso é incompatível com a premissa do esquema de igualdade de recursos que elaboramos". In: *A virtude soberana – a teoria e prática da igualdade*, 2005, p. 114.

[181] O ponto encontra-se claramente colocado em DWORKIN, Ronald. *A virtude soberana – a teoria e prática da igualdade*, 2005, p. 113 e 148-156; v. também KYMLICKA, Will. *Filosofia política contemporânea*, 2006, p. 98-100: "Infelizmente, o princípio da diferença não faz tal distinção entre desigualdades escolhidas e não escolhidas" (p. 98).

a pagar seria tão alto – o mais próximo possível da renda projetada, já que a probabilidade de alguém necessitar dela é grande – que dificilmente alguém optaria por fazê-lo. E desconsidera também que aqueles que não precisarem do seguro acabarão por ter que efetuar pagamentos elevados, praticamente anulando a diferença de renda. Portanto, para Dworkin o seguro se torna mais atrativo quanto menores são os níveis de renda garantidos, já que o prêmio se torna mais barato e o índice de utilização do seguro, menor, eis que mais pessoas terão condições de ficar em patamar superior ao nível de renda segurado.

Um sistema que analisa as desvantagens naturais de alguém e as dissocia de seus esforços é, a toda evidência, inviável em termos fáticos. *Parece plausível, então, a analogia entre o mercado de seguros e a tributação realizada pelo Estado.* Neste esquema o Estado figura como segurador e a tributação equivale ao prêmio pago pelos particulares-segurados contra o risco do evento danoso ocorrer (*in casu*, a pessoa ficar abaixo da linha da pobreza pelas suas desvantagens naturais). Dworkin reconhece que este sistema ainda é defeituoso. O prêmio pago em valor idêntico por pobres e ricos para financiar o sistema é injusto; assim como é desconsiderado, no sistema de ajudas públicas, o risco que surge por obra do próprio segurado, *i.e.*, que decorra de suas aspirações, e não da inaptidão natural[182]. Contudo, não parece difícil aceitar que os indivíduos optem, no leilão inicial, por um sistema securitário de subsídios cruzados capaz de aumentar o nível médio de cobertura[183]. Quanto ao segundo problema, Dworkin esclarece que "(...) se estou relativamente certo ao dizer que o nível médio de cobertura seria relativamente baixo, não precisamos nos dedicar a esse problema"[184], já que "[e]le reduz nitidamente os motivos que as pessoas têm para não ganhar pelo menos o montante coberto, a fim de declarar que não

---

182 DWORKIN, Ronald. *A virtude soberana – a teoria e prática da igualdade*, 2005, p. 130.

183 DWORKIN, Ronald. *A virtude soberana – a teoria e prática da igualdade*, 2005, p. 132: "Se os imigrantes traduzirem esse esquema mais complexo de seguros em um programa de tributação, chegarão a um modelo reconhecível de impostos. Eles podem definir um imposto de renda graduado que financie a transferência de pagamentos no montante da diferença entre o nível médio de cobertura e o fator de cosseguro, e o que o requerente pode discutir de maneira plausível é a mais alta renda que ele possa de fato exigir".

184 DWORKIN, Ronald. *A virtude soberana – a teoria e prática da igualdade*, 2005, p. 132.

conseguem obter tal ganho"[185]. É dizer: quem efetivamente tem talento para ganhar acima do mínimo não precisará fazer uso dele.

Neste ponto parece importante fazer algumas observações à teoria delineada nas linhas antecedentes. Em primeiro lugar, ainda que fosse absolutamente possível criar um sistema capaz de filtrar as desvantagens naturais e o fruto das aspirações de cada um, não seria possível legar alguém à pobreza absoluta, a ponto de exigir-lhe a vida ou a dignidade como pagamento pelas escolhas que efetuou. Tratando-se de bens indisponíveis, protegidos pelo sistema normativo, o leilão inicial não poderia desconsiderar estes elementos (*rectius*, especificamente na sociedade brasileira, melhor seria supor que ele *já* considerou a hipótese, descartando que escolhas pessoais conduzam alguém à absoluta indignidade). Em segundo lugar, parece incorreto acreditar que o seguro contraído pelos habitantes da ilha deve ser utilizado não apenas para o caso das desvantagens naturais, mas também para as intempéries que eventualmente possam surgir no futuro advindas de outras razões, tais como o avanço tecnológico, a complexidade econômica, a globalização etc., as quais de todo modo podem ser reconduzidas àquela categoria. Novamente, no caso específico do Brasil, o argumento normativo corrobora esta visão[186].

Ademais, como afirmou Michael Walzer (v. tópico acima), o povo de um Estado compartilha muito mais que o vínculo jurídico da nacionalidade. Ele está unido pela realização de um futuro comum; pela vivência de um destino compartilhado. O Estado, por sua vez, não pode ser visto como um fim em si mesmo, mas como um importante colaborador na busca dos ideais de vida de cada pessoa, as quais cada vez menos são capazes de agir de maneira independente diante das grandes forças econômicas privadas, e também como garantidor de

---

[185] DWORKIN, Ronald. *A virtude soberana – a teoria e prática da igualdade*, 2005, p. 131.

[186] E dele não parece discordar o autor, cf. DWORKIN, Ronald. *A virtude soberana – a teoria e prática da igualdade*, 2005, p. 472: "Parece também evidente, porém, que as consequências do desemprego prolongado ou de renda extremamente baixa são sérias o bastante para que as pessoas de recursos médios queiram ter algum grau de seguro contra tais consequências: *tentariam comprar coberturas que lhes permitissem pelo menos manter a vida com alguma dignidade – fornecer alimentos, abrigo decente e um nível mínimo de cuidados médicos para si e para a família*". (destaque acrescentado)

que não serão abandonados à própria sorte quando fragilizadas por decorrência de suas condições físicas ou sociais[187]. Além disso, num contexto de pluralismo cultural, a ideologia dos direitos fundamentais deve substituir os antigos vínculos de sangue, linguagem e práticas sociais que marcaram o início do movimento nacionalista[188].

Ficou em aberto a questão concernente aos níveis de cobertura a ser efetuada pelo Estado. Conforme anteriormente mencionado, este nível não pode ser alto, sob pena de inviabilizar o próprio sistema, já que não é possível presumir que as pessoas queiram investir a maior parte de seus recursos na prevenção de riscos. A sintonia fina depende de estatística e da percepção social quanto à cobertura mediana. Confiram-se as palavras de Dworkin sobre o assunto:

> "Uma comunidade que adota a concepção de seguro da igual consideração deve tratar a questão contrafactual como estatística, e não como algo individualizado. Deve perguntar, grosso modo, qual nível de cobertura contra riscos do tipo em questão pareceria razoável para a maioria das pessoas da comunidade, ou para qualquer pessoa normal, ou algo assim, dada a estrutura provável do prêmio e as necessidades e as aspirações da maioria das pessoas. É preciso ter discernimento para responder a pergunta tão vaga, é claro; cada cidadão e cada autoridade responderia de maneira um tanto diferente. Mas suas respostas recairiam quase todas em certa faixa"[189].

---

187 Para uma abordagem sobre os fins do Estado, com inúmeras fontes, v. BONAVIDES, Paulo. *Ciência política*, 2013, p. 63-71.

188 KÄGI, Werner. *La constitución como ordenamiento jurídico fundamental del Estado*, 2005, p. 116-117: "La solidaridad y los vínculos espirituales entre los seres humanos, sujetos de aquel ordenamiento deseado, deberían ser buscados en motivaciones independientes de la referencia a dimensiones naturales y existenciales, como se considera a la etnia, la lengua, la comunidad de hechos históricos. Como fundamento de una nueva cohesión civil se propone la adhesión voluntaria de hombres libres e iguales a los principios o, en otro orden conceptual, a los 'valores' propios de los regímenes liberal-democráticos: autodeterminación del pueblo, autogobierno del cuerpo social, incluso en el marco de ordenamientos extensos y pluralistas; garantía de los derechos fundamentales. Tal criterio voluntarista de adhesión a premisas ideológicas, en abstracto, aparece concebido como idóneo para una expansión máxima, creciente más allá de los confines espaciales, hasta llegar a la hipótesis de unificación de toda la humanidad".

189 DWORKIN, Ronald. *A virtude soberana – a teoria e prática da igualdade*, 2005, p. 486.

Sobre a responsabilidade pela decisão, Dworkin afirma que"(...) o governo deve tomar tal decisão, coletivamente, por todos, e algumas vítimas podem dizer que teriam feito seguro maior se tivessem tido a chance de tomar a decisão por si mesmas"[190]. A decisão, portanto, é política: "[a] comunidade deve fazê-lo por elas [as pessoas individualmente consideradas]; e o faz de maneira contrafactual, tentando recapitular o que provavelmente teriam decidido por si mesmas se tivessem tido tal oportunidade"[191]. A autoridade que está em melhores condições de avaliar o equilíbrio financeiro entre os "prêmios" pagos pelos cidadãos e o *outcome* provido pelo Estado é, sem dúvida alguma, o Poder Legislativo, através do qual a comunidade se faz representar no espaço público. Ademais, quando o Legislativo age, o faz em nome de todos os indivíduos. Saliente-se, porém, que esta solução tem um problema adicional: no sistema norte-americano, trabalhado por Ronald Dworkin, os direitos prestacionais estão disciplinados na legislação ordinária, daí dizer que cabe ao Legislativo decidir; no Brasil, diferentemente, tais direitos estão na Constituição, impondo-se o reconhecimento de algum papel ao Poder Judiciário no campo da concretização deles.

Quanto ao Poder Judiciário, a ideia do seguro afigura-se como uma importante forma de raciocinar. De partida, ela já afasta qualquer tipo de pretensão populista, no sentido de reconhecer o máximo de direitos contra o Estado, pois a lógica securitária requer equilíbrio no cálculo atuarial e prêmios baixos para que haja adesão pública. Pensar em que tipo de seguro-saúde, *v.g.*, um homem médio faria, no Brasil do início do século XXI, se pudesse pagar e desconhecendo as futuras doenças que eventualmente contrairá, considerando ainda que a cobertura deve se estender a toda a população, pode ajudar de maneira considerável a delimitar o campo de exigibilidade das prestações de saúde[192]. Certamente estariam excluídas cirurgias caras e

[190] DWORKIN, Ronald. *A virtude soberana – a teoria e prática da igualdade*, 2005, p. 484.

[191] DWORKIN, Ronald. *A virtude soberana – a teoria e prática da igualdade*, 2005, p. 485.

[192] O tema da saúde é tratado por DWORKIN, Ronald. *A virtude soberana – a teoria e prática da igualdade*, 2005, p. 431-449, onde ele aplica a sua teoria do seguro ao tema. Note-se que o autor combate veementemente a aplicação do chamado "princípio do resgate", o qual consiste na dupla afirmação de

experimentais no exterior, pois um seguro deste tipo exigiria um prêmio altíssimo.

Vale recapitular, para encerrar o ponto, as teses abordadas neste tópico: (i) o reconhecimento de direitos fundamentais prestacionais, além de fundados na afirmação normativa da liberdade e dignidade de cada indivíduo, deve ser vinculado a uma lógica securitária, *i.e.*, a um pacto de auxílio mútuo entre os cidadãos pagadores de tributo, no qual o Estado figura como segurador; (ii) os níveis de tributação (dever fundamental) devem ser proporcionais ao nível de direitos fundamentais prestacionais, pois do contrário restará violado o equilíbrio atuarial do sistema.

---

que a vida e a saúde são os bens mais importantes e de que não se deve negá-los por razões financeiras, *i.e.*, "que devemos gastar tudo que pudermos até que não seja mais possível pagar nenhuma melhora de saúde ou na expectativa de vida".

Capítulo III

A ESCOLHA INSTITUCIONAL

O objetivo deste capítulo é demonstrar que o controle judicial de políticas públicas é mais do que uma singela questão de interpretação constitucional, caminho que muitas vezes é trilhado pela doutrina que cuida do tema. Ele envolve também a avaliação do mérito relativo das instituições públicas destinadas à concretização do direito, o que inclui a análise do modo como são constituídas e da forma como tomam suas decisões. Isto porque, atribuídas de forma difusa a diversos órgãos e entes constitucionais, as competências para implementação e defesa dos direitos fundamentais acabam provocando atritos que não são solucionáveis pela singela referência a determinados princípios abstratos (como o da dignidade da pessoa humana, para ficar no exemplo mais óbvio). O trabalho a ser realizado neste capítulo, em consonância com a proposta inicial, consiste precisamente em determinar os parâmetros gerais de controle de políticas públicas que este tipo peculiar de análise pode fornecer. Por se tratar de um tema afeto à repartição horizontal de funções no Estado, o princípio da separação de poderes será o ponto de partida para o estudo.

I. O PRINCÍPIO DA SEPARAÇÃO DE PODERES[1]

O princípio da separação de poderes foi incorporado ao discurso jurídico pelo célebre art. 16 da Declaração dos Direitos

---

1 Não se desconhece que o poder político do Estado é uno e indivisível. A rigor, a especialização das atividades estatais significa dividir

do Homem e do Cidadão de 1789[2], e desde então se tornou um elemento onipresente nos Estados liberais[3]. A Constituição Federal de 1988 albergou-o em seu art. 2º, protegendo-o inclusive com o *status* de cláusula pétrea[4]. Em termos genéricos, o princípio da separação de poderes impõe a decomposição do poder político em múltiplos órgãos estatais, titularizados por diferentes pessoas, fundamentando-se na ideia simples, mas poderosa, de que a sua concentração favorece o arbítrio. Conforme perfilha a doutrina sobre o tema, sua aplicação serve a três propósitos distintos, a seguir analisados[5].

Do ponto de vista histórico, o objetivo inicial é claro e já foi anunciado: evitar o arbítrio potencial que decorre da concentração de poderes na figura de um só titular. O reconhecimento de que a reunião das capacidades de ditar normas abstratas, aplicá-las e julgar os casos concretos em uma só pessoa ou órgão conduz ao abuso de poder é um axioma na filosofia política, conforme bem percebeu Montesquieu,

---

funções, e não poderes. Contudo, no texto, optou-se por manter a terminologia clássica, que é amplamente disseminada na literatura jurídica brasileira. Sobre o ponto, VERDÚ, Pablo Lucas; DE LA CUEVA, Pablo Lucas Murillo. *Manual de derecho político*, v. 1, 1994, p. 186: "Al atribuir las funciones del Estado a tres grupos distintos de órganos, a los llamados tres poderes, no se fracciona la unidad orgánica estatal, ya que cada uno de los tres poderes actúa siempre como órgano del Estado".

2 Veja-se o texto: "A sociedade em que não esteja assegurada a garantia dos direitos nem estabelecida a separação dos poderes não tem Constituição".

3 V. BAPTISTA, Patrícia Ferreira. "O princípio da separação de poderes atualizado e revisado". *Revista de Direito da Associação de Procuradores do Novo Estado do Rio de Janeiro*, v. 6, 2000.

4 CF/88: "Art. 2º São Poderes da União, independentes e harmônicos entre si, o Legislativo, o Executivo e o Judiciário. (...) Art. 60. A Constituição poderá ser emendada mediante proposta: (...) § 4º – Não será objeto de deliberação a proposta de emenda tendente a abolir: (...) III – a separação dos Poderes;".

5 ACKERMAN, Bruce. "The new separation of powers", *Havard Law Review*, v. 113, n. 3, 2000: "Mais concretamente, volto várias vezes para três ideais de legitimação para responder à questão, 'Separação de poderes em nome de quê?". O primeiro ideal é a democracia. De uma forma ou de outra, a separação pode servir (ou prejudicar) o projeto de autogoverno. O segundo ideal é a competência profissional. Leis democráticas são puramente simbólicas, a menos que Tribunais e a burocracia possam implementá-las de uma forma relativamente imparcial. O terceiro ideal é a proteção e promoção dos direitos fundamentais. Sem isto, a regra democrática e a administração profissional podem facilmente tornarem-se motores da tirania".

divulgador mais célebre da ideia[6]. Logo, o princípio da separação de poderes procura viabilizar, em primeiro plano, a realização do projeto democrático de autogoverno de um povo, protegendo-o contra a *tirania minoritária* (do rei, do clero, dos magistrados etc.). Esta foi a primeira versão da doutrina da separação de poderes, conforme esclarece Nuno Piçarra em sua conhecida monografia sobre o tema[7].

Em segundo lugar, as funções são separadas para que haja efetivo resguardo dos direitos fundamentais[8]. O papel aqui é exatamente igual ao da primeira hipótese, com o detalhe de que a proteção dirige-se a outro tipo de perigo político. De nada vale a contenção do arbítrio de um órgão ou indivíduo se o aparato estatal estiver a serviço de uma *tirania majoritária*. No exercício deste mister enfatiza-se o papel do Poder Judiciário, que assume a função de julgar com independência os litígios que envolvem a sociedade e o Estado (e também no interior da própria sociedade), resguardando os direitos fundamentais das investidas ilícitas dos demais poderes (e atores privados).

---

6 MONTESQUIEU, Charles de. *Do espírito das leis*, 197, p. 157: "Tudo estaria perdido se o mesmo homem ou o mesmo corpo de principais, ou dos nobres, ou do povo, exercesse esses três poderes: o de fazer leis, o de executar as resoluções públicas e o de julgar os crimes ou as divergências entre os indivíduos". Note-se que, segundo Nuno Piçarra, a origem da *separation of powers* é inglesa, encontrando suas raízes no *rule of law*, de modo que a formulação de Montesquieu não é original. In: *A separação dos poderes como doutrina e princípio constitucional*, 1989, p. 17-19. De toda forma, em função da pretensão universalista que marcou a Revolução Francesa, a obra de Montesquieu é a mais divulgada, razão pela qual foi adotada neste texto como marco teórico original do princípio.

7 PIÇARRA, Nuno. *A separação dos poderes como doutrina e princípio constitucional*, 1989, p. 49: "Como arma ideológica de luta contra os abusos e arbitrariedades do Longo Parlamento, a necessidade de separação dos poderes era invocada com o preciso sentido de limitar aquele órgão ao desempenho da função legislativa, retirando-lhe quaisquer competências de natureza jurisdicional que a outro órgão constitucional deveriam caber".

8 PIÇARRA, Nuno. *A separação dos poderes como doutrina e princípio constitucional*, 1989, p. 191: "A separação de poderes é um pressuposto institucional para a garantia dos direitos fundamentais, sem a qual estes mais não são do que meras declarações de intenção. Só perante tribunais independentes o indivíduo pode 'resistir' às violações dos seus direitos por parte dos outros poderes do Estado. Pode, por isso, dizer-se que a decisão constitucional de garantia dos direitos fundamentais é, simultaneamente, uma decisão fundamental sobre a organização do poder político-estadual".

Nesta linha de raciocínio, o princípio da separação de poderes assume a delicada função de garantir o equilíbrio entre minorias e maiorias na direção das decisões públicas, ora resguardando as minorias mediante a proteção do Poder Judiciário, ora impedindo que qualquer órgão e/ou grupo de pessoas tome para si a condução das decisões públicas. Note-se que esta dupla função do princípio transformou-o em fundamento tanto para uma maior intervenção do Poder Judiciário em políticas públicas quanto para a defesa das funções institucionais tradicionalmente atribuídas à Administração Pública e ao Poder Legislativo. Pois se, de um lado, é correto afirmar que o agigantamento do poder dos magistrados em detrimento dos demais traz consigo o risco de uma ditadura dos juízes, também não é equivocado dizer que os direitos fundamentais, previstos no texto constitucional em grande quantidade e com enunciados normativos pouco densos, são garantias contra estes mesmos poderes constituídos, regra geral, pelo exercício do voto.

Muito embora já se reconheça um caráter fluido na separação de poderes, que aponta para atribuições *preferenciais* e não *exclusivas* de funções, as causas para o atual estágio de entrelaçamento entre as funções estatais no Brasil serão abordadas adiante[9]. Por ora, vale dizer que o crescimento dos direitos fundamentais e a competência horizontal comum para sua implementação acabaram por retirar do princípio exatamente este seu papel de equilíbrio. Desta forma, verifica-se que a remissão pura e simples ao princípio da separação de poderes em suas funções originais, resumidas acima, e abstratamente consideradas, pouco contribui para o deslinde do problema proposto neste trabalho[10].

---

9 VERDÚ, Pablo Lucas; MURILLO DE LA CUEVA, Pablo Lucas. *Manual de derecho político*, v. 1, 1994, p. 190: "Por eso insistimos en que la doctrina de la separación de poderes ha de estimarse como un principio de organización jurídica y de atribución no exclusiva, sino tendencial y prevalente, a cada órgano, del ejercicio de sólo una de las diversas actividades fundamentales del Estado".

10 É preciso ressalvar que o arranjo político-constitucional de divisão de poderes por vezes dá solução definitiva aos problemas jurídicos sobre competências. Não há dúvidas, e.g., que decidir definitivamente sobre a internalização de tratados compete ao Congresso Nacional (art. 49, I, da CF/88), mas o controle de constitucionalidade das leis pelo chefe do Poder Executivo é uma questão que ainda gera polêmicas doutrinárias (sobre o ponto, v. BINENBOJM,

Em terceiro lugar, o princípio da separação de poderes preconiza a especialização funcional das atividades estatais, de modo a prevalecer a competência técnica. Logo, separar as funções do Estado também tem por escopo atender a imperativo de racionalização das atividades públicas, função especialmente importante se considerada a ampliação demasiada de tarefas do Estado nos últimos séculos e a escassez de recursos para concretizá-las, assuntos que foram abordados no Capítulo II. Assim, ao lado da função de contenção, a separação de poderes requer que as tarefas públicas sejam designadas aos órgãos com capacidade de exercê-las da maneira mais adequada e eficiente, de modo que suas decisões sejam as melhores possíveis. Em resumo, a separação de poderes é uma técnica[11] a serviço de três propósitos: (i) resguardar a democracia; (ii) proteger os direitos fundamentais; e (iii) permitir a racionalização no exercício das funções públicas. Sintetizando ainda mais seus intentos, pode-se afirmar que suas funções são: (a) equilibrar adequadamente os interesses das maiorias e minorias, impedindo abusos de qualquer natureza *(função político-social)*; e (b) permitir que as decisões públicas sejam eficientes e racionais na maior medida possível *(função orgânico-funcional)*.

Estas duas funções gerais, ao menos em tese, deveriam ser alcançadas pela divisão de tarefas públicas, de cunho setecentista, entre três poderes do Estado: (i) *Legislativo*, cuja atividade consiste na produção de normas gerais e abstratas (atos normativos primários); (ii) *Judiciário*, cujo mister é a aplicação do direito aos conflitos concretos, quando provocado para tanto; e (iii) *Executivo*, o qual possui atribuição definida de forma residual, por exclusão das demais, ou, na lição clássica de Seabra Fagundes, consiste em *aplicar a lei de ofício*[12]. Por regra geral, a

---

Gustavo. *A nova jurisdição constitucional brasileira*, 2014, p. 270-285). Como se verá adiante, o problema emerge de maneira mais forte no que tange às políticas públicas destinadas à concretização dos direitos fundamentais, assunto em que houve forte entrelaçamento entre atribuições administrativas, legislativas e judiciais.

[11] BARCELLOS, Ana Paula de. *A eficácia dos princípios constitucionais:* o princípio da dignidade da pessoa humana, 2002, p. 215: "É preciso destacar a natureza instrumental do princípio da separação de poderes. Embora ele tenha se transformado em um princípio de fundamental importância para a organização do Estado Moderno, a separação de poderes não é um valor em si mesmo".

[12] FAGUNDES, Miguel Seabra. *O controle dos atos administrativos pelo Poder Judiciário*, 2005, p. 3.

escolha dos juízes pelo mérito técnico, de legisladores e administradores por meio do voto, os quais são coadjuvados pela burocracia, composta de servidores públicos selecionados também pelo mérito, ressalvadas exceções pontuais, também procura atender aos objetivos acima elencados. Este quadro deve ser complementado pela contribuição do direito norte-americano, onde foi cunhada a noção de *freios e contrapesos*, a qual procura temperar esta rígida divisão de exercício de funções permitindo que haja interpenetração entre elas. Enfim, este é o conhecimento convencional sobre o assunto.

Em linhas gerais, a questão da escolha institucional surge quando há mais de uma instituição governamental responsável por interpretar textos jurídicos e implementar decisões, tais como cortes judiciais de diversas instâncias, agências reguladoras, Administração Pública direta, autarquias, três níveis de federação etc.[13] *É dizer: quando há divisão interna do poder político*[14]. A adoção do princípio da separação de poderes automaticamente traz consigo este tema. O ponto se torna especialmente problemático quando, em dada ordem jurídica estabelecida, ocorre a sobreposição de atribuições institucionais, exatamente o caso brasileiro, como já havia sido adiantado. Quanto às políticas públicas em particular, este emaranhado resulta, sem embargo de outros elementos, de um conjunto de razões exposto a seguir[15]: (i) a possibilidade de submeter qualquer questão ao Poder Judiciário devido à cláusula do acesso à justiça; (ii) a expansão dos instrumentos e dos legitimados a provocar a jurisdição constitucional concentrada, assim como a tutela coletiva de direitos; (iii) a possibilidade de que

---

[13] O surgimento de um modelo de Administração Pública policêntrica, o qual contempla entidades da Administração indireta e organizações do terceiro setor certamente demandará um estudo específico envolvendo a consideração institucional. Sobre o tema, v. BINEMBOJM, Gustavo. *Uma teoria do direito administrativo*, 2014, p. 257-336.

[14] Segundo QUEIROZ, Cristina M. M. *Os actos políticos no Estado de Direito*, 1990, p. 98 e s., as análises contemporâneas de divisão do poder comportam dimensões horizontal (clássica, em executivo, judiciário e legislativo), vertical (federações), temporal (decorrente de eleições), social (grupos de interesse, partidos políticos, sindicatos) e sociológica (que procura vislumbrar qual é o órgão que efetivamente toma as decisões políticas).

[15] Cf. MARINS, Leonardo Vieira. "Interpretação constitucional e desenho institucional. A jurisdição constitucional entre o ativismo e a autocontenção". *Revista de Direito do Estado n. 12*, 2008, p. 150.

todos os juízes, mesmo os de primeiro grau de jurisdição, efetuem o controle de constitucionalidade das normas e atos administrativos; e (iv) a técnica das normas programáticas utilizada na Constituição Federal de 1988. Vale analisá-los ainda que com brevidade.

As duas primeiras razões acima elencadas estão diretamente relacionadas com a abertura do Poder Judiciário à participação da cidadania. Assim, o princípio do amplo acesso à justiça, consagrado no art. 5º, XXXV, da Constituição Federal de 1988 é a primeira e mais evidente razão para o processo de avanço do Poder Judiciário sobre questões consideradas tipicamente políticas ocorrido nos últimos anos[16]. Além de coibir qualquer medida legislativa destinada a obstaculizar o acesso imediato à instância judicial, referido princípio veda ao juiz proferir *non liquet*. É dizer: uma vez estabilizada a relação processual, presentes todos os requisitos para o exercício regular do direito de ação, o juiz está obrigado a proferir uma decisão compondo o litígio. Por seu turno, o dogma da completude do ordenamento jurídico – tese oriunda do positivismo jurídico – exige que o magistrado "descubra" no sistema a solução para a lide, ainda que evidentemente ela não esteja nele contida[17]. Não raras vezes a decisão judicial representará antecipação

---

16 Dos quais são exemplos os julgamentos sobre a cláusula de barreira (STF, ADI 1351-3/DF e ADI 1354-8/DF), fidelidade partidária (STF, MS n. 26.602/DF, MS n. 26.603/DF e MS n. 26.604/DF) e inelegibilidade dos candidatos com "ficha suja" (ADPF 144/DF). Sobre estas questões, v. SILVA, Alexandre Garrido, "Minimalismo, democracia e expertise: o Supremo Tribunal Federal diante de questões políticas e científicas complexas". *Revista de Direito do Estado n. 12*, 2008, p. 107-142.

17 O dogma da completude do ordenamento jurídico é essencial às demais teses positivistas, a saber: que a atividade jurisdicional é sempre de descoberta; e o juiz não pode proferir *non liquet*. A propósito, v. BOBBIO, Norberto. *O positivismo jurídico*, 1995, p. 207. Com efeito, se todas as decisões judiciais correspondem a uma atividade de descoberta, e se para todos os problemas há uma solução jurídica implícita ou explícita no sistema, então os juízes estão aparelhados a julgar qualquer questão. Essas teses conduziram à chamada "crise da vinculação legal", situação em que os órgãos de aplicação do direito acabam por definir suas próprias regras decisórias, erodindo o marco de divisão de poderes. Sobre este tema, v. GRIMM, Dieter. *Constituição e política*, 2006, p. 19-20: "Onde faltam critérios legais que determinem a conduta dos destinatários da norma de forma suficiente, a jurisdição também não pode fiscalizar se os destinatários se comportaram legalmente ou não. Porém, se ela aceitar sua missão de fiscalização, ela não vai mais utilizar critérios preestabelecidos, mas impor suas próprias noções de exatidão. Dessa

de questões que deveriam ter solução coletiva pela via legislativa, atropelando os procedimentos parlamentares tendentes à tomada de decisões públicas, os quais, por demandarem a formação de maiorias cuja composição não é singela, são necessariamente mais vagarosos.

Ainda no campo do acesso à justiça, não se pode olvidar a dilatação do rol de legitimados para a propositura das ações destinadas ao controle concentrado de constitucionalidade das leis[18], que também foram em si ampliadas[19] e também dos mecanismos de tutela coletiva,

---

maneira, ela se transforma, em escala intensificada, em poder político que, ele mesmo, assume funções de legislação". A criação de direito sem referencial democrático é estimulada pela doutrina pós-88, com o que não se pode concordar. Veja-se: KRELL, Andreas J. *Direitos sociais e controle judicial no Brasil e na Alemanha*, 2002, p. 98: "Num Estado Social, modelo adotado pela Carta Brasileira de 1988, o Poder Judiciário é exigido a estabelecer o sentido ou a completar o significado da legislação constitucional e ordinária que já nasce com motivações distintas às da certeza jurídica, o que o dá o papel de 'legislador implícito'". Acrescente-se que postulado positivista encontra-se em discussão, cf. CANARIS, Claus-Wilhelm. *Pensamento sistemático e conceito de sistema na ciência do direito*, 2002, p. 189: "Do mesmo modo, deve-se evitar, perante a obtenção do direito a partir do sistema, o mal-entendido de que o sistema é sempre dado, de antemão, como pronto e, desde logo, faculta as soluções para os problemas".

18 Antes da Constituição de 1988, só o Procurador-Geral da República tinha poderes para deflagrar o controle abstrato de constitucionalidade, a propósito, v. BARROSO, Luís Roberto. *O controle de constitucionalidade no direito brasileiro*, 2014, p. 86-187: "Foi no tocante à legitimação ativa para a propositura de ação direta de inconstitucionalidade que se operou a maior transformação no exercício da jurisdição constitucional no Brasil. Desde a criação da ação genérica, em 1965, até a Constituição de 1988, a deflagração do controle abstrato e concentrado de constitucionalidade era privativa do Procurador-Geral da República. Mais que isso, a jurisprudência do Supremo Tribunal Federal firmou-se no sentido da plena discricionariedade do chefe do Ministério Público Federal no juízo acerca da propositura ou não da ação, sem embargo de posições doutrinárias importantes em sentido diverso".

19 Até a promulgação da Carta de 1988, a jurisdição constitucional brasileira de índole concentrada e abstrata só dispunha de um único instrumento apto a ensejar seu exercício, a representação de inconstitucionalidade. A ordem constitucional vigente, além da Ação Direta de Inconstitucionalidade, prevê a Ação Declaratória de Constitucionalidade, a Arguição de Descumprimento de Preceito Fundamental (ADPF), a Ação Direta de Inconstitucionalidade por Omissão, o Mandado de Injunção e também a representação de inconstitucionalidade de âmbito estadual. A representação interventiva, que persiste contemporaneamente, também tinha lugar nas Cartas anteriores, mas

muito bem manejados pelo Ministério Público, Defensoria Pública e, de modo residual, por outros atores sociais legitimados. A superação dos mecanismos intersubjetivos de tutela jurisdicional, oriundos do processo civil clássico, permitiu aos magistrados exercer a tutela de interesses *coletivos*[20] pelo processo, os quais eram tradicionalmente confiados à Administração Pública. Décadas atrás era inimaginável a possibilidade de um juiz singular determinar a construção de estabelecimentos públicos, tais como hospitais, escolas e prisões, no campo de um litígio individual. Esse caminho abriu-se com a tutela coletiva, operando genuína revolução no papel da magistratura[21]. A ela deve-se somar a possibilidade de efetuar o controle de constitucionalidade conferido a todos os juízes, resultante da adoção do sistema difuso, desde a Carta de 1891. A hermenêutica jurídica convencional pós-88 concluiu que toda aplicação do direito envolve, necessariamente, a interpretação e emprego da Constituição, abrindo uma nova perspectiva para a magistratura se comparada ao passado não tão distante[22].

---

trata-se de ação deveras peculiar e de hipótese de cabimento bastante limitada. Sobre o tema, v. BARROSO, Luís Roberto. *O controle de constitucionalidade no direito brasileiro*, 2012, p. 179-362.

20 ZAVASCKI, Teoria Albino. *Processo coletivo*, 2008, p. 36: "(...) não há como deixar de reconhecer, em nosso sistema processual, a existência de um subsistema especifico, rico e sofisticado, aparelhado para atender aos conflitos coletivos, característicos da sociedade moderna". Esse sistema representou a superação do "paradigma processual liberal", cf. leciona SALLES, Carlos Alberto. "Políticas públicas e a legitimidade para defesa de interesses difusos e coletivos". *Revista de Processo n. 121*, p. 39: "Segundo o paradigma liberal de Direito e de Estado, ao Judiciário cabe a solução de conflitos entre sujeitos individuais, não se cogitando, nessa perspectiva, de qualquer alargamento da função jurisdicional do Estado".

21 BARROSO, Luís Roberto. "Constitucionalidade e legitimidade da criação do Conselho Nacional de Justiça". In: WAMBIER, Teresa Arruda Alvim; WAMBIER, Luís Rodrigues; GOMES JR., Luiz Manoel; FISCHER, Octavio Campos; FERREIRA, William Santos (orgs.). *Reforma do judiciário – primeiras reflexões sobre a Emenda Constitucional. n. 45/2004*, 2005, p. 426: "Uma das instigantes novidades do Brasil nos últimos anos foi a virtuosa ascensão institucional do Poder Judiciário. Sob a Constituição de 1988, recuperadas as liberdades democráticas e as garantias da magistratura, juízes e tribunais deixaram de ser um departamento técnico especializado e passaram a desempenhar um papel político, dividindo espaço com o Legislativo e o Executivo".

22 BARROSO, Luís Roberto. "Neoconstitucionalismo e constitucionalização do direito (o triunfo tardio do direito constitucional no Brasil)". *Revista de Direito*

Em outras palavras, com o alargamento e o reforço da justiça constitucional, o Direito constitucional finalmente emerge como disciplina fundamental no discurso acadêmico e na aplicação cotidiana do direito.

Por fim, mas não menos importante, a inclusão de normas programáticas no texto constitucional operou nítida ponte entre o direito e a política, legitimando e abrindo espaço para que o Poder Judiciário interfira na definição da agenda institucional do Estado brasileiro[23]. Ao exortar os poderes políticos mediante apelos constitucionalizados, foi derrubada a barreira que separava o político e o jurídico, na compreensão tradicional desta divisão. Ora, nada impede que o discurso jurídico avance sobre temas legislativos e administrativos, mas a existência de normas constitucionais instituindo direitos tradicionalmente tratados de maneira coletiva, marcadas por sua baixa densidade normativa, serviu como um convite a que a barreira institucional fosse atravessada em termos praticamente incontornáveis.

Nesta linha de raciocínio, é possível afirmar que, atualmente, *em caráter puramente abstrato, não existe, no direito brasileiro atual, um nítido marco divisório entre os campos de atuação dos Poderes Legislativo, Executivo e Judiciário em matéria de políticas públicas destinadas à concretização de direitos fundamentais que possa ser extraído de maneira direta e inequívoca do texto constitucional.* Uma proposta de divisão material de tarefas é empreendida no Capítulo IV, quando as políticas públicas serão classificadas em diferentes categorias, submetidas a regimes de controle diferenciados. Por ora, cabe recorrer à função orgânico-funcional, que consiste na designação de tarefas públicas ao órgão mais capaz de exercê-las. É exatamente esta a proposta do aporte institucional, oriundo do direito norte-americano, exposta no tópico seguinte.

Administrativo n. 240, p. 4:"Sob a Constituição de 1988, o direito constitucional no Brasil passou da desimportância ao apogeu em menos de uma geração. Uma Constituição não é só técnica. Tem de haver, por trás dela, a capacidade de simbolizar conquistas e de mobilizar o imaginário das pessoas para novos avanços. O surgimento de um sentimento constitucional no País é algo que merece ser celebrado".

23 Sobre as normas programáticas, v. a obra clássica de CANOTILHO, Joaquim José G. *Constituição dirigente e vinculação do legislador*, 1994 e, dentre os autores brasileiros, REIS, José Carlos Vasconcelos dos. *As normas constitucionais programáticas e o controle do Estado*, 2003.

II. A QUESTÃO DA ESCOLHA INSTITUCIONAL

Os teóricos clássicos da filosofia do direito normalmente controvertem a respeito de uma teoria dos objetivos públicos (*theory of goals*), *i.e.*, discutem quais os bens e direitos que devem ser reconhecidos, protegidos e promovidos pela comunidade política juridicamente organizada. A despeito da relevância e necessidade do debate sobre os fins públicos, o fato é que ele simplesmente *não esgota* a problemática das políticas públicas. Teorias morais altamente complexas[24], como as de John Rawls, Ronald Dworkin, Michael Walzer e Jürgen Habermas, permitem extrair conclusões jurídicas de hipóteses teóricas abstratas (como as que constam do Capítulo II), mas deixam de cogitar a respeito de problemas relacionados ao procedimento de interpretação e concretização do direito pelas múltiplas instituições estatais que compõem o mundo real[25].

Por exemplo, a determinação ao Estado para que preserve a dignidade da pessoa humana ou que promova a diversidade cultural, para ficar nos objetivos normativamente consagrados pela Constituição Federal de 1988, são ordens que *pouco dizem* sobre quais ações devam

---

[24] SUNSTEIN, Cass; VERMEULE, Adrian. "Interpretation and institutions". *Chicago John M. Olin Law & Economics Working Papers n. 156*, p. 2: "Normalmente as questões de interpretação são debatidas em alto nível de abstração, por meio de perguntas sobre a natureza da interpretação, ou fazendo grandes reivindicações sobre a democracia, a legitimidade, autoridade e constitucionalismo. Mas, na maioria das vezes, as reivindicações de larga escala não podem excluir qualquer visão razoável sobre a interpretação".

[25] VERMEULE, Adrian. *Judging under uncertainty*: an institutional theory of legal interpretation, 2006, p. 13: "Um deslize típico na teoria interpretativa é a tentativa de passar diretamente de conceitos de alto nível ou premissas políticas e morais – premissas como um compromisso com a democracia, ou com o constitucionalismo, ou a alguma teoria jurídica a respeito da autoridade da lei – a conclusões sobre os arranjos institucionais, ou sobre abordagens interpretativas. *Tal passagem não é possível*". (destaque acrescentado) Em seu livro o autor analisa concepções clássicas, como as de Dworkin, Amar, Lessig etc., v. p. 242-252. V. também SUNSTEIN, Cass; VERMEULE, Adrian. "Interpretation and institutions". *Chicago John M. Olin Law & Economics Working Papers n. 156*, p. 5-22, tópico sugestivamente rotulado "interpretation without institutions" (em tradução livre: "interpretação sem instituições").

ser tomadas para preservar ou promover tais fins sociais[26]. Construir hospitais, postos de saúde, comprar mais ambulâncias ou ampliar o espectro de medicamentos fornecidos gratuitamente pelo Estado? Todas essas são soluções que se coadunam perfeitamente com o princípio constitucional que determina a otimização das ações de saúde pelo Poder Público, mas nenhuma delas está diretamente implicada pela simples adoção do princípio. De modo geral, pessoas razoáveis concordam com a maioria dos princípios constitucionais, mas essa concordância sobre o texto fundamental repousa exatamente neste caráter etéreo que as abstrações possuem: o acordo sobre princípios básicos não se reflete em um segundo nível, de maior especificidade. Daí surge a necessidade de instituições capazes de decidir para além do acordo geral.

Igual efeito ocorre com as teorias de interpretação do direito, as quais também costumam ignorar esta perspectiva peculiar. Normalmente elas têm como foco uma única instituição – o Poder Judiciário –, desconsiderando suas relações com as outras funções estatais e retirando-a do contexto fático em que se encontra[27]. Na percepção de Cass Sunstein e Adrian Vermeule, isto acontece porque os estudiosos costumam se perguntar "como determinado texto jurídico pode ser mais bem interpretado", e não "como os juízes reais devem inter-

---

[26] Exatamente por isso os autores controvertem a respeito dos limites do mínimo existencial, das prestações judicialmente exigíveis com base em princípios abstratos, como o da dignidade da pessoa humana. Ressalvadas concepções extravagantes, não há como obter respostas corretas com base na análise pura dos objetivos constitucionais. Não que sejam irrelevantes tais construções teóricas, mas elas devem ser mescladas com uma teoria que considere o mérito relativo das instituições públicas também como guia neste delineamento de direitos. A propósito, confira-se a advertência de Neil K. Komesar: "Que a lei é, ou deveria ser, é determinado pelo caráter das instituições que fazem, interpretam e aplicam a lei". In: *Law's limits*: the rule of law and the supply and demand of rights, 2001, página inicial (s/n.). V. também MARINS, Leonardo Vieira. "Interpretação constitucional e desenho institucional. A jurisdição constitucional entre o ativismo e a autocontenção". *Revista de Direito do Estado n. 12*, p. 143-180.

[27] KOMESAR, Neil K. *Imperfect alternatives: choosing institutions in law, economics, and public policy*, 1994, p. 5: "Incorporado em cada lei e análise de políticas públicas que ostensivamente depende unicamente de escolha principiológicas (*goal choice*) é o julgamento, muitas vezes desarticulado, de que o objetivo em questão é mais bem realizado por uma instituição em particular".

pretá-lo". A primeira formulação acaba por encobrir o problema das instituições, atraindo para si preferências particulares do intérprete e desconsiderando elementos concretos na resposta. Veja-se a questão, portanto, de outra maneira: considerando-se dois tribunais hipotéticos, um que julga 50 (cinquenta) casos por ano e outro que julga 50.000 (cinquenta mil), com o mesmo número de membros e sessões semanais, será que a resposta seria a mesma quanto ao nível de intervenção deste Poder Judiciário em questões políticas? Parece que não. Enfim, é exatamente este tipo de consideração com as instituições existentes e suas relações internas e externas que deve ser trazida para o âmbito da análise jurídica das políticas públicas, já que as decisões neste campo compreendem a avaliação de complexas variáveis, tais como tempo, informações disponíveis, grupos de pressão atuantes e custos (de implementação, de avaliação etc.). O ciclo das políticas públicas demonstrou que este campo não é marcado pela singeleza.

Segundo Adrian Vermeule[28], a cegueira institucional – *i.e.*, a desconsideração pelas instituições reais – que muitas vezes marca as obras doutrinárias pode assumir três modalidades distintas. Primeiro, a excessiva abstração filosófica já mencionada, absolutamente despreocupada com as instituições concretas que compõem a sociedade (o exemplo do autor aqui é o Juiz Hércules, da obra de Ronald Dworkin). Segundo, quando há consideração pela instituição real, o institucionalismo que se faz é estereotipado, *i.e.* considera versões abstratas e irreais das instituições públicas. Por exemplo, um parlamento que traduz fielmente a vontade do corpo representado é uma forma de institucionalismo estereotipado. Por fim, o equívoco mais comum, o institucionalismo assimétrico. Nesta última hipótese a análise institucional parte de uma versão preconceituosa e negativa de uma ou algumas instituições (normalmente a legislatura ou a Administração Pública[29]), e uma visão fantasiosa e excessivamente otimista em relação

---

[28] VERMEULE, Adrian. *Judging under uncertainty*: an institutional theory of legal interpretation, 2006, p. 16.

[29] Curioso que Leonardo Vieira Marins incorra exatamente neste equívoco, ao afirmar que: "No que tange à constatação da inércia da Administração Pública na prestação de serviços essenciais à população, sobretudo aqueles que tocam os direitos fundamentais, essa também não possui foros de ineditismo". In: "Interpretação constitucional e desenho institucional. A jurisdição

a outras, papel usualmente ocupado pelo Poder Judiciário. Esse otimismo em relação aos juízes está muito presente no discurso jurídico pós-88, o que acaba dificultando a análise efetiva das reais potencialidades do Poder Judiciário.

Conquanto seja possível pensar em comparações institucionais internas para o fim de definir as vantagens comparativas de cada instituição (e.g., entre Tribunais Superiores e magistrados de primeiro grau, entre Administração centralizada e agências reguladoras etc.), não seria compatível com este trabalho uma análise tão abrangente. Outro caminho importante consiste em avaliar as vantagens e desvantagens das instituições públicas para o exercício de atribuições sobre temas específicos, como saúde, educação, cultura, segurança pública etc., embora também tal estudo não seja efetivado aqui. Deste modo, o tópico III se ocupa de analisar as vantagens e desvantagens gerais de instituições relevantes para a hipótese trabalhada, a saber: as que compõem o processo político – Administração Pública e Poder Legislativo – e o Poder Judiciário. O tópico IV procura sistematizar parâmetros gerais de atribuição de competências em matéria de políticas públicas partindo da consideração institucional.

III. AS INSTITUIÇÕES PÚBLICAS

1. Processo político

A trajetória do processo político[30] encontra altos e baixos na história do pensamento humano. Curiosamente, em seu momento inicial, ele é exaltado como ponto de encontro do homem com sua própria

constitucional entre o ativismo e a autocontenção". *Revista de Direito do Estado n. 12*, p. 160. Essa afirmação ignora que a Administração Pública brasileira, em seus três níveis, mantém um dos maiores sistemas públicos de seguridade social do mundo, cujas precariedades são, ao menos em parte, consequência direta de suas pretensões universalistas.

30 Para os fins do texto, entende-se o processo político como composto do Poder Legislativo e da Administração Pública. Embora a Administração Pública esteja vinculada pelo princípio da legalidade, devendo sempre agir sob seu manto, entende-se que o espaço deixado à sua atuação compreende mais do que a interpretação pura e simples de textos jurídicos, mas envolve também a tomada de decisões políticas em espaços de discricionariedade. Sobre o ponto, remete-se o leitor ao Capítulo I.

natureza, de acordo com a conhecida formulação de Aristóteles[31]. De lá para cá, muita coisa mudou. Foram-se as discriminações odiosas e vieram as democracias de massa, de participação passiva e pulverizada. Nos tempos atuais, o processo político encontra-se em franco descrédito perante a opinião pública[32], e mesmo no campo dos estudos jurídicos jamais teve a mesma atenção devotada à magistratura[33]. As legislaturas são corriqueiramente vistas com desconfiança até mesmo pelos teóricos do direito, situação que Jeremy Waldron explica de duas maneiras. Segundo o autor, é desagradável a ideia de sermos governados por homens, e não por leis. Ao contrário dos juízes, que afirmam sempre empreender uma tarefa de descoberta do sentido do direito, as legislaturas são formadas por pessoas que assumem abertamente o intento de criá-lo ou modificá-lo. A segunda explicação cuida da natureza popular dos parlamentos modernos. Os juízes são reconhecidamente pessoas com alta instrução formal, tidos como virtuosos no imaginário popular, verdadeiros reis-filósofos vestidos de toga. Os legisladores, por seu turno, apenas precisam de certo número de votos para ocupar essa posição, e nada mais. Waldron afirma, com certa ironia, que: "(...) exige-se um longo percurso de treinamento para que alguém se torne um juiz, mas todo membro do populacho enviado pelos eleitores a Westminster pensa em si como um legislador *nato*"[34].

---

[31] HRYNIEWICZ, Severo. *Para filosofar hoje*, 2002, p. 277-278: "Ética e política coincidem em seus fundamentos, porque reconhecem que o homem é, por natureza, animal político".

[32] De acordo com o Índice de Confiança Social (ICS), resultante de pesquisa realizada em julho de 2014 pelo IBOPE, apenas 25% dos brasileiros confiam nos partidos políticos e somente 30% confiam no Congresso Nacional. Em 2020, 36% declararam confiar no Congresso Nacional. Já a confiança social depositada no Poder Judiciário é cerca de 60% superior àquela outorgada às organizações partidárias. Disponível em: http://www.ibope.com.br. Acesso em: 29 set. 2014 e 10 jul. 2021. A inexistência de soluções mágicas ou milagrosas para os problemas do mundo contemporâneo é, a nosso ver, uma das causas para a desconfiança generalizada no processo político democrático.

[33] A constatação é de WALDRON, Jeremy. *A dignidade da legislação*, 2003, introdução: "Não há nada sobre legislaturas ou legislação na moderna jurisprudência filosófica que seja remotamente comparável à discussão da decisão judicial".

[34] WALDRON, Jeremy. *A dignidade da legislação*, 2003, p. 37. O autor descarta a crítica ao construtivismo racionalista que é ínsita a ideia de legislação consciente por um corpo assemblear, utilizada por inúmeros autores, com a opi-

A transferência de poder do processo político para as cortes judiciais já foi denunciada por Ingeborg Maus[35] e Ran Hirschl[36] como, respectivamente, uma forma de infantilização da cidadania e estratégia de perpetuação no poder das elites. Para Maus, o Poder Judiciário na Alemanha assumiu conotação de fé religiosa, retirando dos indivíduos o direito de decidir acerca de aspectos relevantes da vida social[37]. Por seu turno, Hirschl enumera cenários teóricos em que procura explicar a transição de arranjos institucionais voltados exclusivamente para o processo político, para outros com cortes constitucionais como protagonistas das decisões públicas. Na opinião dele, a única explicação plausível para que os titulares do poder político abram mão, de maneira passiva, de (grande) parte de seus poderes em favor de juízes e tribunais é o próprio proveito na mudança de situação, com a indevida proteção constitucional dos interesses de elites[38]. Seja qual

---

nião de que seria um mero subterfúgio para escamotear as verdadeiras razões, listadas acima, para o descrédito do legislador.

35 MAUS, Ingeborg."Judiciário como Superego da Sociedade: o papel da atividade jurisprudencial na "sociedade órfã". In: *Novos Estudos CEBRAP n. 58*, 2000.

36 HIRSCHL, Ran. *Towards juristocracy*, 2004.

37 MAUS, Ingeborg."Judiciário como Superego da Sociedade: o papel da atividade jurisprudencial na "sociedade órfã". In: *Novos Estudos CEBRAP n. 58*, 2000, p. 185:"À primeira vista, o crescimento no século XX do 'Terceiro Poder', no qual se reconhecem todas as características tradicionais da imagem do pai, parece opor-se a essa análise de Marcuse. Não se trata simplesmente da ampliação objetiva das funções do Judiciário, como o aumento do poder da interpretação, a crescente disposição para litigar ou, em especial, a consolidação do controle jurisdicional sobre o legislador, principalmente no continente europeu após duas guerras mundiais. *Acompanha essa evolução uma representação da Justiça por parte da população que ganha contornos de veneração religiosa*" (destaque acrescentado).

38 Transferir ao Poder Judiciário decisões que deveriam ser legislativas também é uma forma de os legisladores passarem adiante questões que poderiam desagradar a seu eleitorado, correligionários ou coligados, conforme arguta observação de TUSHNET, Mark. *Weak courts, strong rights*, 2008, p. 90:"Passar as questões a outro órgão decisório – notadamente, as cortes – é uma atraente estratégia se as questões políticas possuem nuance constitucional. Se as cortes encontrarem impedimentos constitucionais à adoção da política, os líderes da coalizão podem suavizar os apoiadores dele culpando os tribunais, e podem satisfazer os seus oponentes observando que a política não iria, de fato, entrar em vigor".

for a causa do fenômeno, o fato é que ele também se observa no Brasil, onde a ascensão do Poder Judiciário tornou-se objeto de reflexão e crítica[39-40].

Mas o que se perde com esse avanço judicial nas políticas públicas em termos institucionais? Segundo Cristina M. M. Queiroz, "[r]enunciar ou destruir a política é renunciar ou destruir aquilo que dá ordem ao pluralismo e à diversidade numa sociedade civilizada"[41]. Como se

---

39 Sobre ela, v. CITTADINO, Gisele. "Poder Judiciário, ativismo judiciário e democracia". *ALCEU Revista do Departamento de Comunicação Social da PUC-RJ*, v. 5, n. 9, 2004, p. 105: "A expansão da ação judicial é marca fundamental das sociedades democráticas contemporâneas. O protagonismo do Poder Judiciário pode ser observado tanto nos Estados Unidos como na Europa, ainda que nos países da common law esse ativismo judicial seja mais favorecido pelo processo de criação jurisprudencial do direito. De qualquer forma, mesmo nos países de sistema continental, os textos constitucionais, ao incorporar princípios, viabilizam o espaço necessário para interpretações construtivistas, especialmente por parte da jurisdição constitucional, já sendo até mesmo possível falar em um "direito judicial". VIANNA, Luiz Werneck; CARVALHO, Maria Alice Resende de; MELO, Manuel Palacios Cunha; BURGOS, Marcelo Baumann. *A judicialização da política e das relações sociais no Brasil*, 1999. Para uma análise recente do papel do Supremo Tribunal Federal, v. VIEIRA, Oscar Vilhena. "Supremocracia". *Revista de Direito do Estado n. 12*, 2008, p. 55-75. Para uma análise em sentido oposto, v. SUNDFELD, Carlos Ari; DOMINGOS, Liandro. "Supremocracia ou administrocracia no novo direito público brasileiro?". *Fórum Administrativo*, Belo Horizonte, ano 14, n. 159, p. 18-23, maio 2014: "o papel forte e abrangente que o STF reserva para si, em matéria de direitos sociais e de políticas reivindicadas frente à Administração, é o de ativista retórico. Mas suas injunções diretas sobre a atividade administrativa só ocorrem em casos bem circunscritos, os quais em termos políticos valem mais como argumento e como exemplo do que pelo exercício de poder de mando. (...) a função retórica do STF nestas matérias (políticas públicas e direitos sociais) tem sido muito intensa e exercida com entusiasmo. Os discursos são veementes e impressionantes. Mas nem por isso o Supremo exerce um papel realmente dirigente" (p. 22).

40 Sobre o processo de "juridificação", v. BLICHNER, Lars Chr; MOLANDER, Anders. "What is juridification?" *Arena Centre For European Studies Working Paper n. 14*, 2005. Os autores noruegueses reconhecem cinco significados para o termo "juridification": (i) proliferação de direitos pela implementação do Estado de Direito; (ii) incremento da legislação formal positivada; (iii) incremento da monopolização do direito por especialistas do ramo, tais como advogados; (iv) a ampliação do Poder Judiciário; e (v) a expansão do Poder Judiciário por intermédio da percepção das pessoas como sujeitos de direito.

41 QUEIROZ, Cristina M. M. *Os actos políticos no Estado de Direito*, 1990, p. 23.

percebe, a composição plural das questões sociais depende da participação dos setores envolvidos. Neste sentido, cabe sustentar que o processo político tem duas vantagens essenciais do ponto de vista institucional sobre o Poder Judiciário, a saber: *(i) assegura o direito à participação no processo político em condições razoavelmente igualitárias; (ii) garante, via de regra, o direito à igualdade de tratamento no acesso aos bens e serviços providos pelos poderes públicos, estabelecendo critérios gerais de fruição*. Cabe analisar estes dois pontos com mais vagar.

Nas democracias contemporâneas, o processo político se caracteriza essencialmente pela sua *abertura à participação popular*. O direito à participação na formação da vontade do Estado se radica em dois fundamentos: primeiro, na ideia singela de que as pessoas têm o direito a não serem submetidas à coerção que naturalmente envolve o exercício do poder político. Disto deriva a necessidade de obtenção de *consentimento* para a imposição de decisões, o que ocorre por meio do voto periódico e da inclusão dos indivíduos nos processos públicos decisórios. Segundo, o direito de decidir os negócios públicos está também na noção de que as pessoas devem respeito e consideração umas às outras (solidariedade social), e que o tratamento destes deveres com o próximo será melhor se houver uma instituição capaz de canalizar os esforços em prol do bem comum[42]. O Estado, portanto, é apenas um agente-instrumento e, a rigor, os deveres sociais pertencem aos indivíduos que estão por detrás dele. Além disso, para que ninguém seja considerado menos que os demais, os direitos de participação devem ser reconhecidos a todos em igual extensão. A igualdade intrínseca de todo ser humano, pressuposto ontológico para qualquer concepção democrática, impõe esta exigência.

No exercício do direito à participação em igualdade nas decisões, os indivíduos normalmente *discordarão* a respeito dos meios de con-

---

[42] WALDRON, Jeremy. *Law and disagreement*, 1999, p. 234. Estas ideias, e outras utilizadas nos parágrafos seguintes, foram retiradas do capítulo "Participation: the Right of Rights", onde Jeremy Waldron defende a primazia de um modelo de gestão pública focado no Poder Legislativo. Waldron é reconhecidamente um teórico do processo legislativo e seu trabalho de desmistificação é reconhecido: VERMEULE, Adrian. *Judging under uncertainty: an institutional theory of legal interpretation*, 2006, p. 17: "O filósofo político Jeremy Waldron faz isso [demonstrar o funcionamento real das instituições] explicitamente, como um exercício deliberado de redução do preconceito (*debiasing*), voltado à cultura acadêmica excessivamente centralizada na figura do juiz".

cretização das finalidades públicas[43] e dos direitos que devem ser reconhecidos em face do Estado. O desacordo é um fato das modernas sociedades plurais e é preciso criar mecanismos capazes de superar, ainda que por intermédio de acordos contingentes, este percalço[44]. No fim das contas, alguém precisa tomar a decisão definitiva capaz de pacificar o conflito social: é o que Waldron chama de *teoria da autoridade*. A fórmula de decisão final de um Estado não precisa ser necessariamente calcada na participação popular. Ela pode ser delegada a uma aristocracia judicial, a um monarca ou a clérigos que tenham acesso à verdade recorrendo a Deus. Porém, ao se perguntar sobre quem deve decidir a respeito da extensão de direitos e da concretização de políticas que vão afetar certo contingente de pessoas, naturalmente a resposta será que são os próprios afetados por elas, uma solução intuitivamente democrática. Com estas considerações o autor faz algumas proposições gerais sobre direitos e políticas cujo desenvolvimento interessa diretamente ao trabalho.

Primeiro, o reconhecimento da discordância pública a respeito de aspectos essenciais na condução do Estado não significa albergar o relativismo moral, pois a possibilidade de se alcançar uma resposta objetiva correta – supondo que ela exista – para problemas jurídicos e sociais não aplacará a discordância entre os grupos concorrentes, os quais não vão abandonar suas próprias concepções particulares. A teoria da autoridade é necessária para apaziguar o conflito em qualquer caso. Conservadores e liberais, procedimentalistas e substancialistas, movimentos feministas e raciais, em resumo, opostos políticos dificilmente chegarão a um acordo a respeito do que deve ser feito em termos de políticas públicas e o que deve ser reconhecido como direito. Desta forma, se o conteúdo da verdade, ora entendida como a

43 WALDRON, Jeremy. *Law and disagreement*, 1999, p. 243:"A especificação dos objetivos sociais – que são supostos direitos de participação (na sua conta) [de John Elster] – não apenas é intensamente polêmica na sociedade moderna; é, naturalmente, a matéria principal da política que os direitos de participação presumem constituir. *Aqueles que reivindicam direitos de participação, estão exigindo o direito de participar na solução de controvérsias exatamente deste tipo*". (destaque acrescentado)

44 WALDRON, Jeremy. *Law and disagreement*, 1999, p. 243:"Mas desde que as pessoas discordam sobre quais os direitos que temos, ou deveríamos ter, a especificação dos nossos direitos tem que ser realizada através de algum processo político".

decisão correta e adequada, é disputado em matéria de políticas públicas e definição de direitos, tanto melhor que a decisão sobre tais assuntos recaia sobre órgãos que reflitam adequadamente o embate das forças sociais.

Segundo, uma teoria da autoridade não implica a desnecessidade de uma teoria do direito. A autoridade precisará de uma teoria substantiva para a tomada de decisões – afinal, ela própria deverá estar preocupada com a decisão correta – e, de toda sorte, será necessário que exista reflexão sobre o conteúdo das decisões por ela apresentadas. As teorias, portanto, servirão como sugestões e conselhos para o responsável por decidir. Mas, a teoria do direito não é, por si própria, uma teoria da autoridade. A qualquer sociedade será necessário definir um critério pelo qual as decisões serão tomadas em caráter terminativo, e a autoridade nunca poderá ser definida por um puro critério de correção (jurídica ou política), como lecionou Thomas Hobbes, também citado por Waldron[45].

Terceiro, uma vez escolhida a teoria da autoridade, mesmo as decisões julgadas incorretas ou injustas sob a perspectiva de alguma teoria do direito deverão ser obedecidas pelos indivíduos. É o que se chama *custo da tolerância*[46]. Como afirmado no Capítulo II, as decisões em políticas públicas sempre resultam em redistribuição de recursos, produzindo vencedores e perdedores toda vez que se renovam (é um jogo de soma zero, no jargão dos economistas). A escassez de recursos também se reflete neste particular, pois nunca será possível atender, a um só tempo, a todas as demandas sociais. Portanto, a possibilidade de se ver submetido à alguma decisão que se reputa injusta ou incorreta será algo recorrente neste contexto social de pluralidade de opiniões, de modo que a discordância não pode ser omitida em uma teoria do direito que se pretenda aplicável à realidade[47]. Todas essas

---

45 Segundo Jeremy Waldron, cuida-se de uma lição de Thomas Hobbes: "qualquer teoria que faz a autoridade depender da justeza dos resultados políticos produzidos é autodestrutiva, pois é precisamente porque as pessoas discordam sobre a justeza dos resultados que elas precisam para criar e reconhecer uma autoridade". In: *Law and disagreement*, 1999, p. 245.

46 O conceito é de DAHL, Robert A. *Poliarquia*: participação e oposição, 1997, p. 36-37.

47 WALDRON, Jeremy. *Law and disagreement*, 1999, p. 247: "Quando nós pensamos sobre a justiça distributiva, temos de estar prontos para situações em

razões levam Waldron a defender um modelo de decisão sobre políticas e direitos baseado na participação popular:

> "Entendido desta forma, a demanda por sufrágio igual e universal deu suporte à afirmação de que *as questões de direito deveriam ser decididas por toda a comunidade de portadores de direito (right-bearers) na sociedade – isto é, por todos aqueles cujos direitos estão em jogo.* Como um princípio de autoridade, ela [a demanda] foi a reivindicação de que as divergências sobre os direitos devem ser resolvidas por aqueles que eram os sujeitos do desentendimento. As pessoas que fazem essa reivindicação estão cientes de que é controversa. *Mas elas acham que é errado e ofensivo para eles enquanto portadores de direito rejeitá-la*"[48]. (destaque acrescentado)

Em suma: *se as decisões sobre políticas públicas implicam a imposição de custos, parece natural que as pessoas diretamente afetadas por elas tenham o direito de intervir em igualdade de condições.* O processo político tem exatamente a capacidade de operacionalizar o acesso dos grupos políticos e dos indivíduos às decisões públicas. Em contrapartida, o processo judicial jamais poderá alcançar a mesma dimensão do processo político na concretização específica do direito à participação popular[49]. Isto decorre não apenas de suas regras herméticas de acesso, que na maior parte dos casos requer um intermediador (advogado), mas também pelos seus limites formais e práticos. A introdução de

---

que nem todo mundo consegue o que quer: a circunstância da escassez moderada nos diz que isto não é excepcional, mas normal, nas condições da vida humana. Não podemos construir uma teoria da justiça que a lamenta como uma aberração infeliz ou como um aspecto desagradável da teoria do segundo melhor (second-best theory): devemos sim construir uma teoria que coloca esta perspectiva firmemente no núcleo das nossas reflexões sobre a justiça".

48 WALDRON, Jeremy. *Law and disagreement*, 1999, p. 250. E o autor prossegue: "É impossível, nesta conta, pensar numa pessoa como um portador de direitos (right-bearer) e não pensar nela como alguém que tem o tipo de capacidade que é exigida para se descobrir quais direitos ela tem. Isso significa que discutir sobre os direitos de uma pessoa não é como discutir sobre os direitos dos animais ou a preservação de um edifício. (...) *Dificilmente estaremos em posição de dizer que a nossa discussão leva os direitos de alguém a sério, se, ao mesmo tempo, ignoramos ou desconsideramos tudo que ele [o titular do direito] tem a dizer sobre o assunto*". (p. 251) (destaque acrescentado).

49 Sobre o tema, v. MOREIRA NETO, Diogo de Figueiredo. *Direito da participação política*, 1992.

novos mecanismos de participação processual, tal como a figura do *amicus curiae*, mesmo tendo a aptidão de reduzir o déficit de participação nos Tribunais, jamais permitirá a eles equiparar-se à permeabilidade própria aos parlamentos, muito mais sensíveis à opinião popular e à participação de grupos de interesse.

Repise-se o ponto: *a democracia impõe o reconhecimento de um direito de participação em igualdade de condições nas decisões públicas (a respeito de políticas e mesmo de direitos), e o processo judicial não tem a possibilidade de garanti-lo em sua plenitude*. O processo judicial *jamais* terá a mesma capacidade de absorção do processo político, de modo que permitir que ele se convole no instrumento primário de decisões públicas é, a toda evidência, desconsiderar o direito individual de igual participação que todas as pessoas possuem em uma democracia. Mais que isso, a judicialização das decisões em políticas públicas acaba por extirpar uma etapa do ciclo visto no Capítulo I, exatamente a que consiste na apresentação de soluções pelos diversos grupos sociais para as questões que compõem a agenda institucional.

A possibilidade de participação nas discussões públicas é o ponto mais relevante do processo político, pois é exatamente onde se resguarda e se exerce o princípio democrático em sua plenitude. Nada obstante, não se pode esquecer *a segunda vantagem institucional do processo político, que é garantir a igualdade de tratamento dispensado aos cidadãos pelo Poder Público, alcançada por meio de soluções coletivas*. Com efeito, em vez de decidir com o propósito de solucionar uma questão individual, as ações oriundas do processo político tendem a dar tratamento coletivo aos problemas públicos. Assim, por exemplo, diante de um problema de saúde grave, como a dengue nos verões do Rio de Janeiro, pode a Administração Pública determinar políticas abrangentes, destinadas também à prevenção da doença. O Poder Judiciário, por seu turno, ao menos em sede de ações individuais, apenas poderá determinar a realização de providências destinadas à solução do problema do demandante.

Note-se que a alegação geral de que a Administração Pública conta com a *expertise* para lidar com os problemas públicos, ao passo que o Poder Judiciário não teria tais condições, é um argumento apenas lateral na defesa da competência para a realização de políticas públicas. É evidente que a Administração Pública possui todo o quadro da burocracia, composto de técnicos de inúmeras áreas, à sua disposição, o que viabiliza o desenho de políticas públicas capazes de dar tratamento sistêmico a certo problema. Nada obstante, como já falado no Capítulo I, o argumento técnico tem limitações de natureza política: por vezes a melhor solução – *i.e.*, mais eficiente – para lidar com um problema público não será viável politicamente, o que exigirá um tipo de saída que o Poder Judiciário é absolutamente incapaz de fornecer. Em outras palavras, por vezes o mero debate público já será suficiente para legitimar uma solução que, do ponto de vista técnico, não era a melhor.

Em suma, a construção de Jeremy Waldron apresenta argumentos para sustentar a primazia do processo político, especialmente do Poder Legislativo, na tarefa de decidir a respeito de direitos e políticas. Mas é preciso, por outro lado, não se deixar levar exatamente pelo institucionalismo estereotipado denunciado por Adrian Vermeule. A construção de Waldron, sucintamente descrita linhas acima, incorre em evidente idealização do processo legislativo. O processo político, que em tese poderia garantir o direito de igual participação, na prática não considera plenamente as opiniões dos indivíduos submetidos às suas decisões. O mandato político não possui natureza imperativa[50], o que retira qualquer possibilidade de representação perfeita. Não são incomuns os casos em que os parlamentares decidem de maneira frontalmente contrária à opinião pública dominante, o que é fato notório. Acresça-se, ainda, que a pulverização da política contemporânea nas grandes sociedades de massa transformou o voto em uma forma de participação quase irrelevante, e assim desfaz-se a ilusão sobre o processo político em geral, e sobre os parlamentos, em particular.

Não bastasse isso, o processo político está sujeito a interferências que obscurecem as vantagens institucionais mencionadas. Neil K. Komesar sugere a apreciação do processo político por meio do contrabalanço de forças entre maiorias e minorias, o qual ele chama de modelo de duas forças, em oposição aos modelos onde somente uma

[50] O mandato imperativo foi praticado por alguns Estados europeus após o fim da Idade Média, e somente foi repudiado com o advento da Revolução Francesa, e consistia na obrigação de o mandatário seguir fielmente as instruções passadas pelos eleitores, normalmente antecipadas por escrito. Se algo novo surgisse, então o mandatário deveria se dirigir aos eleitores e pedir por novas instruções. O descumprimento das ordens poderia ensejar a revogação do mandato, tal qual fosse um contrato privado. Cf. DALLARI, Dalmo de Abreu. *Elementos de teoria geral do Estado*, 2003, p. 156-157.

força predomina na arena pública. Segundo o autor, os estudiosos na área de economia limitaram demasiadamente suas análises à teoria dos grupos de interesse (*interest group theory of politics*), que centra sua avaliação na captura dos órgãos públicos colegiados por minorias e considera o legislador *sempre* agindo em seu interesse próprio (na maximização de seu interesse individual, como se fosse um agente econômico), e não no interesse mais geral da sociedade (bem comum)[51]. Curiosamente, a análise jurídica foi substancialmente centrada no oposto, a chamada "tirania majoritária", cujo evitamento serviu de justificativa para a defesa de constituições rígidas e do respectivo controle de constitucionalidade das leis exercido pelas cortes constitucionais, que veio a reboque. De fato, o processo político pode ser conduzido tanto da maneira descrita pela teoria dos grupos de interesse, *i.e.*, com predomínio de interesses minoritários, quanto pela tirania majoritária. Mas, na verdade, o tipo de questão suscitada e os custos de mobilização é que vão definir, em cada caso específico, a prevalência de um ou outro grupo[52].

---

[51] KOMENSAR, Neil K. *Imperfect alternatives: choosing institutions in law, economics, and public policy*, 1994, p. 53-54: "Esses críticos argumentam que o IGTP é falho porque ele assume que os funcionários públicos são motivados por interesse próprio – que os funcionários públicos se comportam como a pessoa econômica proverbial. (...) A IGTP coloca a ênfase quase exclusiva na super-representação de interesses concentrados, geralmente em detrimento dos grupos maiores e menos organizados. Embora essa concepção do processo político tenha claramente validade, ela é incompleta". Parece importante, neste ponto, fazer remissão à teoria da escolha pública (public choice), muito difundida nos países anglófonos, a qual propõe a utilização de métodos da microeconomia para apreciação das falhas de governo, i.e., pressupõe a atuação dos agentes públicos pela lógica de mercado. Na realidade, dita teoria é uma reação à teoria econômica do bem-estar social (welfare economics) que centra a sua análise no papel dos governos em corrigir as falhas do mercado. Daí a associação da primeira ao neoliberalismo. Sobre o tema, v. PEREIRA, Paulo Trigo. "A teoria da escolha pública: uma abordagem neo-liberal?". *Análise Social*, v. XXXII (141), 1997, p. 419-442 e MASHAW, Jerry L. *Greed, Chaos, & Governance – Using Public Choice to Improve Public Law*. 1997.

[52] A adoção da regra majoritária para a tomada de decisões parece tornar simples a avaliação do processo político: o que a maioria decidir está valendo. Contudo, não é isso o que acontece na prática. Primeiro porque, como já dito, os sistemas eleitorais não são capazes de gerar legislaturas perfeitamente alinhadas à vontade do respectivo eleitorado. O pensamento da maioria às vezes não se reflete naquilo que é decidido. Ademais, em alguns casos, o impacto da política pública é tão pequeno sobre a coletividade que

Exatamente porque o processo político não corresponde perfeitamente ao modelo ideal democrático-representativo e está sujeito a desvios, deve-se considerar a participação do Poder Judiciário no controle da consecução de políticas públicas. É do que se trata a seguir.

2. Poder Judiciário

Em palestra proferida na Universidade do Estado do Rio de Janeiro, o professor americano Mark Tushnet[53] sugeriu o seguinte exemplo para elucidar a crítica mais óbvia ao avanço judicial em questões políticas: imagine um guarda de trânsito situado em um cruzamento de ruas. Ele é a autoridade competente e mais apta para gerir o fluxo de trânsito no local. O guarda pode verificar *in concreto* qual das vias possui maior demanda de utilização, e assim definir o tempo ideal que cada uma delas terá de aguardar a outra, evitando congestionamentos e acidentes. Caso ocorram modificações nesta situação fática, o guarda poderá fazer os ajustes necessários, retornando à situação ideal anterior. Contudo, mesmo admitindo-se por hipótese a competência do referido guarda para gerir o fluxo de trânsito de *toda a cidade*, e não apenas do cruzamento inicialmente mencionado, ele não seria a autoridade mais apta a fazê-lo, vez que incapaz de visualizar o que acontece nas demais ruas e avenidas.

---

somente uma parcela diminuta de indivíduos tem interesse na questão e se mobiliza por ela. O exemplo de Komensar neste ponto é a política de subsídios agrícolas e da importação de produtos nesta área. Os produtores têm interesse em reduzir a competitividade dos produtos estrangeiros, e por esta razão pressionam pela elevação dos impostos e subsídios destinados ao financiamento da produção. O incremento nas margens de preço ao consumidor final é muito pequeno para justificar qualquer ação política coletiva, mas o prejuízo para os consumidores, considerando o conjunto da obra, é de grande monta. Aqui prevaleceram os interesses da minoria, a despeito de a decisão ter sido tomada adotando-se a regra majoritária. Portanto, a decisão nas democracias envolve variáveis mais complexas como: (i) disponibilidade da informação; (ii) custos de organização e da atividade política; (iii) extensão do grupo de pessoas diretamente afetado pela decisão; e (iv) distribuição dos ônus de seu cumprimento. As variáveis são de KOMENSAR, Neil K. *Imperfect alternatives:* choosing institutions in law, economics, and public policy, 1994, p. 89. As ilações feitas a seguir no texto seguem as sugestões do autor norte-americano, mas evidentemente estão sujeitas à crítica e à comprovação empírica.

53 Palestra proferida em 18 de maio de 2005, citada de memória pelo autor..

O único resultado de tal permissão será a geração de caos e desorganização, o que viola certas finalidades do sistema jurídico, como os ideais de racionalização e segurança.

Em seguida, o professor norte-americano sugere que, em matéria de políticas públicas, os juízes são como o guarda de trânsito no cruzamento, *i.e.*, incapazes de ver o todo. Mesmo que algumas teses jurídicas disponíveis lhes reconheçam alguma legitimidade para adentrar em tais questões, ainda assim eles não teriam a necessária visão de conjunto que permitisse dar tratamento sistêmico às políticas públicas voltadas aos direitos prestacionais. Ao fornecer um medicamento, insumo ou determinar a internação de um doente em um hospital público, o juiz acaba por retirar o dinheiro correspondente a estas prestações de outras finalidades públicas, causando prejuízo a todo o sistema. Assim, descortina-se um dos argumentos contrários à efetivação de tais direitos pelo Poder Judiciário, e que reforça a ilegitimidade desta função estatal para o controle de políticas públicas, qual seja: *a sua suposta incapacidade de fazer apreciações macroestruturais, já que seu ofício é lidar apenas com conflitos intersubjetivos, a chamada microjustiça*[54].

---

[54] BARCELLOS, Ana Paula de."Constitucionalização das políticas públicas em matéria de direitos fundamentais. O controle político-social e o controle jurídico no espaço democrático". *Revista de Direito do Estado n. 3*, 2006, p. 34:"A terceira crítica, por seu turno, tem um viés mais operacional e pode ser assim resumida. Ainda que superadas as críticas anteriores, o fato é que nem o jurista, e muito menos o juiz, dispõem de elementos ou condições de avaliar, sobretudo em demandas individuais, a realidade da ação estatal como um todo. Preocupado com a solução dos casos concretos – o que se poderia denominar de microjustiça –, o juiz fatalmente ignora outras necessidades relevantes e a imposição inexorável de gerenciar recursos limitados para o atendimento de demandas ilimitadas: a macrojustiça. Ou seja: ainda que fosse legítimo o controle jurisdicional de políticas públicas, o jurista não disporia do instrumental técnico ou de informação para levá-lo a cabo sem desencadear amplas distorções no sistema de políticas públicas globalmente considerado". A este respeito, veja-se a seguinte passagem de SUNSTEIN, Cass; HOLMES, Stephen. *The Cost of Rights – why Liberty Depends on Taxes*, 1999, p. 30: "E como pode um juiz, dada a escassa informação a seu dispor (a informação também tem custos) e sua imunidade à prestação de contas eleitorais, de forma razoável e responsável, decidir sobre uma distribuição otimizada dos escassos recursos públicos?".

O argumento pode ir mais longe. De acordo com Neil K. Komensar[55], o Poder Judiciário possui três elementos estruturais característicos e distintivos em relação aos demais poderes do Estado, a saber: (i) seu acesso é mais formalista e dificultoso, compreendendo o preenchimento de inúmeros requisitos rituais previstos nas leis de processo (menor acessibilidade); (ii) é muito mais caro e complexo incrementá-lo em tamanho, haja vista a exigência de juízes, tribunais, serventuários, estruturas físicas e mesmo advogados, promotores e procuradores capazes de efetuar a necessária intermediação entre as pretensões individuais e os resultados institucionais (estrutura dispendiosa e complexa); e (iii) os magistrados possuem papel mais independente em relação à opinião pública que os membros da administração pública e das instituições privadas de modo geral, de modo que nem sempre respondem adequadamente às exigências da comunidade (irresponsabilidade político-eleitoral). Cabe analisar melhor cada uma dessas características e como elas afetam negativamente a possibilidade de um controle judicial de políticas públicas.

Em primeiro lugar, o processo judicial é hermético e formalista, sendo certo que o acesso ao Poder Judiciário é muito menos plural que o da política ordinária[56]. As portas que levam ao interior do Palácio da Justiça são, por diversas razões, muito mais estreitas que as do parlamento e da Administração Pública. Para ajuizar uma ação, salvo raras exceções, impõe-se a contratação de um advogado (ou a busca pela Defensoria Pública, sempre sobrecarregada). Caso a parte não consiga

---

[55] KOMENSAR, Neil K. *Imperfect alternatives: choosing institutions in law, economics, and public policy*, 1994, p. 123-152. Estes elementos também foram verificados por CAPELLETI, Mauro; GARTH, Bryant. *Acesso à justiça*, 1988.

[56] KOMENSAR, Neil K. *Imperfect alternatives – choosing institutions in law, economics, and public policy*, 1994, p. 123: "Primeiro, o processo adjucativo é mais formalmente definido e tem mais requisitos formais para a participação do que as outras duas instituições [mercado e processo político]. Na maioria dos casos, em ordem a participar, os litigantes devem atender e superar maus obstáculos que os eleitores ou os consumidores". No sistema judiciário brasileiro, v. SANTANA, Irapuã. *Acesso à justiça*, 2021, p. 66: "Entretanto, essa cultura do formalismo chegou a um ponto em que impôs ao processo um excesso de etapas até o advento da solução judicial, que a morosidade decorrente acabou por emprestar às formas usuais de prestação de justiça uma ineficiência alarmante, gerando a consequente insatisfação popular e o descrédito do Poder Judiciário.".

obter o benefício da gratuidade de justiça, terá que pagar as custas e emolumentos judiciais, que tampouco são baratos. Proposta a demanda, não poucas vezes ela se arrasta ao longo de anos a fio em discussões a respeito de pressupostos processuais ou condições da ação (é dizer, formais), com desdobramentos em diversas instâncias, até que a questão finalmente chegue a termo, o que exige da parte capacidade para aguardar este processamento. Enfim, o processo judicial tem custos financeiros[57] e exige disponibilidades que nem todos podem suportar.

Portanto, quem pode arcar com os custos de acesso ao Poder Judiciário acaba por ter vantagens sobre aqueles que não podem suportá-los, violando-se o princípio da isonomia que deveria nortear o acesso aos serviços e bens públicos. Além disso, ao contrário das demandas dirigidas aos órgãos políticos, o manejo adequado do discurso jurídico exige dos cidadãos capacidades culturais: o indivíduo precisa saber reconhecer a violação a um direito subjetivo seu para poder iniciar a busca pelos canais institucionais onde se poderá sanar a lesão, ainda que por meio dos mecanismos de tutela coletiva.

---

[57] Saliente-se que a existência da Defensoria Pública, constitucionalmente prevista, reduz os custos da litigância, mas não exclui a exigência de tempo disponível para se dirigir a instituição, conseguir o atendimento e aguardar os resultados (o que poderá exigir diversas visitas ao local de atendimento da instituição e o comparecimento a audiências). KOMENSAR, Neil K. *Imperfect alternatives – choosing institutions in law, economics, and public policy*, 1994, p. 126/7: "Os litigantes podem também esperar passar um longo período antes do julgamento num processo de descoberta utilizado para coligir informações e provas. (...) Se o julgamento seguir-se, os argumentos e as provas apresentadas aos juízes e jurados devem cumprir as extensas regras de procedimento, decoro e prova. Estas regras são complexas e, por isso, caras para entender e cumprir. Esta cara apresentação é novamente feita e financiada de modo primário pelas partes litigantes". O custo do processo tem também o efeito deletério de transformar a classe média em cliente preferencial do Poder Judiciário, o que revela certa distorção de prioridades em matéria de políticas públicas, Cf. BARCELLOS, Ana Paula de. "Constitucionalização das políticas públicas em matéria de direitos fundamentais. O controle político-social e o controle jurídico no espaço democrático". *Revista de Direito do Estado n. 3*, 2006, p. 34: "Os indivíduos que vão ao Judiciário postular algum bem ou serviço em matéria de direitos fundamentais nem sempre serão representantes das classes menos favorecidas da sociedade. As necessidades destes, como regra, não chegam aos Tribunais e nem são ouvidas pelos juízes". Essa é uma patologia crônica do processo brasileiro, cf. SANTANA, Irapuã. *Acesso à justiça*, 2021, p. 68.

Em segundo lugar, é ruim, do ponto de vista de organização financeira de um Estado, que os conflitos sociais sejam decididos pelo Poder Judiciário. Diferentemente do Poder Legislativo, o Poder Judiciário exige um corpo muito grande e especializado de funcionários públicos, tais como juízes, promotores, defensores, procuradores e serventuários, os quais possuem salários altos e prerrogativas de cargo que são onerosas. A estrutura de acesso ao Poder Judiciário também costuma ser excessivamente cara, pois se exige a compra de computadores, imóveis, veículos, livros, tudo em larga escala[58]. O Legislativo Federal, para efeitos de comparação, custa anualmente cerca de 25% (vinte e cinco por cento) do Poder Judiciário Federal. Observe-se que a Administração Pública também tem gastos exorbitantes, mas eles se justificam por constituírem atividade-fim do Estado. A estrutura existe em grande parte para a entrega de serviços e bens à população. O dispêndio com o Poder Judiciário, ao menos no que tange às políticas públicas, é instrumental, e por mais que a administração da justiça seja socialmente relevante, não parece haver justificativa plausível para que o Estado invista mais na instituição do que em efetivas prestações materiais à sociedade.

Como se infere do exposto, a ampla judicialização de políticas públicas não é positiva do ponto de vista sistêmico, pois drena dinheiro que já é escasso de atividades-fim do Estado para uma atividade-meio. A administração judicial de políticas públicas provoca o inchamento do Poder Judiciário, causando desvio de verbas públicas que poderiam ser canalizadas para a melhoria do bem-estar dos cidadãos, se os conflitos fossem dirimidos politicamente. Além disso, as decisões judiciais tendem a resolver os problemas individuais, deixando de contemplar o fato de que as necessidades coletivas demandam soluções uniformes e gerais.

O terceiro argumento institucional diz com a postura de independência/insulamento dos juízes. De fato, exige-se dos magistrados comportamento alheio a questões políticas como forma de garantir sua imparcialidade no julgamento das demandas. Ao contrário de administradores e legisladores, que reagem imediatamente às mudan-

---

[58] A lei orçamentária do ano de 2021 (Lei n. 14.144, de 22 de abril de 2021), estimou gastos de aproximadamente R$ 379.383.890,00 (trezentos e setenta e nove milhões, trezentos e oitenta e três mil, oitocentos e noventa reais) para o Poder Judiciário Federal. Enquanto o Poder Legislativo, por seu turno, dispõe de rubricas de aproximadamente R$ 48.121.398,00 (quarenta e oito milhões, cento e vinte e um mil e trezentos e noventa oito reais)

ças de preferência do eleitorado exatamente porque dela dependem para se manter em seus cargos, o Poder Judiciário pode e deve se manter isolado dessas questões. Isso se reflete nos processos judiciais de duas maneiras distintas: o juiz normalmente não busca mais informações ao lidar com políticas públicas, e contenta-se com os argumentos trazidos pelas partes; o magistrado não se preocupa com o impacto de sua decisão no planejamento público. Importante notar que mesmo o clássico argumento em favor da independência judicial não se prova por si mesmo. Insular o Poder Judiciário dos demais poderes políticos e dotá-lo de garantias não tem como consequência direta o resultado que normalmente se alardeia. Os juízes, só por sua independência, não estão vinculados à proteção dos direitos das minorias. Não há relação de causa e efeito aqui.

Como se vê, o argumento e seus desdobramentos não são de todo falaciosos, e deveriam mesmo ser tomados em consideração com maior seriedade. Incorreto seria tê-los como algo que proíbe definitivamente a efetivação de direitos prestacionais pelo Poder Judiciário. Isto porque este poder estatal possui algumas vantagens específicas quando estão em jogo as políticas públicas. Confira-se a seguir.

Primeiramente, o Poder Judiciário possui a aptidão de *amplificar* as capacidades individuais de intervenção na arena pública[59]. Se o Poder Legislativo é mais permeável ao acesso de grupos políticos, não o será quando está em questão uma posição subjetiva individual ou defendida por grupos de pequena expressão. Uma bancada de reivindicação de direitos de minorias pode forçar a aprovação de leis mais favoráveis ao grupo, mas dificilmente haverá espaço na ordem do dia para contemplar o caso de um único membro (ou de poucos membros) discriminado, por hipótese. Em tempos de democracia passiva, em que as pessoas pouco se importam com a participação política efetiva, o Poder Judiciário tem o papel fundamental de canalizar e amplificar demandas de grupos minoritários, mobilizando o processo político para questões que poderiam passar despercebidas

---

59 Esta característica é ressaltada por REAL DATO, José."Actores, ideas e instituciones em las políticas públicas. In: PÉREZ SANCHES, Margarita (Ed.). *Análises de políticas públicas*. Granada: Ed. Universidad de Granada, 2005, p. 77-107 *apud* VALLE, Vanice Lírio do."Dever constitucional de enunciação de políticas públicas e autovinculação: caminhos possíveis de controle jurisdicional". *Fórum Administrativo* n. 82, 2007, p. 16.

num primeiro momento. Um exemplo deste tipo de atuação ocorreu na discussão a respeito da incidência da licença-maternidade para pais adotantes, a qual foi rejeitada inicialmente pelo Supremo Tribunal Federal e que, pouco tempo depois, acabou incluída na legislação sobre o tema[60].

Em segundo lugar, a *blindagem institucional*, a despeito dos riscos já abordados, permite que os juízes atuem contra o clamor das ruas. Este é um ponto universalmente destacado: sem garantias, o juiz não tem meios de atender ao dever de imparcialidade. Cabe apenas salientar que esta garantia também é extremamente importante para o discurso jurídico, que não pode submeter-se sempre a argumentos de interesse coletivo, os quais normalmente são atrelados às decisões do Parlamento e da Administração Pública[61]. Em especial, a salvaguarda dos direitos fundamentais exige que as decisões majoritárias sejam filtradas à luz da Constituição, e não haveria sentido em destinar tal tarefa a pessoas que, em último grau, devessem sua investidura à vontade direta destas mesmas maiorias que devem ser controladas.

Além disso, e não menos importante, o Poder Judiciário é uma *instância racional de debates*. O dever de fundamentação das decisões judiciais e o seu consectário lógico, que consiste na ideia de que os juízes têm o dever de reconduzir suas decisões ao sistema jurídico, permite que haja controle intersubjetivo das decisões, o que não ocorre com aquelas adotadas no âmbito do processo político-parlamentar. No âmbito legislativo a fundamentação dos projetos de lei costuma ser quase desimportante para a interpretação posterior das normas

---

60 STF, RE 197.807-RS, rel. Min. Octavio Gallotti, *DJ* 18-8-2000: "O art. 7º, XVIII, da CF, que assegura a licença à gestante, sem prejuízo do emprego e do salário, com a duração de 120 dias, é inaplicável, por analogia, às mães adotivas. Com esse entendimento, a Turma, considerando que não se admite a aplicação analógica da CF, deu provimento a recurso extraordinário para reformar decisão que reconhecera a mãe adotiva o direito à licença-maternidade".

61 Vale fazer referência ao princípio da supremacia do interesse público sobre o privado, o qual vem recebendo críticas doutrinárias exatamente por indicar uma suposta prevalência dos argumentos de interesse coletivo sobre posições subjetivas. Sobre o tema, v. a coletânea de artigos SARMENTO, Daniel (org.). *Interesses públicos* versus *interesses privados:* desconstruindo o princípio da supremacia do interesse público, 2005.

jurídicas[62]. Na Administração Pública dificilmente os verdadeiros motivos dos atos administrativos e ações públicas são tornados públicos. O Poder Judiciário funciona, portanto, como instituição estatal sensível à argumentação jurídica, mesmo quando exercida individualmente, ao passo que os outros órgãos políticos tendem a responder a outros tipos de estímulo (tais como pressões da mídia, partidárias, manifestações públicas etc.).

Deste breve inventário de vantagens e desvantagens das instituições públicas acima elencadas é possível extrair algumas conclusões gerais, calcadas na ideia de vantagens funcionais, expostas sistematicamente nos tópicos seguintes.

IV. PARÂMETROS INSTITUCIONAIS EM POLÍTICAS PÚBLICAS

1. Preferência do processo político sobre o Poder Judiciário na definição de políticas públicas

O primeiro parâmetro de escolha institucional consiste *na preferência prima facie do processo político para a tomada de decisões a respeito de políticas públicas*. O princípio democrático, albergado pelo art. 1º, *caput*, da Constituição Federal de 1988[63], impõe que as decisões políticas sejam tomadas pela maioria, atendendo-se assim ao direito coletivo à participação igualitária nas decisões políticas. De maneira geral, o Poder Legislativo é a instituição que repercute de modo mais fiel, ainda que não perfeito, as preferências políticas de determinada sociedade. Ademais, a definição de políticas públicas é um processo complexo que demanda a avaliação de informações técnicas e mesmo algumas puramente políticas, que dependem da formação de maio-

---

[62] O método histórico apregoa a necessidade de o jurista analisar o contexto que deu origem à norma jurídica, inclusive a fundamentação do projeto de lei e os debates ocorridos. Contudo, como salienta a doutrina, dificilmente é possível vincular a norma a uma vontade específica, já que os legisladores podem tê-la aprovado por diferentes razões e com diferentes escopos. Sobre o método histórico, v. MAXIMILIANO, Carlos. *Hermenêutica e aplicação do direito*, 1998, p. 137 e s.

[63] CF/88: "Art. 1º A República Federativa do Brasil, formada pela união indissolúvel dos Estados e Municípios e do Distrito Federal, constitui-se em *Estado Democrático de Direito* e tem como fundamentos: (...)".

rias e consensos que seriam irrealizáveis em processos judiciais. Em segundo nível, a Administração Pública é a instituição que se encontra mais aparelhada para integrar as normas jurídicas criadas pelo Poder Legislativo, devendo prevalecer, por razões institucionais, a sua competência para concretizar políticas públicas, o que decorre da função orgânico-funcional do princípio da separação de poderes. Seus órgãos e entidades normalmente contam com técnicos especializados nos campos de atuação específicos, o que não ocorre com o Poder Judiciário, que dispõe de juízes generalistas e peritos frequentemente nomeados *ad hoc*.

Permitir que o Poder Judiciário assuma, em caráter primário, a condução das decisões políticas coletivas – qualquer que seja sua natureza – é suprimir, em primeiro plano, o direito à igualdade de participação ínsito às democracias, o que por si só é gravíssimo, e também contribuir para que soluções pontuais prevaleçam sobre soluções coletivas, de maneira contrária aos conteúdos básicos do princípio da separação de poderes. Estas, contudo, embora sejam razões primárias para que o Poder Judiciário seja deixado fora do campo de definição e execução de políticas públicas, não constituem óbices totais a esta intervenção. Em suma: no máximo, elas podem estabelecer uma preferência *prima facie* do processo político sobre o Poder Judiciário.

No que tange aos direitos fundamentais – os quais, afinal, compõem o escopo específico deste trabalho –, exatamente porque se dirigem à proteção de minorias em face de maiorias, as políticas públicas podem desconsiderar excessivamente grupos políticos de pouca expressão ou mesmo indivíduos isoladamente considerados. Neste passo, o controle jurisdicional de políticas públicas poderá ter importante papel para resguardar a posição destas pessoas mesmo contra maiorias adversas e ainda exigir a implementação de ações específicas. Quando for este o caso, que deve ser identificado segundo parâmetros materiais que serão abordados no capítulo seguinte, o Poder Judiciário estará legitimado a agir e superar este parâmetro geral.

2. Preferência da tutela coletiva sobre tutela individual quando em sede judicial: a hierarquização de tutelas

Se a atuação do Poder Judiciário tornar-se imprescindível à salvaguarda dos direitos fundamentais, então surge um segundo parâmetro a ser utilizado no controle de políticas públicas: *a preferência de soluções coletivas sobre soluções individuais.* Já existe percepção difusa de que as soluções coletivas devem preferir às soluções individuais quando está em jogo a efetivação de direitos prestacionais por via judicial. Este ponto de vista é defendido, por exemplo, por Luís Roberto Barroso[64], quando sustenta que as modificações oriundas de decisões judiciais nas listas de fornecimento gratuito de medicamentos editadas pelos entes públicos somente possam ser efetuadas por meio de ações coletivas, e não em sede individual – nestas, o juiz deve apenas determinar a entrega *se* o bem pretendido constar na lista[65]. O autor fundamenta-se em duas razões gerais para sustentar tal posição: (i) nas ações coletivas é possível levar a cabo a análise das políticas públicas destinadas à melhoria da saúde num contexto sistêmico, analisando-se inclusive a quantidade disponível de recursos; e (ii) a produção de efeitos *erga omnes*, que decorre do manejo das ações coletivas ou abstratas, permite que não seja violado o princípio da isonomia no acesso aos bens e serviços públicos básicos. Muito embora estas razões sejam utilizadas particularmente para o caso dos medicamentos, o fato é que elas são aplicáveis a qualquer outro direito fundamental que esteja em discussão.

Liana Cirne Lins sustenta o mesmo parâmetro, mas com base em outro fundamento[66]. Segundo a autora, os direitos fundamentais prestacionais foram instituídos para serem fruídos coletivamente, e

---

64 BARROSO, Luís Roberto. "Da falta de efetividade à judicialização excessiva: direito à saúde, fornecimento gratuito de medicamentos e parâmetros para a atuação judicial". *Revista de Direito da Procuradoria Geral do Estado do Rio de Janeiro*, v. 63, 2008.

65 Esta forma de raciocinar traz consigo uma crítica evidente, que consiste na alegação de que o direito subjetivo ao medicamento possui fundamento constitucional (no direito à saúde, art. 196, da CF/88; e no direito à vida, art. 5º, *caput*, da CF/88), não sendo correto condicionar a existência do direito à edição de um ato administrativo.

66 LINS, Liana Cirne. "A tutela inibitória coletiva das omissões administrativas: um enfoque processual sobre a justiciabilidade dos direitos fundamentais sociais". *Revista de Direito do Estado n. 12*, 2008, p. 223-262. As teses da autora se harmonizam com as defendidas neste texto, com a diferença de que a autora não se preocupou, ao menos no trabalho consultado, em densificar o controle possível com base na dimensão objetiva dos direitos fundamentais, bem como apresentar os marcos teóricos do que entende por mínimo existencial. Sem essas informações, a concordância pode ser apenas parcial.

não de modo isolado. A obtenção de prestações específicas em demandas individuais impede que outras pessoas tenham acesso ao mesmo bem. A autora, assim, rejeita a ideia de que exista um direito subjetivo a prestações públicas, ressalvando o conteúdo do mínimo existencial. Nesta linha de raciocínio, sustenta a possibilidade de controle judicial dos serviços públicos em sede coletiva, com fundamento na dimensão objetiva dos direitos fundamentais[67], a qual institui deveres sem os correlatos direitos individuais. Assim, caso o magistrado perceba, em uma demanda individual, a existência de violação a tais deveres objetivos de proteção e promoção, deve aplicar o art. 7º da Lei n. 7.347/85[68], segundo o qual o juiz deve remeter peças ao Ministério Público caso verifique a existência de razões para o ajuizamento da ação civil pública.

Igualmente, Vanice Lírio do Valle sustenta a preferência do controle judicial pela via coletiva ou abstrata exatamente com o propósito de superar a alegação de falta de *expertise*. De acordo com a autora, ao exigir que a Administração Pública formule uma política pública por esta via, o Poder Judiciário não foge à sua função tradicional. Além disso, a solução adotada terá viés universalizante, impedindo a apropriação individual da coisa pública[69].

Pois bem. Considerando que o princípio da isonomia deve pautar o acesso a todos os bens e serviços públicos, e que o controle de políticas públicas em demandas individuais padece de um déficit informacional que não pode ser suprido pela atuação do juiz, é possível afirmar a preferência das tutelas coletivas no controle judicial de políticas públicas. Isto significa dizer que, defrontando-se com a necessidade de intervir em questões como saúde, educação, meio ambiente, segurança pública

---

[67] Sobre a dimensão objetiva dos direitos fundamentais, tema que será retomado no Capítulo IV, veja-se: SARLET, Ingo Wolfgang. *A eficácia dos direitos fundamentais*, 2012, p. 141-155.

[68] Lei n. 7.347/85: "Art. 7º Se, no exercício de suas funções, os juízes e tribunais tiverem conhecimento de fatos que possam ensejar a propositura da ação civil, remeterão peças ao Ministério Público para as providências cabíveis".

[69] VALLE, Vanice Lírio do. "Dever constitucional de enunciação de políticas públicas e autovinculação: caminhos possíveis de controle jurisdicional". *Fórum Administrativo n. 82*, 2007, p. 15. A autora tece ainda crítica procedente à atuação do Ministério Público que, a pretexto de controlar políticas públicas, ajuíza ações civis públicas em defesa de direitos individuais, exorbitando de sua missão constitucional.

etc., o magistrado deve priorizar o processo coletivo para dar soluções sistêmicas aos problemas – inclusive valendo-se do art. 7º da Lei da Ação Civil Pública para provocar a atuação do Ministério Público.

3. Preferência pelo formalismo interpretativo e minimalismo judicial

Em tempos de sincretismo metodológico e de certo desapego aos métodos, se deles é possível extrair alguma certeza, é de que o formalismo jurídico encontra-se em baixa[70]. A insurgência do chamado *pós-positivismo*[71] proporcionou a ascensão de certa metodologia jurídica menos comprometida com a forma, e mais voltada aos esquemas valorativos do direito: daí dizer-se que vivemos no "paradigma principiológico"[72]. E para que houvesse valorização dos princípios, era forçoso o declínio das regras – símbolo de um passado que se quer esquecer –, as quais tinham na subsunção o seu principal método operativo. Não sem razão hoje a grande vedete no mundo ju-

---

[70] Comentando o ponto especificamente quanto ao direito constitucional, v. SILVA, Virgílio Afonso da. "Interpretação constitucional e sincretismo metodológico". In: *Interpretação constitucional*, 2006, p. 116: "Uma das certezas mais difundidas no direito constitucional brasileiro está ligada à forma de interpretação da constituição. Nesse campo há uma divisão facilmente perceptível entre o arcaico e o moderno. *Arcaico é crer que a interpretação da Constituição deve ser feita segundo os cânones sistematizados por Savigny ainda na metade do século XIX*. Moderno é condenar os métodos tradicionais e dizer que eles, por terem caráter exclusivamente privatista, não são as ferramentas adequadas para a interpretação da constituição" (destaque acrescentado). V. também LEITE, José Adércio Sampaio. "Adeus aos métodos? Hermenêutica, pragmática e argumentação constitucional". In: ROCHA, Fernando Luiz Ximenes (org.). *Direito constitucional contemporâneo*: estudos em homenagem ao professor Paulo Bonavides, 2005.

[71] Sobre o tema, v. BARROSO, Luís Roberto. "O começo da história. A nova interpretação constitucional e o papel dos princípios no direito brasileiro". In: *Temas de direito constitucional*, v. III, 2005, p. 12: "O pós-positivismo é a designação provisória e genérica de um ideário difuso, no qual se incluem a definição das relações entre valores, princípios e regras, aspectos da chamada nova hermenêutica constitucional, e a teoria dos direitos fundamentais, edificada sobre o fundamento da dignidade humana".

[72] CAMARGO, Margarida Maria Lacombe. *Hermenêutica e argumentação*, 1999, p. 60: "Na pós-modernidade, contudo, esse referencial de ordem e segurança garantidos pelo formalismo jurídico abre espaço para o valor da justiça, garantido não mais pela ação formal, mas pela razoabilidade referente a cada caso concreto".

rídico é a técnica da ponderação de princípios, objeto de inúmeros estudos recentes[73].

A doutrina costuma apontar que a ascensão do pós-positivismo teria sido uma resposta à valorização exacerbada da forma, postura que teria permitido que atrocidades fossem perpetradas sob o manto da legalidade antes e durante a Segunda Guerra Mundial[74]. Esse entendimento encontra-se hoje em disputa[75]. Parece-nos que imputar ao positivismo alguma contribuição para a ascensão ou legitimação do nazismo, além de superestimar as potencialidades de certa postura teórica, é um erro histórico.

A exacerbação de uma metodologia do direito sem grande preocupação com a vinculação do aplicador à lei e aos limites impostos pelo sistema jurídico pode levar a consequências nefastas para dois de seus sustentáculos: (i) a segurança jurídica, um dos valores basilares do sistema; e (ii) a legitimação do exercício da jurisdição, a qual garante a aceitação, por parte dos jurisdicionados, da heterocomposição de conflitos no Estado Democrático de Direito[76].

---

[73] Sobre o tema: BARCELLOS, Ana Paula. *Ponderação, racionalidade e atividade jurisdicional*, 2005; SARMENTO, Daniel. *A ponderação de interesses na Constituição*, 2000; GUERRA, Sidney Cesar Silva. *Hermenêutica, ponderação e colisão de direitos fundamentais*, 2007; v. também a coletânea BARROSO, Luís Roberto (org.). *A nova interpretação constitucional:* ponderação, direitos fundamentais e relações privadas, 2008.

[74] BARROSO, Luís Roberto. O começo da história. A nova interpretação constitucional e o papel dos princípios no direito brasileiro. In: *Temas de direito constitucional*, v. III, 2005, p. 12: "Sem embargo da resistência filosófica de outros movimentos influentes nas primeiras décadas do século XX, a decadência do positivismo é emblematicamente associada à derrota do fascismo na Itália e do nazismo na Alemanha. Esses movimentos políticos e militares ascenderam ao poder dentro do quadro de legalidade vigente e promoveram a barbárie em nome da lei. (...) Ao fim da Segunda Guerra Mundial, a ideia de um ordenamento jurídico indiferente a valores éticos e da lei como uma estrutura meramente formal, uma embalagem para qualquer produto, já não tinha mais aceitação no pensamento esclarecido".

[75] Assim, revisamos o entendimento aqui esposado até a 2ª edição deste livro. Veja-se, a propósito, VALADÃO, Rodrigo Borges. *Positivismo jurídico e nazismo*, 2021, pp. 60-135.

[76] Vale recorrer, uma vez mais, à arguta observação de MAUS, Ingeborg. "Judiciário como Superego da Sociedade: o papel da atividade jurisprudencial na 'sociedade órfã'". In: *Novos Estudos CEBRAP n. 58*, 2000, p. 188-189: "Em que pese o caráter ilusório da representação de uma estrita vinculação legal do

Quanto ao primeiro ponto, a aplicação do direito com a utilização constante de normas de textura aberta e métodos que permitem pouco controle intersubjetivo gera a imprevisibilidade de resultados. A chamada "banalização dos princípios" consiste exatamente na utilização de tais elementos do sistema para a resolução de casos que poderiam ser facilmente resolvidos com o uso de regras[77]. Por outro lado, também efeito desta imprevisibilidade é a redução da legitimidade do Judiciário, na medida em que o direito posto pelo Poder Legislativo, investido de legitimidade popular para a criação das leis, não é refletido nas práticas do órgão responsável pela sua aplicação concreta. Como se vê, a questão não é puramente teórica, e envolve a prática cotidiana dos magistrados. Não se duvida da boa intenção dos que militam neste campo, mas os excessos, como visto no exemplo acima, podem conduzir ao arbítrio e à injustiça, causando prejuízos inestimáveis ao sistema como um todo. Na arguta análise de Daniel Sarmento, trata-se de "um decisionismo travestido sob as vestes do politicamen-

---

Judiciário à efetiva práxis jurídica até o início do século XX, aparece neste modelo uma ideia enfática de liberdade, já observada por Montesquieu ao afirmar que 'em Estados despóticos não há nenhuma lei: o juiz tem a si próprio como lei. Sob a forma de governo republicano a essência da Constituição consiste no fato de que os juízes devem observar a letra da lei'. (...) *A vinculação estrita do aparelho judicial do Estado (e do Executivo) à legislação, ressaltada por meio do inquestionável primado do Legislativo sobre os demais poderes do Estado no modelo clássico de separação de poderes, tinha o sentido exclusivo de submeter esse aparato à vontade legislativa do povo.* (...) A introdução de pontos de vista morais e de 'valores' na jurisprudência não só lhe confere maior grau de legitimação, imunizando suas decisões contra qualquer crítica, como também conduz a uma liberação da Justiça de qualquer vinculação legal que pudesse garantir sua sintonização com a vontade popular. Toda menção a um dos princípios 'superiores' ao direito escrito leva – quando a Justiça os invoca – à suspensão das disposições normativas individuais e a se decidir o caso concreto de forma inusitada".

[77] O fenômeno já foi detectado pela doutrina, cf. SARMENTO, Daniel. "Ubiquidade constitucional: os dois lados da moeda". In: *Livres e iguais, estudos de direito constitucional,* 2006, p. 198-200: "Já a filtragem constitucional do Direito envolve o manejo de princípios muito abertos, que se expandem para todos os ramos da ordem jurídica, influenciando a interpretação e aplicação das suas normas e institutos. Portanto, ela confere uma ampla latitude decisória para o intérprete, que pode ser bem ou mal empregada. É aqui que a dificuldade metológica exsurge. (...) Os princípios constitucionais, neste quadro, converteram-se em verdadeiras 'varinhas de condão': com eles, o julgador de plantão consegue fazer quase tudo o que quiser".

te correto, orgulhoso com os seus jargões grandiloquentes e com a sua retórica inflamada, mas sempre um decisionismo"[78].

É exatamente com o intuito de rechaçar a acusação de decisionismo que o magistrado deve atender a dois princípios gerais quando atuar em demandas envolvendo controle de políticas públicas, a saber: *(i)* pautar-se, o máximo possível, pela vinculação aos conteúdos jurídicos já densificados pelo próprio constituinte ou, quando for o caso, pelo legislador ordinário, o que implica a primazia das regras sobre os princípios e a adoção do método interpretativo literal, sempre que possível; e *(ii)* diante de situações que inequivocamente lhe demandem a atuação, o magistrado deverá ingerir da forma menos invasiva possível em relação aos demais poderes do Estado. Cabe aprofundar, ainda que sucintamente, estes dois pontos.

A ligação entre o direito objetivo e as decisões judiciais é condição para o exercício legítimo da função jurisdicional. Sem isso, os indivíduos sujeitos ao poder investido nos magistrados acabam vítimas do capricho e das idiossincrasias do julgador da ocasião, já que este poderá decidir os casos de acordo com suas íntimas convicções de justiça. Ora, já se sabe que o *direito* não é sinônimo de *direito legislado* ou de *direito estatal*. Ao menos para aqueles que aderem à visão denominada "pós-positivista", é possível vislumbrar conexão entre o direito e a moral. Todavia, para fins exclusivos de controle de políticas públicas orientadas à concretização dos direitos fundamentais, deve-se optar pelo maior formalismo interpretativo, e isto significa dar menos vazão a concepções morais particulares nas decisões judiciais, ainda que possam ser reconduzidas a princípios constitucionais. Isto porque a forma como os princípios jurídicos foram positivados é excessivamente fluida, de modo que, valendo-se de alguma margem de criatividade, o magistrado poderá assumir inteiramente o papel dos poderes políticos, o que violaria a função político-social do princípio da separação de poderes.

Também com base nestes fundamentos pode ser defendido o *minimalismo* como regra geral para o controle judicial de políticas públicas[79]. A opção pelo minimalismo tanto na fundamentação como

[78] SARMENTO, Daniel. "Ubiquidade constitucional: os dois lados da moeda". In: *Livres e iguais, estudos de direito constitucional*, 2006, p. 200.

[79] A obra de referência sobre o ponto é a de SUNSTEIN, Cass R. *One case at a time:* judicial minimalism on the Supreme Court, 2001. De acordo com o

na extensão das decisões judiciais permite, em primeiro lugar, que os canais democráticos possam operar com mais liberdade, reduzindo a pressão sobre as funções do princípio da separação de poderes. Ao dizer, por exemplo, que o acesso a medicamentos de qualquer natureza é direito subjetivo público com base no art. 196 da Constituição Federal[80], os tribunais acabam por engessar qualquer possibilidade de deliberação pública a respeito dos limites do direito à saúde neste ponto particular, o qual tem causado relevante impacto sobre os orçamentos públicos. Portanto, ao decidir questões relativas aos direitos prestacionais, o ideal é que as cortes procedam com humildade e reconheçam que as decisões mais amplas e relevantes para a sociedade devem ser tomadas pelos órgãos que estão sujeitos à responsabilidade política eleitoral.

Neste ponto, é importante observar que não se está defendendo a postura minimalista e formalista em todos os assuntos que serão decididos pelo Poder Judiciário. A pretensão aqui é muito menor e pontual: considerando que as políticas públicas envolvem um amplo espectro de considerações, que não são apenas técnicas, mas também políticas, e que objetivam, em muitos dos casos, oferecer respostas amplas para os problemas sociais, não deve o magistrado exercer excessiva intrusão no âmbito dos demais poderes. A proposta se restringe a este campo temático. A autocontenção aqui será uma relevante virtude, e terá consequências nas espécies de intervenção de políticas públicas, como será visto no Capítulo V.

---

autor, geralmente a defesa do minimalismo faz sentido "quando o Tribunal está lidando com uma questão constitucional de alta complexidade, que afeta profundamente muitas pessoas, ou sobre a qual o país está dividido (por razões morais ou outras). A complexidade pode resultar da falta de informações, de circunstâncias cambiantes ou da incerteza moral (legalmente relevante)" (p. 5). Estes três elementos se combinam de maneira acentuada nas políticas públicas, o que torna o ponto de vista sustentado pelo autor norte-americano inteiramente pertinente nesta matéria.

80 A propósito, v. STJ, AgRg nos EDcl no REsp 944.105/RJ, rel. Min. Luiz Fux, *DJ* 11-9-2008: "O Sistema Único de Saúde-SUS visa a *integralidade da assistência à saúde*, seja individual ou coletiva, devendo atender aos que dela necessitem *em qualquer grau de complexidade*, de modo que, *restando comprovado o acometimento do indivíduo ou de um grupo por determinada moléstia, necessitando de determinado medicamento para debelá-la, este deve ser fornecido*, de modo a atender ao princípio maior, que é a garantia à vida digna". (destaque acrescentado)

Parte II

Controle judicial de políticas públicas

Com o percurso transcorrido até aqui temos: (i) uma definição de políticas públicas que servirá como critério de delimitação do conceito; (ii) uma teoria dos direitos fundamentais alicerçada essencialmente na dignidade da pessoa humana como pressuposto para uma ordem jurídica justa, e que admite a importância da relação entre ***nível de tributação e prestações positivas estatais*** também como elemento necessário ao reconhecimento de direitos; e (iii) uma análise institucional capaz de fornecer critérios importantes para a intervenção judicial nas políticas públicas. Com base nestes fundamentos, os tópicos a seguir destinam-se a sistematizar parâmetros que sirvam ao propósito de permitir o controle judicial de políticas públicas de modo democrático e racional.

Capítulo IV

PARÂMETROS DE CONTROLE DE POLÍTICAS PÚBLICAS

Como regra geral, é correto afirmar que as políticas públicas podem ser objeto de impugnação e controle judicial[1]. Na medida em que somente em hipóteses raríssimas existe discricionariedade legislativa ou administrativa absoluta[2], para todos os casos é possível vislumbrar parâmetros específicos de controle de índole jurídica, eis que o puro arbítrio não é uma opção num Estado de Direito. Em alguns casos, este controle poderá ser rarefeito, mas ainda assim ele existe. Tomem-se como exemplo as políticas públicas destinadas à fiscalização de fronteiras, cuja competência é da União Federal, nos termos do art. 21, XXII, da CF/88[3]. O quantitativo de agentes da receita federal e da polícia federal destinado ao patrulhamento é uma matéria deixada à pura discricionariedade administrativa; sequer há lei sobre o

---

1 A afirmação de que o controle de políticas públicas é, *tout court*, vedado ao Poder Judiciário, como às vezes se encontra em decisões judiciais e pronunciamentos doutrinários, é absolutamente equivocada. Neste sentido, e.g., voto vencido do Min. José Delgado, no julgamento do REsp 575.280/SP, *DJ* 25-10-2004, pela 1ª Turma do STJ.

2 Cf. MOREIRA NETO, Diogo de Figueiredo. *Legitimidade e discricionariedade*, 1998, p. 20. Identificando-se como área quase insulada de controle judicial aquela referente à doutrina dos atos políticos, cf. CRETELLA JR., José. *Controle jurisdicional do ato administrativo*, 2001, p. 166: "A nosso ver, a discricionariedade do ato político é maior do que a discricionariedade do ato administrativo. Ambas, porém, têm barreiras ou limitações, tais como as prerrogativas individuais, as liberdades públicas, os direitos subjetivos públicos".

3 CF/88: "Art. 21. Compete à União: (...) XXII – executar os serviços de polícia marítima, aeroportuária e de fronteiras;".

assunto. Porém, mesmo nestes casos, é razoável sustentar algum controle judicial, seja para impedir lesão a direitos individuais (e.g., a Administração resolve determinar que todos os viajantes sejam obrigados a se despir a fim de verificar se portam bens não declarados ao Fisco, rejeita os passaportes nacionais na entrada de pessoas etc.) ou o próprio direito objetivo (e.g., o administrador decide abrir completamente as fronteiras nacionais, demitindo-se do exercício da competência que lhe é atribuída pela Constituição).

Com efeito, a variação se dá no espaço deixado à decisão livre do responsável pela implementação da política pública, havendo razões que apontam no sentido do seu alargamento ou compressão, consoante a destinação da política pública produzida e as normas jurídicas que lhe sirvam de sustentáculo, daí a ideia intuitiva de diferentes regimes de controle, conforme a finalidade da política pública[4]. Assim, efetuando singela comparação, as prestações em matéria de saúde pública certamente estão sujeitas a um escrutínio judicial muito mais rigoroso que a hipótese mencionada acima, em que a discussão dificilmente sairá do tradicional controle de legalidade. Em arremate, desde que traçados os limites apropriados para cada caso, todas as objeções ao controle judicial de políticas públicas podem ser razoavelmente superadas.

Tal como visto no início do trabalho, o Supremo Tribunal Federal tem reconhecido a possibilidade de controle judicial de políticas públicas quando está em questão o adimplemento dos direitos fundamentais previstos no texto constitucional, sendo este um dos seus parâmetros. Ocorre que a questão não pode ser decidida em fórmula tão simplificada, pois a teoria dos direitos fundamentais e a própria

---

[4] A percepção de que os atos (e ações) administrativos submetem-se a um controle dinâmico não é nova. Sobre o tema, v. BINENBOJM, Gustavo. *Uma teoria do direito administrativo*, 2014, p. 207-256. O autor divide os atos administrativos em (i) atos vinculados por regras, que exibem o mais alto grau de vinculação à juridicidade, cabendo ao magistrado, em caso de revisão judicial, avaliar se a Administração cumpriu o comando específico da norma; (ii) atos vinculados por conceitos jurídicos indeterminados, que possuem um nível intermediário de vagueza, exigindo que o administrador faça valorações e apreciações técnicas, só sendo possível ao Judiciário controlar as opções manifestamente incorretas; e (iii) atos vinculados por princípios, em que vigora um regime de maior liberdade ao administrador, o qual somente em casos excepcionais se submete à revisão do Poder Judiciário.

distribuição de decisões institucionais levada a cabo pela Constituição apresentam nuances mais complexas, a exigir que esta afirmação seja mais bem especificada. Isto porque um parâmetro tão elástico tornaria praticamente todas as políticas públicas sujeitas à ampla revisão judicial, já que muitas delas podem ser reconduzidas, ainda que de forma mediata, aos princípios constitucionais, atraindo para si todas as conhecidas objeções doutrinárias ao controle judicial de políticas públicas. Como alternativa a esta compreensão geral, são apresentadas as propostas que seguem neste tópico. É o que se verá a seguir.

I. A DIVISÃO DAS POLÍTICAS PÚBLICAS SEGUNDO SUA NATUREZA

Seguindo a hipótese inicial, as políticas públicas relacionadas aos direitos fundamentais podem ser divididas em duas categorias distintas, submetidas a regimes de controle diferenciados, que serão definidas de acordo a sua vocação para a materialização do núcleo do princípio da dignidade da pessoa humana (art. 1º, III, da CF/88), o qual foi identificado como pilar do sistema de direitos fundamentais posto em vigor pela atual Constituição brasileira (v. Capítulo II). O primeiro grupo é composto das políticas públicas que dizem respeito ao adimplemento concreto do mínimo existencial, as quais serão aqui denominadas *políticas públicas constitucionais essenciais*. Por sua vez, *políticas públicas ditas não essenciais* são aquelas relacionadas à área não nuclear dos princípios fundamentais previstos na Constituição.

Sustenta-se que, por regra geral, o princípio democrático impõe que a densificação dos princípios na forma de políticas públicas deve ser efetuada pelos poderes submetidos à responsabilidade eleitoral – *i.e.*, pelos Poderes Legislativo e Executivo –, na forma do ciclo das políticas públicas, exposto no Capítulo II, sendo certo que tal escolha fica submetida ao controle material do Poder Judiciário quando estiver em causa o mínimo existencial, que compõe o conjunto essencial dos direitos fundamentais constitucionalmente outorgados. A diferença de regime justifica-se precisamente no fato de que determinados conteúdos constitucionais não podem ficar à mercê da livre vontade majoritária; daí se submeterem a um juízo de suficiência e adequação a ser exercido pelo Poder Judiciário. Por sua vez, as políticas públicas que digam respeito apenas à área não nuclear dos princípios fundamentais deverão ser controladas apenas de maneira instrumental, daí chamá-las de *não essenciais*[5]. As políticas públicas derivadas do direito infraconstitucional, pelas suas particularidades, receberão um comentário específico.

Esclareça-se ainda que os rótulos propostos possuem apenas a finalidade de aclarar o raciocínio, mas o que realmente importa é reconhecer a diferença de regime jurídico das categorias. O problema mais evidente no controle judicial de políticas públicas consiste na inflação de direitos fundamentais promovida pela Constituição de 1988 e no reconhecimento direto de sua máxima eficácia[6], elementos que permitem sustentar a sindicabilidade de quase todo direito em face do Estado. Este raciocínio, a toda evidência, não pode prosperar. Neste passo, é fundamental reconhecer a diferença de regime decorrente da maior ou menor ligação das políticas públicas com certos conteúdos mais relevantes da Constituição, e esta é a proposta central deste capítulo.

1. Políticas públicas constitucionais *essenciais*: o mínimo existencial

A teoria do mínimo existencial[7] é peça-chave para o controle material das políticas públicas no Estado contemporâneo, daí a importância de seu estudo. O mínimo existencial deve sua construção teó-

---

5 As políticas públicas apenas indiretamente relacionadas à concretização de direitos fundamentais e as que refogem completamente a tal escopo não serão objetos do estudo, muito embora seja possível aplicar os parâmetros de controle instrumental, os quais incidem sobre todos os atos administrativos e legislativos. A diferença aqui será de intensidade na exigência.

6 A máxima eficácia dos direitos fundamentais tem sido defendida por diversos doutrinadores, algumas vezes sem qualquer preocupação com outras condicionantes, como é o caso de KRELL, Andreas J. *Direitos sociais e controle judicial no Brasil e na Alemanha*, 2002, p. 54, e também GRAU, Eros Roberto. *A ordem econômica na Constituição de 1988*, 2007, p. 316 e s. Esta mesma tendência se verifica nas decisões recentes sobre medicamentos oriundas dos Tribunais Superiores.

7 Vale conferir a definição de mínimo existencial aventada por GOUVÊA, Marcos Maselli. *O controle judicial das omissões administrativas*, 2000, p. 257: "Consiste o mínimo existencial de um complexo de interesses ligados à preservação da vida, à fruição concreta da liberdade e à dignidade da pessoa humana. Tais direitos assumem, intuitivamente, um status axiológico superior, e isto por serem essenciais à fruição dos direitos de liberdade. Sem direitos sociais mínimos, os direitos de liberdade permanecem um mero esquema formal".

rica inicial ao direito alemão, onde floresceu devido à ausência de previsão de direitos sociais na Lei Fundamental de 1949. A partir daí o Tribunal Constitucional daquele país lhe reconheceu a juridicidade com base no princípio da dignidade da pessoa humana e nas garantias do direito à vida e à integridade física, dos quais decorre, segundo decidido em vários acórdãos[8], um genuíno direito subjetivo público à ajuda social destinada a pessoas carentes com a finalidade de suprir o mínimo vital[9].

O Capítulo II logrou demonstrar que há consenso no campo da filosofia moral a respeito da necessidade de *proteção* e *promoção* estatal de um conjunto mínimo de direitos, o qual, a despeito de pequenas diferenças terminológicas, aqui se tem por sinônimo de *mínimo existencial*[10]. Estes direitos são ora condição essencial para a fruição das liberdades liberais (Rawls) e/ou dos valores comunitários (Walzer), ora necessários ao engajamento no processo democrático-deliberativo (Habermas). Assim, mesmo os autores contrários à ideia de exigibilidade judicial dos direitos de natureza prestacional, normalmente tidos por ineficazes ou apenas parcialmente eficazes, admitem a existência de direitos cuja prestação é essencial para a própria manutenção do Estado e do regime de governo democrático[11]. A lógica, como vista, é

---

8 BverfGE, n. 1, S. 161s; n. 27, S. 63; n. 52, S. 346; n. 82, S. 85. *apud* KRELL, Andreas J. *Direitos sociais e controle judicial no Brasil e na Alemanha*, 2002, p. 61, nota de rodapé n. 141 e 142 e também ALEXY, Robert. *Teoría de los derechos fundamentales*, 2002, p. 421-422: "Si se toman ambas decisiones conjuntamente, no puede haber ninguna duda de que el Tribunal Constitucional Federal parte de un derecho fundamental a un mínimo vital".

9 Cf. KRELL, Andreas J. *Direitos sociais e controle judicial no Brasil e na Alemanha*, 2002, p. 61.

10 As divergências neste campo dizem respeito ao espectro de atuação judicial. Negando qualquer possibilidade de atuação judicial, v. ZIPPELIUS, Reinhold. *Teoria geral do Estado*, 1997, p. 461: "A tarefa do Estado de justiça social, não se pode, consequentemente, traduzir, até aos pormenores, num sistema de prestações deduzidas dos direitos fundamentais, submetendo-a, deste modo, à fiscalização total de uma jurisdição".

11 GOUVÊA, Marcos Maselli. *O controle judicial das omissões administrativas*, 2000, p. 258: "Importante salientar que mesmo autores refratários à ideia de que direitos sociais possam ser direitos fundamentais compartilham do entendimento de que o mínimo existencial é um direito fundamental". V., em especial, TORRES, Ricardo Lobo. "A jusfundamentalidade dos direitos sociais". *Revista de Direito da Associação dos Procuradores do Novo Estado do*

bem simples. Em qualquer contexto social, para ser um efetivo cidadão é necessário que o indivíduo tenha acesso a certos bens, como educação, saúde e moradia, sem os quais será prejudicada sua capacidade de se autodeterminar, de realizar os valores comunitários e/ou de participar ativamente nas discussões públicas[12].

Um segundo fundamento para o reconhecimento do mínimo existencial é de pura ordem normativa. A Constituição da República prevê, em seu art. 1º, III, o princípio da *dignidade da pessoa humana,* cujo núcleo tem sido identificado com as prestações essenciais necessárias a uma vida digna, conceito que por sua vez remete ao de mínimo existencial[13]. Cuida-se, portanto, de um princípio *fundamental* do Estado brasileiro, o qual confere legitimidade e sentido à ordem constitucional, de modo que a sua especial qualificação não pode ser ignorada pelo intérprete[14]. Após o movimento de revalorização dos direitos fundamentais, cujo marco histórico é o término da Segunda Guerra Mundial, a dignidade da pessoa humana assumiu a posição de prin-

---

Rio de Janeiro, v. XII, 2003, p. 356: "Interessa-nos, aqui, o exame do mínimo existencial, que se inclui no rol dos direitos fundamentais, protege contra as constrições do Estado e de terceiros, carece de prestações positivas e é plenamente garantido pela jurisdição, independentemente da reserva orçamentária, pois goza também de garantias institucionais".

12 O conceito de dignidade da pessoa humana de SARLET, Ingo Wolfgang. *Dignidade da pessoa humana e direitos fundamentais na Constituição Federal de 1988,* 2012, aborda todos estes elementos, motivo pelo qual vale a transcrição: "Assim sendo, temos por dignidade da pessoa humana a qualidade intrínseca e distintiva de cada ser humano que o faz merecedor do mesmo respeito e consideração por parte do Estado e da comunidade, implicando, neste sentido, um complexo de direitos e deveres fundamentais que assegurem a pessoa tanto contra todo e qualquer ato de cunho degradante e desumano, como venham a lhe garantir as condições existenciais mínimas para uma vida saudável, além de propiciar e promover sua participação ativa e corresponsável nos destinos da própria existência e da vida em comunhão com os demais seres humanos" (p. 73). Vale dizer que, ao fornecer uma definição mínima de dignidade humana, o autor acabou por fornecer importantes elementos para o reconhecimento do mínimo existencial.

13 RIBEIRO, Gustavo Moulin. *O mínimo existencial e o direito constitucional brasileiro,* mimeo, 2003, p. 99. BARCELLOS, Ana Paula de. *A eficácia jurídica dos princípios constitucionais:* o princípio da dignidade da pessoa humana, 2002, p. 191-199.

14 SARLET, Ingo Wolfgang. *Dignidade da pessoa humana e direitos fundamentais,* 2012, p. 91.

cipal valor (e princípio, onde positivado) a ser protegido pelos Estados[15]. Portanto, o mínimo existencial demanda proteção por ser condição essencial para a manutenção da vida digna em seu viés mínimo.

É importante salientar, nesta linha de raciocínio, que o mínimo existencial, e os direitos fundamentais de maneira geral, inserem-se em um campo designado contramajoritário. Isto significa dizer que eles devem ser garantidos mesmo contra a vontade das maiorias eventuais, democraticamente investidas no exercício do poder. Os direitos são *trunfos* dos cidadãos contra as metas coletivas, nas conhecidas palavras de Ronald Dworkin[16]. Os filósofos morais procuram, em seus respectivos trabalhos, apresentar justificativas racionais para que determinados espaços de deliberação sejam subtraídos da esfera pública e submetidos à proteção judicial. O próprio constitucionalismo tem origem na preocupação com o uso irrestrito do poder soberano do Estado, e os direitos fundamentais revelam-se ainda mais vocacionados a tal proteção. Já se percebe, aqui, certa contradição sobre os argumentos normalmente esgrimidos em matéria de políticas públicas: não haveria sentido em reconhecer um amplo espaço de garantias aos indivíduos se elas estivessem, em toda a sua extensão, submetidas à condição de serem contempladas na via orçamentária, a qual depende precisamente da vontade majoritária. Este ponto ainda será retomado.

Os fundamentos declinados se complementam no essencial, que é afirmar a garantia do mínimo, mas deixam espaço para discussões a respeito de sua área de abrangência. Ante o caráter polissêmico da expressão "dignidade", o princípio correlato dá margem a divagações semânticas, razão pela qual sua capacidade de fornecer soluções jurídicas já foi até mesmo posta em dúvida doutrinariamente[17]. Assim,

---

[15] BARROSO, Luís Roberto. *Curso de direito constitucional contemporâneo*, 2013, p. 272-273.

[16] DWORKIN, Ronald. "Rights as trumps". In: WALDRON, Jeremy. *Theories of Rights*, 1984, p. 153: "direitos são mais bem entendidos como trunfos sobre algumas justificativas de fundo para decisões políticas que apontam para metas comunitárias coletivas".

[17] SARLET, Ingo Wolfgang. *Dignidade da pessoa humana e direitos fundamentais*, 2012, p. 120: (...) em face do elevado grau de indeterminação e cunho polissêmico do princípio e da própria noção de dignidade da pessoa – com algum esforço argumentativo, tudo o que consta no texto constitucional pode – ao menos de forma indireta – ser conduzido ao valor da dignidade da pessoa". BARROSO, Luís Roberto. *O direito constitucional e a efetividade de suas normas*,

excluída a discussão a respeito de sua exigibilidade, que se encontra superada tanto na doutrina quanto na jurisprudência, o recurso à teoria moral e às construções doutrinárias a respeito do princípio da dignidade da pessoa humana e do mínimo existencial será relevante para o contorno de seus limites – exatamente a problemática atual sobre o mínimo existencial.

Antes, porém, de seguir em direção à discussão doutrinária a respeito do conteúdo deste conceito, deve-se sublinhar que o mínimo existencial tem se revelado um argumento importantíssimo na fundamentação das decisões judiciais, especialmente nas demandas individuais veiculando questões de saúde pública[18]. Importa ressaltar que o Poder Judiciário não deve se preocupar com a formulação de um conceito teórico de mínimo existencial – atividade que compete basicamente à doutrina –, bastando identificá-lo de forma casuística, sob a condição de que tais casos sejam passíveis de recondução ao sistema jurídico, além de coerentes como um todo[19]. A construção da "teoria do mínimo existencial" já está em curso nos tribunais do país, havendo várias decisões em que ele é invocado para assegurar direitos sub-

---

2000, p. 296: "Dignidade da pessoa humana é uma locução tão vaga, tão metafísica, que embora carregue em si forte carga espiritual, não tem qualquer valia jurídica". Em obras posteriores o autor voltou atrás em sua afirmação, por exemplo, em BARROSO, Luís Roberto. *Curso de direito constitucional contemporâneo,* 2013, p. 272-277 e em *O novo direito constitucional brasileiro,* 2012, p. 285-328.

[18] Não se pode deixar de remarcar a existência de certos exageros por parte de alguns magistrados, que sob o pálio do princípio da dignidade da pessoa humana (e outros princípios igualmente fluidos) acabam por desconsiderar regras e trazer fortíssima indeterminação para o sistema jurídico. A propósito, v. a fina observação de SARMENTO, Daniel. *Livres e iguais:* estudos de direito constitucional, 2006, p. 200: "Acontece que muitos juízes, deslumbrados diante dos princípios e da possibilidade de, através deles, buscarem a justiça – ou o que entendem por justiça –, passaram a negligenciar do seu dever de fundamentar racionalmente os seus julgamentos. Esta 'euforia' com os princípios abriu um espaço muito maior para o decisionismo judicial".

[19] Neste sentido é a jurisprudência do Tribunal Constitucional alemão, cf. KRELL, Andreas J. *Direitos sociais e controle judicial no Brasil e na Alemanha,* 2002, p. 61-62: "Ao mesmo tempo, a Corte deixou claro que esse 'padrão mínimo indispensável' não poderia ser desenvolvido pelo Judiciário como 'sistema acabado de solução', mas através de uma 'casuística gradual e cautelosa'".

jetivos a prestações estatais de índoles diversas[20]. É perceptível, ademais, que a atividade pretoriana é fundamental na construção de um parâmetro subsuntivo de mínimo existencial[21]. Com base em tais julgados e em aportes doutrinários precedentes[22], objetiva-se fornecer um conceito de mínimo existencial.

---

[20] Veja-se, por exemplo: TJRJ, Apelação Cível n. 0028108-44.2019.8.19.0042, 6ª Câmara Cível, rel. Des. Teresa de Andrade Castro Neves, j. 23-6-2021. "APELAÇÃO CÍVEL. DIREITO CONSTITUCIONAL E ADMINISTRATIVO. DIREITO À SAÚDE. EXAME OFTALMOLÓGICO. RESPONSABILIDADE SOLIDÁRIA. Preconiza o art. 23, II da Constituição da República Federativa do Brasil, o direito à saúde e à vida, as entidades federativas têm o dever comum de zelar pela saúde dos seus cidadãos, o que engloba as entidades que compõem a estrutura administrativa de cada uma das citadas entidades. Incidência da Súmula 65, do TJERJ. O fornecimento gratuito dos medicamentos e insumos, e/ou qualquer tipo de procedimento cirúrgico, indispensáveis ao tratamento de sua saúde, está assegurado pelos arts. 196 e 198 da CRFB/88, o que prestigia o princípio constitucional da dignidade da pessoa humana. *Princípio da reserva do possível que deve ser devidamente ponderado quando o direito invocado se relaciona ao núcleo das ações estatais que garantem o mínimo existencial.*" (destaque acrescentado).

No mesmo sentido, *vide*, exemplificativamente: TJRJ, Apelação Cível n. 0021398-03.2020.8.19.0000, 8ª Câmara Cível, rel. Des. Mônica Maria Costa Di Piero, j. 11-5-2021; TJRJ, Apelação Cível n. 0000805-32.2019.8.19.0082, 1ª Câmara Cível, rel. Des. Sergio Ricardo de Arruda Fernandes, j. 4-5-2021; TJSP, Apelação Cível, n. 1001714-52.2019.8.26.0150, Câmara Especial, rel. Des. Ana Luiza Villa Nova, j. 1-7-2021; TJSP, Apelação Cível n. 1003428-30.2018.8.26.0070, 1ª Câmara de Direito Público, rel. Des. Marcos Pimentel Tamassia, j. 14-6-2021; TJSC, Apelação Cível n. 0004537-93.2014.8.24.0005, 4ª Câmara de Direito Público, rel. Des. Bettina Maria Maresch de Moura, j. 15-4-2021.

[21] Os Judiciários estaduais têm precedentes nos quais, mesmo estando em causa direitos fundamentais de cunho prestacional, não se reconheceu aplicável a teoria do mínimo existencial. Confiram-se alguns deles: (*cadeira de rodas motorizada e tratamento domiciliar*) TJRJ, Apelação Cível n. 2005.001.44186, Rel. Des. José de Samuel Marques, j. 15-2-2006: "Apelação. Fornecimento de medicamentos, cadeira de rodas motorizada e tratamento médico domiciliar. A obrigação constitucional dos entes federativos no tocante à saúde da população, deve atender a um mínimo existencial dentro da reserva do possível, sob pena de se negar tal direito constitucional a outras pessoas necessitadas que se encontrem na mesma situação do autor". (*tratamento dentário meramente estético*) TJRS, Apelação Cível n. 70014417869, Rel. Des. Maria Berenice Dias, j. 3-4-2006.

[22] A propósito, v. TORRES, Ricardo Lobo. *O direito ao mínimo existencial*, 2009, p. 244 e s.; BARCELLOS, Ana Paula de. *A eficácia dos princípios constitucionais:* o princípio da dignidade da pessoa humana, 2002, p. 305 e s.

1.1. *O mínimo existencial em caráter abstrato* (prima facie)

Pois bem. O mínimo existencial, ao menos no que tange aos direitos prestacionais (*status positivus libertatis*), deve ser compreendido como sinônimo de *prestações mínimas para que sejam preservadas a liberdade e a dignidade da pessoa humana em seu núcleo essencial e intangível, o qual compreende (i) a subsistência do ser humano, (ii) a capacidade de autodeterminação e (iii) a capacidade de participação nas decisões públicas.* A extensão destas obrigações deve ser verificada diante do caso concreto, com todos os elementos considerados pelo magistrado (*all things considered*). A impossibilidade de se alcançar os limites do mínimo existencial sem considerações do mundo real, já que este resulta de um juízo de ponderação, não impede a construção de um mínimo existencial *prima facie, i.e.* com pretensão de ser um ponto de partida. Considerando, então, esta limitação prática, este tópico destina-se ao primeiro projeto, e o tópico seguinte busca fornecer alguns parâmetros para a delimitação do mínimo existencial já na etapa de julgamento.

1.1.1. O direito às prestações necessárias à manutenção da vida

O primeiro conjunto de prestações ligadas ao mínimo existencial diz respeito à manutenção da vida humana e do seu desenvolvimento sadio. De modo geral, quando se fala em mínimo existencial, é exatamente esta a ideia inicial que ocorre: o mínimo existencial como *mínimo vital*. Em termos filosóficos, não será possível qualquer contrato social ou cooperação democrática enquanto o ser humano corre o risco de morrer por falta de alimentos ou de prestações de saúde mínimas necessárias à sua subsistência. Do ponto de vista normativo, o mínimo existencial enquanto mínimo vital funda-se diretamente no direito à vida (art. 5º, *caput*, da CF/88)[23]. Este, portanto, o primeiro conteúdo básico do mínimo existencial: o direito de receber as prestações básicas necessárias à manutenção da própria vida.

Note-se que esta concepção quase literal do mínimo existencial é cientificamente aferível, bastando para isto tomar em consideração

---

[23] CF/88: "Art. 5º Todos são iguais perante a lei, sem distinção de qualquer natureza, garantindo-se aos brasileiros e aos estrangeiros residentes no País a *inviolabilidade do direito à vida*, à liberdade, à igualdade, à segurança e à propriedade, nos termos seguintes: (...)".

a dieta diária mínima da Organização Mundial de Saúde (OMS) para fins alimentares[24]. O direito à alimentação regular encontra-se, ademais, positivado pela Lei n. 11.346/2006, que introduziu no direito brasileiro o conceito de *segurança alimentar*[25]. Com base nestas disposições normativas, é perfeitamente possível falar no direito subjetivo público ao recebimento de alimentos *in natura* para a satisfação destes requisitos mínimos para sobreviver, desde que haja comprovada necessidade por parte do requerente. Vale mencionar que a jurisprudência do Superior Tribunal de Justiça tem determinado a entrega de leite especial para crianças quando o alimento é necessário à própria sobrevivência do infante[26]. O mesmo raciocínio justifica o pleito de fornecimento de alimentos que pode ser exercido por qualquer indivíduo. Em conclusão: o Estado deve manter uma política pública abrangente de fornecimento de alimentos básicos de modo gratuito ou subsidiado, sem embargo de ser reconhecido um dever individual e específico de prestar.

Do ponto de vista da saúde pública, o texto constitucional dá margem à interpretação de que as prestações de saúde necessárias à garantia da vida humana são imediatamente exigíveis, deixando as demais prestações a serem definidas por políticas públicas determinadas pelo legislador e pelo Administrador Público. A pretensão universalista do art. 196, da Constituição Federal de 1988, embora louvável do ponto de vista de meta social, revela-se absolutamente inviável no plano prático, de modo que não pode ser acolhida sem ressalvas. De toda sorte, ao condicionar o "direito à saúde" (*rectius*: direito a prestações de saúde) às políticas sociais e econômicas, tem-se que o art. 196 somente pode ser interpretado como uma norma *principiológica*. Portanto, as pretensões de saúde pública destinadas à manutenção da vida são imediatamente exigíveis nesta concepção abstrata de mínimo existencial, mas não o resto, que depende de

---

24 Estes parâmetros podem ser encontrados no guia alimentar do Ministério da Saúde, disponível em: http://bvsms.saude.gov.br/bvs/publicacoes/guia_alimentar_alimentacao_saudavel.pdf. Acesso em: 3-10-2014.

25 Lei n. 11.356/2006:"Art. 2º A alimentação adequada é direito fundamental do ser humano, inerente à dignidade da pessoa humana e indispensável à realização dos direitos consagrados na Constituição Federal, devendo o poder público adotar as políticas e ações que se façam necessárias para promover e garantir a segurança alimentar e nutricional da população".

26 STJ, REsp 900.487/RS, rel. Min. Humberto Martins, *DJ* 28-2-2007.

políticas públicas. Note-se que na construção do mínimo *in concreto*, pode o magistrado considerar, com base na lógica do seguro, que a tributação justifica prestações de saúde mais abrangentes que a defendida aqui.

Estes direitos mínimos, que podem ser ditos como parte integrante da zona de certeza positiva sobre o núcleo do princípio da dignidade da pessoa humana, decorrem inequivocamente de princípios e regras constitucionais previstos no art. 5º, *caput* e incisos, todos auto-aplicáveis por força do art. 5º, § 1º, da Constituição Federal[27]. Enfim, o conjunto de direitos apresentados neste tópico pode funcionar como ponto de partida, mas certamente está aquém do mínimo existencial que pode ser extraído com base na Constituição de 1988[28].

1.1.2. O direito de não ser submetido a tratamento desumano ou degradante

O segundo conjunto de prestações relacionadas ao mínimo existencial diz respeito à regra constitucional que veda a submissão a tortura e/ou a tratamento desumano ou degradante (art. 5º, III, da CF/88)[29]. A vedação constitucional a tratamento desumano e degradante serve de fundamento às pretensões de *amparo aos indigentes* de modo geral, já que permitir pessoas dormindo ao relento ou sem o suprimento das necessidades mais básicas (como acesso a sanitários e água potável para higiene pessoal) não é compatível com o conteúdo mais essencial do princípio da dignidade humana. De acordo com Maria Celina Bodin de Moraes, a dignidade do ser humano compreende necessariamente a *integridade psicofísica*, no qual se incluem o direito à existência digna, o direito à saúde além de garantias cíveis

---

[27] CF/88: "Art. 5º Todos são iguais perante a lei, sem distinção de qualquer natureza, garantindo-se aos brasileiros e aos estrangeiros residentes no País a inviolabilidade do direito à vida, à liberdade, à igualdade, à segurança e à propriedade, nos termos seguintes: (...) § 1º – As normas definidoras dos direitos e garantias fundamentais têm aplicação imediata".

[28] Sem embargo de se reconhecer que, em algumas regiões do Brasil, a fome ainda permanece sendo um gravíssimo problema social. Não sem razão o atual governo tem trabalhado com o conceito de "segurança alimentar". Contudo, a doutrina é categórica ao afirmar que mínimo existencial não é sinônimo de mínimo vital.

[29] CF/88: "Art. 5º (...) III – *ninguém será submetido a tortura nem a tratamento desumano ou degradante*".

(e.g., direito ao corpo, à identidade) e criminais (direito de não ser torturado, de não ser submetido a tratamentos cruéis)[30].

Portanto, com fundamento no próprio texto constitucional, é possível extrair um direito individual ao remédio de situações flagrantemente desumanas e degradantes, tais como presos encarcerados em celas superlotadas, em condições precárias de higiene, pessoas vivendo na rua ou debaixo de vias públicas. O Estado tem o dever, igualmente abrangente, de promover políticas públicas aptas a lidar com situações como a ausência absoluta de vestuário, assistência sanitária, abrigo etc.

1.1.3. O direito à educação básica

O terceiro conjunto de prestações ligadas ao mínimo existencial compreende os bens e serviços imprescindíveis à construção da própria personalidade, o que é precondição para o exercício da autonomia individual e, num segundo momento, para o exercício pleno dos direitos de cidadania. O direito à educação básica também decorre da necessidade de se igualar os pontos de partida dos cidadãos, ideia escorada na justiça. No plano normativo, funda-se nos direitos à liberdade e à igualdade, previstos no art. 5º, *caput*, da Constituição Federal de 1988, reforçado pelas regras específicas disciplinadas no art. 206 e seguintes do texto constitucional, as quais estabelecem genuínos direitos subjetivos. Por razões cumuladas, o direito à educação assume relevância ímpar, cabendo verificar os argumentos de maneira analítica, o que se empreende a seguir.

---

30 MORAES, Maria Celina Bodin. "O princípio da dignidade humana". In: *Princípios do direito civil contemporâneo*, 2006, p. 28: "No princípio de proteção à integridade psicofísica da pessoa humana estão contemplados, tradicionalmente, apenas o direito de não ser torturado e o de ser titular de certas garantias penais, como o tratamento do preso nas detenções e nos interrogatórios, a proibição de penas cruéis, etc. Na esfera cível, no entanto, a integridade psicofísica vem servindo a garantir numerosos direitos da personalidade (vida, nome, imagem, honra, privacidade, corpo, identidade pessoal), instituindo, hoje, o que se poderia entender como um amplíssimo 'direito à saúde', compreendida esta como completo bem-estar psicofísico e social. No princípio está contido ainda, e principalmente, o direito à existência digna, tendo sido previsto no texto constitucional, para tanto, o salário mínimo capaz de atender às necessidades vitais básicas do trabalhador e de sua família". Como a autora trata de dignidade da pessoa humana, e este tópico tem por escopo delimitar o mínimo existencial, a concepção da autora não pode ser adotada em sua integralidade.

Num primeiro plano, o direito à educação emerge como elemento necessário à formação da autoimagem do indivíduo, à estabilização das aspirações e preferências, em suma, ao desabrochar das características que vão conferir ao ser humano a individualidade que é inerente à personalidade[31]. É essencial que a sociedade forneça estes elementos mínimos que caracterizam o processo civilizatório. Por outro lado, de acordo com a concepção de justiça de Rawls (remete-se o leitor ao Capítulo II, onde o tema foi discutido com mais vagar) – e parece que qualquer teoria da justiça que queira fazer jus ao propósito seguirá o mesmo rumo – as características decorrentes do nascimento são tributárias da mais pura sorte. Permitir que o destino dos indivíduos seja decidido aleatoriamente é algo incompatível com a ideia de justiça, que consiste precisamente em reduzir ao máximo este elemento. O justo é dar a cada um de acordo com seus esforços e méritos. Nesta linha de raciocínio, cabe à sociedade igualar os pontos de partida dos indivíduos, deixando a cada um encontrar o ponto de chegada conforme o labor próprio.

Ademais, não basta que a sociedade garanta o direito à participação na gestão pública se não forem fornecidas as condições de vida para que o indivíduo seja capaz de fazê-lo com algum grau de reflexão e maturidade. Uma concepção de democracia meramente formal, regida pelo princípio majoritário, sem outras considerações, não dá conta desta dimensão essencial da vida em sociedade. Como esclarecem Amy Gutman e Dennis Thompson: "As pessoas não devem ser tratadas como meros objetos de legislação, como sujeitos passivos a serem comandados, mas como *agentes autônomos* que tomam parte no governo de sua própria sociedade, diretamente ou por meio de representantes"[32]. Vale transcrever ainda as palavras de Cass Sunstein: "Um direito ao mínimo social e a garantias econômicas pode ser justificado não apenas sob a base de que pessoas em condições desesperadoras não terão boas vidas, *mas também ao fundamento de que a democracia requer certa independência e segurança para todos*"[33].

---

31 Sobre o assunto, com amplas referências bibliográficas, confira-se: TEPEDINO, Gustavo. "A tutela da personalidade no ordenamento civil-constitucional brasileiro". *Temas de direito civil*, 2004, p. 23-58.

32 V. GUTMAN, Amy; THOMPSON, Dennis. *Why deliberative democracy?*, 2004, p. 3. A toda evidência, tal autonomia depende de capacidades culturais que não são, em qualquer hipótese, inatas, e que portanto dependem de investimento da própria sociedade (*i.e.*, prestações).

33 SUNSTEIN, Cass. *Designing democracies:* what constitutions do, 2001, p. 235.

Pois bem. O desenvolvimento da personalidade humana é garantido, inicialmente, pela educação básica, correspondente aos ensinos infantil e fundamental, direito que restou positivado pelo constituinte originário na forma de regra (art. 208, incisos e § 1º, da CF/88)[34]. Observe-se que o educando, nesta etapa da vida, tem direito subjetivo inclusive ao transporte, à alimentação, ao material didático-escolar e assistência à saúde, tudo no âmbito escolar. Do sistema constitucional relacionado ao direito à educação também é possível extrair um direito à existência de políticas públicas destinadas à erradicação do analfabetismo, progressiva universalização do atendimento escolar e melhoria da qualidade do ensino (art. 214)[35].

1.1.4. O acesso à justiça

Por fim, a concepção de mínimo existencial não seria completa sem referência ao acesso à justiça, direito fundamental previsto no art. 5º, XXXV e LXXIV, da Constituição Federal[36]. O acesso à justiça deve compor o mínimo existencial precisamente porque, sem ele, os indivíduos

---

[34] CF/88: "Art. 208. O dever do Estado com a educação será efetivado mediante a garantia de: I – ensino fundamental, obrigatório e gratuito, assegurada, inclusive, sua oferta gratuita para todos os que a ele não tiveram acesso na idade própria; II – progressiva universalização do ensino médio gratuito; III – atendimento educacional especializado aos portadores de deficiência, preferencialmente na rede regular de ensino; IV – educação infantil, em creche e pré-escola, às crianças até 5 (cinco) anos de idade; V – acesso aos níveis mais elevados do ensino, da pesquisa e da criação artística, segundo a capacidade de cada um; VI – oferta de ensino noturno regular, adequado às condições do educando; VII – atendimento ao educando, no ensino fundamental, através de programas suplementares de material didático-escolar, transporte, alimentação e assistência à saúde".

[35] CF/88: "Art. 214. A lei estabelecerá o plano nacional de educação, de duração plurianual, visando à articulação e ao desenvolvimento do ensino em seus diversos níveis e à integração das ações do Poder Público que conduzam à: I – erradicação do analfabetismo; II – universalização do atendimento escolar; III – melhoria da qualidade do ensino; (...)".

[36] CF/88: "Art. 5º XXXV – a lei não excluirá da apreciação do Poder Judiciário lesão ou ameaça a direito; (...) LXXIV – o Estado prestará assistência jurídica integral e gratuita aos que comprovarem insuficiência de recursos; (...)". CAPPELLETTI, Mauro; GARTH, Bryant. *Acesso à justiça*, 1988, p. 12: "O acesso à justiça pode, portanto, ser encarado como o requisito fundamental – o mais básico dos direitos humanos – de um sistema jurídico moderno e igualitário que pretenda garantir, e não apenas proclamar os direitos de todos".

não teriam meios de fazer garantir seus direitos, em especial os direitos prestacionais mínimos ora comentados. Em outras palavras, sem a instituição das devidas *garantias*, as quais compreendem não apenas a existência de um Poder Judiciário devidamente acessível e aparelhado, mas também as competentes ações aptas a tutelar os direitos violados, a enunciação constitucional de direitos seria mera promessa vazia.

Segundo Mauro Cappelletti e Bryant Garth[37], a expressão acesso à justiça designa, basicamente, duas finalidades do sistema jurídico de composição de litígios mantido pelo Estado: (i) o sistema deve ser acessível a todos; e (ii) ele deve produzir resultados sociais e individuais justos. Há três dificuldades básicas na materialização do direito de acesso à justiça na forma retratada, as quais já foram tratadas *en passant* no Capítulo III. A primeira diz respeito às estruturas e aos profissionais que cercam o aparato judicial. O aparelhamento material e humano do Poder Judiciário é extremamente custoso e demanda a presença de muitos profissionais de qualificação elevada. A segunda diz com a existência de instrumentos jurídicos aptos à tutela dos direitos violados. Após mais de 25 anos de vigência da Constituição Federal de 1988, é possível afirmar que estes dois pontos estão razoavelmente superados se comparados ao terceiro problema: o acesso à justiça demanda também capacidades culturais dos cidadãos, ou seja, eles precisam ter determinado nível educacional para serem capazes de reconhecer a violação a um direito. O ponto foi bem percebido pelos autores citados:

> "A 'capacidade jurídica' pessoal, se se relaciona com as vantagens de recursos financeiros e diferenças de educação, meio e status social, é um conceito muito mais rico, e de crucial importância na determinação da acessibilidade da justiça. Ele enfoca as inúmeras barreiras que precisam ser pessoalmente superadas, antes que um direito possa ser efetivamente reivindicado através do nosso aparelho judiciário. Muitas (senão a maior parte) das pessoas comuns não podem – ou, ao menos, não conseguem – superar essas barreiras na maioria dos tipos de processos"[38].

O problema é de difícil equacionamento pois depende não apenas de esforços do próprio Estado, como também da disponibilidade indi-

---

[37] CAPPELLETTI, Mauro; GARTH, Bryant. *Acesso à justiça*, 1988, p. 8.

[38] CAPPELLETTI, Mauro; GARTH, Bryant. *Acesso à justiça*, 1988, p. 23.

vidual para se interar sobre as questões relacionadas à justiça pública. Porém, também aqui, não é exagero sustentar a obrigação estatal de manter políticas públicas destinadas a suprir esta deficiência, as quais, todavia, acabam por se entrecruzar com as do item anterior (é dizer: este é um problema também educacional). De resto, a obrigação de prestar assistência jurídica integral e gratuita aos hipossuficientes, conceito muito mais abrangente que o de patrocínio judicial, decorre de regra jurídica constitucional e, portanto, é também um direito subjetivo público.

1.2. *Apontamentos para a construção do mínimo existencial* in concreto

Com base nestas ideias, e objetivando oferecer algum aperfeiçoamento, não será inútil apresentar alguns parâmetros para o reconhecimento dos próprios limites ao mínimo existencial em seu viés prestacional, quando necessário solucionar a questão envolvendo casos concretos. A seguir são propostos dois, com o desenvolvimento subsequente: *(i) o mínimo existencial deve corresponder a prestações que sejam passíveis de universalização; e (ii) o mínimo existencial deve ter sua extensão delimitada pelo nível de tributação da sociedade, considerado o esquema do seguro hipotético de Ronald Dworkin.*

Todas as construções teóricas que se prestam a fundamentar o mínimo existencial estão naturalmente vinculadas às necessidades básicas dos seres humanos considerados por sua própria natureza, e suas diferenças dizem apenas com os conteúdos mínimos exigidos para a fruição de uma vida digna. O pressuposto é sempre o mesmo: *o direito às prestações abarcadas pelo mínimo existencial é deferido àquele que ostentar a condição humana*. Tais construções são fundadas na filosofia kantiana de valorização do ser humano *como fim em si mesmo*. Neste passo, é de reconhecer um forte componente *igualitarista* nesta construção teórica, que não se harmoniza com o reconhecimento de privilégios de classe.

Assim, seria contrário a tal lógica admitir-se que o mínimo existencial se aplica de maneira diferente a pessoas iguais em substância. Em princípio, uma concepção de mínimo que não possa ser garantida igualmente a todas as pessoas que efetivamente a ele recorrem não se alinha às suas próprias bases teóricas, exatamente porque se presume que as necessidades básicas são idênticas e devem ser tratadas com igual consideração e respeito. Ademais, não se pode transformar a prestação judicial de direitos fundamentais em uma corrida na qual somente serão contemplados aqueles que ajuizarem primeiro as respectivas ações. Desta forma, um importante critério para o delineamento do mínimo existencial é a necessidade de que ele possua um *conteúdo universalizável*. Lembre-se que o mínimo existencial está diretamente relacionado ao núcleo essencial do princípio da dignidade da pessoa humana, mas não se cuida de um princípio autônomo. Logo, ao contrário do princípio da dignidade, que possui uma eficácia *prima facie* expansiva, o seu núcleo deve ter interpretação restritiva[39]. Um exemplo ajuda a esclarecer.

Quando um particular requer que o Estado custeie tratamento médico na modalidade *home care* (tratamento em domicílio), alegando que isto é necessário à garantia de uma vida digna, não se levantam dúvidas razoáveis a respeito do enquadramento da pretensão no campo de abrangência do princípio da dignidade da pessoa humana. De fato, é preferível para o indivíduo ser tratado no conforto de sua residência, na presença de seus familiares, a permanecer no hospital público, onde muitas vezes faltam comodidades básicas, tal como colchões e lençóis para cobrir as camas. Contudo, por se tratar de um pedido extremamente oneroso aos cofres públicos, *que não pode ser garantido a todos que dele necessitarem*, não há como acolher tal pretensão no âmbito do mínimo existencial[40]. O mesmo raciocínio se

---

[39] As razões para a interpretação restritiva aqui dizem respeito à constrição severa ao princípio democrático que a intervenção judicial representa nesta seara, pois desconsidera inclusive as previsões relacionadas no orçamento público. Não é preciso dizer que o mínimo existencial, por representar uma enorme ingerência judicial no espaço de deliberação democrática, e impor o sacrifício de muitos (por meio dos tributos) em benefício de alguns, deve ser realmente mínimo.

[40] No âmbito dos Tribunais de Justiça há dezenas de precedentes contrários ao entendimento defendido no texto, v. TJRJ, Apelação Cível n. 0002490-64.2019.8.19.0053, 8ª Câmara Cível, rel. Des. Mônica Maria Costa Di Piero, j. 19-11-2020; TJRJ, Agravo de Instrumento n. 0038990-60.2020.8.19.0000, 22ª Câmara Cível, rel. Des. Odete Knaack de Souza, j. 24-9-2020; TJRJ, Agravo de Instrumento n. 0004229-37.2019.8.19.0000, 17ª Câmara Cível, rel. Des. Wagner Cinelli de Paula Freitas, j. 13-3-2019; TJSP, Apelação Cível 1008937-18.2018.8.26.0077, 12ª Câmara de Direito Público, rel. Des. Souza Nery, j.

aplica a tratamentos experimentais no exterior, de altíssimo custo e eficácia duvidosa, que não podem ser entendidos como componentes do mínimo existencial.

A necessidade de tratamento isonômico já atrai o segundo parâmetro geral, concernente ao nível de tributação. Quanto a ele, cabe esclarecer que o mínimo existencial é uma fórmula de cobertura subjetivamente ampla, pois em princípio destinado a proteger indistintamente todos os indivíduos de determinada coletividade. Em razão desta pretensão primária de universalidade no atendimento, não se pode extrair do conceito de mínimo existencial a quantidade mais abrangente possível de direitos, sob pena de torná-lo de realização impossível, retirando-lhe a sua utilidade como conceito prático. Neste passo, a definição do mínimo existencial obrigatoriamente passa pela análise da tributação global realizada por dada sociedade concreta, já que sem recursos os direitos simplesmente tornar-se-ão promessas vãs. *E a instrumentalização desta análise deve ser feita com recurso ao esquema do seguro hipotético de Ronald Dworkin tratado no Capítulo II.* Assim, e.g., presumindo-se que pessoas razoáveis não estariam dispostas a utilizar todo o seu dinheiro para pagar o prêmio de um seguro envolvendo qualquer tipo de risco a saúde delas, a conclusão é que as prestações públicas de saúde não podem ter a máxima extensão imaginável. Tratamentos no exterior experimentais, cirurgias de altíssimo custo, ampliação de benefícios sociais pecuniários para hipóteses não previstas em lei, enfim, são exemplos de prestações que não devem ser consideradas incluídas no conceito jurídico de mínimo existencial[41]. Assim como todas as liberdades, o mínimo existencial também está limitado pelas exigências concretas.

Antes que se diga, admitir-se a interferência de razões financeiras na definição de direitos não implica o reconhecimento puro e simples

24-6-2019; TJSP, Agravo de Instrumento 3000832-21.2019.8.26.0000, 8ª Câmara de Direito Público, rel. Des. Ponte Neto, j. 10-4-2019; TJDFT, Apelação Cível n. 07076357220178070018, 6ª Turma Cível, rel. Des. Alfeu Machado, j. 30-10-2019; TJDFT.

[41] Especificamente sobre a questão da saúde pública, Ana Paula de Barcellos propõe, com muita perspicácia, que o Poder Judiciário utilize o padrão mínimo dos planos de saúde privados como parâmetro para o Poder Público. De fato, este é um indicativo excelente do que se entende por seguro-saúde básico aceitável na sociedade.

da reserva do possível, na forma como apresentada no Capítulo II. Algumas diferenças sutis separam o filtro com que o direito deve encampar o argumento econômico-financeiro no reconhecimento de direitos fundamentais. Isto porque a reserva do possível sugere o apreço pela definição pública do orçamento e pela disponibilidade de caixa da Administração Pública, mas o exame de tributação é mais amplo e envolve o esforço legítimo que a sociedade faz em favor da manutenção da coisa pública, e não exclui a possibilidade de um controle *inclusive* do próprio orçamento com o intuito de garantir direitos.

Como se viu, o problema do mínimo existencial não é tanto reconhecê-lo como exigível do Estado, mas sim defini-lo e limitá-lo. Os parâmetros acima podem ajudar na missão de delimitá-lo no caso concreto, mas não representam uma resposta definitiva. Ademais, embora seja tarefa dificultosa diferenciar a linha que divide o discurso político-ideológico e o jurídico nesta discussão, é inegável que compete ao Poder Judiciário, com os subsídios doutrinários, realizá-la, eis que se trata de uma condição de legitimação da ordem jurídica e, em última instância, do próprio Estado.

Ao mínimo existencial deve-se conferir eficácia positiva, é dizer: tais prestações são direitos subjetivos públicos conferidos à cidadania pela Constituição, sem os quais o próprio Estado perde sua razão de ser[42]. Decorrência desta visão *absoluta* do mínimo existencial[43] é a constatação de que ele deve valer mesmo contra a reserva do possível[44].

---

42 SARLET, Ingo Wolfgang. *Dignidade da pessoa humana e direitos fundamentais na Constituição de 1988*, 2002, p. 83: "Também por este motivo assiste inteira razão aos que apresentam a dignidade como critério aferidor da legitimidade substancial de uma determinada ordem jurídico-constitucional, já que diz com os fundamentos e objetivos, em suma, com a razão de ser do próprio poder estatal".

43 SARLET, Ingo Wolfgang. *Dignidade da pessoa humana e direitos fundamentais na Constituição de 1988*, 2002, p. 141: "Assim, ainda que se possa reconhecer a possibilidade de alguma relativização da dignidade pessoal e, nesta linha, até mesmo de eventuais restrições, não há como transigir no que diz com a preservação de um elemento nuclear intangível da dignidade (...)".

44 Essa tese vem sendo amplamente acolhida pelo Poder Judiciário nos últimos anos, inclusive nos Tribunais Superiores. Para ilustrar, confira-se: STJ, AgRg no REsp 1107511/RS, rel. Min. Herman Benjamin, *DJe* 6-12-2013: "Tratando-se de direito essencial, incluso no conceito de mínimo existencial, inexistirá empecilho jurídico para que o Judiciário estabeleça a inclusão

Gustavo Amaral se opõe a este raciocínio, em passagem que vale a pena ser transcrita por estar diretamente relacionada às teses defendidas neste livro. Confira-se:

> "De igual sorte, não nos parecem suficientes as posições defendidas por Ricardo Lobo Torres e Robert Alexy. Em primeiro lugar, diferenciar um núcleo nomeado como 'mínimo existencial' ou como *status positivus* das liberdades fundamentais, que seria sempre exigível, de outros direitos, que vigeriam sob a reserva do possível gera uma grande dificuldade lógica. A terminologia empregada para a exigibilidade dos direitos induz a uma aplicação binária, exigível x não exigível, ao passo que a noção de mínimo existencial inclui enorme gradação, não existindo divisões nítidas"[45].

Embora pareça correta a afirmação de que a essencialidade de um direito é aferida de maneira gradual, disto não decorre a impossibilidade real de se buscar uma linha que separe o que é mínimo existencial e os direitos cuja concessão está sujeita à deliberação democrática (em abstrato ou diante de um caso particular). Não há qualquer óbice teórico na demarcação de campos onde há direitos exigíveis e onde eles não existem, cabendo ao Poder Judiciário determinar casuisticamente esses espaços e à doutrina oferecer as regras gerais capazes de auxiliar nesta tarefa. No direito, esta forma de raciocinar é trivial. Veja-se, por exemplo, o princípio isonômico. Há diversos graus de desigualdade que o legislador pode expressar nas normas que produz. Naturalmente, alguns deles serão inadmissíveis, o que demanda a existência de um marco ou limite. O mesmo ocorre com o princípio da proibição do confisco, cuja aplicação também é gradual, e o princípio da proporcionalidade. Assim, é de rejeitar integralmente o argumento. O referido autor prossegue, considerando que:

---

de determinada política pública nos planos orçamentários do ente político, mormente quando não houver comprovação objetiva da incapacidade econômico-financeira da pessoa estatal"; e STJ, REsp 1.734.315/GO, rel. Min. Herman Benjamin, j. 22-5-2018: "Ademais, 'o controle jurisdicional de políticas públicas se legitima sempre que a 'inescusável omissão estatal' na sua efetivação atinja direitos essenciais inclusos no conceito de mínimo existencial' (AgInt no REsp 1.304.269/MG, rel. Min. Og Fernandes, 2ª Turma, *DJe* 20-10-2017)."

[45] AMARAL, Gustavo. *Direito, escassez & escolha*, 2001, p. 184-185.

"A escassez de recursos, a escassez de meios para satisfazer direitos, mesmo fundamentais, não pode ser descartada. Surgindo esta, o Direito precisa estar aparelhado para dar respostas. Certamente na quase totalidade dos países não se conseguiu colocar a todos dentro do padrão aceitável de vida, o que comprova não ser a escassez, quanto ao mínimo existencial, uma excepcionalidade, uma hipótese limite e irreal que não deva ser considerada seriamente"[46].

A afirmação de Gustavo Amaral é correta, e a resposta ao problema proposto envolve duas estratégias. Primeiro, de forma mais óbvia, a delimitação do mínimo existencial a patamares compatíveis com os recursos financeiros do Estado, exatamente o que se propôs linhas acima. O mínimo existencial não deve incluir "qualquer coisa" necessária à dignidade, mas sim somente o essencial. E a definição do essencial, no esquema do seguro hipotético, envolve aquilo que a sociedade paga na forma de tributos, em uma via de mão dupla. Feita esta adequação, o desequilíbrio será consequência antes de uma má definição de prioridades orçamentárias que, propriamente, da propalada "escassez de recursos", *mas não está excluída a redução do mínimo a patamares inferiores aos apresentados neste capítulo*. A segunda estratégia consiste em reconhecer nos particulares, em circunstâncias especiais, a responsabilidade pelo adimplemento de direitos quando o Estado não seja capaz de fazê-lo, o que é mais controverso e será objeto de um tópico específico ainda neste capítulo.

Em conclusão, o mínimo existencial reduz a zero o espaço de discricionariedade na execução das políticas públicas, permitindo ao Poder Judiciário, dentro desse estreito âmbito de essencialidade cogente efetuar um exame de suficiência e adequação sobre elas. É principalmente com base neste conceito que poderá ser fundamentado um direito subjetivo público à prestação positiva do Estado, tanto para efeito individual quanto coletivo. A extensão que se dá ao mínimo existencial depende de aspectos temporais, espaciais e subjetivos (em relação ao demandante), competindo ao Judiciário ir reconhecendo, de forma casuística, os casos em que ele está em jogo. Contudo, nesta tarefa, reiteramos, os juízes deverão considerar (i) a necessidade de universalização de seu acesso; e (ii) as limitações de receita que decorrem dos próprios limites tributários previstos na Constituição.

---

46 AMARAL, Gustavo. *Direito, escassez & escolha*, 2001, p. 185.

2. Políticas públicas constitucionais *não essenciais*: a área não nuclear dos princípios fundamentais

São políticas públicas não essenciais aquelas destinadas à concretização do espaço não nuclear dos princípios fundamentais e, em especial, daquilo que se pode chamar"zona de incerteza"quanto ao princípio da dignidade humana. Neste campo faz-se necessária a *interpositio legislatoris* para que existam nítidos direitos subjetivos públicos, e a atuação do administrador também é discricionária, embora não arbitrária. Por sua própria natureza, a construção do direito objetivo por intermédio de princípios jurídicos deixa aos órgãos políticos grande espaço de livre conformação, o qual é ínsito às democracias. Com efeito, para além do mínimo existencial, visto no tópico anterior, os direitos devem ser disponibilizados de acordo com as regras democráticas, sendo descabido o reconhecimento de direitos subjetivos públicos. O preenchimento de conteúdo dos direitos sociais e/ou individuais – os quais têm natureza de princípio, em sua maioria – deve se realizar em conformidade com os parâmetros do princípio da separação de poderes, admitindo-se a intervenção judicial somente em determinadas situações excepcionais, consoante os parâmetros que serão expostos no tópico II deste capítulo.

3. Políticas públicas derivadas do direito infraconstitucional

Quando as demandas que versam sobre políticas públicas adentram o Poder Judiciário, normalmente os argumentos esgrimidos pelas partes encontram sede constitucional. O autor invoca regras e princípios constitucionais relativos à saúde, educação, moradia etc., e o poder público, por seu turno, argumenta da mesma forma, afirmando que a pretensão viola os princípios da legalidade, da separação de poderes, da reserva de orçamento e democrático. Postos os argumentos desta maneira, a solução que resulta para o magistrado somente pode advir do processo de ponderação de bens, ante a inexistência de hierarquia entre os mencionados princípios constitucionais e a suposta colisão entre eles. Mas nem sempre esta forma de argumentar é correta nas demandas envolvendo direitos prestacionais.

Como afirmado, as políticas públicas devem ter esteio no ordenamento jurídico compreendido em sentido amplo. Muito mais do que um exame de legalidade estrita, exige-se que seja compatível com a juridicidade, de modo que pode ser consentânea com a concretização de um princípio constitucional sem que haja a mediação de qualquer regra. Neste esquema, não cabe ao Poder Judiciário, por parâmetro geral, fazer qualquer opção na concretização de princípios, ao menos em sua área não nuclear, haja vista a ausência de legitimidade democrática para tanto – incidem aqui as objeções já mencionadas no texto. É preciso ressalvar, contudo, os casos em que a política pública deriva diretamente de opção legal. Quando isto acontecer, não haverá qualquer objeção democrática e/ou de separação de poderes a ser vencida, e a implementação judicial do direito defluirá naturalmente da aplicação das leis. É o que Ingo Wolfgang Sarlet rotula de direitos derivados a prestações[47]. Dois exemplos ajudam a ilustrar o ponto.

O art. 1º da Lei federal n. 9.313/96 prevê o direito subjetivo dos portadores do vírus HIV (*i.e.*, Síndrome da Imunodeficiência Adquirida – AIDS) a receber gratuitamente do Sistema Único de Saúde os remédios necessários ao tratamento de sua doença[48]. Se, portanto, determinada demanda versar sobre este direito, é descabida qualquer referência aos princípios constitucionais, porquanto a própria legislação previu o direito em questão, inclusive indicando a respectiva fonte de custeio (art. 2º, da mesma lei). A única operação jurídica necessária, neste caso, será a de subsunção. Se o autor da lide provar que é portador da AIDS (questão de fato), enquadra-se na hipótese de incidência da regra, fazendo jus ao benefício legal. De igual maneira, a Lei n. 4.510/2005 do Estado do Rio de Janeiro instituiu gratuidade no transporte público intermunicipal a diversas categorias, dentre elas portadores de doença crônica que exijam tratamento continuado, cuja interrupção importaria em risco de morte, denominado "vale social".

---

[47] SARLET, Ingo Wolfgang. *A eficácia dos direitos fundamentais*, 2012, p. 301: "Por derradeiro, não se pode negligenciar o fato de que boa parte dos direitos fundamentais sociais consagrados na nossa Constituição já foram objeto de concretização pelo Legislador (...), não havendo dúvidas de que o particular é – nos termos da legislação concretizadora – titular de um direito subjetivo à prestação contemplado na Constituição". V. também TORRES, Ricardo Lobo. *Tratado de direito constitucional, financeiro e tributário*, v. 5, 2008, p. 430: "O processo legislativo possui importância superlativa para a afirmação da cidadania no campo dos direitos sociais e econômicos, embora seja pouco significativo no que concerne aos direitos da liberdade".

[48] Lei n. 9.313/96: "Art. 1º Os portadores do HIV (vírus da imunodeficiência humana) e doentes de AIDS (Síndrome da Imunodeficiência Adquirida) receberão, gratuitamente, do Sistema Único de Saúde, toda a medicação necessária a seu tratamento".

Novamente, basta a mera subsunção à hipótese legal para que o benefício seja reconhecido judicialmente.

Conforme se verifica em ambos os casos relatados acima, o direito concedido pela legislação (federal e estadual) já poderia ser imediatamente extraído da Constituição por aplicação da teoria do mínimo existencial, segundo os parâmetros declinados no início deste capítulo. Contudo, a existência de lei exonera o magistrado do elevado ônus argumentativo necessário para que as prestações sejam extraídas daquela forma. Se o direito estiver explicitamente previsto na legislação em vigor, como é o caso de muitas prestações sociais citadas ao longo deste trabalho, não será necessário ao órgão julgador aprofundar-se nas questões listadas acima, bastando aplicar a lei como normalmente o faria, já que esta é a função ordinária e precípua do Poder Judiciário num Estado Democrático de Direito.

II. PARÂMETROS DE CONTROLE DAS POLÍTICAS PÚBLICAS

1. Parâmetros específicos das políticas públicas essenciais

Alguns princípios podem ser especialmente úteis na tarefa do controle judicial de políticas públicas. Quando o objeto de análise forem as políticas públicas essenciais, exatamente porque estão situadas em um espaço que é contramajoritário, abre-se a possibilidade do controle judicial de *suficiência e adequação*. É dizer: um controle do próprio mérito administrativo. Sendo assim, os princípios da proibição da proteção deficitária e da vedação do retrocesso – ora explorados – somente serão aplicáveis quando estivermos diante de prestações que dizem respeito ao mínimo existencial.

1.1. *Princípio da proibição da proteção deficitária: o controle de suficiência e adequação das políticas públicas*

O princípio da proibição da proteção deficitária ou insuficiente, ainda pouco discutido na doutrina brasileira[49], é um parâmetro já uti-

[49] Sobre o tema: MENDES, Gilmar Ferreira; BRANCO, Paulo Gustavo Gonet. *Curso de direito constitucional*, 2013, p. 617-618; GRIMM, Dieter. "The protective function of the state". In: NOLTE, Georg (org.). *European and US constitutionalism*, 2005, p. 137-155; CANARIS, Claus-Wilhelm. *Direitos fundamentais e direito privado*, 2006.

lizado explicitamente pelo Supremo Tribunal Federal no controle de políticas públicas[50]. Segundo o Tribunal, apesar de este ser um campo normalmente submetido à atuação dos Poderes Legislativo e Executivo, o Poder Judiciário deverá efetuar o controle "especialmente nas hipóteses de políticas públicas definidas pela própria Constituição, sejam estas implementadas pelos órgãos estatais inadimplentes, cuja omissão (...) *mostra-se apta a comprometer a eficácia e a integridade de direitos sociais e culturais impregnados de estatura constitucional*"[51]. Logo, o Supremo

---

50 Observem-se, para ilustrar, os seguintes julgados recentemente exarados pelo STF: HC 104410, rel. Min. Gilmar Mendes, *DJe* 27-3-2012: "Pode-se dizer que os direitos fundamentais expressam não apenas uma proibição do excesso (Übermassverbote), como também podem ser traduzidos como *proibições de proteção insuficiente* ou imperativos de tutela (Untermassverbote). Os mandatos constitucionais de criminalização, portanto, impõem ao legislador, para o seu devido cumprimento, o dever de observância do princípio da proporcionalidade como proibição de excesso e como *proibição de proteção insuficiente*"; AI 598212 ED, rel. Min. Celso de Mello, *DJe* 24-4-2014: "CONTROLE JURISDICIONAL DE LEGITIMIDADE DA OMISSÃO DO ESTADO: ATIVIDADE DE FISCALIZAÇÃO JUDICIAL QUE SE JUSTIFICA PELA NECESSIDADE DE OBSERVÂNCIA DE CERTOS PARÂMETROS CONSTITUCIONAIS (PROIBIÇÃO DE RETROCESSO SOCIAL, PROTEÇÃO AO MÍNIMO EXISTENCIAL, *VEDAÇÃO DA PROTEÇÃO INSUFICIENTE* E PROIBIÇÃO DE EXCESSO) – DOUTRINA – PRECEDENTES – A FUNÇÃO CONSTITUCIONAL DA DEFENSORIA PÚBLICA E A ESSENCIALIDADE DESSA INSTITUIÇÃO DA REPÚBLICA: (...) a transgressão da ordem constitucional – porque consumada mediante inércia (violação negativa) derivada da inexecução de programa constitucional destinado a viabilizar o acesso dos necessitados à orientação jurídica integral e à assistência judiciária gratuitas (CF, art. 5º, LXXIV, e art. 134) – autoriza o controle jurisdicional de legitimidade da omissão do Estado e permite aos juízes e Tribunais que determinem a implementação, pelo Estado, de políticas públicas previstas na própria Constituição da República, sem que isso configure ofensa ao postulado da divisão funcional do Poder". (destaque acrescentado)

51 STF, RE-AgR 410715/SP, rel. Min. Celso de Mello, *DJ* 3-2-2006 (destaque acrescentado). Note-se que Lênio Luiz Streck afirma que o RE 418.376, julgado pelo Supremo Tribunal Federal em 2008, cuidou da primeira aplicação da proibição da insuficiência no direito brasileiro, em voto do Min. Gilmar Mendes. De fato, a aplicação explícita do princípio ocorreu no caso referido, que dizia respeito à aplicação do art. 107, VII, do Código Penal com vista à extinção da punibilidade nos crimes contra o costume. No caso concreto, o ofensor vivia com a ofendida, que à época do crime possuía apenas nove anos, em regime de concubinato, e pleiteava aplicação da referida norma

Tribunal Federal não admite que, para determinadas políticas públicas umbilicalmente ligadas aos direitos fundamentais, *haja omissão ou prestação deficiente* (*i.e.*, proteção deficitária), as quais se caracterizam por comportamentos inconstitucionais dos órgãos de poder. Em outras palavras, o dever de proteção estatal dirigido aos direitos fundamentais é violado quando o poder público age desta maneira.

A ideia de que tais direitos, além de delimitarem determinado espaço livre de ingerência estatal, também impõem deveres de proteção específicos ao Estado surgiu no direito alemão. Primeiramente com o desenvolvimento da teoria da *ordem objetiva de valores*, que ocorreu no julgado conhecido como "Lüth"[52]. Num segundo momento, na decisão sobre a descriminalização do aborto, proferida em 1975, quando se dá o advento da *teoria dos deveres de proteção*[53]. Neste segundo caso, a Corte Constitucional alemã declarou inconstitucional a aplicação irrestrita do art. 218a, na versão da quinta lei de reforma do Código Penal, editada um ano antes, que retirou a punibilidade da interrupção de gravidez nas doze primeiras semanas sem que hou-

---

penal. O Tribunal, por maioria, negou o pedido. STRECK, Lênio Luiz. "A (primeira) aplicação da *untermassverbot* pelo Supremo Tribunal Federal: comentário ao recurso extraordinário n. 418.376", *Observatório da jurisdição constitucional*, outubro-2008.

52 Sobre a ordem objetiva de valores, v. SARLET, Ingo Wolfgang. *A eficácia dos direitos fundamentais*, 2012, p. 146: "Outro desdobramento estreitamente ligado à perspectiva objetivo-valorativa dos direitos fundamentais diz com o que se poderia denominar eficácia dirigente que estes (inclusive os que precipuamente exercem a função de direitos subjetivos) desencadeiam em relação aos órgãos estatais. Neste contexto é que se afirma conterem os direitos fundamentais uma ordem dirigida ao Estado no sentido de que a este incumbe a obrigação permanente de concretização e realização dos direitos fundamentais". Para comentário ao caso Lüth, v. PEREIRA, Jane Reis Gonçalves. *Interpretação constitucional e direitos fundamentais*, 2006, p. 460-462.

53 Disponível em: <https://www.servat.unibe.ch/dfr/bv039001.html>. Acesso em: 10 jul. 2021. A decisão é conhecida por Aborto I, eis que houve outro julgado sobre o aborto, em 1993, no qual o tribunal flexibilizou sua posição sobre o tema. Comentários sobre os dois acórdãos podem ser encontrados em SARMENTO, Daniel. *Direitos fundamentais e relações privadas*, 2004, p. 160-165. Uma versão em português da decisão pode ser encontrada em: <http://www.stf.jus.br/arquivo/cms/jurisprudenciaBoletim/anexo/Pesquisa1Abortoatualizada18022019.pdf>. Acesso em: 21 jul. 2021.

vesse alguma razão específica para tanto[54]. Com base nesta decisão, superou-se a histórica percepção de que os direitos fundamentais apenas têm aspecto negativo, determinando que o Estado abstenha-se de praticar determinadas condutas, para também reconhecer nele a função promocional. Vale transcrever alguns trechos da decisão:

> "*O dever de proteção do Estado é abrangente.* Ele proíbe não apenas – o que é autoevidente – ataques diretos do Estado ao nascituro, mas também requer do Estado que tome posição protegendo e promovendo esta vida, o que é dizer, ele deve, acima de tudo, preservá-la mesmo que contra ataques ilegais de terceiros. (...) O grau de seriedade por meio do qual o Estado deve assumir sua obrigação de proteger aumenta na medida em que o bem jurídico protegido em questão está em patamares mais elevados na ordem de valores da Lei Fundamental.
>
> (...)
>
> O dever constitucional de proteger o nascituro é direcionado em primeiro lugar à legislatura. É tarefa incumbida à Corte Constitucional Federal, não obstante, determinar, no exercício da função que lhe foi atribuída pela Lei Fundamental, se a legislatura preencheu este dever. De fato, a Corte deve observar cuidadosamente o juízo da legislatura na avaliação das condições fáticas que jazem na base da formação das leis, discernimento que é necessário à realização de prognósticos e escolha dos meios. *A Corte não deve se colocar no lugar da legislatura; contudo, é sua tarefa examinar cuidadosamente se a legislatura, na moldura de possibilidades postas à sua disposição, fez o que é necessário para evitar os perigos ao bem jurídico a ser protegido*". (destaque acrescentado)

O fundamento da vedação à proteção deficitária está no *dever estatal primário de proteger os direitos fundamentais por meio de previsões legais e ações administrativas efetivas*[55]. Em outras palavras, radica-se na

---

54 Trecho do acórdão: "A Seção 218a do Código Penal na versão do Quinto Estatuto de Reforma da Lei Penal (5 PLRS) de Junho 18, 1974, (Federal Law Reporter I, p. 1297) é incompatível com o Artigo 2, Parágrafo 2, Frase 1, em conjunção com o Artigo 1, Parágrafo 1, da Lei Fundamental, e é nula na medida em que excetua a interrupção da gravidez de responsabilidade criminal, quando não existem razões que estão presentes, no sentido das razões para esta decisão terem validade na ordem de valores da Lei Fundamental".

55 A teoria dos deveres de proteção tem sido utilizada com maior frequência para legitimar a aplicação dos direitos fundamentais nas relações privadas, e

ideia geral de que o dever de proteger e promover os direitos fundamentais irradia-se a todos os poderes e órgãos do Estado, não lhes sendo legítimo omitir-se em tal tarefa. Sendo assim, onde puder ser reconhecido um *dever estatal* de proteção específico, também será necessário cogitar-se a respeito da efetividade com que o Estado se desincumbiu deste ônus, incidindo aí o controle judicial. Embora a escolha dos meios de proteção dos direitos fundamentais seja atribuída, inicialmente, aos órgãos legislativo e executivo, elas são passíveis de submissão ao controle judicial de constitucionalidade. Neste passo, cabe aos juízes avaliar os meios que estavam à disposição dos Poderes Públicos e julgá-los, para dizer se o dever de proteção foi cumprido de modo adequado.

Victor Abramovich e Christian Courtis sustentam, de forma mais ampla, que dos direitos sociais decorrem para os poderes públicos obrigações de *respeito, proteção, asseguramento e promoção*[56]. Esclarecem os autores que, por vezes, o indivíduo, com seu próprio labor, logrará alcançar o exercício dos direitos fundamentais, conquistando uma vida digna, e nestes casos o dever do Estado é não impedir a fruição do direito. É o que normalmente ocorre com a classe média, que recorre à iniciativa privada para ter acesso a prestações *básicas* de saúde e educação, que o Estado presta de forma precária. Estas obrigações de *respeito* e *proteção* são evidentes posições de defesa decorrentes dos direitos fundamentais. O Estado *promove* o direito à saúde, *v.g.*, quando impede a incidência de Imposto de Renda sobre os rendimentos de pessoas portadoras de doenças graves, como determina o art. 6º, XIV, da Lei n. 7.713/98[57], ou mesmo quando permite que os custos das prestações relacionadas a direitos sociais sejam deduzidos do imposto de renda. Portanto, a vedação da insuficiência tem como pressuposto

---

não no campo específico dos direitos prestacionais. A propósito do tema, v. SARMENTO, Daniel. *Direitos fundamentais e relações privadas*, 2004; SILVA, Virgílio Afonso. *A constitucionalização do direito:* os direitos fundamentais nas relações entre particulares, 2008, p. 107 e s.; PEREIRA, Jane Reis Gonçalves. *Interpretação constitucional e direitos fundamentais*, 2006, p. 431 e s.

56 ABRAMOVICH, Victor, COURTIS, Christian. "Apuntes sobre la exigibilidad judicial de los derechos sociales". In: SARLET, Ingo Wolfgang (org.). *Direitos fundamentais sociais:* estudos de direito constitucional, internacional e comparado, 2003, p. 140.

57 STJ, REsp 734.541-SP, rel. Min. Luiz Fux, *DJ* 20-2-2006.

uma visão mais elástica dos papéis do Estado no que tange à política de concretização de direitos fundamentais.

De acordo com a doutrina brasileira que cuidou do tema, a proibição da proteção deficitária é mais um desdobramento do princípio da proporcionalidade. Está no mesmo patamar do subprincípio da "vedação do excesso", que opera no âmbito da eficácia negativa dos princípios, sendo exatamente o seu oposto lógico[58]. Embora não se negue que a exigência de proteção adequada seja uma modalidade de eficácia dos direitos fundamentais, o fato é que a categoria tem autonomia dogmática. Portanto, a visão de que se enquadraria no princípio da proporcionalidade não é adequada e somente pode trazer mais problemas à dificultosa operacionalização prática do princípio[59]. Isto por uma razão singela: a análise de vedação do excesso se exaure na análise de um ato estatal específico; na proibição da deficiência, é preciso avaliar todas as medidas que estavam disponíveis. A vedação da proibição deficitária também não se confunde com a ideia de "dever de proteção" em si. Como explica Canaris, o dever de proteção cuida do *se* e a vedação da insuficiência trata de *como* o bem jurídico foi protegido[60]. Presente o dever de proteção, é de cogitar da suficiência das medidas administrativas e legislativas tendentes ao cumprimento da obrigação jurídica.

O principal problema na aplicação do princípio em comento diz com a fixação de patamares de efetividade para as políticas públicas essenciais. Alguns indicadores podem ajudar nesta tarefa: (i) no plano legislativo,

---

58 STRECK, Maria Luiza Schafer. "O direito penal e o princípio da proibição de proteção deficiente: a face oculta da proteção dos direitos fundamentais", mimeo, 2008, p. 81: "Dizendo de outro modo, enquanto os penalistas ligados à teoria garantista clássica liberal-iluminista se seguram no princípio da proibição de excesso (Übermassverbot), os "garantistas positivos" sustentam que existe um espécie de lado *b* da proporcionalidade – para utilizar a terminologia tradicional –, que é o princípio da proibição da proteção deficiente (Untermassverbot)".

59 Neste sentido, v. CANARIS, Claus-Wilhelm. *Direitos fundamentais e direito privado,* 2006, p. 67: "Uma transposição, sem modificações, do estrito princípio da proporcionalidade, como foi desenvolvido no contexto da proibição de excesso, para a concretização da proibição da insuficiência, não é, pois, aceitável, ainda que, evidentemente, também aqui considerações de proporcionalidade desempenhem um papel, tal como em todas as soluções de ponderação".

60 CANARIS, Claus-Wilhelm. *Direitos fundamentais e direito privado,* 2006, p. 122-125.

quando a lei estabelece padrões de qualidade ou metas específicas, ainda que inicialmente direcionada aos atores privados, como é o caso da cobertura mínima obrigatória para os planos de saúde[61] ou as exigências básicas estruturais para o funcionamento de unidades hospitalares[62] e escolas privadas; (ii) no plano administrativo, quando a própria Administração estipula padrões mínimos para si, por meio de normas administrativas, também é o caso de tê-la por autovinculada (e.g., por decreto a Administração fixa determinado número *mínimo* de médicos ortopedistas para atendimento regular em uma unidade hospitalar; o mesmo quanto ao número de professores em determinada escola pública)[63]. De toda forma, o Poder Judiciário sempre poderá atuar quando o exercício de um direito estiver obstaculizado pela omissão total da Administração no seu dever de implementar políticas públicas, seja reconhecendo direitos individuais, seja simplesmente determinando que *alguma* política seja criada para a hipótese específica.

A título de exemplo, veja-se o seguinte caso ocorrido no Estado do Rio de Janeiro. O Juízo da Vara da Infância e Adolescência da Comarca da Queimados concedeu liminar em ação civil pública determinando ao Estado a contratação de professores para o ensino fundamental, em ordem a suprir a carência das turmas nas escolas públicas estaduais da região. Interposto o agravo, a decisão afastou os argumentos esgrimidos pelo Estado nos termos seguintes:

> "AGRAVO DE INSTRUMENTO. TUTELA ANTECIPADA. VERBETE N. 59 DA SÚMULA DESTE TRIBUNAL. CONTRATAÇÃO DE PROFESSORES. ATUAÇÃO DO JUDICIÁRIO NA IMPLEMENTAÇÃO DE POLÍTICAS PÚBLICAS. (...) Direito à educação, erigido diretamente da Constituição Federal, que impõe a contratação de professores a fim de suprir a carência

---

[61] V. Lei n. 9.656/98, especialmente o art. 12, que trata do plano de saúde básico.

[62] Neste contexto, merece referência a Portaria n. 675/GM/2006, editada pelo Ministério da Saúde, que instituiu a Carta dos Direitos dos Usuários de Saúde.

[63] Este ponto foi bem percebido por VALLE, Vanice Lírio do. "Constitucionalização das políticas públicas e seus reflexos no controle". *Fórum Administrativo n. 85*, p. 18: "Ainda sob o prisma do controle, a enunciação, por intermédio dos mecanismos deliberativos democráticos ordinários, de políticas públicas e seu caminho de concretização amplia (vez que gera, para o administrador, uma autovinculação à sua própria decisão) os limites do controle, que passa a se pautar pelos critérios que a própria administração traçou para si ao enunciar a política pública e se desenvolver na hipótese".

de material humano que acomete a *rede de ensino fundamental* e, indiretamente, obstaculiza a fruição do direito subjetivo fundamental. *Desnecessidade de interposição legislativa. Inteligência dos arts. 5º, § 1º e 2º, 6º, 205 e 208, inciso I, e § 1º, da Lei Maior.* Aplicabilidade imediata das normas definidoras de direito fundamentais, que não se compadece com a alegação de ausência de fonte de custeio. A reserva do possível não pode servir de escusa ao descumprimento de mandamento fundado em sede constitucional, notadamente quando acarretar a supressão de direitos fundamentais, em atenção ao mínimo existencial e ao postulado da dignidade da pessoa humana. Precedentes do STF e deste Tribunal. *Astreinte* consentânea com o princípio da razoabilidade e com as peculiaridades do caso concreto. *Prazo para cumprimento do mandamento jurisdicional que, todavia, deve ser dilatado, eis que já encerrado o ano letivo.* Recurso provido, em parte, para prorrogar o prazo estabelecido pelo *decisum* até o início do ano letivo de 2008"[64]. (destaque acrescentado)

No mesmo sentido, a 12ª Câmara Cível da Comarca da Capital concedeu liminar em ação civil pública determinando ao Município a imediata nomeação de candidatos aprovados em concurso público para os cargos de professores de ciência e português, a fim de suprir a carência das turmas nas escolas públicas municipais da região. O acórdão restou ementado nos seguintes termos:

"AGRAVO DE INSTRUMENTO. AÇÃO CIVIL PÚBLICA. DECISÃO RECORRIDA QUE INDEFERIU PEDIDO DE TUTELA PROVISÓRIA DE URGÊNCIA, DE NATUREZA ANTECIPADA, PARA IMEDIATA NOMEAÇÃO DE CANDIDATOS APROVADOS EM CONCURSO PÚBLICO REALIZADO PELO MUNICÍPIO DO RIO DE JANEIRO, PARA OS CARGOS DE PROFESSORES DAS DISCIPLINAS DE CIÊNCIA E DE PORTUGUÊS. Concessão de tutela de urgência que exige a presença concomitante de dois pressupostos, quais sejam, probabilidade do direito e risco na demora, além da ausência de dano reverso. Recorrente alega que, embora o direito ao ensino eficiente seja constitucionalmente assegurado, a edilidade insiste em adotar medidas alternativas para suprir a carência de professores, em detrimento da convocação de docentes aprovados em certame público, causando efetivo prejuízo ao discentes das escolas públicas municipais. *Possibilidade de atuação do Poder Judiciário como propulsor de implementação de políticas públicas que se justifica quando con-*

[64] TJRJ, AI 2007.002.32900, rel. Des. Carlos Eduardo Passos, j. 19-3-2008.

figurada omissão abusiva do Poder Público. (...) Vislumbrada, no caso, a probabilidade do direito, ante o dever constitucionalmente atribuído aos entes municipais de prestar serviço educacional de qualidade. Risco de dano evidenciado no flagrante prejuízo causado aos alunos da rede pública, cuja instrução vem se tornando a cada ano mais frágil, conforme reconhecido por pesquisa realizada pelo IDEP. RECURSO CONHECIDO E PROVIDO."[65]. (destaque acrescentado)

Ora, a Constituição Federal garante o ensino fundamental como direito subjetivo público (integrante, como já dito, do mínimo existencial) e, portanto, a ausência de professores para determinadas disciplinas equivale ao próprio descumprimento da regra constitucional. A mera existência do estabelecimento escolar e a possibilidade de matrícula do aluno, por si sós, são elementos que não cumprem o mandamento constitucional em toda a sua extensão, já que o seu objetivo é permitir que, de fato, as crianças tenham acesso ao conhecimento. Na hipótese, o Tribunal de Justiça prorrogou o marco inicial para o cumprimento da decisão para o ano seguinte ao de sua prolação. Isso é positivo na medida em que permite a devida programação administrativa, inclusive com a inclusão das verbas necessárias ao seu adimplemento na lei orçamentária que vigorará no ano seguinte.

De igual modo, há ações civis públicas tramitando para que os hospitais públicos sejam supridos com um número mínimo de funcionários e instalações estruturais para o seu funcionamento adequado[66]. Uma vez tomada a decisão política de instalação do hospital público, nada mais natural que exigir lhe sejam fornecidos os instrumentos para que a população possa ser atendida de modo adequado.

---

[65] TJRJ, Agravo de Instrumento n. 0021398-71.2018.8.19.0000, 12ª Câmara Cível, rel. Des. José Acir Lessa Giordani, j. 4-9-2018.

[66] V., *e.g.*, Remessa Necessária n. 0000289-17.2018.8.19.0027, 9ª Câmara Cível, rel. Des. José Roberto Portugal Compasso, j. 17-6-2021: "REMESSA NECESSÁRIA. Ação Civil Pública. Obrigação de fazer. Adequação do funcionamento de Hospital Público. Condenação do Município a implementar as providências necessárias para garantir um adequado atendimento médico seguro e eficaz aos munícipes. Hipótese em que restou comprovado nos autos o estado precário do Hospital Municipal de Laje de Muriaé. Situação excepcional que justifica a ingerência do poder judiciário para assegurar os direitos constitucionalmente garantidos garantindo-se o mínimo existencial, como o direito à vida, à saúde e a dignidade. Sentença mantida em reexame obrigatório".

Por definição, a proibição da insuficiência exige que o Poder Judiciário defina patamares de efetividade para os direitos fundamentais, os quais servirão como paradigmas para a atuação dos demais poderes. Esta fixação, contudo, é sempre excepcional. O controle de suficiência em matéria de políticas pública não é, em regra, uma opção judicial, e somente será possível quando se tratar das políticas essenciais. Além disso, em momento algum poderá ser olvidada a necessidade de autocontenção por parte dos juízes, exigindo-lhes que ajam com parcimônia ao cominar obrigações para a Administração Pública.

1.2. *Princípio da vedação do retrocesso*

O princípio da vedação do retrocesso vem encontrando progressivo espaço no cenário jurisprudencial brasileiro, inclusive na seara do Supremo Tribunal Federal[67], além de possuir significativo corpo teórico no âmbito doutrinário[68]. Nomenclatura, natureza,

---

[67] Nos últimos anos, o aludido princípio fora, entre outros, citado nos seguintes precedentes do Supremo Tribunal Federal: Rcl 44.645, rel. Min. Ricardo Lewandowski, *DJe* 26-5-2021; ADI 5.013, rel. Min. Edson Fachin, *DJe* 16-11-2020; ADI 5.016, rel. Min. Alexandre de Moraes, *DJe* 29-10-2018; RE 646.721, rel. Min. Marco Aurélio, *DJe* 11-9-2017; RE 878.694, rel. Min. Luís Roberto Barroso, *DJe* 6-2-2018..

[68] Sobre o tema, consultou-se: DERBLI, Felipe. *O princípio da proibição do retrocesso social na Constituição de 1988*, 2007; SARLET, Ingo Wolfgang. *A eficácia dos direitos fundamentais*, 2012, p. 442-467; BARCELLOS, Ana Paula de. *A eficácia jurídica dos princípios constitucionais:* o princípio da dignidade da pessoa humana, 2002, p. 68-71; BARROSO, Luís Roberto. *O direito constitucional e a efetividade de suas normas*, 2009, p. 152-153; VIEIRA DE ANDRADE, José Carlos. *Os direitos fundamentais na Constituição portuguesa de 1976*, 1998, p. 307-311; CANOTILHO, Joaquim José Gomes. *Direito constitucional e teoria da Constituição*, 2003, p. 338-340; STRECK, Lenio Luiz. *Hermêutica jurídica e(m) crise*, 2001, p. 256-257; MENDONÇA, José Vicente dos Santos. "Vedação do retrocesso: o que é e como perder o medo". *Revista de Direito da Associação dos Procuradores de Novo Estado do Rio de Janeiro*, v. XII, 2003, p. 205-236; e SCHULTE, Bernd. "Direitos fundamentais, segurança social e proibição do retrocesso". *Revista AJURIS n. 99*, 2005, p. 259-279; SARLET, Ingo Wolfgang. "O Estado social de direito, a proibição de retrocesso e a garantia fundamental da propriedade", *Revista AJURIS n. 73*, 1998, p. 210-236; BARROSO, Luís Roberto; BARCELLOS, Ana Paula de. "O começo da história. A nova interpretação constitucional e o papel dos princípios no direito brasileiro". In: BARROSO, Luís Roberto. *Temas de direito constitucional*, t. III, 2005, p. 03-60 e LEAL, Roger Stiefelmann. "Direitos sociais e a vulgarização da noção de direitos fundamentais". Disponível em: http://www.ufrgs.br/ppgd/doutrina/leal2.htm. Acesso em: 10-7-2021.

fundamento jurídico-normativo e âmbito de incidência são objetos de variadas controvérsias, o que dificulta a sua operacionalização prática. Especificamente no âmbito das políticas públicas, que diz com a complexa efetividade constitucional operada pela Administração Pública, o princípio da vedação do retrocesso na concretização dos direitos fundamentais tem ainda um espaço absolutamente indefinido no direito brasileiro. As polêmicas a respeito do princípio em comento serão sucintamente expostas nos parágrafos seguintes, para após ser apresentada a forma como se entrelaçam ao controle de políticas públicas ditas *essenciais*, e finalmente demonstrado como pode ser aplicado a casos concretos, nos moldes da sistematização sugerida.

Há diversas propostas quanto à nomenclatura do princípio, dentre elas"vedação do retrocesso social, proibição do retrocesso, não retorno da concretização, não retrocesso social, eficácia vedativa do retrocesso, eficácia impeditiva do retrocesso, não evolução reacionária ou proibição da contrarrevolução social"[69]. Algumas demonstram nítido conteúdo ideológico atrelado aos direitos sociais, outras simplesmente valem-se de sinônimos para designar o mesmo fenômeno. Dentre as possibilidades semânticas, optou-se por aquela de uso mais corriqueiro (princípio da vedação do retrocesso). O conteúdo básico do princípio pode ser enunciado, de modo sucinto, nos termos seguintes: *é proibida a supressão ou redução injustificada do nível de concretização – por intermédio de direitos ou garantias – da Constituição por parte do legislador*[70]. É dizer: uma vez editadas as leis necessárias à eficácia de disposições constitucionais de

---

[69] MENDONÇA, José Vicente dos Santos."Vedação do retrocesso: o que é e como perder o medo". *Revista de Direito da Associação dos Procuradores de Novo Estado do Rio de Janeiro*, v. XII, 2003, p. 218.

[70] Esta definição será revista no curso do tópico V., sobre o tema, BARROSO, Luís Roberto; BARCELLOS, Ana Paula de."O começo da história. A nova interpretação constitucional e o papel dos princípios no direito brasileiro". In: BARROSO, Luís Roberto. *Temas de direito constitucional*, t. III, 2005, p. 44-45: "Partindo desses pressupostos, o que a vedação do retrocesso propõe se possa exigir do Judiciário é a invalidade da revogação de normas que, regulamentando o princípio, concedam ou ampliem direitos fundamentais, sem que a revogação em questão seja acompanhada de uma política substitutiva ou equivalente. Isto é: a invalidade, por inconstitucionalidade, ocorre quando se revoga uma norma infraconstitucional concessiva de um direito, deixando um vazio em seu lugar".

que delas dependem, não poderia o legislador simplesmente suprimi-las ou reduzi-las sem apresentar razões capazes de superar o princípio que veda o retrocesso, recriando uma omissão inconstitucional. O mesmo raciocínio, conforme defenderemos ao fim deste tópico, parece ser perfeitamente aplicável também para a Administração Pública, que não poderia extinguir ou comprimir desarrazoadamente regulamentos ou ações estatais (aqui se incluem, com destaque, as *políticas públicas*) que concretizam princípios inscritos na Constituição.

De acordo com os trabalhos analisados, é possível reconhecer a existência de duas matrizes teóricas para o princípio da vedação do retrocesso. Uma delas é alemã, país cujo texto constitucional não estipulou um catálogo de direitos sociais, aos quais normalmente se vincula dito princípio, de modo que o Tribunal Constitucional fez repousar o principal fundamento da vedação ao retrocesso no direito de propriedade[71]. A doutrina e a própria jurisprudência não descartam que os princípios da proteção da confiança, da dignidade da pessoa humana, do Estado social e da isonomia sirvam também como sustentáculo ao princípio da vedação do retrocesso, haja vista as diversas críticas entabuladas pela doutrina à aplicação da garantia da propriedade à defesa de prestações de caráter social contra legislação superveniente[72]. De todo modo, a Constituição brasileira fornece muito mais recursos ao intérprete em matéria de direitos prestacionais (individuais ou sociais), *locus* onde normalmente se desenrola a discussão a respeito deste tema específico, revelando-se desnecessário escorar dito princípio no direito de propriedade. Em razão de seu

71 SARLET, Ingo Wolfgang. "O Estado social de direito, a proibição de retrocesso e a garantia fundamental da propriedade", *Revista Eletrônica sobre a Reforma do Estado n. 9*, 2007, p. 213-214: "Consoante já referido, a principal solução desenvolvida na Alemanha para fundamentação de uma proteção para o sistema de prestações sociais e das respectivas posições jurídico-subjetivas encontra-se vinculada ao direito e garantia fundamental da propriedade (art. 14 da LF). A problemática da estabilidade e flexibilidade das posições jurídicas no âmbito da seguridade social acabou, por esta via, alcançando uma dimensão genuinamente constitucional".

72 Entre elas, o enfraquecimento do próprio direito de propriedade enquanto direito fundamental e a criação de um regime mais favorecido aos direitos sociais, em detrimento dos direitos individuais clássicos.

contexto e especificidades próprias, não se recorrerá à construção tedesca aqui[73].

A segunda fonte doutrinária e jurisprudencial para o princípio da vedação do retrocesso é oriunda do direito constitucional português, onde o Tribunal Constitucional reconheceu e aplicou o princípio em três ocasiões[74]. É nela que se abeberou, com maior frequência, a doutrina brasileira. O primeiro e mais importante caso oriundo daquele tribunal, cujo julgamento encontra-se no Acórdão n. 39/84[75], tratava do pedido de declaração de inconstitucionalidade do art. 17 do Decreto-Lei n. 254/82, que previa a revogação de quatro dispositivos da Lei n. 56/79, exatamente os que dispunham sobre o Serviço Nacional de Saúde. É dizer: com a edição do Decreto, o Serviço Nacional de Saúde deixaria de existir. O argumento principal da ação ajuizada pelo Presidente da República consistia na inconstitucionalidade formal do dispositivo, sustentando que a matéria deveria ser tratada pela Assembleia da República, por meio de lei. Havia, além disso, um segundo argumento consistente na alegação de que a extinção do Serviço Nacional de Saúde sem nada ter sido criado para substituí-lo consistiria em ofensa à garantia constitucional de proteção à saúde, expressamente consignada no art. 64º, n. 2,"a") da Constituição de Portugal[76]. Nessa linha de raciocínio, após extensa discussão e algum dissenso entre os julgadores, concluiu-se, por maioria, pela inconstitucionalidade do dispositivo por violação ao princípio que veda o retrocesso em matéria social.

---

[73] Além do artigo de Ingo Wolfgang Sarlet, remete-se o leitor à análise do direito alemão feita por DERBLI, Felipe. *O princípio da proibição do retrocesso social na Constituição de 1988*, 2007, p. 137-143.

[74] De acordo com CANOTILHO, Joaquim José Gomes. *Direito constitucional e teoria da Constituição*, 2003, p. 339. São os casos: Ac TC 39/84, caso do serviço nacional de saúde; Ac TC 148/94, caso das propinas; Ac TC 509/2002, caso do rendimento mínimo garantido. Para uma análise destes julgados, v. DERBLI, Felipe. *O princípio da proibição do retrocesso social na Constituição de 1988*, 2007, p. 144-160.

[75] Disponível em: <https://dre.pt/application/conteudo/385037>. Acesso em: 10 jul. 2021.

[76] CRP: "1. Todos têm direito à protecção da saúde e o dever de a defender e promover. 2. O direito à protecção da saúde é realizado: a) Através de um *serviço nacional de saúde* universal e geral e, tendo em conta as condições económicas e sociais dos cidadãos, tendencialmente gratuito; (...)".

A lógica utilizada por Vital Moreira, em seu voto vencedor, é singela. O texto constitucional impõe ao Estado tarefas cuja concretização depende da edição de leis e práticas administrativas, como é o caso das garantias à saúde pública. Tal norma não é *programática*, no sentido de que impõe uma obrigação abstrata ao Estado (e.g., promover a defesa e melhoria de saúde pública), mas sim *dirigente*, apontando exatamente aquilo que demanda dos órgãos públicos (*i.e.*, criação do sistema nacional de saúde). Se o Estado não cumpre a sua função de concretizar tais comandos, incide na inconstitucionalidade por omissão; se, porém, concretiza o texto constitucional e depois pretende desfazê-lo, a hipótese será de inconstitucionalidade por ação. Portanto, uma vez que a Constituição tenha sido concretizada, afirma-se que a eficácia constitucional passa a proteger as leis que serviram a tal mister, impedindo assim que se opere em contrariedade a elas. Como se verifica, o Tribunal Constitucional de Portugal não adotou os mesmos fundamentos de seu congênere alemão, alicerçando a sua concepção nas chamadas imposições constitucionais legiferantes, com inspiração declarada na tese de Joaquim José Gomes Canotilho[77]. Estes argumentos não estão infensos à crítica, como se verá adiante. Antes de passar a ela, porém, é necessário verificá-los mais a fundo.

Na ausência de qualquer disposição constitucional expressa prevendo o princípio mencionado, o seu fundamento jurídico somente pode ser obtido com recurso aos demais princípios do sistema jurídico, em especial os da própria Constituição. O ponto não é pacífico, e as diferenças doutrinárias refletir-se-ão no âmbito de aplicação do princípio. De modo geral, sustenta-se que o princípio da efetividade da Constituição[78], corolário da modesta ideia de que o texto consti-

---

77 CANOTILHO, Joaquim José G. *Constituição dirigente e vinculação do legislador*, 1994.

78 Sobre o princípio da efetividade, v. BARROSO, Luís Roberto. *Interpretação e aplicação da Constituição*, 2009, p. 253: "A ideia de efetividade, conquanto de desenvolvimento relativamente recente, traduz a mais notável preocupação do constitucionalismo nos últimos tempos. Ligada ao fenômeno da juridicização da Constituição, e ao reconhecimento e incremento de sua força normativa, a efetividade merece capítulo obrigatório na interpretação constitucional". Sobre a efetividade constitucional, v., do mesmo autor, *O direito constitucional e a efetividade de suas normas*, 2002, p. 75-90 e "A doutrina brasileira da efetividade". In: *Temas de direito constitucional*, t. III, 2005, p. 61-78.

tucional possui normatividade jurídica (*i.e.*, existe para ser cumprido), veda ao legislador que recrie omissões inconstitucionais. Assim, é razoavelmente consensual que a atividade de revogação de leis que dão concretização ao texto constitucional sem que haja alguma espécie de compensação ou fortes razões para a supressão *tout court* não é legítima, eis que contraria este princípio específico de interpretação constitucional[79]. Por outro lado, a doutrina também reconhece que a vedação do retrocesso não pode ser aplicada de forma absoluta, sem espaço para razões contrapostas que eventualmente afastem a sua incidência[80]. Isto é da lógica de aplicação dos princípios, os quais não são absolutos por definição, e decorre igualmente da ideia de que não há hierarquia entre as normas constitucionais. O consenso vai até este limite.

Ingo Wolfgang Sarlet funda a vedação do retrocesso nos princípios da segurança jurídica, proteção da confiança legítima, ambos decorrentes da cláusula do Estado democrático e social de Direito, e dignidade da pessoa humana, sustentando a aplicação ampla da vedação do retrocesso aos direitos fundamentais por força do art. 5º, § 1º, da Constituição Federal de 1988[81]. Afirma o autor que negar vigência ao princípio da vedação do retrocesso implica admitir que a concretização da Constituição e dos direitos fundamentais são objeto de discricionariedade legislativa, o que não se pode ter por correto, e acrescenta que os mecanismos de proteção da segurança social previstos no texto constitucional não são suficientes. Prossegue reconhecendo que é impossível sustentar a aplicação absoluta da vedação do retrocesso, com o que seriam corretas as críticas formuladas contra o reconhecimento do princípio. Com base nisso, propõe que o resgate da noção

---

79 Contra, v. o muitas vezes citado trabalho de LEAL, Roger Stiefelmann. "Direitos sociais e a vulgarização da noção de direitos fundamentais". Disponível em: http://www.ufrgs.br/ppgd/doutrina/leal2.htm. Acesso em: 10-7-2021: "É exatamente por força do postulado da democracia pluralista alegado por Jorge Miranda que não parece muito adequado extrair das normas definidoras de direitos sociais uma vedação ao retrocesso da concretização adquirida por elas. A efetivação de direitos sociais é uma questão governamental que envolve outros fatores como a disponibilidade de recursos financeiros e a fixação de prioridades políticas".

80 Cf. SARLET, Ingo Wolfgang. *A eficácia dos direitos fundamentais*, 2012, p. 460-467.

81 SARLET, Ingo Wolfgang. *A eficácia dos direitos fundamentais*, 2012, p. 455-457.

de núcleo essencial dos princípios, para então concluir que a vedação de retrocessão deve restringir-se a ele: "é em primeira linha o núcleo essencial dos direitos sociais que vincula o poder público no âmbito de uma proteção contra o retrocesso e que, portanto, encontra-se protegido"[82].

Luís Roberto Barroso e Ana Paula de Barcellos entendem a vedação do retrocesso não como um princípio jurídico, com conteúdo finalístico próprio, mas como uma modalidade de eficácia dos princípios que instituem direitos fundamentais[83]. Assim, seria atributo próprio das normas jurídicas principiológicas exibir uma feição negativa específica, proibindo que o legislador atue de maneira contrária à concretização anteriormente efetuada. Alinham-se, portanto, às teses de Ingo Wolfgang Sarlet, reconhecendo a vedação do retrocesso como aplicável a todos os princípios que cuidam dos direitos fundamentais, embora não avancem na construção de critérios específicos para distribuição da eficácia "vedativa do retrocesso"[84] aos princípios jurídicos. Note-se que José Vicente dos Santos Mendonça e Felipe Derbli discordam dos autores referidos, reconhecendo a natureza material do princípio da vedação do retrocesso. Segundo o primeiro, "[o] fato é que o princípio da vedação do retrocesso produz, como é evidente, efeito relacionado à eficácia – e mais ainda: à validade da norma, que se reputará inconstitucional". E prossegue:

82 SARLET, Ingo Wolfgang. *A eficácia dos direitos fundamentais,* 2005, p. 433. A passagem, registre-se, não foi reproduzida em edições mais recentes do livro.

83 BARROSO, Luís Roberto; BARCELLOS, Ana Paula de. "O começo da história. A nova interpretação constitucional e o papel dos princípios no direito brasileiro". In: BARROSO, Luís Roberto. *Temas de direito constitucional,* t. III, 2005, p. 44: "A vedação do retrocesso, por fim, é uma derivação da eficácia negativa, particularmente ligada aos princípios que envolvem os direitos fundamentais". No mesmo sentido: BARCELLOS, Ana Paula de. *A eficácia jurídica dos princípios constitucionais:* o princípio da dignidade da pessoa humana, 2002, p. 68.

84 Ana Paula de Barcellos aponta para a necessidade de análise da fundamentalidade jurídica e social da norma a fim de extrair seus índices de eficácia, que normalmente não são definidos aprioristicamente pelo legislador. In: *A eficácia jurídica dos princípios constitucionais:* o princípio da dignidade da pessoa humana, 2002, p. 89: "A fundamentalidade social e a jurídica são os dois critérios gerais que conduzem à distribuição das modalidades de eficácia jurídica pelas normas".

"ninguém pondera princípio com modalidade de eficácia jurídica. As ponderações são feitas entre princípios"[85].

Felipe Derbli, em monografia específica sobre o tema, sustenta que a vedação do retrocesso é um princípio de aplicação específica para os direitos sociais, e que possui conteúdo material próprio. Seu fundamento normativo encontra-se no dever de ampliação dos direitos fundamentais sociais (arts. 5º, § 2º e 7º, *caput*, da CF/88), objetivando a redução das desigualdades sociais e a construção de uma sociedade solidária e socialmente justa (arts. 3º, I e III, e 170, VII e VIII, da CF/88). O autor, assim, rejeita a aplicação genérica do princípio da vedação do retrocesso aos demais direitos fundamentais e também a ideia de que a sua natureza corresponde a uma modalidade de eficácia principiológica, como defendem Ana Paula de Barcellos e Luís Roberto Barroso, pois tal raciocínio conduziria à exclusão das regras constitucionais que definem direitos fundamentais da proteção. Para não sucumbir às críticas ao princípio que são formuladas, o autor desenvolve refinada construção teórica a respeito da extensão da aplicabilidade de dito princípio.

Em primeiro lugar, promove a distinção entre normas programáticas, marcadas pela abstração e que não impõem obrigações legiferantes, senão em caráter muito tênue[86]; e normas definidoras de direitos, cujo conteúdo exige a atuação legislativa imediata do Estado, sob pena de configuração de omissão inconstitucional[87]. A proibição de

85 MENDONÇA, José Vicente dos Santos. "Vedação do retrocesso: o que é e como perder o medo". *Revista de Direito da Associação dos Procuradores de Novo Estado do Rio de Janeiro*, v. XII, 2003, p. 229.

86 DERBLI, Felipe. *O princípio da proibição do retrocesso social na Constituição de 1988*, 2007, p. 231: "Assim ocorre porque, na medida em que as normas programáticas cuidam de finalidades a serem objetivamente alcançadas pelo Estado, sem, contudo, descrever a conduta através da qual as mesmas deverão ser promovidas, bem como em virtude do seu frequente recurso a conceitos total ou parcialmente indeterminados, é necessário que o Estado, através da atividade legislativa, intervenha para precisar os meios pelos quais se buscarão os fins previstos na norma programática".

87 DERBLI, Felipe. *O princípio da proibição do retrocesso social na Constituição de 1988*, 2007, p. 232: "No caso das normas definidoras de direitos sociais, o conteúdo da norma constitucional é a descrição de uma conduta, omissiva ou comissiva, a ser seguida pelo Estado e mesmo pelos particulares (...), ou ao menos uma finalidade de resguardar um interesse individualizável (ou seja, uma posição subjetiva) num caso concreto – restará ao legislador tão somente criar as normas infraconstitucionais necessárias à sua plena exequibilidade".

retrocesso somente será aplicável neste último caso, pois somente aí será possível extrair uma posição subjetiva de cunho social individual. Em segundo lugar, para enfrentar a arguta crítica que consiste na afirmação de que a vedação do retrocesso promove a calcificação do direito infraconstitucional, elevando-o à condição de norma constitucional[88], o autor afirma que"o reconhecimento do princípio da proibição do retrocesso social é um testemunho da existência do processo informal de modificação da Constituição deflagrado pela ação do legislador"[89]. É dizer, no seu entender, a regulamentação infraconstitucional promovida pelo legislador teria sido incorporada ao próprio princípio de direito fundamental social inscrito na Constituição, de modo que não haveria uma alteração na hierarquia das normas, mas sim uma releitura (mutação) da própria Constituição.

Não nos parece, contudo, que a vedação do retrocesso deva se restringir somente aos direitos fundamentais sociais, como propugna o autor. Primeiro, em razão da conhecida característica unitária dos direitos fundamentais, o que torna incongruente o estabelecimento de um regime mais favorecido aos direitos sociais prestacionais, porquanto também existem direitos prestacionais de caráter individual de igual importância. Segundo, sendo eficácia ou princípio, é mister reconhecer no princípio da efetividade constitucional e na primazia dos direitos fundamentais, a sua pedra fundamental. A *ratio essendi* do instituto é a garantia de supremacia da Constituição contra a atividade do legislador e do administrador. Portanto, não há razão para a mencionada

---

[88] Na mesma medida, a vedação do retrocesso promoveria o legislador ordinário à condição de legislador constituinte. Existe, portanto, uma dificuldade "democrática" na construção teórica a respeito do princípio. Na doutrina portuguesa, o maior opositor à aplicação da vedação do retrocesso é ANDRADE, José Carlos Vieira de. *Os direitos fundamentais na Constituição portuguesa de 1976*, 1998, p. 308-309:"A proibição do retrocesso não pode constituir um princípio jurídico geral nesta matéria, sob pena de se destruir a autonomia da função legislativa, degradando-a a mera função executiva da Constituição. A liberdade constitutiva e a autorrevisibilidade, ainda que limitadas, constituem características típicas da função legislativa e elas seriam praticamente eliminadas se, em matérias tão vastas como as abrangidas pelos direitos sociais, o legislador fosse obrigado a manter integralmente o nível de realização e a respeitar os direitos por ele criados".

[89] DERBLI, Felipe. *O princípio da proibição do retrocesso social na Constituição de 1988*, 2007, p. 269.

diferenciação. No que toca à ontologia da vedação do retrocesso, também não nos parece que possa ser considerada um princípio com carga material autônoma, devendo ser compreendido como um princípio de caráter instrumental e implícito ao sistema constitucional, cujo conteúdo aponta no sentido já anteriormente mencionado.

Felipe Derbli e Ingo Wolfgang Sarlet associam o princípio da vedação do retrocesso ao núcleo essencial de princípios jurídicos, permitindo que haja "retrocesso" no que toca às áreas não nucleares dos princípios. Somente a atividade legislativa que decorra ou adira ao núcleo essencial recebe proteção reforçada, sob pena de se inviabilizar qualquer modificação futura na configuração dos direitos prestacionais. Para Derbli, é imperativo verificar se a concretização se integrou ao núcleo constitucional dos direitos, o que deve ser aferido segundo a consciência jurídica geral. Portanto, tais trabalhos se alinham com a tese aqui defendida, *que reconhece a um grupo de direitos fundamentais prestacionais caráter essencial, ao qual devem ser deferidas prerrogativas especiais contra a atuação do poder público, dentre elas a aplicação do princípio da vedação do retrocesso*[90].

Nenhum dos autores mencionados acima lida com a possibilidade de estender a vedação do retrocesso (seja princípio ou eficácia) à atividade de concretização de direitos fundamentais (sociais ou individuais) pela Administração Pública, o que se dá por meio da realização de políticas públicas, como já visto. Ora, os fundamentos declinados para sustentar a incidência de dito princípio na redução do espaço de conformação do legislador servem, com razão ainda maior, à atividade administrativa. O princípio da efetividade da Constituição também impõe à Administração Pública o dever de maximização e manutenção da efetividade constitucional já conquistada. Ademais, a atividade legislativa, por ser essencialmente criadora, demanda maior liberdade que a atividade da Administração Pública, naturalmente subordinada à lei, de modo que a vedação do retrocesso merece, com maior mérito, ser utilizada como filtro da atividade administrativa. Aliás, parece

[90] Como forma de operacionalizar a aplicação da vedação do retrocesso, Ana Paula de Barcellos oportunamente sugere a realização de um teste que, na realidade, acaba por entrelaçar a garantia de suficiência e a vedação do retrocesso, confira-se o ponto: "A ideia básica é confrontar a nova regulamentação com a garantia mínima que decorre da Constituição e não propriamente com a disciplina já adotada pelo legislador infraconstitucional". In: *A eficácia jurídica dos princípios constitucionais*, 2008, p. 90.

inaceitável que seja de outra maneira, eis que a sua aplicação parcial pode muitas vezes tornar estéril a discussão a respeito da eventual incidência do princípio ao nível legislativo[91].

Figure-se o seguinte exemplo: a Administração Pública de um município hipotético decide fechar, sem qualquer justificativa, a única escola primária do município (ou de um bairro distante, em zona rural), sem providenciar alternativa aos estudantes da região, que pode ser, por exemplo, transporte para as demais escolas (de outros bairros ou municípios) ou bolsas em estabelecimentos privados. Como visto no tópico anterior, a educação fundamental consiste em elemento integrante do mínimo existencial, regra expressa no texto constitucional (art. 208, § 1º, da CF/88), de modo que não pode ser negligenciada pelo Administrador Público em nenhuma hipótese. Desta forma, é possível vislumbrar a aplicação do princípio para sustentar, em controle judicial, que a escola seja mantida aberta até que o ente administrativo providencie solução alternativa para o adimplemento do direito subjetivo público.

No âmbito do direito ao abrigo, há um caso oriundo do Tribunal de Justiça do Rio de Janeiro em que a aplicação da vedação do retrocesso[92], precisamente nos moldes ora propostos, foi cogitada. Cuidava-se de ação pelo rito ordinário ajuizada por cinco usuários, em litisconsórcio ativo, do hotel popular situado na Central do Brasil, localizado no centro da cidade do Rio de Janeiro e mantido pelo Estado do Rio de Janeiro e pela Fundação Leão XIII[93]. Segundo cons-

---

91 Embora sem chegar ao mesmo resultado, Felipe Derbli expressa exatamente esta preocupação:"(...) é imprescindível que a concretização legislativa dos direitos fundamentais sociais leve em conta as circunstâncias fáticas com as quais se relaciona e as situações que vierem a ser criadas sob a sua vigência. Em outras palavras, é necessário que seja tomada em consideração a realidade constitucional, e essa é uma ressalva presente em dois dos três votos vencidos do Acórdão n. 39/84 (...) *José Manuel Cardoso da Costa e Messias Bento observam, no caso posto sob sua apreciação, que o Serviço Nacional de Saúde jamais teria existido. Assim, de nada adiantaria preservar um grau de densificação normativa, alcançado através da lei, se esta nunca chegou a ser implementada;* (...)". (destaque acrescentado)

92 TJRJ, 8ª Câmara Cível, Apelação Cível n. 2008.001.49362, Rel. Des. Mônica Maria Costa, j. 18-11-2008.

93 Cuida-se de fundação pública estadual vinculada à Secretaria Estadual de Assistência Social e Direitos Humanos, que tem por objetivo promover ações diretas de prevenção, inserção e promoção social nas comunidades carentes e bolsões de pobreza de todo o Estado (cf. http://www.leao.rj.gov.br), acesso em: 27-8-2009.

ta do voto condutor do acórdão que deu solução ao caso, os cinco autores eram moradores do interior do Estado e não possuíam recursos para fazer o percurso de ida e retorno todos os dias, razão pela qual passavam os cinco dias úteis da semana no referido abrigo. Isto ocorreu até março de 2006, quando a Administração Pública estadual determinou o limite máximo de estadia em 3 (três) dias por semana para cada pessoa e reduziu o número de vagas disponíveis, de 138 (cento e trinta e oito) para 43 (quarenta e três) por noite. Os autores também pleiteavam indenização por danos morais por terem sido obrigados a efetuar o pernoite em igrejas, rodoviárias e até mesmo em praças públicas.

Em sua defesa, os réus alegaram basicamente a inexistência de direito subjetivo à vaga no hotel popular, e que questões orçamentárias levaram à redução do quantitativo de funcionários lotados no referido estabelecimento, resultando na diminuição das vagas disponíveis. Arguiram também a inexistência de violação ao princípio da dignidade da pessoa humana, de danos morais e de obrigação constitucional de suprir o déficit habitacional para todos os que assim pleiteiam, bastando que o poder público possua um programa geral de assistência neste sentido. Neste passo, vê-se que a matéria deduzida em juízo consistia precisamente na nulidade do ato administrativo que limitou o número de noites de cada indivíduo, em contrariedade à situação (melhor) anterior. A sentença proferida em primeiro grau julgou parcialmente procedente o pedido, rejeitando apenas o pleito de indenização por danos morais, ensejando a interposição de recurso por parte dos réus.

O acórdão, além de analisar outros fundamentos, discute especificamente a incidência do princípio da vedação do retrocesso na hipótese, consignando expressamente que:

> "A matéria em debate comporta, ainda, a análise do princípio da *proibição do retrocesso social,* como forma de assegurar a estabilidade dos direitos fundamentais, voltado para a segurança jurídica e efetivação da dignidade da pessoa humana.
>
> A cláusula de vedação do retrocesso, como preferem alguns, prestigia o desenvolvimento e a evolução dos direitos sociais impedindo, assim, que normas de caráter fundamental venham a sofrer limitações de efetividade e eficácia, mediante reformas legislativas, constitucionais, ou administrativas, de forma a causar desestabilidade jurídica.

(...)

Dessa forma, assim como de um lado existe um dever do Estado de implementar as prestações positivas, de outro há que se verificar a impossibilidade de se atentar contra a realização do direito social alcançado, a fim de que não sejam extirpadas ou mitigadas de forma desproporcional e desarrazoada, o que consiste em uma prestação negativa.

Assim, impede-se que a norma legal regulamentadora seja revogada por outro ato normativo sem política substitutiva.

Não se pode perder de vista que o poder discricionário do Executivo, na criação de normas regulamentadoras imperiosas à efetivação dos direitos fundamentais, também deve guardar obediência ao referido princípio.

Entretanto, no caso em apreço, verifica-se que a via processual adotada acabará por implicar em violação ao princípio da isonomia material, visto que, o êxito da demanda, prestigiará os autores em detrimento dos demais usuários que se encontram na mesma situação jurídica". (destaque acrescentado)

A solução propugnada pela Relatora, que acabou por sagrar-se vencedora no julgamento do recurso de apelação interposto pelo Estado, conquanto tenha dado relevo ao princípio da vedação do retrocesso, não reconheceu a ilicitude da conduta estatal e direito subjetivo aos demandantes, fundamentando-se na situação anti-isonômica que a decisão criaria. Portanto, reformou a sentença, para julgar improcedente o pedido[94]. De fato, segundo a proposta feita neste capítulo, o tracejo dos contornos jurídicos do mínimo existencial demandará sempre uma análise que envolve a possibilidade de universalização do direito, com o que se pode chegar à conclusão de que os contornos do mínimo existencial em abstrato são maiores do que é exigível do Estado em situações concretas. Porém, no caso em apreço, é indubitável que fere o direito fundamental à vedação do tratamento desumano e degradante a inexistência de um abrigo destinado ao pernoite de pessoas que não tenham para onde ir, de modo que, o ato administrativo que *tout court* piora a situação individual já consolidada viola o princípio da vedação do retrocesso.

---

[94] O autor tentou reformar o acórdão prolatado pelo TJRJ pela via extraordinária, entretanto o recurso restou inadmitido por falta de prequestionamento expresso da norma constitucional alegadamente violada. A decisão que não recebeu o recurso derradeiro ainda foi agravada, mas o STF negou seguimento ao agravo interposto. A propósito, confira-se o AI 765167, rel. Min. Ellen Gracie, *DJe* 17-11-2009.

Em outras palavras, salvo se cabalmente comprovado que o abrigo não se destina ao atendimento de pessoas que não tenham para onde ir, de modo que não se cuida de política pública *essencial* – este era um dos argumentos dos réus, possível o mais relevante, embora não tenha sido acolhido –, deveria ter sido reconhecido o direito subjetivo público de abrigo aos demandantes.

Como se extrai dos exemplos acima, a aplicação do princípio da vedação do retrocesso à atividade administrativa traz consigo complicações teóricas adicionais, pondo em relevo a questão da reserva do possível. A manutenção de bens e serviços depende da existência de créditos orçamentários que possam fazer frente a elas, sendo descabido determinar que a Administração Pública refaça o orçamento. Porém, como visto no Capítulo II, argumentos de capacidade orçamentária são desimportantes no que diz respeito às políticas públicas essenciais, exatamente porque elas não estão sujeitas ao esvaziamento majoritário.

2. Parâmetros para o controle das políticas públicas em geral

Afirmar que determinadas políticas públicas não são suscetíveis de controle material pelo Poder Judiciário não significa sustentar que elas estejam fora da órbita jurídica ou infensas à aplicação do direito. Como pontuado no início do capítulo, num Estado de Direito de cunho constitucional não existe instituição estatal que esteja completamente livre de amarras jurídicas, ainda que tênues em alguns casos. Neste passo, abaixo foram escolhidos três princípios para articular algumas possibilidades de controle instrumental destas políticas públicas ditas *não essenciais*: (i) isonomia (impessoalidade); (ii) eficiência; e (iii) transparência. A escolha destes princípios, e não de outros, não é puramente aleatória. Basta dizer que eles estão consagrados no art. 37, *caput*, da Constituição Federal de 1988[95] (e, indiretamente, em outras partes do texto constitucional), de modo que servem inteiramente ao controle da Administração Pública. Foram deliberadamente deixados de lado os princípios da *legalidade*, pois este é um controle mais óbvio de

[95] CF/88: "Art. 37. A administração pública direta e indireta de qualquer dos Poderes da União, dos Estados, do Distrito Federal e dos Municípios obedecerá aos princípios de legalidade, impessoalidade, moralidade, publicidade e eficiência e, também, ao seguinte: (...)".

qualquer ação administrativa, tema de muitos estudos[96], e sobre o qual já se falou no Capítulo III, e da moralidade, cujo conteúdo tão aberto dificilmente contribui para a formulação de parâmetros objetivos[97], como se pretende no trabalho. É ainda necessário efetuar um esclarecimento sobre o ponto, a fim de se evitar uma possível objeção.

Não se pense que ditos princípios sirvam tão somente ao propósito de controlar políticas públicas apenas indiretamente relacionadas aos direitos fundamentais, isto é, que não pertencem ao *núcleo essencial* de direitos fundamentais da Constituição. Eles também podem ser aplicados àquelas implicadas no adimplemento do mínimo existencial, mas o controle, neste caso, deverá ser sempre muito mais intenso, já que ao Poder Judiciário é dado interferir no mérito destas políticas públicas. De toda sorte, seria ingênuo acreditar que outros princípios constitucionais não pudessem servir ao controle de políticas públicas. Investigar os condicionamentos constitucionais à atuação dos poderes públicos é uma tarefa sempre em construção, haja vista as dimensões do texto constitucional e as múltiplas controvérsias na sua interpretação. Porém, o propósito do livro é apresentar um sistema que seja funcional e, portanto, seria impossível abarcar toda a complexidade da questão nestas linhas. Fica então a ressalva de que o projeto é inacabado e aguarda novos aportes.

2.1. *Princípio da isonomia*

Na qualidade de *direito fundamental*, o princípio da isonomia confere aos indivíduos o direito ao tratamento igual pelo Estado. Sua positivação inicial remonta à Revolução Francesa, e atualmente encontra-se expresso no art. 5º, *caput* e I, da Constituição Federal de 1988[98].

---

96 Além dos tradicionais manuais de direito administrativo já citados ao longo do texto, v. as visões mais recentes de ARAGÃO, Alexandre Santos de. "A concepção pós-positivista do princípio da legalidade". *Revista de Direito Administrativo n. 236*, 2005, p. 1-20; BAPTISTA, Patrícia. *Transformações do direito administrativo*, 2003, p. 96; BINENBOJM, Gustavo. *Uma teoria do direito administrativo*, 2014, p. 131 e s.

97 O princípio da moralidade foi incluído na Constituição Federal de 1988 por meio da Emenda Constitucional n. 19/98.

98 CF/88: "Art. 5º *Todos são iguais perante a lei, sem distinção de qualquer natureza*, garantindo-se aos brasileiros e aos estrangeiros residentes no País a inviolabilidade do direito à vida, à liberdade, à igualdade, à segurança e à propriedade, nos termos seguintes: (...) *I – homens e mulheres são iguais em direitos e obrigações, nos termos desta Constituição*".

Evidentemente, não se trata de uma proibição genérica de se fazer distinções, o que, aliás, o próprio texto constitucional já infirma. Parece claro que os indivíduos não são iguais – salvo em sua natureza intrínseca, naquilo que se pode chamar de *dignidade humana* –, e também não estão em situações idênticas no plano fático, o que demanda soluções e tratamentos diferenciados[99]. Vem de Aristóteles a fórmula de que *a igualdade consiste em tratar os iguais de forma igual, e os diferentes de forma diferente, na medida em que se diferenciam*. A grande questão tem sido estabelecer parâmetros para avaliar se o critério diferenciador escolhido é capaz de equacionar adequadamente a desigualdade no tratamento estatal e as diferenças fáticas entre os indivíduos, *i.e.*, em última instância, se ele é compatível com a justiça intrínseca do princípio igualitário.

O princípio da isonomia também pode fornecer importante instrumental para o controle de políticas públicas, muito embora seja negligenciado na jurisprudência e pouco explorado pela doutrina para esta finalidade específica. Sua aplicação não pode ocorrer em nível orçamentário, já que as rubricas são designadas de maneira abstrata, embora atendam ao princípio da especialidade[100]. Assim, por sua própria natureza, o orçamento público não distingue entre pessoas e não passa de uma autorização jurídica, segundo o entendimento convencional, para o uso de recursos públicos. Porém, no campo do efetivo gasto público pelo Administrador, podem ocorrer favorecimentos a pessoas e grupos, e estes devem ser coibidos pela ação do Poder Judiciário.

Nesta linha de raciocínio, cabe rememorar os critérios aventados por Celso Antônio Bandeira de Mello, em seu trabalho sobre o tema[101], para aferir a ilegitimidade da discriminação efetuada pelo Estado. Em primeiro lugar, é preciso averiguar o próprio critério adotado para a

---

[99] CASTRO, Carlos Roberto de Siqueira. *O princípio da isonomia e a igualdade da mulher no direito constitucional*, 1983, p. 44: "É errôneo supor que a regra constitucional da isonomia impede que se estabeleçam desigualdades jurídicas entre os sujeitos de direito. Isto porque o fenômeno da criação legislativa importa inevitavelmente em classificar pessoas, bens e valores segundo toda sorte de critérios fáticos".

[100] TORRES, Ricardo Lobo. *Tratado de direito constitucional, financeiro e tributário*, v. 5, 2008, p. 335.

[101] MELLO, Celso Antônio Bandeira de. *Conteúdo jurídico do princípio da igualdade*, 2008, p. 20-44.

distinção. Ele não pode ser excessivamente específico que destaque apenas um sujeito, em caráter "presente e definitivo"[102], ou residir em algo externo às pessoas. Seria inconstitucional atribuir um benefício previdenciário, para utilizar o exemplo do autor, aos ex-Presidentes da República, com doutorado em determinada área, que tenham ocupado os cargos tais e tais, de modo que somente uma pessoa seja capaz de preencher tais requisitos. Quanto à exigência de que o traço de diferenciação seja neutro, o autor é contundente: "Então, não pode ser deferido aos magistrados aos advogados ou aos médicos que habitem em determinada região do país – *só por isso* – um tratamento mais favorável ou mais desfavorável juridicamente"[103]. Um critério geográfico, portanto, seria em princípio suspeito.

Em segundo lugar, deve-se verificar a correlação lógica existente entre o critério e o regime jurídico diferenciado. Embora algumas diferenças sejam realmente fundadas em traços que residem nos indivíduos, tais como sexo, altura, pode ser que o critério escolhido não guarde qualquer relação com o resultado final. O exemplo clássico é a proibição de que as mulheres, apenas em razão do sexo que ostentam, tenham acesso a determinadas funções públicas. Por fim, a adoção do critério de desigualdade e do regime diferenciado deve ser analisada à luz do regime jurídico-constitucional, ainda que haja pertinência entre elas. A exigência, formulada em edital de licitação para compra de determinados bens, de que estes sejam produzidos no território do Estado que está promovendo a aquisição, pode parecer justificada à vista da necessidade de criação de empregos na região. Contudo, à luz do art. 19, III, da Constituição Federal de 1988, é flagrantemente inconstitucional[104].

---

[102] MELLO, Celso Antônio Bandeira de. *Conteúdo jurídico do princípio da igualdade*, 2008, p. 23.

[103] MELLO, Celso Antônio Bandeira de. *Conteúdo jurídico do princípio da igualdade*, 2008, p. 30.

[104] Neste sentido é a jurisprudência pacífica do Supremo Tribunal Federal, v. STJ, ADI 3583/PR, rel. Min. Cezar Peluso, *DJ* 14-3-2008: "LICITAÇÃO PÚBLICA. Concorrência. Aquisição de bens. Veículos para uso oficial. Exigência de que sejam produzidos no Estado-membro. Condição compulsória de acesso. Art. 1º da Lei n. 12.204/98, do Estado do Paraná, com a redação da Lei n. 13.571/2002. Discriminação arbitrária. Violação ao princípio da isonomia ou da igualdade. Ofensa ao art. 19, II, da vigente Constituição da República. Inconstitucionalidade declarada. Ação direta julgada, em parte, procedente.

Pois bem, estes critérios podem ser aplicados perfeitamente às políticas públicas. No exercício de sua atribuição de concretizar as políticas públicas, cabe à Administração Pública exercer a discricionariedade em compatibilidade com o princípio constitucional da isonomia, o que nem sempre acontece. Tome-se como exemplo o Município do Rio de Janeiro, onde são notórias as variações nos níveis de qualidade dos serviços públicos quando confrontadas as zonas da cidade, gerando consequências na qualidade de vida da população[105]. A geografia urbana como fator de segregação, embora seja fato de conhecimento público, é alvo de estudo específico na ciência política[106]. De acordo com o trabalho consultado, a gestão pública no Município do Rio de Janeiro criou o modelo carioca de segregação espacial, cujo "principal traço é a combinação entre distância social, expressa pelas gritantes diferenças da estrutura social e das condições urbanas, e a forte proximidade territorial entre as favelas e os bairros que formam as áreas superiores da cidade"[107]. Quanto mais distante das zonas mais nobres (principalmente zona sul e Barra da Tijuca), piores são os serviços públicos mais relevantes, tais como saneamento básico, escolas públicas, policiamento ostensivo e hospitais públicos.

É oportuno recordar que programas públicos discriminatórios como o *appartheid* na África do Sul e a doutrina do "*separated but equal*" nos Estados Unidos, consistiam exatamente em criar serviços públicos

---

Precedentes do Supremo. É inconstitucional a lei estadual que estabeleça como condição de acesso a licitação pública, para aquisição de bens ou serviços, que a empresa licitante tenha a fábrica ou sede no Estado-membro".

[105] O impacto destas políticas públicas pode ser avaliado pela análise do IDS – Índice de Desenvolvimento Social, mecanismo inspirado no IDH, de Amartya Sen, que coloca nas primeiras posições os bairros da zona sul da cidade, e em último lugar os bairros situados na zona oeste (excetuando a Barra da Tijuca). V. CAVALLIERI, Fernando. LOPES, Gustavo Peres. "Índice de Desenvolvimento Social – IDS: comparando as realidades microurbanas da cidade do Rio de Janeiro". *Coleção Estudos Cariocas*, abril 2008.

[106] Confira-se, a este propósito, o seguinte estudo realizado pelo Instituto Pereira Passos: Moradia, segregação, desigualdade e sustentabilidade urbana. Rio Estudos n. 13, maio 2001. Disponível para consulta no seguinte endereço: <https://www.data.rio/documents/PCRJ::rio-estudos-n%C2%BA-13-moradia-segrega%C3%A7%C3%A3o-desigualdade-e-sustentabilidade-urbana-maio-2001/explore>. Acesso em: 10 jul. 2021.

[107] "Moradia, segregação, desigualdade e sustentabilidade urbana". *Rio Estudos n. 13*, maio 2001, p. 12.

de acesso exclusivo por cada "raça", sendo certo que a classe dominante reservava para si os melhores bens e serviços fornecidos pelo Estado. Nesta linha de raciocínio, vê-se que a qualidade e a prestação de políticas públicas pode ser um poderoso instrumento de perpetuação de desigualdades sociais, a qual deve ser combatida pela atuação judicial. Na aplicação do princípio da isonomia o argumento da capacidade orçamentária tem inteira relevância, pois não está em causa o mínimo existencial, mas cabe ao poder público demonstrar que as razões de tratamento diferenciado que servem de justificativa à prioridade de uma região sobre outra, ou de determinados grupos sociais sobre outros, fundam-se em razões materiais convincentes. Em princípio, é legítimo destinar recursos a áreas mais pobres em razão exatamente da necessidade de desenvolvimento (tal como ocorreu com o programa favela-bairro[108], por exemplo), mas ausente qualquer outra razão especial, não se justifica a prestação de serviços públicos essenciais com melhor qualidade em determinadas áreas em detrimento de outras.

Neste passo, o controle de isonomia pode exercer o papel de legitimação do controle judicial nas omissões do poder público em que se configurar a existência de discriminação sobre setores populacionais na realização de políticas públicas.

2.2. *Princípio da eficiência*

Na redação original da Constituição de 1988 não havia referência explícita ao princípio da eficiência. Ele foi acrescentado ao *caput* do art. 37 por força da Emenda Constitucional n. 19/98, amplamente conhecida como "reforma administrativa"[109]. Segundo a doutrina especializada, o novo princípio é corolário do dever de *boa administração*, oriundo do direito italiano[110]. Sendo assim, funciona como limite ao poder discricionário da

[108] O referido programa, implementado na administração do ex-prefeito Cesar Maia, era destinado a urbanizar uma série de comunidades faveladas da cidade do Rio de Janeiro.

[109] CF/88: "Art. 37. A administração pública direta e indireta de qualquer dos Poderes da União, dos Estados, do Distrito Federal e dos Municípios obedecerá aos princípios de legalidade, impessoalidade, moralidade, publicidade e *eficiência* e, também, ao seguinte: (...)".

[110] MELLO, Celso Antônio Bandeira de. *Curso de direito administrativo*, 2013, p. 125: "(...) o fato é que o princípio da eficiência não parece ser mais do que uma faceta de um princípio mais amplo já superiormente tratado, de há mui-

Administração Pública. Antes, porém, de se tentar formular um conteúdo jurídico específico para o princípio da eficiência no contexto de controle de políticas públicas, cumpre analisar dois pontos. Primeiro, uma observação puramente pragmática sobre a ideia de que o Poder Judiciário não deve se imiscuir nos assuntos administrativos para não aumentar os gastos públicos, aproveitando o princípio da eficiência também como justificativa para o controle. Segundo, uma rápida digressão a respeito do que a doutrina administrativista sustenta a respeito do princípio da eficiência.

A ideia, muitas vezes divulgada, de que o Judiciário não pode determinar que a Administração Pública realize gastos públicos é equivocada. Isto acontece a todo instante, quando se reconhece, por exemplo, a responsabilidade patrimonial da Administração Pública ou o direito à revisão de proventos de aposentadoria em razão da aplicação de leis inconstitucionais. Mas esta percepção, pelo menos em um primeiro momento, não se refletia quando as políticas públicas estão em discussão. O Poder Judiciário do Estado do Rio Grande do Sul, um dos mais ativistas do país, por exemplo, já afirmou não ter competência para determinar que a Administração Pública reforme determinada escola em condições precárias[111]. Porém, o mesmo tribunal jamais negou inde-

to, no Direito italiano: o princípio da 'boa administração'"; DI PIETRO, Maria Sylvia Zanella, *Direito administrativo*, 2013, p. 84; GASPARINI, Diógenes. *Direito administrativo*, 2012, p. 76.

[111] Assim, por exemplo: TJRS, AC 70058762493, rel. Des. Antônio Vinícius Amaro da Silveira, 4ª Câmara Cível, j. 29-7-2015: "APELAÇÃO CÍVEL. DIREITO PÚBLICO NÃO ESPECIFICADO. AÇÃO CIVIL PÚBLICA. ACESSIBILIDADE. PESSOAS PORTADORAS DE DEFICIÊNCIA. DEVER DO ESTADO. IMPOSSIBILIDADE DE INTERVENÇÃO DO PODER JUDICIÁRIO NA ATIVIDADE ADMINISTRATIVA. 1. O art. 23, inciso II, da Constituição Federal, estabelece a competência comum da União, dos Estados, do Distrito Federal e dos Municípios para cuidar da saúde e assistência pública, da proteção e garantia das pessoas portadoras de deficiência. 2. Em que pese tal disposição constitucional, há de se observar a impossibilidade de o Poder Judiciário intervir na atividade administrativa estabelecendo prioridades orçamentárias do Estado e definir a elaboração e execução do projeto. 3. Ademais, em observância ao princípio da separação dos poderes previsto no art. 2º da Constituição Federal, é vedada a ingerência do Poder Judiciário na esfera administrativa para determinar a realização de obras atinentes à reforma de escola pública, que implique na avaliação de prioridades conforme conveniência e oportunidade da administração pública, notadamente porque os orçamentos anuais serão estabelecidos por leis de iniciativa do Poder Executivo. 4. Precedentes desta Corte. 5. Sentença de improcedência na origem. Apelação desprovida."

nizações individuais para as crianças que sofriam acidentes em seu interior, ou aos pais que tiveram seu filho morto dentro da escola pública. Cabe registrar que, os valores destas indenizações são vultosos, superando em muito os custos para a recuperação da escola[112]. Nestes casos, a medida preventiva poderia ter um impacto econômico positivo em vez de representar, simplesmente, aumento do custo da atividade estatal. Isso sem se falar na proteção à incolumidade física das pessoas, um valor a proteger por si mesmo.

Embora não se tenha um dado preciso, deflui da percepção prática o fato de que a quantidade de demandas envolvendo a responsabilidade patrimonial da Administração Pública por falha do serviço é muito superior àquelas exigindo mais qualidade na ação administrativa (sem embargo, a equação pode se inverter em algum momento). Assim, por exemplo, há casos de aborto espontâneo[113] e morte por

---

[112] Como, de fato, já ocorreu: TJRS, Apelação Cível n. 598057990, Rel. Des. Leo Lima, 1ª Câmara Cível, j. 18-8-1999: "(...) Morte de menino por eletroplessão, em escola estadual que frequentava, por sofrer descarga elétrica em tela metálica, da qual se aproximou, e que fora colocada junto a novo prédio escolar, também metálico. Sistema elétrico executado com irregularidades por empreiteira. Obra recebida sem a adequada vistoria e fiscalização. Responsabilidade objetiva do Estado, sob a modalidade do risco administrativo. Pensão de 2/3 (dois terços) do salário mínimo, pelo dano material, até que o menor completasse 65 (sessenta e cinco) anos de idade, caso estivesse vivo, na inexistência de comprovação de atividade mais bem remunerada. Reparação do dano moral, nas circunstâncias e considerados os parâmetros doutrinários seguidos, com elevação de 500 (quinhentos) para 1.000 salários mínimos (...)". Somente a verba arbitrada a título de danos morais, cerca de R$ 300.000,00 (trezentos mil reais), seria suficiente para a reforma de uma escola. No mesmo sentido: TJRS, Apelação Cível n. 70013077623, rel. Des. Umberto Guaspari Sudbrack, 5ª Câmara Cível, j. 26-7-2006: "RESPONSABILIDADE CIVIL. AÇÃO INDENIZATÓRIA. DANOS MORAL E MATERIAL. ESCOLA PÚBLICA. ACIDENTE. QUEDA DE GOLEIRA. MORTE DE MENOR. RESPONSABILIDADE OBJETIVA, NOS TERMOS DO ART. 37, § 6º, DA CONSTITUIÇÃO FEDERAL. OMISSÃO ESPECÍFICA. DENUNCIAÇÃO DA LIDE À PROFESSORA. IMPROCEDÊNCIA".

[113] TJRJ, Apelação Cível n. 2004.001.26624, Rel. Des. Marco Antônio Ibrahim, 18ª Câmara Cível, j. 19-4-2005: "Falta de atendimento de mulher grávida que acabou por sofrer aborto espontâneo com morte do feto. Dever de indenizar do Município dada sua responsabilidade objetiva". TJRJ, Apelação Cível n. 0045931-24.2011.8.19.0038, rel. Des. Guaraci de Campos Vianna, 19ª Câmara Cível, j. 10-12-2019: "APELAÇÃO. AÇÃO INDENIZATÓRIA. MUNICÍPIO DE NOVA IGUAÇU. FALHA NO ATENDIMENTO MÉDICO PRESTADO À

múltiplas doenças[114] em hospitais públicos, em razão do atendimento precário, que poderiam ter sido sanados com ações pontuais preventivas. Afirmar simplesmente que o Poder Judiciário não está autorizado a determinar a realização de despesas *tout court* é uma postura irrazoável e perigosa, que pode implicar até mesmo aumento de despesas, como se demonstrou.

Diante de tal constatação, parece ser o caso de repensar a ideia de que é melhor ter um serviço de baixa qualidade, que ainda assim con-

---

AUTORA, QUE SE ENCONTRAVA NA FASE INICIAL DA GESTAÇÃO. ABORTO ESPONTÂNEO. RESPONSABILIDADE CIVIL OBJETIVA. ART. 37, § 6º, DA CONSTITUIÇÃO FEDERAL. LAUDO PERICIAL ATESTANDO A EXISTÊNCIA DE NEXO DE CAUSALIDADE ENTRE O EVENTO DANOSO E A CONDUTA DA EQUIPE MÉDICA. INDENIZAÇÃO POR DANO MORAL ARBITRADA EM R$ 15.000,00 (QUINZE MIL REAIS), QUE SE REVELA RAZOÁVEL, CONSIDERANDO O INQUESTIONÁVEL TRAUMA SUPORTADO PELA AUTORA. MANUTENÇÃO DA SENTENÇA. DESPROVIMENTO DO RECURSO".

114 TJRJ, Apelação Cível n. 2004.001.17769, Rel. Des. Raul Celso Lins e Silva, 17ª Câmara Cível, j. 22-9-2004: "Indenizatória. Danos morais e materiais. Atendimento precário em hospital municipal. Falta de medicamentos e acessórios. Morte de paciente. Responsabilidade objetiva do ente público a quem cabia o ônus de comprovar sua excludente. Paciente com quadro de acidente vascular cerebral, diabetes, infecção urinária, pneumonia e estado de coma. Provas testemunhal e documental concludentes de que o mesmo ficava vários dias sem atendimento médico, tão somente aos cuidados de enfermeiros e sem a devida higiene". TJRJ, Apelação Cível n. 0012474-53.2007.8.19.0066, rel. Des. Eduardo Gusmão Alves de Brito Neto, 16ª Câmara Cível, j. 16-4-2019: "Pedido de indenização por danos morais decorrentes de falha na prestação do serviço público de saúde à filha do autor, que veio a óbito com 16 anos de idade, por conta de patologia hematológica que causou falência múltipla dos órgãos, choque cardiogênico, sepse, anemia aguda. Sentença de procedência que condenou os réus a pagarem R$ 510.000,00 a título de danos materiais. Apelos dos réus. 1- O Estado responde objetivamente pelos danos causados pela conduta antijurídica de seus agentes, inclusive pela omissão específica que caracteriza a denominada falta do serviço ou negligência administrativa. Precedentes do STF e do STJ. (...) 3- Negligência apontada pelo perito do juízo que retirou uma chance real de iniciar três dias antes o tratamento do quadro de possível aplasia medular ou leucemia. 4- Nexo de causalidade entre a falta do serviço e o evento danoso, consistente na perda de uma chance de recuperar a saúde da paciente, o que, ao final, concorreu para a sua morte. Abalo e sofrimento experimentado pelo pai que caracteriza dano moral indenizável. (...) 6- Parcial provimento dos recursos unicamente para fixar a verba indenizatória em R$ 100.000,00".

templa o direito fundamental social, do que nenhum serviço. Será mesmo? Permitir que o Poder Público valha-se de um abrigo público em vias de desabamento, ou em condições insalubres, com vistas à efetivação do direito fundamental ao tratamento humano e digno, é melhor do que nada? Esta solução simplesmente não parece correta. Neste sentido, o Judiciário encontra-se numa encruzilhada: determina que a Administração Pública melhore as condições de prestação do serviço, sob pena de ocorrer algum acidente, ou simplesmente decide que ele seja encerrado. Cada uma destas opções tem seus ônus e benefícios, mas somente a primeira cumpre os mandamentos constitucionais a contento. Portanto, o princípio da eficiência exige que a Administração Pública, na prestação de serviços e bens, atue na prevenção de riscos internos, sendo estes passíveis de controle judicial.

Quanto à incolumidade física dos indivíduos, não parece ser um valor menos importante que qualquer outro. Diante dos direitos fundamentais estatuídos na Constituição de 1988, não parece que o *dano* efetivamente sofrido mereça qualquer privilégio sobre o *perigo de dano*. Assim, prevê o art. 5º, XXXV, da CF/88 que não se pode afastar ao controle judicial a ameaça a direito, portanto, nos casos especiais de ineficiência e/ou precariedade do serviço público, a intervenção judicial se legitima sob duplo fundamento, a saber: (i) proteção dos cofres públicos, que poderão sofrer sangria muito maior caso ocorram acidentes no âmbito do serviço prestado; e (ii) proteção da integridade física e moral dos administrados-clientes daqueles serviços. É certo que este raciocínio só é válido quando houver algum risco maior com a prestação do serviço deficiente. Esta postura é reforçada pela antiga jurisprudência do Supremo Tribunal Federal, no sentido de que *"a administração pública responde civilmente pela inércia em atender a uma situação que exige a sua presença para evitar a ocorrência danosa"*[115].

---

[115] STF, rel. Min. Themístocles Cavalcanti, j. 29-5-1968, *Revista de Direito Administrativo n. 97*, p. 177. Aliás, foi exatamente com base nesta ideia geral que o TRF da 4ª Região manteve decisão liminar, proferida em sede da ação civil pública n. 2004.72.07.001056-0, que determinou a duplicação de rodovia federal no Estado de Santa Catarina, veja-se a ementa do acórdão: AgR-AI 2004.04.01.014570-3/SC, Rel. Des. Edgard A. Lippmann Junior, *DJU* 4-8-2004: "AÇÃO CIVIL PÚBLICA. DUPLICAÇÃO DE RODOVIA FEDERAL. INTERVENÇÃO DO PODER JUDICIÁRIO NA ADMINISTRAÇÃO PÚBLICA. POSSIBILIDADE. ANTECIPAÇÃO DE TUTELA. A moderna jurisprudência admite a intervenção do Poder Judiciário na Administração Pública, viabilizando a antecipação de tutela para determinar a execução de obra re-

Nos últimos anos, a tese de que é vedado ao Judiciário determinar a implementação de medidas concretas que impliquem gastos públicos vem sendo, em alguma medida, superada, não só no âmbito do Tribunal de Justiça do Estado do Rio Grande do Sul[116]. Até mesmo o Supremo Tribunal, em decisão já aludida, determinou, por exemplo, a realização de uma série de obras em dada escola pública de São Paulo, a fim de permitir a acessibilidade de deficientes físicos às instalações da escola[117].

Quanto ao segundo ponto, os administrativistas, de forma geral, tendem a reconhecer um duplo aspecto do princípio da eficiência, um para os processos internos da Administração Pública, outro nas relações entre Administração e administrado. O ceticismo inicial de Celso Antônio Bandeira de Mello[118] e o clamor por parâmetros legais específicos

---

lativa a duplicação de rodovia federal, ante a responsabilidade civil do Estado sobre mortes e mutilações decorrentes de acidentes de trânsito havidos na rodovia de sua competência".

[116] Embora ainda sobrevenham decisões recentes defendendo a tese rechaçada no texto, há inúmeros precedentes que pugnam pela sua superação: TJRJ, Agravo de Instrumento n. 0003113-25.2021.8.19.0000, rel. Des. Marília de Castro Neves Vieira, 20ª Câmara Cível, j. 1-6-2021; TJRJ, Agravo de Instrumento n. 0026608-35.2020.8.19.0000, rel. Des. Wilson do Nascimento Reis, 26ª Câmara Cível, j. 1-9-2020; TJSC, Agravo de Instrumento n. 0143889-47.2015.8.24.0000, rel. Des. Pedro Manoel Abreu, 3ª Câmara Cível, j. 29-8-2017.

[117] Por facilidade, renova-se a transcrição da ementa do mencionado acórdão: STF, RE 440028, rel. Min. Marco Aurélio, *DJe* 26-11-2013: "PRÉDIO PÚBLICO – PORTADOR DE NECESSIDADE ESPECIAL – ACESSO. A Constituição de 1988, a Convenção Internacional sobre Direitos das Pessoas com Deficiência e as Leis n. 7.853/89 – federal –, n. 5.500/86 e n. 9.086/95 – estas duas do Estado de São Paulo – asseguram o direito dos portadores de necessidades especiais ao acesso a prédios públicos, devendo a Administração adotar providências que o viabilizem".

[118] MELLO, Celso Antônio Bandeira de. *Curso de direito administrativo*, 2006, p. 109-110: "Quanto ao princípio da eficiência, não há nada a dizer sobre ele. Trata-se, evidentemente, de algo mais do que desejável. Contudo, é juridicamente tão fluido e de tão difícil controle ao lume do Direito, que mais parece um simples adorno agregado ao art. 37 ou o extravasamento de uma aspiração dos que buliram no texto". Na edição mais recente do curso (2013), Celso Antônio Bandeira de Mello suprimiu a passagem acima transcrita, aparentemente reconsiderando a visão de que o princípio da eficiência não teria utilidade prática.

na doutrina[119] não se justificam. Reconhecer a força normativa do princípio constitucional da eficiência não implica abrir espaço para que o juiz fixe regras estritas e específicas para a Administração, como parece entender a doutrina, mas sim impedir que a atividade administrativa seja pautada pela flagrante ineficiência, em direta violação ao núcleo essencial de sentido do princípio. Esta é a posição defendida por Ana Paula de Barcellos:

> "Na realidade, a vinculação jurídica dos fins constitucionais não se reduz a um mero pretexto retórico. Ou seja: a capacidade da autoridade pública de associar suas políticas públicas aos fins constitucionais por meio de argumentação retórica não satisfaz a imposição constitucional. *As políticas públicas têm de contribuir com uma eficiência mínima para a realização das metas estabelecidas na Constituição*; caso contrário, não apenas se estará fraudando as disposições constitucionais, como também desperdiçando recursos públicos que, como já se sublinhou, são sempre escassos em face das necessidades existentes"[120]. (destaque acrescentado)

O princípio da eficiência deve servir como anteparo à discricionariedade administrativa, eivando de ilegalidade aquela conduta que não esteja em compasso com seu conteúdo. "A eficiência é um critério de resultados, de correlação entre metas planejadas e alcançadas"[121]. Ora, quando estiverem em causa as políticas públicas voltadas aos direitos fundamentais, serão eles próprios as metas que servirão como paradigma ao princípio da eficiência. O planejamento público emerge aqui como valiosa fonte de informações para o exercício desta modalidade de controle judicial: uma vez apresentadas as metas públicas (inclusive as presentes no orçamento), será possível avaliar se houve o mínimo de eficiência na utilização dos recursos públicos[122]. Então, especialmen-

---

[119] Cf. CARVALHO FILHO, José dos Santos. *Manual de direito administrativo*, 2014, p. 30-33.

[120] BARCELLOS, Ana Paula. "Neoconstitucionalismo, direitos fundamentais e controle de políticas públicas", *Revista de Direito Administrativo n. 240*, 2005, p. 98.

[121] WERNECK, Augusto. "Direito administrativo e direitos fundamentais – Uma abordagem do princípio constitucional da eficiência dos atos da Administração Pública". *Revista de Direito da Associação dos Procuradores do Novo Estado do Rio de Janeiro*, v. XII, 2003, p. 381.

[122] VALLE, Vanice Lírio do. "Direito fundamental à boa administração, políticas públicas eficientes e a prevenção do desgoverno". *Interesse público n. 48*, 2008,

te nestes casos, deve o controle de eficiência (incluído aí o princípio da economicidade, abordado a seguir) ser ainda mais estrito. Vale transcrever, sobre o ponto, as palavras de Augusto Werneck e Dalton Santos Morais, sobre o princípio da eficiência, respectivamente:

> "Vale dizer, nesse sentido, que a primeira conclusão que se deve adotar é de que a *ineficiência é de fato um limite jurídico à ação política do administrador*, não sendo lícito pretender objetivo político à custa dos pressupostos técnicos, econômicos ou administrativos aplicáveis a cada caso concreto, *sendo certo que repele a prodigalidade, o obscurantismo e o mero empirismo como móveis válidos das decisões administrativas*. Nesse pormenor, o juízo de eficiência se aproxima de princípios constitucionais bem explorados como a proporcionalidade e a economicidade"[123]. (destaque acrescentado)

> "Se está, portanto, inserto no texto da Constituição que *a Administração Pública deverá desempenhar as atividades administrativas no sentido de produzir resultados os mais satisfatórios possíveis ao atendimento das necessidades da coletividade* e da própria máquina administrativa, despendendo o mínimo possível de recursos públicos para tanto, deverá o administrador público, no exercício *ex lege* da atividade administrativa, interpretar as normas a que está sujeito sob o prisma da legalidade material, em detrimento de um exacerbado formalismo que eventualmente seja exigido pela legislação vigente"[124]. (destaque acrescentado)

As duas passagens permitem sustentar um duplo conteúdo jurídico para o princípio da eficiência[125]. Em primeiro lugar, ser eficiente

---

p. 98: "(...) tem-se que a enunciação integral da política pública, com seus elementos determinantes, suas ações de implementação e seus indicadores de avaliação, fornecerá justamente os *dados objetivos* que permitirão, no exercício do controle, a aferição do vetor eficiência".

[123] WERNECK, Augusto. "Direito administrativo e direitos fundamentais – Uma abordagem do princípio constitucional da eficiência dos atos da Administração Pública". *Revista de Direito da Associação dos Procuradores do Novo Estado do Rio de Janeiro*, v. XII, 2003, p. 387.

[124] MORAIS, Dalton Santos. "Os custos da atividade administrativa e o princípio da eficiência". *Revista de Direito Administrativo n. 237*, 2004, p. 189.

[125] FRASCATI, Jacqueline Sophie Perioto Guhur defende três funções para o princípio da eficiência, a saber: "(1) impor à Administração um dever de adequação dos meios utilizados aos fins perseguidos pela norma; ao (2) habilitar a Administração para uma atuação criativa na escolha desses meios, reafirmando o significado da concessão do poder discricionário; bem como ao

é escolher meios que sejam adequados à realização da finalidade pretendida. *O conteúdo do princípio da eficiência se aproxima, neste particular, do conhecido subprincípio da adequação, inerente ao exame de proporcionalidade.* Em segundo lugar, a exigência constitucional de eficiência confere autorização à Administração Pública para que, no exercício da discricionariedade, adote soluções que podem não resultar óbvias de uma primeira leitura dos enunciados normativos aplicáveis à hipótese em análise. Em conclusão, deve o Judiciário perquirir, no caso concreto, se o administrador não violou o dever de eficiência na execução de políticas públicas, tendo em mente estes dois aspectos. Deve ser censurada aquela política que se revelar *inútil, inepta ou flagrantemente ineficiente* na consecução das finalidades constitucionais.

2.2.1. O subprincípio da economicidade

Além do princípio da eficiência, de caráter mais amplo, a Constituição Federal de 1988, em seu art. 70[126], adotou o controle de economicidade dos atos da Administração Pública, que na realidade é uma derivação daquele princípio maior. O conceito de economicidade é intuitivo, e pode ser resumido na ideia de produzir *o melhor resultado com a quantidade de recursos existentes, ou certo resultado com a menor quantidade de recursos possível*[127]. Portanto, o princípio impõe ao admi-

---

servir (3) de critério de controle jurisdicional da atuação administrativa discricionária". In: *Revista de Direito do Estado n. 9*, 2008, p. 229. O terceiro conteúdo mencionado pela autora é inerente às normas jurídicas, razão pela qual foi desconsiderado no texto.

[126] CF/88: "Art. 70. A fiscalização contábil, financeira, orçamentária, operacional e patrimonial da União e das entidades da administração direta e indireta, quanto à legalidade, legitimidade, economicidade, aplicação das subvenções e renúncia de receitas, será exercida pelo Congresso Nacional, mediante controle externo, e pelo sistema de controle interno de cada Poder".

[127] TORRES, Ricardo Lobo. *Tratado de direito constitucional, financeiro e tributário*, v. 5, 2008, p. 278: "O controle de economicidade entende com o exame e fiscalização material da execução orçamentária, em contraponto com o formal, que é o da legalidade. Significa controle de eficiência na gestão financeira e na execução orçamentária, consubstanciada na minimização de custos e gastos públicos e na maximização da receita e da arrecadação. (...) O controle da economicidade, relevante no direito constitucional moderno, em que o orçamento está cada vez mais ligado ao programa econômico, inspira-se no princípio do custo/benefício, subordinado à ideia de justiça, que deve prevalecer no fornecimento de bens e serviços públicos".

nistrador que faça *mais com menos*, exigindo que a gestão pública seja pautada pela *eficiência econômica*[128]. Nos dizeres de Ricardo Lobo Torres, o controle de economicidade demanda a avaliação do *custo-benefício* das prestações públicas, e se subordina à ideia de justiça. Saliente-se que dita avaliação pode ocorrer em dois níveis distintos, a saber: (i) em caráter individual, onde se julga apenas um ato ou contrato administrativo (uma compra com dispensa de licitação, e.g., pode ser considerada antieconômica em razão do preço praticado), exatamente a função corriqueiramente exercida pelos Tribunais de Contas; e (ii) em nível global, onde serão sopesadas as receitas e despesas da Administração Pública e o custo dos serviços públicos para os cidadãos.

Diante de situações pontuais que representam patente lesão ao erário público, como ocorre, e.g., em compras superfaturadas, o Tribunal de Contas da União (TCU) tem aplicado multas ao responsável pelo ato lesivo. Em nível atômico, o controle de economicidade não apresenta maiores dificuldades, bastando efetuar o cotejo entre os custos do ato administrativo e os preços praticados pelo mercado, ressalvando-se que a contratação com o Poder Público normalmente apresenta mais riscos para o empresário, decorrentes das denominadas cláusulas exorbitantes, o que faz com que os preços naturalmente se elevem. Por outro lado, entendendo-se a economicidade como princípio instrumental que demanda análises globais do atuar administrativo, a operacionalização do princípio da economicidade como um parâmetro efetivo de controle tem se revelado tarefa dificultosa. E no contexto amplíssimo das políticas públicas a análise torna-se deveras complexa. Mas isto não significa dizer que ela é impossível. Veja-se a seguinte hipótese julgada pelo TCU[129]: uma agência reguladora federal fez publicar, no espaço de uma semana, em três veículos de comunicação diferentes, um encarte publi-

---

[128] BUGARIN, Paulo Soares. *O princípio constitucional da economicidade na jurisprudência do Tribunal de Contas da União*, 2004, p. 116-117: "[o princípio da economicidade] impõe que nos complexos processos de tomadas de decisão de gastos e investimentos públicos seja sempre levado em conta, não obviamente como valor absoluto, mas como um dos vetores constitucionais da atividade administrativa, a eficiência econômica, com as necessárias mitigações que impõe a prática político-administrativa estatal".

[129] O caso é relatado por BUGARIN, Paulo Soares. *O princípio constitucional da economicidade na jurisprudência do Tribunal de Contas da União*, 2004, p. 160-161, e cuida-se da Decisão n. 1.096/00 – Plenário (DC-1096/00-P – *DOU* 11-1-2001).

citário contendo dezesseis páginas. Houve pedido do Ministério Público Especial junto ao Tribunal para que o ato fosse declarado antieconômico, com base exatamente na análise custo-benefício do que foi realizado, mas a Corte de Contas rejeitou o pedido ao fundamento de que não lhe cabia definir a extensão da publicidade institucional.

De fato, o julgamento a respeito da conveniência e oportunidade sobre a realização de publicidade institucional, tanto em sua extensão quanto periodicidade, pertence às autoridades administrativas, e a análise de economicidade, se feita de modo isolado, deve cingir-se aos contratos para a feitura do material publicitário e o custo do espaço nos veículos de comunicação de massa. Porém, se a apreciação for global, então é possível avaliar as previsões de gastos públicos, e esta tarefa compete ao Poder Judiciário. Não se compadece com o princípio da economicidade a realização de políticas públicas extremamente dispendiosas enquanto algumas áreas, ligadas à concretização dos direitos fundamentais, sabidamente possuem recursos deficitários.

2.3. *Princípio da transparência*[130]

A garantia do direito à informação a respeito da gestão dos órgãos públicos é um elemento essencial para a manutenção do Estado Democrático de Direito, já que com base nestes dados será possível cogitar-se de responsabilidade política. Ademais, num Estado republicano, onde os bens públicos são administrados por agentes delegados da sociedade, é natural a lógica da prestação de contas. De toda forma, como afirmado no Capítulo I, cuida-se de uma garantia fundamental da cidadania, prevista no art. 5º, XIV e XXXIII, da Constituição Federal de 1988, os quais instituem nítida *regra de publicização da atividade estatal*, bem como dever específico da Administração Pública, previsto no art. 37, *caput*, do texto constitucional[131].

---

[130] Sobre o tema, v. JÚNIOR, Wallace Paiva Martins. *Transparência administrativa: publicidade, motivação e participação popular*, 2004; e BARCELLOS, Ana Paula de."Papéis do direito constitucional no fomento do controle social democrático: algumas propostas sobre o tema da informação". *Revista de Direito do Estado n. 12*, 2008, p. 77-105.

[131] JÚNIOR, Wallace Paiva Martins. *Transparência administrativa:* publicidade, motivação e participação popular, 2004, p. 17:"Seja qual for o grau de transparência administrativa em um ordenamento jurídico, esta é considerada um dos alicerces básicos do Estado Democrático de Direito e da moderna Administração Pública pelo acesso à informação e pela participação na gestão da

Lembre-se ainda que o primeiro e fundamental método de controle e avaliação de políticas públicas é o político, que se desenrola no espaço público, e sem as informações relevantes sobre a ação governamental será impossível aos indivíduos se engajarem nesta atividade[132]. As exigências decorrentes do princípio da transparência (ou publicidade) no que se refere às políticas públicas podem ser divididas em dois momentos distintos, a saber: (i) aquelas que dizem respeito ao planejamento público, o que se dá por meio da fixação das metas nas leis orçamentárias; e (ii) as relativas aos resultados da utilização de recursos públicos e alcance de metas após cada ciclo orçamentário.

O art. 174 da Constituição Federal de 1988 impõe o *dever* de planejamento das ações públicas[133], que será sempre determinante para o Estado. Sobre este importante elemento das políticas públicas já se falou suficientemente no Capítulo I. Relembre-se que o planejamento público tem por escopo duas ideias caras à gestão de recursos públicos: *transparência* e *racionalidade*. Importa ressaltar ainda que o dever de planejamento se entrelaça com a ideia de administração gerencial, isto é, que age sempre buscando a realização de determinadas metas, as

---

coisa pública, diminuindo os espaços reservados ao caráter sigiloso da atividade administrativa – ponto de partida para os nichos da ineficiência do arbítrio e da imunidade do poder".

132 VALLE, Vanice Lírio do. "Direito fundamental à boa administração, políticas públicas eficientes e a prevenção do desgoverno". *Interesse público n. 48*, 2008, p. 105: "Nesse sentido, o direito fundamental à boa administração estará a exigir, para alcançar sua plena potencialidade em favor da sociedade, uma abertura de informações, uma confiança recíproca entre Estado planejador e sociedade, que se traduzirá na explicitação das políticas públicas, e na abertura intelectual para debatê-las à exaustão, de molde a extrair de cada qual, o máximo de aprendizado". BARCELLOS, Ana Paula de. "Papéis do direito constitucional no fomento do controle social democrático: algumas propostas sobre o tema da informação". *Revista de Direito do Estado n. 12*, 2008, p. 81: "A despeito da dificuldade envolvida na definição precisa do conceito [de democracia], é correto afirmar que há determinados conteúdos mínimos inerentes à ideia de democracia que estarão presentes em qualquer concepção ou teoria acerca do assunto. Um desses conteúdos mínimos é, sem dúvida, a noção de controle social".

133 CF/88: "Art. 174. Como agente normativo e regulador da atividade econômica, o Estado exercerá, na forma da lei, as funções de fiscalização, incentivo e planejamento, sendo este determinante para o setor público e indicativo para o setor privado".

quais inclusive devem estar expressas no plano plurianual, nos termos do art. 165, § 1º, do texto constitucional[134]. A adoção de objetivos vagos, o que não é incomum neste campo, não atende integralmente ao dever constitucional de publicidade e transparência, e contribui apenas para a irracionalidade do sistema e descontrole dos atos de gestão. Em contrapartida, quanto mais claras as diretrizes que serão perseguidas pelo poder público com o uso dos recursos e do aparato público, tanto mais fácil e efetivo torna-se o controle político-social e também o controle jurídico, já que este último pode ter como parâmetro o próprio planejamento administrativo.

Ainda no campo das decisões prévias, deve-se apontar a necessidade de realização de audiências públicas para a confecção dos projetos das leis orçamentárias, conforme prevê o art. 48, parágrafo único, II, da Lei Complementar n. 101/2000[135]. O dispositivo foi introduzido recentemente pela Lei Complementar n. 131/2009, que ampliou os

---

[134] CF/88: "Art. 165. Leis de iniciativa do Poder Executivo estabelecerão: (...) § 1º A lei que instituir o plano plurianual estabelecerá, de forma regionalizada, as *diretrizes, objetivos e metas da administração pública federal* para as despesas de capital e outras delas decorrentes e para as relativas aos programas de duração continuada". V., ainda, BROLIANI, Jozélia Nogueira. "O controle judicial das omissões no planejamento financeiro", *A&C Revista de Direito Administrativo e Constitucional n. 21,* p. 120: "Na administração pública gerencial o controle é diferente, ocorre pela definição de objetivos, de metas de resultados em todos os setores da administração, exige confiança no administrador e nos agentes públicos, desde que os resultados sejam alcançados como planejado, o que gerará a confiança dos cidadãos no Estado e nos agentes públicos". MOREIRA NETO, Diogo de Figueiredo. *Quatro paradigmas do direito administrativo pós-moderno,* 2008, p. 133: "O que até aqui se depreende das considerações apresentadas é que a Constituição de 1988, com louvável antecipação, já estabelece todo o fundamento necessário para a afirmação e aplicação em nosso país da, assim denominada, *administração de resultado,* ou seja: *confere uma base institucional da legalidade finalística* (...)".

[135] Lei Complementar n. 101: "Art. 48. São instrumentos de transparência da gestão fiscal, aos quais será dada ampla divulgação, inclusive em meios eletrônicos de acesso público: os planos, orçamentos e leis de diretrizes orçamentárias; as prestações de contas e o respectivo parecer prévio; o Relatório Resumido da Execução Orçamentária e o Relatório de Gestão Fiscal; e as versões simplificadas desses documentos. Parágrafo único. A transparência será assegurada também mediante: I – *incentivo à participação popular e realização de audiências públicas, durante os processos de elaboração e discussão dos planos, lei de diretrizes orçamentárias e orçamentos;* (...)".

mecanismos de transparência na gestão fiscal. A audiência pública prévia à elaboração da lei de diretrizes orçamentárias, leis orçamentárias e planos é um direito subjetivo público previsto em lei.

No segundo momento encontra-se a execução orçamentária. Especificamente sobre a atividade de dispêndio do dinheiro público, não bastassem as normas constitucionais mencionadas no início do texto – que já seriam suficientes para mobilizar o controle judicial a respeito do tema –, a Constituição de 1988 dedica todo um capítulo ao seu regramento, ou seja, esmiúça a disciplina das finanças públicas dos três níveis da federação. Assim, o art. 165, § 3º[136], impõe a publicação, até trinta dias após o término do bimestre, do relatório detalhado de execução orçamentária. A Constituição exige o mínimo e o óbvio: a publicação no órgão oficial do ente federativo, para conhecimento coletivo.

No campo da legislação infraconstitucional, avultam duas leis que tratam da matéria. A primeira delas, mais antiga, é a Lei n. 4.320/64, que estatui normas gerais de direito financeiro[137]. Embora a lei tenha previsão de controle interno e externo da atividade financeira estatal, ela não contempla mecanismos de publicidade voltados à cidadania. Criada em 1964, é fruto de seu tempo. De origem mais recente, a Lei Complementar n. 101/2000, também conhecida como Lei de Responsabilidade Fiscal (LRF), dedicou todo um capítulo aos mecanismos de transparência na gestão do dinheiro público, dentre os quais, para os fins do tópico, vale transcrever os seguintes:

> "Art. 48. São instrumentos de transparência da gestão fiscal, aos quais será dada ampla divulgação, inclusive em meios eletrônicos de acesso público: os planos, orçamentos e leis de diretrizes orçamentárias; as prestações de contas e o respectivo parecer prévio; o Relatório Resumido da Execução Orçamentária e o Relatório de Gestão Fiscal; e as versões simplificadas desses documentos.
>
> Parágrafo único. *A transparência será assegurada também mediante: (...)*

---

[136] CF/88, Art. 165, § 3º: "O Poder Executivo publicará, até trinta dias após o encerramento de cada bimestre, relatório resumido da execução orçamentária".

[137] Ainda aplicável aos Estados, Distrito Federal e Municípios por força do art. 24, I, da Constituição, que insere o direito financeiro no âmbito da competência legislativa concorrente. CF/88, Art. 24: "Compete à União, aos Estados e ao Distrito Federal legislar concorrentemente sobre: I – *direito* tributário, *financeiro*, penitenciário, econômico e urbanístico; § 1º No âmbito da legislação concorrente, a competência da União limitar-se-á a estabelecer *normas gerais*".

II – liberação ao pleno conhecimento e acompanhamento da sociedade, em tempo real, de informações pormenorizadas sobre a execução orçamentária e financeira, em meios eletrônicos de acesso público;

III – adoção de sistema integrado de administração financeira e controle, que atenda a padrão mínimo de qualidade estabelecido pelo Poder Executivo da União e ao disposto no art. 48-A"[138].

"Art. 49. *As contas apresentadas pelo Chefe do Poder Executivo ficarão disponíveis,* durante todo o exercício, no respectivo Poder Legislativo e no órgão técnico responsável pela sua elaboração, *para consulta e apreciação pelos cidadãos e instituições da sociedade*".

Ora, como se lê, a LRF deu maior densidade aos comandos constitucionais relativos à publicidade das finanças públicas. Assim, para o efeito do art. 165, § 3º, da Constituição, os Estados, Distrito Federal e Municípios *devem* publicar seus relatórios não somente no veículo oficial de informações, mas também na *internet*[139] e devem deixá-los expostos no Poder Legislativo e no órgão técnico responsável pela sua elaboração, geralmente a secretaria estadual, distrital ou municipal de finanças, para a consulta da população. Na síntese de Flávio da Cruz[140]:

> "A transparência da gestão fiscal é tratada na Lei como um *princípio de gestão*, que tem por finalidade, entre outros aspectos, franquear ao público acesso a informações relativas às atividades financeiras do Estado e deflagrar, de forma clara e previamente estabelecida, os procedimentos necessários à divulgação dessas informações".

---

[138] LRF: "Art. 48-A. Para os fins a que se refere o inciso II do parágrafo único do art. 48, os entes da Federação disponibilizarão a qualquer pessoa física ou jurídica o acesso a informações referentes a: I – quanto à despesa: todos os atos praticados pelas unidades gestoras no decorrer da execução da despesa, no momento de sua realização, com a disponibilização mínima dos dados referentes ao número do correspondente processo, ao bem fornecido ou ao serviço prestado, à pessoa física ou jurídica beneficiária do pagamento e, quando for o caso, ao procedimento licitatório realizado; II – quanto à receita: o lançamento e o recebimento de toda a receita das unidades gestoras, inclusive referente a recursos extraordinários".

[139] A exigência é reforçada pela Lei n. 9.755/99, que determinou a criação de uma página na internet denominada contas públicas pelo Tribunal de Contas da União, na qual todos os entes federados devem apresentar informações relativas à execução orçamentária.

[140] CRUZ, Flávio da (coord.). *Lei de responsabilidade fiscal comentada*, 2001, p. 142.

Mas não é só, percebe-se que a lei pretende levar o orçamento ao cidadão comum[141]. Num país formado por um elevado contingente de analfabetos (totais e funcionais)[142], é muito difícil atender à exigência de dar publicidade ao orçamento de forma inteligível à população. O orçamento e a execução orçamentária são peças complexas, que, mesmo resumidas e simplificadas, costumam causar dificuldades para o entendimento do leigo. Porém, isso não significa dizer que os entes políticos estão autorizados a publicar relatórios de execução somente inteligíveis para os seus próprios técnicos. Em certos municípios, as despesas estão relacionadas com os respectivos processos administrativos de empenho, sem que sequer se diga qual é o conteúdo desses processos, ou em códigos internos. Impossível qualquer controle dessa maneira. Essa postura viola não apenas a legislação citada, mas também a Lei n. 12.527/2011, que dispõe sobre o acesso à informação. Segundo a referida norma, que veio regulamentar o art. 37, § 3º, II, da Constituição, impõe-se aos entes federativos a divulgação das despesas na *internet*, de modo objetivo, transparente, claro e em linguagem de fácil compreensão (art. 8º, § 1º, III, e § 3º, I).

A discrepância entre a teoria e a prática é sensível[143]. É patente a dificuldade em se conseguir acesso aos relatórios da execução orçamentária dos entes federativos, sendo mais facilmente encontráveis as

---

[141] Neste sentido, OLIVEIRA, Regis Fernandes de. *Responsabilidade fiscal*, 2001, p. 84-85: "(...) deve o Poder Público incentivar a participação popular e a realização de audiências públicas durante o processo de elaboração e discussão dos planos, lei de diretrizes orçamentárias e orçamentos anuais. O dispositivo incita o Poder Público a abrir-se à comunidade. Não há outro caminho para a moderna Administração Pública. O sigilo, o segredo, as reuniões reservadas nada disso faz parte do agente público. Deve ele mostrar-se permeável à participação popular".

[142] De acordo com a UNESCO, o Brasil reúne cerca de 11 milhões de analfabetos. Disponível em: <http://uis.unesco.org/en/country/br>. Acesso em: 10 jul. 2021.

[143] BARCELLOS, Ana Paula. "Neoconstitucionalismo, direitos fundamentais e controle de políticas públicas", *Revista de Direito Administrativo n. 240*, 2005, p. 99: "Os relatórios de execução orçamentária nem sempre existem e, em geral, são pouco informativos. As despesas estão associadas a rubricas bastante amplas, como, e.g., 'Encargos Especiais', ou aos órgãos públicos (*e.g.*, Ministérios e Secretarias), sem que se possa saber ao certo o que foi investido na atividade fim do órgão, como saúde e educação, e o que foi gasto com outras despesas, com publicidade do órgão, remuneração de servidores, verba de representação, etc.".

análises dos respectivos tribunais de contas. Porém, é forçoso reconhecer que tais análises não satisfazem o princípio da publicidade, primeiro porque são voltadas ao Poder Legislativo e não à população em geral, e também porque dos 5.570 municípios brasileiros apenas dois, Rio de Janeiro e São Paulo, contam com Tribunais de Contas próprios. Vale destacar que a União Federal mantém um sistema público, atualizado e informatizado sobre sua gestão financeira, conhecido como SIAFI[144], exemplo que deveria ser seguido por Estados e municípios.

Feita esta exposição, volta-se ao ponto central do livro. O controle judicial de políticas públicas exige um pressuposto básico: *a obediência ao princípio da publicidade dos atos públicos*. Todo este arcabouço jurídico tem em vista garantir o mínimo de transparência no trato com o dinheiro público, exigência esta fundamentada, em última instância, nos princípios democrático e republicano[145]. Para que possa existir qualquer controle sobre os gastos da Administração Pública, é fundamental que os dados relativos a eles sejam públicos e inteligíveis. Sendo assim, são dois os pontos centrais impostos pela Constituição e leis que tratam da matéria: (i) que os relatórios sejam periodicamente publicados, em diário oficial e *internet*, e afixados em locais públicos; e (ii) que as informações neles contida sejam minimamente inteligíveis pelo público, isto é, que sejam acessíveis às pessoas que estão fora do quadro técnico da Administração Pública responsável pela elaboração do documento. Certo é que a prática de "esconder o orçamento" é conduta inadmissível e contrária ao direito vigente, que pode e deve ser corrigida judicialmente[146].

---

144 "Com o SIAFI, os problemas de administração dos recursos públicos que apontamos acima ficaram solucionados. Hoje o Governo Federal tem uma Conta Única para gerir, de onde todas as saídas de dinheiro ocorrem com o registro de sua aplicação e do servidor público que a efetuou. Trata-se de uma ferramenta poderosa para executar, acompanhar e controlar com eficiência e eficácia a correta utilização dos recursos da União". <https://www.gov.br/tesouronacional/pt-br/siafi/conheca/historia. Acesso em: 10 jul. 2021.

145 JÚNIOR, Wallace Paiva Martins. *Transparência administrativa:* publicidade, motivação e participação popular, 2004, p. 26-32.

146 BARCELLOS, Ana Paula de. "Neoconstitucionalismo, direitos fundamentais e controle de políticas públicas". *Revista de Direito Administrativo n. 240*, 2005, p. 100: "Seu vínculo direto [do direito à informação] é com a prerrogativa assegurada ao povo, em um Estado democrático, de exercer controle político sobre a atuação do Estado, seja na via periódica das eleições, seja na

III. QUESTÕES CORRELATAS

Após o delineamento das hipóteses de controle judicial das políticas públicas, será importante enfrentar alguns problemas de ordem prática relacionados ao tema. Como se verá, todas estas questões a seguir são oriundas da jurisprudência dos Tribunais do país. O primeiro diz respeito à relação entre políticas públicas e federalismo. Com efeito, até aqui a discussão tem sido desenvolvida buscando-se reconhecer um campo de direitos fundamentais prestacionais cuja adimplência é obrigatória pelo Poder Público, e outro cujo controle deve ser meramente instrumental. Transpondo-se a teoria exposta para a realidade brasileira, a resposta parecerá ainda incompleta: é preciso saber qual será o ente federativo obrigado a prestar. O segundo ponto cuida de aplicação do princípio da solidariedade no campo das políticas públicas no que tange dois aspectos: (i) a possibilidade de se restringir o acesso de determinadas pessoas às políticas públicas em razão de sua capacidade econômica (*i.e.*, a"necessidade" como *standard* para o reconhecimento de direitos); e (ii) a vinculação dos particulares ao adimplemento de direitos fundamentais de natureza prestacional.

1. Identificação do responsável pelo adimplemento em caso de omissão estatal

Uma das grandes questões relativas à implementação judicial de políticas públicas tem sido o reconhecimento da legitimidade passiva para responder a tais demandas, em outras palavras, a quem pertence o dever jurídico de entregar as prestações pretendidas pelos particulares e relacionadas a direitos fundamentais. Como se sabe, no âmbito político é comum que os titulares da Administração Pública em seus diversos níveis imputem-se, uns aos outros, os deveres inadimplidos, o que acaba agravando a situação de insuficiência e omissão que muitas vezes se estabelece[147]. Diz o dito popular que se a responsabilidade

via contínua de protestos e pressões sobre os representantes eleitos. Em suma: a sonegação dos dados sobre receitas e despesas públicas inviabiliza os controles jurídico e político e nessa medida poderá exigir soluções jurídicas que assegurem, coativamente se necessário, o acesso à informação".

147 Foi o que ocorreu, emblematicamente, no caso do combate ao mosquito *aedes aegypti*, vetor da dengue, em que Ministro da Saúde, Governadores de

é de todos, ela acaba por ser de ninguém. Como forma de resposta a este problema desenvolveu-se jurisprudência que propugna o reconhecimento da responsabilidade solidária dos entes federativos quando está em causa o adimplemento de direitos fundamentais. Este entendimento foi ratificado por decisões oriundas do Superior Tribunal de Justiça[148] e Supremo Tribunal Federal[149] em matéria de saúde pública, e encontra-se inclusive sumulado pelo Tribunal de Justiça do Estado do Rio de Janeiro[150].

Ocorre que a postura política censurável de certos atores políticos não pode servir, só por si, de pretexto para o reconhecimento de uma

---

Estado e Prefeitos culpavam-se pública e mutuamente pelas sucessivas epidemias que ocorreram em vários Municípios do Brasil. Também é recorrente o encaminhamento de indivíduos que necessitam de cuidados médicos de uma municipalidade à outra, transferindo-se, assim, o custo do tratamento para o vizinho.

[148] STJ, AgInt no RMS 63.987/GO, 1ª Turma, rel. Min. Regina Helena Costa, *DJe* 11-12-2020: "PROCESSUAL CIVIL. AGRAVO INTERNO NO RECURSO ORDINÁRIO EM MANDADO DE SEGURANÇA. CÓDIGO DE PROCESSO CIVIL DE 2015. APLICABILIDADE. *RESPONSABILIDADE SOLIDÁRIA DOS ENTES FEDERATIVOS PELO FUNCIONAMENTO DO SISTEMA ÚNICO DE SAÚDE*. ART. 196 DA CONSTITUIÇÃO DA REPÚBLICA E ART. 2º DA LEI N. 8.080/90. OBRIGAÇÃO PRIORITÁRIA DO ESTADO". (destaque acrescentado)

[149] V. STF, RE 855.178 ED, Plenário, rel. Min. Luiz Fux, *DJe* 16-4-2020, julgado sob a sistemática da repercussão geral. A ementa restou lavrada da seguinte maneira: "1. É da jurisprudência do Supremo Tribunal Federal que o tratamento médico adequado aos necessitados se insere no rol dos deveres do Estado, porquanto responsabilidade solidária dos entes federados. O polo passivo pode ser composto por qualquer um deles, isolada, ou conjuntamente. 2. A fim de otimizar a compensação entre os entes federados, compete à autoridade judicial, diante dos critérios constitucionais de descentralização e hierarquização, direcionar, caso a caso, o cumprimento conforme as regras de repartição de competências e determinar o ressarcimento a quem suportou o ônus financeiro. 3. As ações que demandem fornecimento de medicamentos sem registro na Anvisa deverão necessariamente ser propostas em face da União". Como se pode verificar, apenas os medicamentos sem registro da Anvisa não estão sujeitos à sistemática da solidariedade constitucional".

[150] Eis o teor da Súmula n. 65: "Deriva-se dos mandamentos dos artigos 6º e 196 da Constituição Federal de 1988 e da Lei n. 8080/90, a responsabilidade solidária da União, Estados e Municípios, garantindo o fundamental direito à saúde e consequente antecipação da respectiva tutela".

obrigação solidária de implementar todo e qualquer direito fundamental, ou mesmo o mínimo existencial, sob pena de falência do planejamento estatal de cada ente público, porquanto incapaz de prever a observância dos mandamentos constitucionais por parte dos demais entes federativos. É oportuno observar que tal solidariedade contribui de forma exacerbada para a irracionalidade do sistema, vez que o resultado prático é o cumprimento judicialmente forçado da obrigação de fazer por *todos* os entes acionados em tais demandas, o que gera desperdício de tempo e recursos[151-152]. Não é incomum, e.g., que, em processos judiciais envolvendo pleito de medicamentos, Estado e Município, ambos réus em litisconsórcio passivo, acabem adquirindo o mesmo bem, causando desnecessária duplicidade de gasto, em flagrante prejuízo aos demais indivíduos que também dependem de verbas públicas para o atendimento de suas necessidades.

A solução para esta questão não é simples e não resulta óbvia de uma singela leitura do texto constitucional, até porque a configuração de competências administrativas comuns aos entes federativos, previstas no art. 23 do texto constitucional, as quais contêm inúmeros direitos prestacionais (e.g., saúde, educação, moradia, combate à pobreza e, principalmente, guarda da Constituição), aliada à notória

---

[151] Neste sentido, BARROSO, Luís Roberto. "Da falta de efetividade à judicialização excessiva: direito à saúde, fornecimento gratuito de medicamentos e parâmetros para a atuação judicial". *Revista de Direito da Procuradoria Geral do Estado do Rio de Janeiro*, v. 63, 2008: "Como mencionado, apesar das listas formuladas por cada ente da federação, o Judiciário vem entendendo possível responsabilizá-los solidariamente, considerando que se trata de competência comum. Esse entendimento em nada contribui para organizar o já complicado sistema de repartição de atribuições entre os entes federativos".

[152] Ana Paula de Barcellos aponta ainda outro problema relativo a tal prática, que é o prejuízo ao controle social decorrente da imposição difusa de responsabilidade, cf. "Papéis do direito constitucional no fomento do controle social democrático: algumas propostas sobre o tema da informação". *Revista de Direito do Estado n. 12*, 2008, p. 88: "A interpretação hoje majoritária no tema das competências comuns – a discussão é mais frequente em matéria de saúde pública – procura visualizar uma solidariedade entre os entes no que diz respeito à prestação dos serviços. Embora bem-intencionada – já que desenvolvida, no mais das vezes, a fim de multiplicar os responsáveis pela prestação do serviço do ponto de vista puramente jurídico – *essa linha de interpretação acaba por esvaziar qualquer possibilidade de a população, na rotina democrática, controlar os serviços cuja prestação é imposta pela Constituição ao Poder público*". (destaque acrescentado)

centralidade dos direitos fundamentais, podem induzir, sem maiores perplexidades, à conclusão apontada acima. Porém, é imperativo que ela exista, pois não se pode ter por adequada e razoável a exigência jurídica de que *todos* os entes federativos promovam políticas públicas para o adimplemento de *todos* os direitos fundamentais.

Em outras palavras, é inviável exigir-se que União, Estados e Municípios disponham de todos os tipos de medicamentos e tratamentos de saúde, mantenham escolas de todos os níveis (fundamental e médio), creches, abrigos públicos etc., pois tal situação redundaria em desperdício que, em última instância, não é compatível com o princípio da eficiência administrativa e com a ideia de que os recursos públicos devem ser utilizados de maneira racional. A interpretação sistemática da Constituição, agregada à evidente limitação de recursos mobilizáveis para a realização de finalidades públicas, corrobora a conclusão de que a tese sustentada pelos tribunais mencionados não pode ser adotada sem ressalvas. O controle social sobre estes serviços, ademais, também depende desta clareza de atribuições[153]. Ademais, segundo alerta a doutrina civilista, a solidariedade decorre de expressa previsão em *lei* ou *contrato*, jamais devendo ser presumida, exatamente em razão de suas consequências prejudiciais em relação aos devedores[154]. Decerto que a regra do Código Civil não é aplicável à relação de direito público entabulada entre o Poder Público e os cidadãos, mas serve, contudo, de alerta quanto aos graves efeitos da solidariedade, recomendando cautela no seu reconhecimento.

É exato o pressuposto de que todos os entes federativos estão igualmente obrigados a garantir os direitos fundamentais. Uma das características do *poder político* é a sua intrínseca unidade[155], de modo

---

153 BARCELLOS, Ana Paula de. "Papéis do direito constitucional no fomento do controle social democrático: algumas propostas sobre o tema da informação". *Revista de Direito do Estado n. 12*, 2008, p. 88: "A responsabilidade diante do cidadão por cada serviço em particular haverá de ser atribuída, tanto quanto possível, a apenas um ente, de modo a tornar viável alguma espécie de controle social nesse particular".

154 A previsão é expressa na legislação civil, cf. CC/2002: "Art. 265. A solidariedade não se presume; resulta da lei ou da vontade das partes". Sobre o tema, v. TEPEDINO, Gustavo; BARBOZA, Heloisa Helena; MORAES, Maria Celina Bodin de. *Código Civil interpretado conforme a Constituição da República*, v. 1, 2004, p. 544-546.

155 BONAVIDES, Paulo. *Ciência política*, 2013, p. 118-119: "Com a noção de uni-

que as divisões internas do Estado, sejam horizontais ou verticais, atendem a critérios de contenção de poder e conveniência política, mas jamais devem servir de escusa para a inobservância da missão mais essencial do Estado contemporâneo, que é exatamente garantir os direitos fundamentais. Isto não pode ser negado, sob pena de fraude à Constituição. Contudo, esta *obrigação de garantir* não se confunde com *dever de prestar*. Na teoria das obrigações é corrente a distinção entre débito (*Schuld*) e responsabilidade (*Haftung*)[156]. O débito consiste no dever jurídico de prestar; a responsabilidade, na sujeição patrimonial aos efeitos da execução. Há débitos sem a correspondente responsabilidade (e.g., obrigações naturais) e responsabilidade sem débito (e.g., fiança). Os entes federativos são garantidores (fiadores) dos direitos fundamentais, mas não se pode afirmar que todos assumam, ao mesmo tempo, a condição de devedores principais. Deste modo, a noção de *solidariedade* deve ser deixada de lado em favor do reconhecimento de mera *subsidiariedade* entre os entes, a qual garante a finalidade última acima mencionada sem, contudo, criar um dever primário, a toda evidência irrealizável, de prestar todos os serviços ligados às políticas públicas constitucionalmente essenciais.

Pois bem, partindo-se desta premissa (substituição da *solidariedade* pela *subsidiariedade*), torna-se relevante a questão seguinte: como reconhecer o dever primário de prestar políticas públicas? Sustenta-se neste tópico, basicamente, que são três os critérios de identificação desta responsabilidade, a saber: (i) quando a definição estiver explíci-

---

dade e indivisibilidade do poder, aufere o Estado moderno um de seus postulados essenciais (...). O poder do Estado na pessoa de seu titular é indivisível: a divisão só se faz quanto ao exercício do poder, quanto às formas básicas de atividade estatal".

156 VARELA, João de Matos Antunes. *Das obrigações em geral*, v. 1, 2000, p. 144: "Desde há muito os juristas assinalam na vida da obrigação a existência de dois momentos sucessivos: o dever de prestar imposto ao devedor e o correlativo direito à prestação atribuído ao credor; o poder de agressão do credor sobre o patrimônio do devedor, no caso de este não cumprir, e a consequente garantia geral da obrigação. A novidade da doutrina alemã (...) está no facto de ter feito destes dois momentos sucessivos duas relações distintas, com existência autônoma e diferente natureza jurídica". Saliente-se que esta visão não é pacífica no direito civil, e o próprio autor português citado tece críticas a ela (v. p. 151 a 153). Porém, para as finalidades do texto, basta que fique nítida a existência de benefício de ordem em favor dos entes federativos que não são primariamente obrigados a adimplir determinado direito.

ta na própria Constituição, não haverá que se cogitar de outro critério; (ii) se o texto constitucional não for específico ou suficientemente claro, caberá ao intérprete recorrer às normas jurídicas infraconstitucionais que preveem repartição de responsabilidades nas políticas públicas; e (iii) no vácuo normativo, deve prevalecer o princípio da subsidiariedade em matéria federativa. É o que se explica a seguir.

O primeiro critério é óbvio e de aplicação singela. Se o legislador constituinte definiu, por meio de regra constitucional específica, quem será o responsável pelo adimplemento de determinado direito fundamental prestacional, é dele que se deve exigir primeiramente o cumprimento deste dever. Tome-se como exemplo o art. 208, IV, da Constituição Federal de 1988[157], que impõe ao Poder Público o dever de garantir a educação infantil em creche e pré-escola, estipulando um insofismável direito subjetivo. Em seguida, o art. 211, § § 3º e 4º, também da Constituição[158], indicam que os Municípios devem atuar prioritariamente no ensino fundamental e na educação infantil; ao passo que aos Estados e ao Distrito Federal compete atuar no ensino fundamental e médio. Portanto, de acordo com a sistemática constitucional, o dever primário de garantir o direito à educação infantil pertence aos Municípios, e tão somente a eles. Assumindo-se, por hipótese, que um Município seja financeiramente inviável, então é mister recorrer à subsidiariedade que decorre do regime especial dos direitos fundamentais para corresponsabilizar Estado e União Federal. É fato que nem sempre haverá esta clareza na atribuição de tarefas, o que impõe a análise dos outros critérios aventados.

O segundo critério consiste no reconhecimento dos efeitos jurídicos das leis que distribuem obrigações constitucionais entre os entes federativos. Elas decorrem da própria sistemática constitucional, pois o seu art. 23, parágrafo único, prevê a edição de leis complementares disciplinadoras das atribuições comuns, de maneira a equilibrar

[157] CF/88: "Art. 208. O dever do Estado com a educação será efetivado mediante a garantia de: (...) IV – educação infantil, em creche e pré-escola, às crianças até 5 (cinco) anos de idade".

[158] CF/88: "Art. 211. A União, os Estados, o Distrito Federal e os Municípios organizarão em regime de colaboração seus sistemas de ensino. (...) § 2º Os Municípios atuarão prioritariamente no ensino fundamental e na educação infantil. § 3º Os Estados e o Distrito Federal atuarão prioritariamente no ensino fundamental e médio".

a atuação dos entes federativos[159]. O federalismo brasileiro, muito embora forjado sob a influência marcante do direito constitucional norte-americano, após 1988 acabou por se caracterizar como um federalismo misto de intenso viés cooperativo, em que inúmeras competências administrativas e legislativas são atribuídas de maneira comum a todos os entes[160]. No federalismo dual, adotado pelos Estados Unidos, há uma rígida separação entre as competências dos Estados e da União, mas isto não ocorre no federalismo cooperativo. Neste passo, a atuação concertada dos entes federativos deve ser harmonizada mediante a edição de leis de caráter nacional, pois os conflitos e choques são inevitáveis.

Alguns subsistemas constitucionais preveem leis específicas para disciplinar essa atuação conjunta, tal como dispõe o art. 215, § 3º, da CF/88, ao mencionar o Plano Nacional de Cultura, hipótese em que as leis específicas disciplinadoras do setor devem ser tomadas em consideração. A saúde pública, por exemplo, está regulada na Lei n. 8.080/90, e não há nela qualquer indicação de solidariedade absoluta entre União, Estados e Municípios na prestação de serviços de saúde. Pelo contrário, a lei é clara ao estabelecer a obrigação primária das municipalidades na execução dos serviços de saúde (art. 18, I) deixando ao Estado a gestão do sistema de saúde de alta complexidade (art. 17, IX), bem como lhe atribuindo ações de caráter meramente suplementar. Em não havendo qualquer tipo de inconstitucionalidade capaz de macular a lei em questão (e aparentemente não há), é essencial que os tribunais observem a repartição de competências nela efetuada.

Argumenta-se que admitir que leis infraconstitucionais disciplinem e distribuam atribuições em matéria de direitos fundamentais entre os

---

[159] CF/88: "Art. 23. (...). Parágrafo único. Leis complementares fixarão normas para a cooperação entre a União e os Estados, o Distrito Federal e os Municípios, tendo em vista o equilíbrio do desenvolvimento e do bem-estar em âmbito nacional".

[160] MIRANDA, Jorge. *Manual de direito constitucional*, t. III, 1998, p. 296: "Há dois sistemas típicos. No federalismo clássico (Estados Unidos, Suíça), procede-se a uma repartição horizontal ou material: o dualismo de soberania envolve um dualismo legislativo e executivo (o Estado federal faz e executa as suas leis, e o mesmo fazem os Estados federados). No federalismo dito cooperativo (Alemanha), tende-se a uma repartição vertical: o Estado federal legisla ou define as bases gerais da legislação e os Estados federados executam ou desenvolvem as bases gerais".

entes federativos seria "interpretar a Constituição conforme uma lei ordinária"[161]. Não se pode concordar com este raciocínio, eis que (i) não há no texto constitucional qualquer norma explícita que imponha esta responsabilidade solidária entre os entes federativos, e neste caso, se tal norma existisse, as leis que a contrariassem seriam materialmente inconstitucionais; (ii) uma interpretação razoável aponta no sentido de distribuição de tarefas entre as diversas pessoas políticas da federação, sendo evidente que a redundância é contrária aos padrões de economicidade e eficiência exigidas também pelo texto constitucional; e (iii) as regras do art. 23 da Constituição atribuem competência aos entes federativos, habilitando-os a agir, mas não garantem direitos subjetivos, de modo que não se pode fundar nelas a eficácia pretendida. Esta visão também negligencia o espaço legítimo que o legislador possui na interpretação constitucional[162].

Na primeira edição deste livro, rejeitou-se a possibilidade de utilização dos denominados acordos interadministrativos com o intuito de delimitar obrigações constitucionais entre os entes federativos[163]. O argumento apresentado, em síntese, afirmava que tais instrumentos (e.g., convênios, acordos, ajustes e outros congêneres), por não terem a força cogente da lei, não poderiam ser opostos aos particulares em caso de omissão inconstitucional. De forma subsidiária, mencionava-se ainda que os convênios, sujeitos à teoria geral dos contratos na-

---

[161] MACHADO, Priscila Silva Ximenes. "O direito à saúde e a responsabilidade linear dos entes federados". Disponível em: <http://www.stf.jus.br/arquivo/cms/processoAudienciaPublicaSaude/anexo/Direito_a_Saude__Responsabilidade_linear.pdf>. Acesso em: 10 jul. 2021.

[162] Sem razão, portanto, aqueles que defendem uma eficácia meramente interna da legislação que distribui tarefas entre os entes federados, como a Lei do SUS, conforme sustentam alguns doutrinadores. V. MACHADO, Priscila Silva Ximenes. "O direito à saúde e a responsabilidade linear dos entes federados". Disponível em: http://www.stf.jus.br/arquivo/cms/processoAudienciaPublicaSaude/anexo/Direito_a_Saude__Responsabilidade_linear.pdf>. Acesso em: 10 jul. 2021: "Ressalte-se que o SUS é, antes de tudo, um sistema Único. Essa deve ser a visão na ótica do indivíduo. Possível regionalização e hierarquia intrínsecas só poderão valer, como já dito, entre os entes federados integrantes do Sistema, como forma de ressarcimento, em uma possível ação de regresso, não podendo ser impingida contra o cidadão comum, justamente pela responsabilidade solidária prevista na Constituição".

[163] Sobre o tema, v. LEITÃO, Alexandra. *Contratos interadministrativos*, Coimbra: Almedina, 2011.

quilo que lhes for aplicável[164], estavam subordinados ao princípio da relatividade, ou seja, não poderiam beneficiar ou prejudicar terceiros[165]. Há precedentes judiciais considerando ineficaz a divisão de obrigações entre entes federativos por meio de convênio, embora mediante simples remissão genérica ao art. 23 do texto constitucional[166].

Contudo, a argumentação parece olvidar o disposto no art. 241, da Constituição Federal de 1988, com a redação que lhe foi atribuída pela EC n. 19/98. O dispositivo é inequívoco em seu conteúdo:

> Art. 241. A União, os Estados, o Distrito Federal e os Municípios disciplinarão por meio de lei os consórcios públicos e os convênios de cooperação entre os entes federados, autorizando a gestão associada de serviços públicos, bem como a transferência total ou parcial de encargos, serviços, pessoal e bens essenciais à continuidade dos serviços transferidos. (Redação dada pela Emenda Constitucional n. 19, de 1998)

Como se verifica, a Constituição não apenas autorizou os entes federativos a disciplinar a gestão associada de serviços públicos, como

---

164 Segundo a doutrina convencional sobre o tema, os convênios se distinguem dos contratos apenas em razão do intuito cooperativo que possuem, pelo que lhe são aplicáveis, como regra geral, os princípios de direito contratual. A tese encontra lastro na dupla remissão feita pelos arts. 116 e 54, ambos da Lei n. 8.666/93: "Art. 116. Aplicam-se as disposições desta Lei, no que couber, aos convênios, acordos, ajustes e outros instrumentos congêneres celebrados por órgãos e entidades da Administração". "Art. 54. Os contratos administrativos de que trata esta Lei regulam-se pelas suas cláusulas e pelos preceitos de direito público, aplicando-se-lhes, supletivamente, os princípios da teoria geral dos contratos e as disposições de direito privado."

165 A propósito, v. PEREIRA, Caio Mário da Silva. Instituições de direito civil, v. III, 2013, p. 93-104.

166 TJRJ, Apelação Cível n. 0197177-18.2010.8.19.0001, rel. Des. Nagib Slaibi Filho, 6ª Câmara Cível, j. 24-5-2017: "Direito Constitucional. Meio ambiente. Ação Civil Pública. Alegação de dano ambiental por omissão do Estado e Município quanto ao assoreamento do Rio Portinho e seus afluentes. A proteção ambiental constitui direito social de todos e dever do Estado (art. 225 CRFB). *Matéria de competência comum e responsabilidade solidária entre os entes federativos (art. 23, VI, da CRFB). Eventual convênio de cooperação firmado não tem o condão de afastar a responsabilidade de determinado ente, derrogando o disposto na Constituição.* A responsabilidade ambiental é objetiva, de modo que todo aquele que por ação ou omissão tenha concorrido para o dano tem o dever de repará-lo, independentemente da existência de culpa (art. 225, § 3º, da CRFB)". (destaque acrescentado)

ainda permitiu a transferência total ou parcial de encargos e serviços. Ora, se os entes políticos, ainda que em sede administrativa, decidirem pela prestação associada ou a assunção do serviço por um deles – ou, eventualmente, por uma terceira pessoa jurídica criada nos termos da Lei n. 11.107/2005 –, parece natural que o responsável pela eventual omissão seja aquele a responder judicialmente.

Se, contudo, não há disposição constitucional, norma jurídica infraconstitucional ou acordo interadministrativo capaz de fornecer um norte para o intérprete, é mister recorrer ao conhecido princípio da subsidiariedade[167], cujo conteúdo enuncia a prevalência dos entes menores sobre os maiores na atribuição de competências, eis que mais próximos das comunidades locais, onde a influência dos indivíduos é mais intensa[168]. A própria existência do princípio suscita controvérsias no direito brasileiro, máxime em razão da proeminência – especialmente no âmbito de competências legislativas e tributárias, corroborada pela jurisprudência expansiva do Supremo Tribunal Federal – que possui a União Federal sobre os demais entes federativos. Porém, a doutrina sustenta que o princípio da subsidiariedade reside na própria noção de federalismo[169]. De fato, é imperioso reconhecer que a desi-

---

[167] Sobre o tema: BARACHO, José Alfredo de Oliveira. *O princípio da subsidiariedade:* conceito e evolução, 1996; GONÇALVES, Vania Mara Nascimento. *Estado, sociedade civil e princípio da subsidiariedade na era da globalização*, 2003; TORRES, Silvia Faber. *O princípio da subsidiariedade no direito público contemporâneo*, 2001; TORRES, Silva Faber, "Federalismo e subsidiariedade". *Revista de Direito da Associação dos Procuradores de Novo Estado do Rio de Janeiro*, v. XIX, 2008, p. 101-128.

[168] BARACHO, José Alfredo de Oliveira. *O princípio da subsidiariedade:* conceito e evolução, 1996, p. 31: "Procura-se resolver a questão de saber quando o Estado e as demais coletividades devam ser reconhecidos na amplitude de suas competências. Deverá ser ela exercida em nível local, ao mesmo tempo que se propõe determinar qual coletividade terá sua competência definida. Nem sempre o princípio da subsidiariedade dá resposta precisa a todas essas questões. Ele fixa apenas o essencial, quando visa a orientar uma reforma, uma política, indicando uma direção, inspirada na filosofia da descentralização". V. TORRES, Silva Faber. "Federalismo e subsidiariedade". *Revista de Direito da Associação dos Procuradores de Novo Estado do Rio de Janeiro*, v. XIX, 2008, p. 104-109.

[169] TORRES, Silva Faber. "Federalismo e subsidiariedade". *Revista de Direito da Associação dos Procuradores de Novo Estado do Rio de Janeiro*, v. XIX, 2008, p. 104: "(...) considerando que o Estado federal contrapõe-se ao centralismo, consistindo, juridicamente, em uma ampla forma de descentralização e de

gualdade no campo das receitas tributárias impõe reflexão na imposição de deveres aos Municípios no âmbito do federalismo brasileiro, mas há razões que sustentam a tese oposta, o que deixa a questão aberta a outras contribuições.

Primeiro, o princípio da subsidiariedade na federação radica no reconhecimento de autonomia às coletividades locais e na capacidade delas de resolver seus próprios problemas. Cuida-se do reconhecimento da autonomia e capacidade política dos indivíduos na condução dos negócios públicos, o que é um elemento a ser valorizado nos regimes democráticos. Tem-se, assim, que o Município é o ente federativo mais apto a identificar quais são os seus problemas mais prementes e os mais corriqueiros, cabendo-lhe fornecer as soluções adequadas. Por exemplo, em um Município onde haja muita poluição do ar, será fundamental investir em remédios e tratamentos relacionados às doenças respiratórias; onde tenha ocorrido um desastre envolvendo elementos químicos radioativos, será necessário investir contra o câncer. Em resumo, o ente mais qualificado para dimensionar e planejar as políticas públicas constitucionalmente essenciais é o Município, e só em caráter subsidiário competirá ao Estado e à União intervir nestas políticas com o intuito de garanti-las.

E ainda há uma segunda razão, de viés pragmático, para se reconhecer o dever primário dos Municípios quando não for possível aplicar qualquer um dos critérios anteriormente mencionados. É que normalmente as justiças estaduais possuem maior capilaridade que a Justiça Federal, a qual em razão de sua competência residual não necessita de tantas repartições. Igualmente, a Defensoria Pública da União ainda é uma instituição incipiente se comparada com Defensorias Públicas de Estados como Rio de Janeiro e Minas Gerais. Portanto, reconhecer a responsabilidade primária na União Federal implicaria o acúmulo de demandas judiciais em uma justiça que não está preparada para isso, contrariando a notória prática e especialização das Defensorias estaduais e deixando de lado uma estrutura que atualmente *já* está à disposição dos cidadãos.

divisão territorial do poder, diz-se mesmo que a subsidiariedade está implícita no princípio federativo, por exigir que a comunidade maior ou central realize somente o que as menores ou periféricas não possam resolver por si mesmas".

2. O princípio da solidariedade em demandas envolvendo políticas públicas

Como afirmado acima, este tópico tem por objeto duas discussões, oriundas também da prática jurisprudencial, cuja solução converge, segundo será sustentado, para a incidência do princípio da solidariedade, inscrito no art. 3º, I, da Constituição Federal de 1988[170]. São os seguintes pontos: (i) a criação de um parâmetro vinculado à "necessidade individual", traduzida na hipossuficiência jurídica do requerente, para o acesso pela via judicial a direitos fundamentais de cunho prestacional; e (ii) a extensão de obrigações que normalmente recairiam sobre o Estado a entidades particulares e suas consequências jurídicas. Cabe esclarecer e aprofundar cada uma destas hipóteses.

2.1. *O conteúdo do princípio da solidariedade*

Como dito linhas acima, o princípio da solidariedade encontra guarida no art. 3º, I, da Constituição Federal de 1988. O ideal de solidariedade provém inicialmente da filosofia estoica e da ética católica, e somente após a Segunda Guerra Mundial, quando o discurso moral foi absorvido pelas novas Constituições adotadas no pós-guerra, é revestido de caráter jurídico específico (normalmente positivado sob a roupagem de "princípio")[171]. Antes disso, o predomínio do individualismo liberal, e de seu corolário, o dogma da igualdade formal, impedia que as formas jurídicas protegessem os indivíduos em posição social vulnerável, deixando-os à mercê das ajudas provindas de particulares e, principalmente, da Igreja. Neste ponto, a solidariedade social era sinônima de caridade e beneficência privadas. O reconhecimento de que as pessoas não se encontram em posição igual, fruto da reflexão pós-liberal, somente viria muitos anos depois, e não se consolidaria sem certa resistência por parte do próprio Poder Judiciário[172]. As razões que promove-

---

[170] CF/88: "Art. 3º Constituem objetivos fundamentais da República Federativa do Brasil: (...) I – construir uma sociedade livre, justa e *solidária;*". Sobre o tema, v. MORAES, Maria Celina Bodin de. "O princípio da solidariedade". In: PEIXINHO, Manoel Messias; GUERRA, Isabela Franco; FILHO, Firly Nascimento. *Os princípios na Constituição de 1988*, 2006, p. 157-176, e FARIAS, José Fernando de Castro. *A origem do direito de solidariedade*, 1998.

[171] Para uma apreciação histórica do princípio da solidariedade, v. FARIAS, José Fernando de Castro. *A origem do direito de solidariedade*, 1998, p. 183 e s.

[172] Faz-se referência aqui às famosas decisões da Suprema Corte dos Estados Unidos proferidas entre 1890 e 1937, período conhecido como "Era Loch-

ram a transformação do Estado-gendarme (ou Estado-liberal) em Estado-providência (ou Estado-social) foram analisadas no Capítulo II, ao qual se remete o leitor, mas não há dúvidas quanto à superação daquele paradigma a respeito dos papéis que o Estado deve desempenhar.

Em síntese, o princípio da solidariedade *demanda o reconhecimento da responsabilidade mútua entre as pessoas, i.e., umas pelas outras e de cada uma delas por <u>todas</u> as demais, inclusive pelas gerações futuras*. O programa de solidariedade erigido pelo texto constitucional em vigor é mais bem entendido com a análise das garantias e direitos fundamentais por ele estatuídos, pelos subsistemas de proteção social e, finalmente, pela análise dos objetivos fundamentais da República, a saber: erradicação da pobreza e da discriminação, redução de desigualdades sociais e regionais e promoção do bem de todos (art. 3º, III e IV, da CF/88). Vale mencionar também que a ideia de solidariedade permeia os chamados direitos fundamentais ditos de terceira geração (ou dimensão), os quais envolvem a proteção do meio ambiente, do patrimônio histórico e cultural e dos direitos difusos de maneira geral.

Com base no dever jurídico de solidariedade a jurisprudência do Supremo Tribunal Federal já impôs limites à possibilidade de desmatamento de florestas no interior de propriedade privada[173], e declarou inconstitucional uma norma da Constituição do Estado do Rio de Janeiro que permitia aos servidores públicos legar pensões para beneficiários indiciados por eles quando inexistente cônjuge, companheiro ou dependente, exatamente porque isto onerava excessivamente os cofres públicos, em detrimento da coletividade[174]. Há diversas decisões do STF afirmando ser aplicável o princípio da solidariedade nas questões que envolvem o sistema de previdência social, das quais se destaca a proferida por ocasião da instituição da contribuição previdenciária sobre as pensões e aposentadorias, na qual o argumento exerceu papel importante[175]. Ademais, segundo afirma a doutrina, o dever de solidariedade

---

ner", em que o tribunal proclamou inconstitucional diversas leis destinadas à proteção dos trabalhadores e à implementação de direitos sociais, com base na proteção à autonomia individual.

[173] STF, AI n. 729.635. rel. Min. Marco Aurélio, *DJe* 26-9-2018 e MS 22.164-0/SP, rel. Min. Celso de Mello, *DJ* 17-11-1995.

[174] STF, ADI 240-RJ, rel. Min. Octavio Galotti, *DJ* 13-10-2000.

[175] STF, ADI 3128, rel. Min. Ellen Gracie, Rel. p/ Acórdão: Min. Cezar Peluso, *DJ* 18-2-2005.

tem tido expressiva repercussão no campo da responsabilidade civil, ampliando as hipóteses de responsabilidade sem culpa[176]. Em suma, o dever de solidariedade é um importante vetor jurídico, já que conforma os espaços de exercício legítimo dos direitos subjetivos, serve de importante argumento nas questões envolvendo seguridade social.

Como se pode perceber do que foi narrado, não há dúvidas quanto à exigibilidade do princípio da solidariedade, ao estabelecer o dever jurídico geral de *amparo* àqueles que se encontram em posição vulnerável. Este dever pode ter como destinatário o Estado ou os particulares, dependendo do caso, como visto nas decisões acima. O ponto fundamental a remarcar é que ele existe e se funda no próprio texto constitucional. Enfim feita esta consideração geral, cabe analisar os problemas propostos sob esta ótica peculiar.

2.2. *A necessidade como critério de acesso judicial aos direitos fundamentais*

Não é incomum encontrar a afirmação de que a intervenção judicial em matéria de políticas públicas deve ser marcada pela excepcionalidade. Este é um ponto consensual na própria jurisprudência sobre o

---

176 MORAES, Maria Celina Bodin de."O princípio da solidariedade". In: PEIXINHO, Manoel Messias; GUERRA, Isabela Franco; FILHO, Firly Nascimento. *Os princípios na Constituição de 1988*, 2006, p. 169:"De todos estes campos do direito civil, contudo, aquele em que mais claramente se percebe o notável incremento das exigências da solidariedade é o da responsabilidade civil. A propagação da responsabilidade objetiva no século XX, através da adoção da teoria do risco, comprova a decadência das concepções do individualismo jurídico para regular os problemas sociais". Sobre o ponto, v. STF, ADI 1.003-MC, rel. Min. Celso de Mello, *DJ* 10-9-99:"*O art. 7º da Lei n. 6.194/74, na redação que lhe deu o art. 1º da Lei n. 8.441/92, ao ampliar as hipóteses de responsabilidade civil objetiva, em tema de acidentes de trânsito nas vias terrestres, causados por veículo automotor, não parece transgredir os princípios constitucionais que vedam a prática de confisco, protegem o direito de propriedade e asseguram o livre exercício da atividade econômica.* A Constituição da República, ao fixar as diretrizes que regem a atividade econômica e que tutelam o direito de propriedade, proclama, como valores fundamentais a serem respeitados, a supremacia do interesse público, os ditames da justiça social, a redução das desigualdades sociais, dando especial ênfase, dentro dessa perspectiva, *ao princípio da solidariedade, cuja realização parece haver sido implementada pelo Congresso Nacional ao editar o art. 1º da Lei n. 8.441/92*". (destaque acrescentado)

assunto. Em decorrência desta visão, a qual se considera bastante adequada em um contexto institucional de respeito mútuo entre os poderes, emergem dois critérios para o reconhecimento judicial de direitos contra o Poder Público. O primeiro, já exaustivamente trabalhado neste capítulo, é relacionado diretamente com a *natureza intrínseca* do direito pleiteado, que deve ter a marca da *essencialidade* (mínimo existencial). A definição daquilo que é essencial varia de autor para autor, mas a outorga judicial de direitos prestacionais contra o Estado sem esta dignidade específica está condicionada à prévia elaboração legislativa (*interpositio legislatoris*). O segundo parâmetro, exatamente o que interessa aqui, diz com a capacidade financeira do autor nestas demandas. Enunciado de forma direta, o parâmetro poderia ser condensado da seguinte maneira: *se o demandante tem meios próprios para financiar o seu próprio acesso ao direito fundamental prestacional, então não deve o Poder Judiciário conceder-lhe qualquer tipo de tutela, já que os recursos são escassos e as necessidades são muitas e de muitos*[177].

O argumento soa intuitivamente razoável, afinal parece ser injusto que haja subtração de verbas do erário destinadas a quem delas não precisa de imediato, mas encontra alguns óbices teóricos que normalmente são negligenciados. Sob o ângulo normativo, a Constituição Federal explicitamente afirma a universalidade e gratuidade de alguns serviços (como o de saúde e educação básica, v. arts. 196 e 208, I), o que

---

[177] Neste sentido caminha a jurisprudência do Superior Tribunal de Justiça: RMS 23.184/RS, 1ª Turma, rel. Min. José Delgado, *DJe* 19-03-2007: "PROCESSUAL CIVIL E CONSTITUCIONAL. RECURSO ORDINÁRIO EM MANDADO DE SEGURANÇA. SUS. FORNECIMENTO GRATUITO DE MEDICAMENTO, PELO ESTADO, À PESSOA HIPOSSUFICIENTE PORTADORA DE DOENÇA GRAVE. OBRIGATORIEDADE. LEGITIMIDADE PASSIVA. (...) PROTEÇÃO A DIREITOS FUNDAMENTAIS. DIREITO À VIDA E À SAÚDE. DEVER CONSTITUCIONAL. ARTS. 5º, *CAPUT*, 6º, 196 E 227 DA CF/1988. PRECEDENTES DESTA CORTE SUPERIOR E DO COLENDO STF. (...) 4. *Os arts. 196 e 227 da CF/88 inibem a omissão do ente público (União, Estados, Distrito Federal e Municípios) em garantir o efetivo tratamento médico à pessoa necessitada, inclusive com o fornecimento, se necessário, de medicamentos de forma gratuita para o tratamento*, cuja medida, no caso dos autos, impõe-se de modo imediato, em face da urgência e conseqüências que possam acarretar a não-realização. 5. Constitui função institucional e nobre do Ministério Público buscar a entrega da *prestação jurisdicional para obrigar o Estado a fornecer medicamento essencial à saúde de pessoa carente, especialmente quando sofre de doença grave que se não for tratada poderá causar, prematuramente, a sua morte*". (destaque acrescentado)

dificulta qualquer construção tendente a restringir o acesso a eles por critério puramente econômico (em alguns outros casos, ao contrário, são opostas barreiras econômicas pela própria Constituição, como no acesso à justiça por intermédio da Defensoria Pública, cf. art. 5º, LXXIV). Além disso, se o pressuposto teórico é que os direitos fundamentais devem ser interpretados, também, como uma forma de "seguro" contra os riscos das sociedades contemporâneas, conforme se sustentou no Capítulo II, como excluir desta rede protetiva justamente aqueles que, em razão de possuírem capacidade contributiva de maior robustez, são justamente os responsáveis pela maior parte do recolhimento de tributos? E mais: os direitos fundamentais são assim reconhecidos pelo simples fato de alguém ostentar a condição de ser humano[178], razão pela qual parece paradoxal excluir de sua incidência determinado grupo.

A despeito destas considerações, a jurisprudência parece ter se firmado no sentido mencionado, considerando o aspecto "hipossuficiência jurídica" essencial para a procedência da demanda. A única solução para este dilema está no recurso ao *princípio da solidariedade*, no sentido de reconhecer a *prioridade* daqueles que não têm meios próprios para obter acesso aos direitos fundamentais, sobre aqueles que podem fazê-lo e, ainda assim, procuram obter o reconhecimento judicial deste direito. Quando as prestações públicas são escassas, dependendo de intervenção judicial, o dever de solidariedade exige que a preferência seja dos hipossuficientes, mesmo que seja relativa ao mínimo existencial.

A consequência imediata da visão oposta – que desconsidera a situação subjetiva do demandante – é autorizar que particulares demandem o Estado pelas prestações básicas que deveriam ter tido acesso pelo sistema público, mas não conseguiram em razão da omissão ou inoperância deste, tendo então recorrido à iniciativa privada. Este tipo de pretensão que acabou legitimada pelo Superior Tribunal de Justiça, conforme se verifica no julgado abaixo:

> "ADMINISTRATIVO. TRATAMENTO MÉDICO NO EXTERIOR. TRANSPLANTE DE MEDULA ÓSSEA. INDICAÇÃO MÉDICA. URGÊNCIA.

---

[178] Neste sentido, v. TORRES, Ricardo Lobo. *O direito ao mínimo existencial*, 2009, p. 35-36: "O direito é mínimo do ponto de vista objetivo (universal) ou subjetivo (parcial). É objetivamente mínimo por coincidir com o conteúdo essencial dos direitos fundamentais e por ser garantido a todos os homens, *independentemente de suas condições de riqueza*; (...)". (destaque acrescentado)

RISCO DE VIDA. ESGOTAMENTO DOS MEIOS DISPONÍVEIS NO PAÍS. SOLICITAÇÃO DE AUXÍLIO FINANCEIRO. SILÊNCIO DA ADMINISTRAÇÃO. GASTOS PARTICULARES. *RESSARCIMENTO DAS DESPESAS PELO ESTADO. CABIMENTO.* PECULIARIDADES DO CASO. ART. 45 DA LEI N. 3.807/60; ART. 6º DA LEI N. 6.439/77; ARTS. 58, § 2º, E 60 DO DECRETO N. 89.312/84. AUSÊNCIA DE VIOLAÇÃO À LEI FEDERAL. RECURSO ESPECIAL NÃO CONHECIDO. 1. Pretender que o fato de não ter havido autorização do órgão público exima o Estado da responsabilidade de indenizar equivaleria a sempre permitir, diante de atitude omissiva da Administração, a escusa. 2. A regra da exigência de prévia autorização é excepcionada quando por razão de força maior. Inteligência do art. 60 do Decreto n. 89.312/84. 3. Não se admite que Regulamentos possam sustar, por completo, todo e qualquer tipo de custeio desses tratamentos excepcionais e urgentes, porquanto implicaria simplesmente negativa do direito fundamental à saúde e à vida, consagrados na atual Constituição Federal, nos seus arts. 5º, *caput*, 6º, e 196, e na anterior, no art. 150, sentenciando o paciente à morte. 4. Recurso especial não conhecido"[179]. (destaque acrescentado)

Com efeito, a decisão judicial mencionada reconheceu a responsabilidade civil do Estado por não ter custeado o tratamento solicitado, determinando ainda que fossem reembolsados todos os custos sofridos pelo particular. Há decisões neste sentido também no âmbito dos Tribunais de Justiça (citadas no próximo tópico), o que gera uma grave distorção resumida da seguinte maneira: o particular, normalmente de classe média, escolhe a instituição privada que quer fazer uso – as quais são sabidamente muito superiores às instituições públicas –, e posteriormente "manda a conta" para o Estado, exigindo, pela via judicial, que lhe sejam ressarcidas todas as despesas que efetuou. Contudo, é de reconhecer que *não é viável financeiramente imputar ao Poder Público todos os gastos com prestações essenciais efetuados pelos particulares que por elas podem pagar*, tais como médicos (saúde), escolas (educação), advogados (acesso à justiça), comida (subsistência), aluguel (moradia) etc. Pelo contrário, a regra geral, ao menos na área de saúde, é que o sistema público seja ressarcido quando faça o atendimento de particulares que possuam plano de

---

179 STJ, REsp 338.373/PR, rel. Min. Eliana Calmon, rel. p/ Acórdão Min. Laurita Vaz, *DJ* 24-3-2003.

saúde, conforme previsão do art. 32 da Lei n. 9.656/98[180]. Aqui também incide o dever de solidariedade.

Desta feita, o princípio da solidariedade impõe que, no acesso aos serviços públicos essenciais, seja conferida prioridade aos que têm necessidade financeira. Se o indivíduo conseguiu acesso, por sua própria conta e capacidade, ao mesmo serviço na rede privada, então não há que se falar em ressarcimento em nenhuma hipótese, sob pena de subversão da ordem constitucional de prioridades e violação direta ao princípio da solidariedade. A referência constitucional à universalidade, quando existente, deve ser entendida como uma meta a ser alcançada, como é próprio da eficácia dos princípios, e não como fonte de um suposto direito subjetivo a obter o ressarcimento de despesas realizadas com o intuito de usufruir determinados direitos fundamentais.

Vale registrar, finalmente, o voto proferido pelo Min. Marco Aurélio no RE n. 566.471/RN, no qual se discutia o direito individual ao fornecimento, pelo Estado, de medicamento de alto custo, não incluído em Política Nacional de Medicamentos. O Ministro sugere a fixação de tese no sentido de que o reconhecimento depende de comprovação da incapacidade financeira do enfermo *e* dos membros da família solidária. Trata-se de inequívoco avanço no tema. O julgamento foi interrompido por pedido de vista do Min. Gilmar Mendes, e segue pendente.

2.3. *Os limites à vinculação de particulares à prestação de políticas públicas*

O outro ponto relevante consiste no reconhecimento de direitos em face de entidades privadas, que originalmente não estariam obrigadas a garantir direitos fundamentais prestacionais. O Tribunal de Justiça do Estado do Rio de Janeiro registra, de longa data, diversas decisões, muitas delas proferidas em caráter liminar, determinando que

---

[180] Lei n. 9.656/98: "Art. 32. Serão ressarcidos pelas operadoras dos produtos de que tratam o inciso I e o § 1º do art. 1º desta Lei, de acordo com normas a serem definidas pela ANS, os serviços de atendimento à saúde previstos nos respectivos contratos, prestados a seus consumidores e respectivos dependentes, em instituições públicas ou privadas, conveniadas ou contratadas, integrantes do Sistema Único de Saúde – SUS".

os entes públicos consigam vagas para internação de indivíduos ou, caso isto não seja possível, custeiem o respectivo tratamento na rede hospitalar privada[181]. Recentemente, cumpre consignar, essa possibilidade também foi reconhecida pelo Superior Tribunal de Justiça[182]. Estas decisões suscitam uma série de perplexidades, a saber: (i) o reconhecimento deste dever de custear é compatível com os princípios constitucionais que regem as atividades privadas, especialmente os direitos à propriedade e à proteção a liberdade de iniciativa? (ii) em caso positivo, como efetuar o devido acerto da contraprestação pecu-

---

[181] E.g., v. TJRJ, Apelação Cível n. 0017671-33.2016.8.19.0014, 9ª Câmara Cível, rel. Des. Luiz Felipe Miranda de Medeiros Francisco, j. 22-9-2020: "APELAÇÃO CÍVEL. AÇÃO DE OBRIGAÇÃO DE FAZER. ATENDIMENTO DE MENOR NO HOSPITAL MUNICIPAL SÃO JOSÉ, APRESENTANDO FEBRE E SECREÇÃO. PRESCRIÇÃO DE MEDICAMENTOS E LIBERAÇÃO DA PACIENTE. (...) AUTOR QUE LEVOU A FILHA AO HOSPITAL DA UNIMED DE CAMPOS, ONDE FOI DIAGNOSTICADA PNEUMONIA. COM INDICAÇÃO DE INTERNAÇÃO EM UNIDADE DE TERAPIA INTENSIVA. *SOLICITAÇÃO PELO AUTOR DE VAGA EM REDE PÚBLICA, POR NÃO TER CONDIÇÕES DE ARCAR COM A INTERNAÇÃO EM HOSPITAL PARTICULAR. HOSPITAL FERREIRA MACHADO QUE INFORMOU NÃO TER CONDIÇÕES DE INTERNAÇÃO NAQUELE MOMENTO. INTERNAÇÃO REALIZADA NO HOSPITAL DA UNIMED, DIANTE DA RESPOSTA DA REDE PÚBLICA MUNICIPAL DE SAÚDE E DA INEXISTÊNCIA DA VAGA PARA INTERNAÇÃO DA CRIANÇA NA UTI DA REDE PÚBLICA PEDIÁTRICA (...) A JURISPRUDÊNCIA RECONHECE A POSSIBILIDADE DE OS ENTES PÚBLICOS ARCAREM COM O TRATAMENTO DO PACIENTE NA REDE PRIVADA, NOS CASOS DE INEXISTÊNCIA DE VAGA EM SUA REDE DE SAÚDE. ENTE MUNICIPAL QUE DEVE SUPORTAR AS DESPESAS ADVINDAS DA INTERNAÇÃO (...)*" (destaque acrescentado)

[182] STJ, REsp 1.803.426/RN, rel. Min. Herman Benjamin, *DJe* 30-5-2019: "ADMINISTRATIVO. DIREITO À SAÚDE. FORNECIMENTO DE MEDICAMENTO. TRATAMENTO MÉDICO. INTERNAÇÃO EM LEITOS E UTI DE HOSPITAIS. MANIFESTA NECESSIDADE. OBRIGAÇÃO SOLIDÁRIA DE TODOS OS ENTES DO PODER PÚBLICO. TRATAMENTO MÉDICO-HOSPITALAR EM REDE PARTICULAR. PEDIDO SUBSIDIÁRIO NA FALTA DE LEITO NA REDE PÚBLICA. POSSIBILIDADE. 1. No que tange à responsabilidade em prover o tratamento de saúde da pessoa humana, a jurisprudência do Superior Tribunal de Justiça firmou-se no sentido de que é dever do Estado fornecer gratuitamente às pessoas carentes a medicação necessária para o efetivo tratamento médico e garantir a internação em leitos e UTI conforme orientação médica e, inexistindo vaga na rede pública, arcar com os custos da internação em hospital privado, nos termos do art. 196 da Constituição Federal".

niária? (iii) ele é compatível com os princípios próprios das atividades administrativas (legalidade, vinculação orçamentária, licitação etc.)? As dificuldades, enfim, são muitas.

Procurando responder a tais questionamentos, na ordem proposta, recorre-se novamente à aplicação do princípio da solidariedade. De fato, se numa primeira leitura parece violar o direito à propriedade e à autonomia privada a ordem consistente na obrigação de receber um paciente e/ou um aluno que pleiteava colocação em uma instituição pública e não conseguiu por falta de vagas, esta percepção inicial pode ser abalada com o recurso à pauta de valores prevista na Constituição Federal, especialmente na ideia de que o Estado, na realidade, é um veículo por meio do qual são exercidos os deveres de solidariedade que ligam todos os indivíduos que compõem o povo. Apesar disso, o princípio da solidariedade, só por si, não serve de fundamento autônomo para o reconhecimento de obrigações dos particulares nesta seara. Mesmo a ideia de eficácia horizontal dos direitos fundamentais, já amplamente discutida pela doutrina, parece ser insuficiente para a finalidade pretendida[183]. O magistrado não pode determinar, por exemplo, que um indivíduo, possuidor de um imóvel com inúmeros cômodos sem utilização, seja compelido a receber desabrigados em sua residência, como forma de garantir o direito à moradia destas pessoas, sob pena de efetivamente restar violado o direito de propriedade[184]. O supermercado, de igual maneira, não pode ser obrigado a entregar comida sem a devida contrapartida financeira, sob pena de violação ao mencionado direito de propriedade e ao princípio da livre

[183] V. SARMENTO, Daniel. *Direitos fundamentais e relações privadas*, 2004; SILVA, Virgílio Afonso da. *A constitucionalização do direito:* os direitos fundamentais nas relações entre particulares, 2008.

[184] Na impossibilidade da família e do Estado, nesta ordem, é razoável considerar a responsabilidade dos demais particulares nas hipóteses envolvendo crianças e idosos, ante os comandos constitucionais previstos nos arts. 227 e 230, veja-se:"Art. 227. É dever da família, da sociedade e do Estado assegurar à criança e ao adolescente, com absoluta prioridade, o direito à vida, à saúde, à alimentação, à educação, ao lazer, à profissionalização, à cultura, à dignidade, ao respeito, à liberdade e à convivência familiar e comunitária, além de colocá-los a salvo de toda forma de negligência, discriminação, exploração, violência, crueldade e opressão. (...) Art. 230. A família, a sociedade e o Estado têm o dever de amparar as pessoas idosas, assegurando sua participação na comunidade, defendendo sua dignidade e bem-estar e garantindo-lhes o direito à vida".

iniciativa. *Em princípio, as pessoas cumprem seu dever de solidariedade social por meio do pagamento de tributos, os quais se destinam precisamente ao custeio de serviços públicos.*

Neste ponto, parece relevante distinguir o regime jurídico das atividades exercidas pelos particulares. *Vale recordar que a prestação de serviços de educação e saúde são serviços públicos, ao menos em uma acepção ampla do conceito*[185]*, muito embora de prestação livre pela iniciativa privada (i.e., não há necessidade de delegação específica). Outras atividades essenciais também se incluem no conceito, tal como o saneamento básico.* Por ser assim, submetem-se a um regime jurídico que não equivale àquele abrangido pelo princípio da livre-iniciativa[186], e podem estar sujeitos à prestação compulsória do serviço a quem não tem capacidade de pagar por ele. Na realidade, os particulares investidos nestas atividades exercem função pública, e este é um dos parâmetros para a aplicação mais intensa dos direitos fundamentais nas relações particulares, segundo a doutrina especializada no assunto[187]. Sobre o ponto, aliás, é válido transcrever passagem de Alexandre Santos de Aragão:

> "Não que deva ser descartada de forma absoluta a imposição judicial de prestações de serviço público para assegurar direitos fundamentais, o que só é admissível, contudo, nos casos concretos excepcionais em que a omissão estatal estiver atingindo a dignidade da pessoa humana, o que não se

---

185 ARAGÃO, Alexandre Santos de. *Direito dos serviços públicos*, 2007, p. 148: "Uma segunda acepção corresponderia os serviços públicos às atividades prestacionais em geral do Estado, ou seja, às funções que exerce para proporcionar diretamente aos indivíduos comodidades e utilidades, independentemente de poderem deles ser cobradas individualmente ou não, ou de serem de titularidade exclusiva do Estado".

186 SARMENTO, Daniel. *Direitos fundamentais e relações privadas*, 2004, p. 378: "Devem ser considerados como atores públicos, para fins de submissão a um regime mais rígido de vinculação aos direitos fundamentais, todas as entidades em que se visualizar a presença do Estado, independentemente da sua natureza jurídica. *Ademais, os particulares que exercem funções de caráter eminentemente público também devem se submeter ao mesmo regime*". (destaque acrescentado)

187 ARAGÃO, Alexandre Santos de. *Direito dos serviços públicos*, 2007, p. 202: "Nos serviços públicos não há um direito preexistente que limite a regulação estatal, sendo todos os direitos decorrentes do contrato de concessão e do respectivo marco regulatório, não de uma situação jurídica preexistente que desse ao particular direitos ao exercício da atividade. O Estado pode, por exemplo, observada a legislação setorial, deixar de delegar a atividade ou, quando já delegada, retomá-la com o pagamento das indenizações previstas em lei".

dá simplesmente quando a pessoa não tem como usufruir uma prestação relevante, mas sim quando a ausência desta colocar em risco o mínimo existencial ou o núcleo essencial do direito fundamental em questão"[188].

Portanto, em se tratando de atividades submetidas ao regime jurídico de serviço público, não há como arguir que o princípio da livre-iniciativa restaria vulnerado com as referidas decisões judiciais. O princípio da solidariedade atua como reforço de argumentação[189]. Pode-se arguir que este raciocínio teria o condão de desestimular os particulares a se engajarem nestas atividades, haja vista o risco sempre presente de sofrer os ônus que originalmente seriam do poder público. Mas observe-se que não se está a defender que os custos decorrentes da prestação do serviço sejam arcados pelo particular, o que faz cair por terra não apenas este argumento, mas também a alegação de que restaria ferido o direito à propriedade. A prestação pode ser compulsória, mas ela não deve ser gratuita. É dizer: tendo prestado serviços em substituição ao poder público, em razão da omissão ou inoperância deste, é direito do particular se ressarcir dos prejuízos sofridos[190]. Em se tratando de concessionária de serviço público, resulta óbvio da hipótese o direito à recomposição da equação econômico-financeira do contrato.

---

[188] ARAGÃO, Alexandre Santos de. *Direito dos serviços públicos*, 2007, p. 537.

[189] SARMENTO, Daniel. *Direitos fundamentais e relações privadas*, 2004, p. 343: "Mais complexa, no entanto, é a possibilidade de extrair, de uma norma consagradora de direito social de caráter não trabalhista, algum direito subjetivo positivo a determinada prestação comissiva devida pelo particular, independentemente da existência de lei ordinária, ou de cláusula geral do Direito Privado suscetível de concretização judicial. Apesar das dificuldades existentes, entendemos que tal possibilidade não pode ser descartada, já que a incidência na esfera privada dos valores constitucionais solidarísticos não devem permanecer completamente à mercê da vontade do legislador ordinário. Por isso, na nossa opinião, é possível postular, em certos casos, a existência de uma eficácia horizontal direta e imediata da dimensão prestacional dos direitos sociais na ordem jurídica nacional".

[190] É assim que vem afirmando a jurisprudência do Superior Tribunal de Justiça. Para ilustrar, alude-se ao AgRg no AREsp 36.394, *DJe* 12-4-2012, rel. Min. Herman Benjamin. Cita-se também, em sentido idêntico, o AgRg no AREsp 553.858, *DJe* 24-9-2014, rel. Min. Sérgio Kukina: "Em razão das premissas fáticas delineadas no acórdão recorrido, no sentido de que não havia leito vago em UTI da rede pública, do elevado custo do tratamento, e do crítico estado de saúde do enfermo, a segurança foi concedida para impor ao Estado o dever de custear as despesas médicas efetivamente comprovadas em hospital privado".

Estas soluções são válidas mesmo quando não haja uma reserva do possível fática em termos absolutos, isto é, o juiz pode, diante do caso concreto, reconhecer a eficácia dos direitos fundamentais prestacionais contra privados mesmo quando houver dinheiro nos cofres públicos, justificada a segunda hipótese quando for o caso de tutela de urgência e diante da constatação de que somente o particular, titular do serviço, poderá impedir lesão grave e irreparável. O reconhecimento de que somente *uma* pessoa é capaz de entregar a prestação desejada pelo particular evita questionamentos quanto à necessidade de licitação, mas haverá casos em que a prestação requerida será tão singela que diversos particulares poderão ser aptos ao fornecimento do serviço pretendido. Neste caso, o procedimento a ser seguido pelo administrador deve ser o de dispensa por situação emergencial, previsto no art. 24, IV, da Lei n. 8.666/93[191]. Não deve o magistrado indicar o particular que será obrigado a prestar, salvo em que ele for o único apto a fazê-lo, já que isto inviabiliza a observância do art. 26, parágrafo único, do mesmo diploma legal, que dispõe sobre o procedimento da dispensa[192].

Dito isto, verifica-se o segundo problema, que diz respeito ao ressarcimento do particular. Na esfera administrativa, o ente responsável poderá, eventualmente, efetuar termo de reconhecimento de dívida em favor do particular. Neste caso, será necessário que o ente aquiesça com o pedido, o que nem sempre ocorre na prática. Uma das soluções possíveis é permitir a compensação dos custos incorridos com os impostos devidos pelo particular ou a remissão de débitos, nos

---

[191] Lei n. 8.666/93:"Art. 24. É dispensável a licitação: (...) IV – nos casos de emergência ou de calamidade pública, quando caracterizada urgência de atendimento de situação que possa ocasionar prejuízo ou comprometer a segurança de pessoas, obras, serviços, equipamentos e outros bens, públicos ou particulares, e somente para os bens necessários ao atendimento da situação emergencial ou calamitosa e para as parcelas de obras e serviços que possam ser concluídas no prazo máximo de 180 (cento e oitenta) dias consecutivos e ininterruptos, contados da ocorrência da emergência ou calamidade, vedada a prorrogação dos respectivos contratos; (...)".

[192] Lei n. 8.666/93:"Art. 26. (...) Parágrafo único. O processo de dispensa, de inexigibilidade ou de retardamento, previsto neste artigo, será instruído, no que couber, com os seguintes elementos: I – caracterização da situação emergencial ou calamitosa que justifique a dispensa, quando for o caso; II – razão da escolha do fornecedor ou executante; III – justificativa do preço. IV – documento de aprovação dos projetos de pesquisa aos quais os bens serão alocados".

termos dos art. 170 do Código Tributário Nacional[193]. Porém, esta operação depende, segundo a doutrina majoritária[194], de lei disciplinadora. Onde houver sido editada a lei, o problema estará resolvido. De fato, esta seria a solução mais justa, já que o imposto tem a finalidade genérica de financiar os serviços públicos prestados pelo Estado. Outra solução, para os casos em que se abrir o mecanismo da compensação, seria pleitear o reconhecimento da responsabilidade civil estatal pelo dano causado ao particular, como já tem ocorrido na prática[195].

Registre-se, por fim, que o STF reconheceu a repercussão geral da matéria em questão, e deverá decidir qual é o regime de pagamentos que será empregado para ressarcir o particular que presta serviços de saúde por força de decisão judicial (Tema n. 1.033, RE n. 666.094, rel. Min. Roberto Barroso).

---

[193] CTN, Art. 170. A lei pode, nas condições e sob as garantias que estipular, ou cuja estipulação em cada caso atribuir à autoridade administrativa, autorizar a compensação de créditos tributários com créditos líquidos e certos, vencidos ou vincendos, do sujeito passivo contra a Fazenda pública. A sugestão é de BARCELLOS, Ana Paula de."Educação, constituição, democracia e recursos públicos". *Revista de Direito da Associação dos Procuradores do Novo Estado do Rio de Janeiro*, v. XII, 2003, p. 56-57.

[194] PAULSEN, Leandro. *Direito tributário: Constituição e código tributário à luz da doutrina e da jurisprudência*, 2004, p. 1147:"*Não autoaplicabilidade. Necessidade de lei ordinária.* O art. 170, por si só, não gera direito subjetivo à compensação. O Código Tributário simplesmente autoriza o legislador ordinário de cada ente político (União, Estados e Municípios), a autorizar, por lei própria, compensações entre créditos tributários da Fazenda Pública e do sujeito passivo contra ela".

[195] No Tribunal de Justiça do Estado do Rio de Janeiro há dois precedentes interessantes sobre esta questão. Em um deles, a autora, acometida de grave doença, procurou internação em unidade de terapia intensiva na rede hospitalar do Estado, sem sucesso. Diante disso, acionou o Poder Judiciário para que fosse transferida para a rede pública. O resultado do julgamento é este: TJRJ, Apelação Cível n. 0001498-48.2015.8.19.0052, 6ª Câmara Cível, rel. Des. Rogério de Oliveira Souza, j. 12-5-2021:"A Súmula n. 65 do TJ/RJ fixou a responsabilidade solidária da União, Estados e Municípios, em apreço aos arts. 6º e 196 da Constituição Federal de 1988, bem como à Lei n. 8.080/90, podendo a prestação ser exigida de qualquer dos entes federativos. A obrigação do Poder Público inclui a internação na rede pública ou em unidade hospitalar privada às expensas do erário". No outro caso, um menor fora internado na rede particular por solicitação do Município, com assunção das despesas pelo ente público. Na ação monitória, o Município réu arguiu que não era possível a realização de despesa sem empenho, e perdeu. V. TJRJ, Apelação Cível n. 2005.001.03479, rel. Des. Nagib Slaibi Filho, j. 29-7-2005.

Capítulo V

OS MODELOS DE INTERVENÇÃO EM POLÍTICAS PÚBLICAS

Este capítulo destina-se à sistematização de algumas formas de intervenção judicial em políticas públicas que são verificadas na prática jurisprudencial, buscando avaliá-las criticamente à luz dos critérios já estabelecidos. Como se poderá perceber, elas foram divididas de acordo com dois modelos: um denominado "fraco", em que a intervenção ocorre de maneira mais branda, deixando ainda ao legislador e ao administrador amplo espaço de conformação de políticas públicas; e outro denominado "forte", hipóteses em que a discricionariedade administrativa é reduzida a zero[1]. Como se verá, as modalidades de controle fraco dificilmente poderão ser utilizadas a contento em sede de demandas individuais, o que sublinha a importância do parâmetro geral declinado no Capítulo III, que consiste na preferência da tutela coletiva para o controle de políticas públicas. Evidentemente, outras possibilidades de intervenção não podem ser descartadas, mas ficam em aberto para outros aportes doutrinários.

Uma última advertência deve ser feita antes de se prosseguir. Todas as espécies de controle adiante comentadas não *precisam* ser utilizadas de forma estanque. Pelo contrário, a prática indica que elas podem (e devem) ser combinadas. Assim, se a determinação judicial de inclusão de determinada verba no projeto de lei orçamentária do ano seguinte resultar infrutífera, num segundo momento será possível considerar a imediata concessão do direi-

[1] A distinção, incorporada com algumas adaptações, foi colhida na obra de TUSHNET, Mark. *Weak courts, strong rights*, 2008, p. 242 e s.

to em ações individuais. Os elementos apontados nos Capítulos III e IV devem ser parâmetros iniciais para a atuação judicial, mas será inevitável ao julgador do caso concreto contar com alguma dose de sensibilidade tanto em relação aos problemas sociais que lhe são apresentados como também quanto às condições gerais do poder público.

I. O MODELO "FRACO" DE INTERVENÇÃO JUDICIAL EM POLÍTICAS PÚBLICAS

1. Direito à existência de uma política pública: o caso "Grootboom" da África do Sul

O julgado em referência, proferido pelo Tribunal Constitucional da África do Sul, teve origem na ação movida por Irene Grootboom e outros[2] em face do Governo Sul-Africano, em seus diversos níveis. O caso é paradigmático e internacionalmente conhecido. Os demandantes reclamavam condições mínimas de habitação temporária, até que conseguissem uma residência permanente, bem como nutrição básica, abrigo, prestações de saúde básicas e serviços sociais para as crianças. A petição inicial descreve que os autores viviam em uma colônia denominada "Wallacedene", em habitações deveras precárias, sem que lá houvesse coleta regular de lixo, saneamento básico e alguns serviços essenciais (apenas cinco por cento das residências possuíam energia elétrica). A própria Irene Grootboom vivia com sua família e a de sua irmã em uma área inferior a 20 m^2. Após anos tentando obter auxílio do governo para a compra de casas destinadas às pessoas de baixa renda – aparentemente grande parte dos moradores teria se inscrito para o programa, sem sucesso –, os habitantes de Wallacedene decidiram sair de lá e ocupar um terreno particular que há muitos anos estaria destinado à construção das referidas casas.

Ato contínuo, o proprietário da área ocupada ajuizou a competente ação e obteve a ordem de reintegração na posse. Os invasores recu-

---

[2] De acordo com o que consta no acórdão, disponível em: http://www.constitutionalcourt.org.za/uht-bin/hyperion-image/S-CCT11-00, acesso em 16-8-2009, figuravam no polo ativo 390 adultos e 510 crianças. O caso é comentado por SUNSTEIN, Cass. *Designing democracy*, 2001, p. 221-237 e TUSHNET, Mark. *Weak courts, strong rights*, 2008, p. 242-244, de onde foram extraídas algumas informações do texto.

saram-se a sair, o que resultou na utilização da força pública para expulsá-los, redundando na demolição e queima das casas até então construídas (esta era uma prática corriqueira no regime do "appartheid", mas que não foi questionada juridicamente). Os habitantes de Wallacedene perderam todos os seus bens como resultado deste embate, e foram obrigados a residir em caráter temporário num estádio esportivo nas proximidades, sob tendas feitas de plástico, sem que houvesse o fornecimento de serviços básicos (como água e esgotamento). Foi neste momento que optaram por ajuizar ação em face do Estado, tendo por fundamento normativo as seguintes disposições da Constituição daquele país:

> "Seção 26 (Habitação).
>
> (1) Todos têm o direito de ter acesso à habitação adequada.
>
> (2) O Estado deve tomar, dentre outras, medidas legislativas razoáveis, dentro dos recursos disponíveis, para obter a progressiva concretização deste direito.
>
> (3) Ninguém será despejado de sua residência, ou terá sua residência demolida, sem uma decisão judicial tomada com a consideração de todas as circunstâncias relevantes. Nenhuma lei permitirá despejos arbitrários.
>
> (...)
>
> Seção 28 (Crianças)
>
> (1) Toda criança tem o direito:
>
> (a) aos cuidados da família ou dos pais, ou ao cuidado alternativo apropriado quando removido do ambiente familiar.
>
> (c) à nutrição básica, abrigo, prestações de saúde básicas e serviços sociais".

Estes dispositivos devem ser lidos em seu respectivo contexto. O "appartheid" na África do Sul durante muitas décadas promoveu a segregação racial, fato que é mundialmente reconhecido. Dentre as diversas medidas destinadas a tal finalidade, uma delas consistia na delimitação de espaços onde somente negros ou brancos poderiam residir, sendo certo que as áreas urbanas eram predominantemente ocupadas por estes últimos. O distrito onde ocorreu a questão ora estudada (Western Cape) possuía, historicamente, políticas de habitação devotadas exclusivamente aos brancos, o que não impediu a migração de negros para o local em razão dos empregos (ainda que informais) e das melhores condições de vida de modo geral. Portanto, o caso Grootboom lidava com um ponto muito sensível da história recente do país. Neste contexto, deve-se notar que a principal missão e grande desafio da Constituição Sul-Africana de 1996 é derrotar os resquícios do odioso regime segregacionista. Estes elementos tornaram a missão do Tribunal Constitucional ainda mais espinhosa.

A instância ordinária (Tribunal do Cabo da Boa Esperança) concedeu liminar garantindo aos autores o suprimento básico de água, tendas e latrinas portáveis. Na decisão final rejeitou a demanda quanto aos pedidos formulados pelos adultos ao argumento de que já existia um programa de habitação levado a cabo pelo governo do país (o que não era negado pelos autores), e que as dificuldades existentes se deviam à falta de verbas orçamentárias, o que de resto é um problema geral. Porém, quanto às crianças, o Tribunal entendeu que a dicção específica do dispositivo da Seção 28 (1) (c) da Constituição as conferia um genuíno direito subjetivo, razão pela qual garantiu, tão somente a elas, tudo o que pediram na inicial.

Em seguida, os autos foram remetidos à Corte Constitucional para julgamento dos recursos. O Tribunal, a despeito de reconhecer a existência de vívida controvérsia a respeito da sindicabilidade dos direitos sociais, afirmou que tal questão foi superada pelo próprio texto constitucional. Segundo a Corte, a inclusão expressa de tais direitos na Constituição não pode significar "que eles existam apenas no papel"[3]. A partir daí, foram adotadas duas perspectivas interpretativas, com nítido viés conciliatório: a primeira, considerando a literalidade da Constituição, a qual previu que a concreção do direito à habitação se daria: (i) de acordo com as reservas orçamentárias e (ii) de modo progressivo (adotando, de resto, forma semelhante ao previsto no art. 2º, 1, do Pacto Internacional de Direitos Econômicos, Culturais e Sociais[4]); e a segunda, advinda do contexto social e histórico em que foi editada

---

3 *Government of the Republic of South Africa v. Grootboom*, 2000, p. 18.

4 Pacto Internacional de Direitos Sociais, Econômicos e Culturais: "Art. 2º – 1. Cada Estado-parte no presente Pacto compromete-se a adotar medidas, tanto por esforço próprio como pela assistência e cooperação internacionais, principalmente nos planos econômico e técnico, até o máximo de seus recursos disponíveis, que visem a assegurar, progressivamente, por todos os meios apropriados, o pleno exercício dos direitos reconhecidos no presente Pacto, incluindo, em particular, a adoção de medidas legislativas". Disponível em: http://www.aids.gov.br/legislacao/vol1_3.htm. Acesso em: 16-8-2009.

a nova lei fundamental da República, *i.e.*, com evidente papel transformador, sobre o qual já se falou brevemente linhas acima.

Mesmo reconhecendo o dever do Estado em adimplir o mínimo existencial (*minimum core*), o Tribunal rejeitou a possibilidade de fazê-lo incidir na hipótese em razão das poucas informações coligidas sobre as realidades individuais dos demandantes. Com efeito, segundo o Tribunal, enquanto alguns precisariam apenas de apoio financeiro, outros necessitariam de terrenos para a construção, sendo impossível avaliar cada caso na demanda. Ademais – e aqui está o ponto relevante –, a redação das Seções 26 e 28 da Constituição deveriam ser lidas em conjunto, e elas *a priori* não garantem direitos subjetivos em face do Estado, mas tão somente o direito a que existam políticas públicas *razoáveis* destinadas a realizar aqueles fins. Sendo assim, a Corte assentou que os poderes públicos têm a obrigação constitucional de efetuar programas destinados à habitação das classes mais baixas, inclusive daqueles que perderam seus lares e estão em "desesperada necessidade", exatamente o caso dos demandantes (que foram expulsos de onde residiam). Calcado nessas premissas, o Tribunal concluiu que o programa até então existente sofria de inconstitucionalidade por omitir-se quanto à situação destes, que deveria ter algum tipo de remédio.

Como se verifica, a decisão do Tribunal Constitucional da África do Sul adotou uma solução que permitiu acomodar o aspecto político das decisões envolvendo políticas públicas (o espaço de discricionariedade administrativa), e a necessidade de que a Constituição e os direitos prestacionais que ela consagra sejam observados. *Ele reconheceu o direito à política pública, mas não um direito subjetivo específico*[5]. De acordo com Tushnet, esta visão – bastante inovadora, diga-se de passagem – consiste em considerar como "fracos" os direitos constitucionais, garantindo que haja alguma política pública destinada a dar-lhes concretude, sem

---

[5] Esta parece ser a solução defendida por VALLE, Vanice Lírio do. "Dever constitucional de enunciação de políticas públicas e autovinculação: caminhos possíveis de controle jurisdicional". *Fórum Administrativo n. 82*, 2007, p. 15: "Dessa prioridade de investigação quanto à existência em si da política pública, a partir da afirmação de um dever constitucional de sua enunciação como decorrência do próprio direito fundamental à boa administração – *tem-se já que o caminho jurisdicional pode ser utilizado, inclusive (se não principalmente) para o cumprimento em si desse dever primário de* concepção e explicitação *pela administração de uma política pública, eventualmente não existente* (...)". (destaque acrescentado)

que, no entanto, o Poder Judiciário adentre no mérito administrativo para designar especificamente qual deve sê-la[6].

2. Controle dos investimentos mínimos obrigatórios previstos na Constituição Federal de 1988 e das verbas dos fundos públicos com destinação específica

Uma segunda possibilidade de controle judicial de políticas públicas, decorrente de específico mandamento constitucional, encontra-se na análise de aplicação dos investimentos mínimos obrigatórios para as áreas de saúde e educação, bem como na destinação dos fundos públicos reservados à proteção do mínimo existencial (especialmente o Fundo de Manutenção e Desenvolvimento da Educação Básica e de Valorização dos Profissionais da Educação – FUNDEB e o Fundo de Combate e Erradicação da Pobreza, FCEP, sem embargos de outros). Cuida-se de uma hipótese de controle"fraco", já que o Poder Judiciário não vai decidir sobre a realização das políticas públicas, *i.e.*, sobre o que será feito de concreto, mas sim exigir que percentuais de orçamento sejam investidos em determinadas áreas, ou que verbas de fundos específicos sejam efetivamente aplicadas em sua destinação, que pode ser legal ou constitucional.

O constituinte, revelando sua preocupação com os direitos sociais prestacionais, além de prevê-los explicitamente, repeti-los em título próprio e garantir sua eficácia imediata, ainda estabeleceu *patamares mínimos* que deverão ser investidos nas áreas de educação e saúde, as quais certamente são as mais sensíveis e importantes no conjunto dos direitos sociais, tendo em conta o atual estágio da sociedade brasileira. Em relação à saúde pública, assim dispõe a Constituição:

---

6 TUSHNET, Mark. *Weak courts, strong rights,* 2008, p. 244: "Tratar os direitos como fracos é consistente com a linguagem constitucional, e particularmente com a sua exigência de razoabilidade. Previsões constitucionais permitindo que os governos adotem programas razoáveis para alcançar os direitos sociais; complacência na avaliação de programas como irrazoáveis; e um sistema de remédios jurídicos que não garante que qualquer demandante em particular irá receber vantagens individualmente: essas são as características de um sistema fraco de direitos sociais substantivos". A título de informação, também colhida na obra de Tushnet, vale dizer que a Sra. Grootboom desapareceu, e que as condições de vida de boa parte dos autores da famosa ação não foi modificada após quatro anos da decisão.

"Art. 198. As ações e serviços públicos de saúde integram uma rede regionalizada e hierarquizada e constituem um sistema único, organizado de acordo com as seguintes diretrizes: (...)

§ 2º A União, os Estados, o Distrito Federal e os Municípios aplicarão, anualmente, em ações e serviços públicos de saúde recursos mínimos derivados da aplicação de percentuais calculados sobre:

I – no caso da União, na forma definida nos termos da lei complementar prevista no § 3º;

II – no caso dos Estados e do Distrito Federal, o produto da arrecadação dos impostos a que se refere o art. 155 e dos recursos de que tratam os arts. 157 e 159, inciso I, alínea a, e inciso II, deduzidas as parcelas que forem transferidas aos respectivos Municípios;

III – no caso dos Municípios e do Distrito Federal, o produto da arrecadação dos impostos a que se refere o art. 156 e dos recursos de que tratam os arts. 158 e 159, inciso I, alínea b e § 3º.

§ 3º Lei complementar, que será reavaliada pelo menos a cada cinco anos, estabelecerá:

I – os percentuais de que trata o § 2º; (Incluído pela Emenda Constitucional n. 29, de 2000)

II – os critérios de rateio dos recursos da União vinculados à saúde destinados aos Estados, ao Distrito Federal e aos Municípios, e dos Estados destinados a seus respectivos Municípios, objetivando a progressiva redução das disparidades regionais;

III – as normas de fiscalização, avaliação e controle das despesas com saúde nas esferas federal, estadual, distrital e municipal;

IV – as normas de cálculo do montante a ser aplicado pela União".

A lei complementar a que se refere o art. 198, § 2º, I, da CF/88, com redação da EC n. 29/2000, foi editada no início de 2012. Cuida-se da Lei Complementar n. 141/2012. Porém, a omissão legislativa verificada entre os anos de 2000 e 2012 – período no qual foram constatadas vívidas controvérsias a respeito da aplicação dos percentuais mínimos – não tornou o dispositivo inoperante, pois fora integrado com a inclusão promovida pela EC n. 29/2000 no Ato das Disposições Constitucionais Transitórias, com o seguinte conteúdo:

"Art. 77. Até o exercício financeiro de 2004, os recursos mínimos aplicados nas ações e serviços públicos de saúde serão equivalentes:

I – no caso da União:

a) no ano 2000, o montante empenhado em ações e serviços públicos de saúde no exercício financeiro de 1999 acrescido de, no mínimo, cinco por cento;

b) do ano 2001 ao ano 2004, o valor apurado no ano anterior, corrigido pela variação nominal do Produto Interno Bruto — PIB;

II – no caso dos Estados e do Distrito Federal, doze por cento do produto da arrecadação dos impostos a que se refere o art. 155 e dos recursos de que tratam os arts. 157 e 159, inciso I, alínea a, e inciso II, deduzidas as parcelas que forem transferidas aos respectivos Municípios; e

III – no caso dos Municípios e do Distrito Federal, quinze por cento do produto da arrecadação dos impostos a que se refere o art. 156 e dos recursos de que tratam os arts. 158 e 159, inciso I, alínea b e § 3º.

§ 1º Os Estados, o Distrito Federal e os Municípios que apliquem percentuais inferiores aos fixados nos incisos II e III deverão elevá-los gradualmente, até o exercício financeiro de 2004, reduzida a diferença à razão de, pelo menos, um quinto por ano, sendo que, a partir de 2000, a aplicação será de pelo menos sete por cento.

§ 2º Dos recursos da União apurados nos termos deste artigo, quinze por cento, no mínimo, serão aplicados nos Municípios, segundo o critério populacional, em ações e serviços básicos de saúde, na forma da lei.

§ 3º Os recursos dos Estados, do Distrito Federal e dos Municípios destinados às ações e serviços públicos de saúde e os transferidos pela União para a mesma finalidade serão aplicados por meio de Fundo de Saúde que será acompanhado e fiscalizado por Conselho de Saúde, sem prejuízo do disposto no art. 74 da Constituição Federal.

§ 4º Na ausência da lei complementar a que se refere o art. 198, § 3º, a partir do exercício financeiro de 2005, aplicar-se-á à União, aos Estados, ao Distrito Federal e aos Municípios o disposto neste artigo".

Para a saúde pública, a Constituição determinou diferentes patamares de investimento, consoante o ente federativo em questão. A EC n. 29/2000 vinculou a União Federal ao volume de verbas empenhado em saúde pública no ano de 1999, acrescido de 5% no ano de 2000, e corrigido segundo a variação nominal do Produto Interno Bruto nos anos seguintes. O constituinte derivado foi sábio neste ponto, pois condicionou o crescimento dos investimentos em saúde ao incremento da atividade econômica como um todo, o que é salutar. Os Estados, por sua vez, estão obrigados a investir 12% do somatório de sua arrecadação de ICMS, ITD e IPVA (art. 155), de repasses tributários decorrentes de Imposto de Renda (art. 157 e 159, I, a) e IPI (art. 159, II). Por fim, os Municípios deverão investir 12% de sua arrecadação de IPTU, ITBI e ISSQN (art. 156), acrescidos à sua participação em tributos federais e estaduais (art. 158 e art. 159, I, *b* e § 3º)[7]. A regra ainda serve de parâmetro, pois há processos coletivos, que discutem a matéria, instaurados enquanto perdurou a omissão legislativa quanto à edição da Lei Complementar reclamada pelo art. 198, § 3º, da CF/88. A previsão constitucional gerou algumas controvérsias jurídicas, expostas sucintamente a seguir[8].

Em âmbito federal, a primeira controvérsia versava sobre a expressão "valor apurado no ano anterior", prevista no art. 77, I, *b*, do ADCT. A primeira interpretação conferida ao termo entendia que esse valor seria o do ano de 2000, ajustado ano a ano segundo a variação nominal do PIB. É o que se chamou de critério da *base fixa*, já que seriam irrelevantes os empenhos efetuados pela União nos anos seguintes. Diferentemente, a segunda interpretação sustenta que a expressão "ano anterior" referia-se ao que foi empenhado no ano imediatamente anterior. Trata-se de leitura literal do dispositivo. A esta interpretação convencionou-se chamar de critério da *base móvel*. Para os defensores dessa modalidade, que fora desde logo acolhida pela Consultoria Jurídica do Ministério da Saúde, o valor de ano de 2000 serviria como um patamar mínimo inicial, reajustado ano a ano de acordo com a variação do PIB. A segunda interpretação parece mais condizente com a finalidade do dispositivo constitucional, que é criar proteção orçamentária para o direito à saúde[9], e restou acolhida no

---

7 A EC 29/2000 previu regras de transição para os Estados e Municípios que estavam investindo abaixo do mínimo nela previsto. Porém, tais regras são irrelevantes e não serão abordadas neste livro, já que o prazo de transição acabou em 2004.

8 As controvérsias constam da nota técnica conjunta divulgada pelo Ministério da Saúde, Ministério Público Federal, Conselho Nacional de Saúde, Conselho Nacional de Secretários Estaduais de Saúde, Conselho Nacional de Secretários Municipais de Saúde, Comissões de Seguridade Social da Câmara e Assuntos Sociais do Senado e Associação dos Membros de Tribunais de Contas, disponível em http://www.conasems.org.br/, acesso em: 15-5-2006.

9 A vinculação de verbas orçamentárias é objeto de severa crítica de TORRES, Ricardo Lobo. "O princípio constitucional orçamentário da não afetação". *Revista de Direito do Estado n. 6*, 2007, p. 229 e s., segundo o autor: "A constitucionalização das políticas públicas por meio das vinculações, tornando-as contramajoritárias, abre o caminho ao controle jurisdicional não democrático, introduzindo um novo ator no jogo político entre o Legislativo e o Executivo em torno do dinheiro público". O autor critica ainda, especificamen-

texto da Lei Complementar n. 141/2012, consoante se extrai do art. 5º do diploma legal[10].

Outra questão relevante é definir o que são "ações de saúde", para fins de cumprimento do art. 198 da CF/88. Não há consenso suficiente para que seja estabelecido um rol fechado sobre o que deverá ser contemplado pelas verbas constitucionalmente vinculadas e o que está definitivamente excluído, e não parece ser inútil recorrer a algum tipo de órgão técnico (como o Conselho Federal de Medicina). Parece óbvio, de toda sorte, que verbas aplicadas em medicamentos, insumos médicos e manutenção de hospitais e postos de saúde públicos, assim como em saneamento básico, devem ser albergadas pelo dispositivo constitucional. Por se tratar de um conceito jurídico indeterminado, devem-se respeitar as escolhas do legislador em certas situações limítrofes. Vale assentar que a complexidade da questão restou substancialmente reduzida com o rol veiculado no art. 3º da Lei Complementar

---

te, a vinculação de verbas para a saúde: "A vinculação da receita pública às despesas com a saúde trouxe os mesmos inconvenientes apontados relativamente à vinculação à educação: a) engessou o orçamento público, afetando o exercício discricionário do poder político do Legislativo e do Executivo; b) banalizou a garantia dos direitos fundamentais, ao confundi-los com os sociais; c) chamou ao debate sobre as políticas públicas o Judiciário, que sempre se mantivera à parte das escolhas trágicas do orçamento; d) facilitou a predação dos recursos reservados à saúde, com a sucessão dos escândalos dos "sanguessugas" e "vampiros" do orçamento, como ocorreu em 2006" (p. 236). Vale complementar que, sabiamente, a LRF condicionou o recebimento das transferências voluntárias entre os entes à comprovação da aplicação dos mínimos constitucionais (art. 25, § 1º, IV, "b"), o que se dá mediante emissão de certidão pelo Tribunal de Contas. No mesmo tom, v. SIQUEIRA, Vanessa. *A rigidez orçamentária e a perda de discricionariedade do chefe do Poder Executivo: uma realidade?*, 2011.

10 "Art. 5º A União aplicará, anualmente, em ações e serviços públicos de saúde, o montante correspondente ao valor empenhado no exercício financeiro anterior, apurado nos termos desta Lei Complementar, acrescido de, no mínimo, o percentual correspondente à variação nominal do Produto Interno Bruto (PIB) ocorrida no ano anterior ao da lei orçamentária anual". Dispõe sobre os valores mínimos a serem aplicados anualmente pela União, Estados, Distrito Federal e Municípios em ações e serviços públicos de saúde; estabelece os critérios de rateio dos recursos de transferências para a saúde e as normas de fiscalização, avaliação e controle das despesas com saúde nas 3 (três) esferas de governo."

n. 141/2012[11], que buscou delimitar *quais* são as atividades públicas que devem ser consideradas para os fins da EC n. 29/2000. Mais do que isso, o art. 4º explicou quais serviços *não* podem ser considerados no percentual.

Para a educação pública, a previsão de investimentos mínimos envolve menos complexidades[12], e está disciplinada no corpo constitucional nos seguintes termos:

> "Art. 212. A União aplicará, anualmente, nunca menos de dezoito, e os Estados, o Distrito Federal e os Municípios vinte e cinco por cento, no mínimo, da receita resultante de impostos, compreendida a proveniente de transferências, na manutenção e desenvolvimento do ensino.

---

[11] "Art. 3º Observadas as disposições do art. 200 da Constituição Federal, do art. 6º da Lei n. 8.080, de 19 de setembro de 1990, e do art. 2º desta Lei Complementar, para efeito da apuração da aplicação dos recursos mínimos aqui estabelecidos, serão consideradas despesas com ações e serviços públicos de saúde as referentes a: I – vigilância em saúde, incluindo a epidemiológica e a sanitária; II – atenção integral e universal à saúde em todos os níveis de complexidade, incluindo assistência terapêutica e recuperação de deficiências nutricionais; III – capacitação do pessoal de saúde do Sistema Único de Saúde (SUS); IV – desenvolvimento científico e tecnológico e controle de qualidade promovidos por instituições do SUS; V – produção, aquisição e distribuição de insumos específicos dos serviços de saúde do SUS, tais como: imunobiológicos, sangue e hemoderivados, medicamentos e equipamentos médico-odontológicos; VI – saneamento básico de domicílios ou de pequenas comunidades, desde que seja aprovado pelo Conselho de Saúde do ente da Federação financiador da ação e esteja de acordo com as diretrizes das demais determinações previstas nesta Lei Complementar; VII – saneamento básico dos distritos sanitários especiais indígenas e de comunidades remanescentes de quilombos; VIII – manejo ambiental vinculado diretamente ao controle de vetores de doenças; IX – investimento na rede física do SUS, incluindo a execução de obras de recuperação, reforma, ampliação e construção de estabelecimentos públicos de saúde; X – remuneração do pessoal ativo da área de saúde em atividade nas ações de que trata este artigo, incluindo os encargos sociais; XI – ações de apoio administrativo realizadas pelas instituições públicas do SUS e imprescindíveis à execução das ações e serviços públicos de saúde; e XII – gestão do sistema público de saúde e operação de unidades prestadoras de serviços públicos de saúde."

[12] V. a crítica de TORRES, Ricardo Lobo. "O princípio constitucional orçamentário da não afetação". *Revista de Direito do Estado n. 6*, 2007, p. 235: "A vinculação de receitas aos gastos com o ensino, além de constituir mais um instrumento de engessamento do orçamento público, exibe o defeito de atribuir jusfundamentalidade a todo o direito à educação, por não distinguir entre as prestações de ensino primário e de ensino superior, o que leva ao controle da temática orçamentária pela jurisdição constitucional".

§ 1º A parcela da arrecadação de impostos transferida pela União aos Estados, ao Distrito Federal e aos Municípios, ou pelos Estados aos respectivos Municípios, não é considerada, para efeito do cálculo previsto neste artigo, receita do governo que a transferir.

§ 2º Para efeito do cumprimento do disposto no "caput" deste artigo, serão considerados os sistemas de ensino federal, estadual e municipal e os recursos aplicados na forma do art. 213".

Portanto, a obrigação constitucional da União é aplicar 18% das receitas provenientes de impostos (excluídas as contribuições) na área de educação. Estados, Distrito Federal e Municípios devem aplicar, no mínimo, 25% das mesmas receitas, incluídos no cálculo os repasses recebidos dos entes superiores. Na síntese de Ana Paula de Barcellos:

> "Esse primeiro parâmetro é, sem dúvida, o mais simples e objetivo e de emprego mais fácil. Do ponto de vista da sua utilização, bastam duas operações: (i) apurar a quanto correspondem os percentuais referidos pela Constituição em matéria de saúde e educação, considerando a arrecadação dos impostos e referidos nos dispositivos e o valor total da receita gerada pelas contribuições; e (ii) verificar se tais recursos estão efetivamente sendo investidos em políticas públicas vinculadas aos fins constitucionais acima referidos"[13].

Note-se que esta espécie de controle já foi alvo de decisão do Supremo Tribunal Federal, embora sem juízo de mérito, dando por possível o objeto pretendido em ação civil pública que visava a compelir o ente público a aplicar o mínimo constitucional. Na hipótese, o Ministério Público de Minas Gerais constatou que durante os anos de 1988 a 1991 o Município de Fortaleza de Minas aplicou menos de 25% de suas verbas provenientes de impostos na educação, o que ensejou o ajuizamento da ação civil pública, e requereu a inclusão das diferenças de percentuais no orçamento do ano seguinte. O Juízo de primeiro grau acolheu integralmente o pedido inicial. Com a interposição de recurso de apelação, o Tribunal de Justiça daquele Estado decidiu extinguir o feito por ausência de interesse em agir, sustentando que a hipótese

---

[13] BARCELLOS, Ana Paula de. "Constitucionalização das políticas públicas em matéria de direitos fundamentais: o controle político-social e o controle jurídico no espaço democrático". In: SARLET, Ingo Wolfgang; TIMM, Luciano Benetti (orgs.). *Direitos fundamentais*: orçamento e reserva do possível, 2010.

sujeita o Município à intervenção (art. 35, III, da CF/88), e não à ação civil pública. Contra esta decisão foi interposto recurso extraordinário, admitido na origem e julgado pelo STF. Veja-se a ementa do acórdão:

> "CONSTITUCIONAL. AÇÃO CIVIL PÚBLICA. MINISTÉRIO PÚBLICO. MUNICÍPIO: APLICAÇÃO, NO ENSINO, DO PERCENTUAL DE 25% DA RECEITA PROVENIENTE DE IMPOSTOS. INTERESSE SOCIAL RELEVANTE: LEGITIMIDADE ATIVA DO MINISTÉRIO PÚBLICO. CF, art. 127, art. 129, III, art. 212. I. *Ação civil pública promovida pelo Ministério Público contra Município para o fim de compeli-lo a incluir, no orçamento seguinte, percentual que completaria o mínimo de 25% de aplicação no ensino.* CF, art. 212. II. Legitimidade ativa do Ministério Público e adequação da ação civil pública, dado que esta tem por objeto interesse social indisponível (CF, art. 6º, arts. 205 e segs., art. 212), de relevância notável, pelo qual o Ministério Público pode pugnar (CF, art. 127, art. 129, III). III. R.E. conhecido e provido"[14]. (destaque acrescentado)

No julgado citado, o ministro relator desenvolveu interessante voto a respeito das seguintes possibilidades: (i) do ajuizamento da ação civil pública em substituição à intervenção, que era o remédio cabível na hipótese segundo alegou o Município, e (ii) de se exigir compensação em exercícios futuros pela não aplicação dos percentuais constitucionais mínimos. Sobre o primeiro ponto, o Tribunal assentou que a ação civil pública é medida menos gravosa que a intervenção, que representa suspensão temporária da autonomia do ente federativo. Logo, se ela tem o objetivo exato de impedir que ocorra a intervenção, não só é cabível como também preferível ao segundo instituto[15]. Sobre o segundo, a Lei n. 7.348/85, que teve por objetivo disciplinar a aplicação do instituto sob a égide da Constituição de 1967/1969, expressamente prevê a possibilidade de tal compensação orçamentária[16].

---

[14] STF, RE 190.938, rel. Min. Carlos Velloso, *DJ* 22-5-2009.

[15] Excerto do voto do Min. Carlos Velloso: "O fato de o descumprimento do disposto no art. 212 da CF implicar intervenção estadual no Município não descaracterizaria a legitimação ativa do Ministério Público, tampouco tornaria juridicamente impossível o pedido formulado na ação civil pública, dado que a intervenção é ato político patológico, que deve ser evitado. A ação civil pública teria esse condão: evitaria a adoção desse ato político".

[16] Lei n. 7.348/85: "Art. 4º Os recursos mencionados no art. 1º desta Lei originar-se-ão: (...) § 4º As diferenças entre a receita e a despesa previstas e as efetivamente realizadas, que resultem no não atendimento dos percentuais

Em edições passadas, manifestamos posição favorável às vinculações constitucionais orçamentárias. Contudo, revendo a experiência nos últimos anos, alguns pontos ficam claros: (i) a utilização de um percentual fixo sobre a arrecadação tributária como parâmetro de gasto mínimo gera incertezas sobre o volume a ser efetivamente empreendido, eis que somente se consegue conhecer o parâmetro no último dia do ano; (ii) por múltiplas razões, a Administração Pública não consegue executar o volume de recursos constitucionalmente fixado, gerando incentivos para despesas improvisadas, objetivando apenas o cumprimento formal da obrigação constitucional[17]; e (iii) as condenações judiciais que determinam a *compensação* de verbas em educação e saúde em anos posteriores desconsideram as necessidades próprias e limitações arrecadatórias do ano corrente. Na prática, as vinculações constitucionais têm sido fonte de recorrentes ações por improbidade, rejeição de contas em tribunais de contas e ordens judiciais para que simplesmente se *gaste dinheiro*, nada disso parece contribuir para a melhoria do serviço público.

Quanto aos fundos públicos[18] destinados à efetivação de direitos fundamentais prestacionais, merecem destaque dois: (i) Fundo de Manutenção e Desenvolvimento da Educação Básica e de Valorização dos Profissionais da Educação – FUNDEB; (ii) e o Fundo de Combate e Erradicação da Pobreza – FCEP. O primeiro foi instituído pela EC n. 53/2006, em substituição ao antigo Fundo de Manutenção e Desenvolvimento do Ensino Fundamental e de Valorização do Magisté-

---

mínimos obrigatórios, serão apuradas e corrigidas no último trimestre do exercício e, ainda havendo ao seu término diferença, *esta será compensada no exercício seguinte*".

17 O cenário é especialmente trágico no âmbito dos Estados e dos Municípios que se encontram com o limite de despesa corrente líquida com pessoal comprometido (art. 19, II e III, da LC n. 101/2000) ou sob o regime de recuperação fiscal, como é o caso do Estado do Rio de Janeiro. Como não podem investir em pessoal, as despesas em saúde e educação acabam recaindo, muitas vezes, em bens desnecessários à Administração.

18 De acordo com a doutrina especializada, "fundo financeiro é toda reserva de receita para a aplicação determinada em lei". MEIRELLES, Hely Lopes. *Finanças municipais*, p. 133 *apud* OLIVEIRA, Regis Fernandes. *Curso de direito financeiro*, 2008. O art. 71 da Lei n. 4.320/64 define fundo da seguinte maneira: "Constitui fundo especial o produto de receitas especificadas que por lei se vinculam à realização de determinados objetivos ou serviços, facultada a adoção de normas peculiares de aplicação".

rio (FUNDEF). O fundo é composto essencialmente de verbas tributárias e repasses da União Federal, e se destina a metas como a universalização da educação e composição dos salários dos professores. Por sua vez, o FCEP foi introduzido no cenário jurídico brasileiro por meio da EC n. 31/2000, que introduziu o art. 79 no ADCT[19], e regulamentado pela Lei Complementar n. 111/2001[20]. Os recursos financeiros que lhe são destinados também derivam majoritariamente de verbas tributárias.

Pois bem. O controle judicial de políticas públicas pode interferir nos fundos públicos de duas maneiras. A uma, pelo controle de destinação de recursos. Como o FUNDEB e o FCEP são fundos com destinação *constitucionalmente* prevista, o ato administrativo que lhes der outra destinação deve ser inquinado de inconstitucionalidade. O tema do controle da destinação de recursos oriundos dos fundos públicos já foi submetido ao STF[21], que rejeitou a possibilidade fazê-lo em sede de

---

19 CF/88, ADCT: "Art. 79. É instituído, para vigorar até o ano de 2010, no âmbito do Poder Executivo Federal, o Fundo de Combate e Erradicação da Pobreza, a ser regulado por lei complementar com o objetivo de *viabilizar a todos os brasileiros acesso a níveis dignos de subsistência, cujos recursos serão aplicados em ações suplementares de nutrição, habitação, educação, saúde, reforço de renda familiar e outros programas de relevante interesse social voltados para melhoria da qualidade de vida*". A vigência do fundo foi prorrogada por tempo indeterminado pela EC n. 67/2010.

20 Vale transcrever o seguinte trecho da Lei Complementar n. 111/2001: "Art. 3º Os recursos do Fundo serão direcionados a ações que tenham como alvo: I – famílias cuja renda *per capita* seja inferior à linha de pobreza, assim como indivíduos em igual situação de renda; II – as populações de municípios e localidades urbanas ou rurais, isoladas ou integrantes de regiões metropolitanas, que apresentem condições de vida desfavoráveis. § 1º O atendimento às famílias e indivíduos de que trata o inciso I será feito, prioritariamente, por meio de programas de reforço de renda, nas modalidades "Bolsa Escola", para as famílias que têm filhos com idade entre seis e quinze anos, e "Bolsa Alimentação", àquelas com filhos em idade de zero a seis anos e indivíduos que perderam os vínculos familiares. § 2º A linha de pobreza ou conceito que venha a substituí-lo, assim como os municípios que apresentem condições de vida desfavoráveis, serão definidos e divulgados, pelo Poder Executivo, a cada ano". Mais uma vez, a legislação social utiliza um conceito jurídico indeterminado para estabelecer o patamar de auxílio, o que traz consigo ampla margem de atuação para a Administração Pública.

21 Por ocasião da ADI-QO 1.640-7/UF, rel. Min. Sidney Sanches, *DJ* 3-4-1998. O caso dizia respeito à ação direta de inconstitucionalidade ajuizada pelo

controle abstrato de constitucionalidade, mas ressalvou o uso das vias ordinárias. Portanto, em princípio, considerando que este se trata de um direito difuso, nada impede o ajuizamento de ação civil pública pelos órgãos e entes legitimados para compelir os poderes públicos a compatibilizar os gastos com as finalidades do fundo, ressalvada a posição explicitada acima, no sentido da possibilidade de controle de constitucionalidade da lei orçamentária.

A duas, pela imputação de despesas resultantes de decisões judiciais nos recursos dos fundos, desde que referidas decisões sejam destinadas ao cumprimento de finalidades próprias dele. Portanto, na época em que vigorava o Fundo Nacional de Saúde, poderia o Poder Judiciário imputar a ele as despesas com medicamentos e insumos quando as Secretarias Estaduais e Municipais de Saúde alegassem ausência de recursos para fazer frente às respectivas despesas. Na

---

Partido dos Trabalhadores, Partido Comunista do Brasil e Partido Democrático Trabalhista em razão da utilização de verbas oriundas da Contribuição Provisória sobre Movimentação Financeira (CPMF) para destinação diversa da prevista no art. 74, § 3º, do ADCT, *i.e.*, o Fundo Nacional de Saúde, já extinto em razão do fim da contribuição correlata. Na petição inicial, os requerentes narraram que do total de quatro bilhões e setecentos milhões arrecadados, cerca de um bilhão e trezentos milhões – um quarto das verbas – estaria sendo utilizado para pagamento de despesas e encargos. Como afirmado no texto, o STF reiterou na hipótese a sua jurisprudência sobre o controle de constitucionalidade sobre a lei orçamentária. Confira-se a ementa do acórdão: "DIREITO CONSTITUCIONAL E TRIBUTÁRIO. CONTRIBUIÇÃO PROVISÓRIA SOBRE MOVIMENTAÇÃO FINANCEIRA – CPMF. AÇÃO DIRETA DE INCONSTITUCIONALIDADE 'DA UTILIZAÇÃO DE RECURSOS DA CPMF' COMO PREVISTA NA LEI N. 9.438/97. LEI ORÇAMENTÁRIA: ATO POLÍTICO-ADMINISTRATIVO – E NÃO NORMATIVO. IMPOSSIBILIDADE JURÍDICA DO PEDIDO: ART. 102, I, 'A', DA C.F. 1. Não há, na presente Ação Direta de Inconstitucionalidade, a impugnação de um ato normativo. Não se pretende a suspensão cautelar nem a declaração final de inconstitucionalidade de uma norma, e sim de uma destinação de recursos, prevista em lei formal, mas de natureza e efeitos político-administrativos concretos, hipótese em que, na conformidade dos precedentes da Corte, descabe o controle concentrado de constitucionalidade como previsto no art. 102, I, 'a', da Constituição Federal, pois ali se exige que se trate de ato normativo. Precedentes. *2. Isso não impede que eventuais prejudicados se valham das vias adequadas ao controle difuso de constitucionalidade, sustentando a inconstitucionalidade da destinação de recursos, como prevista na Lei em questão.* 3. Ação Direta de Inconstitucionalidade não conhecida, prejudicado, pois, o requerimento de medida cautelar. Plenário. Decisão unânime". (destaque acrescentado)

ausência de um fundo específico, vale referir que o Fundo de Combate e Erradicação da Pobreza engloba todos os campos de incidência do mínimo existencial.

3. Afetação judicial do orçamento público

Constatada a inconstitucionalidade pontual do orçamento público, uma segunda possibilidade, condicionada à inexistência de urgência no caso concreto, é a determinação judicial dirigida ao órgão legislativo para que faça incluir, no próximo período, a despesa que se julga constitucionalmente impositiva. De certo modo, isto já foi apresentado como solução no tópico anterior para o problema do descumprimento dos mínimos orçamentários constitucionais. A direta afetação judicial do orçamento é uma medida menos grave que a própria desconsideração das regras orçamentárias então vigentes, como vem ocorrendo na prática jurisprudencial, mas não tem a eficácia imediata que muitas vezes a solução do caso exige, pois haverá que se aguardar o período orçamentário seguinte para que se torne exequível. Porém, por outro lado, é uma medida de intervenção menos severa e, por esta razão, mais consentânea com a autocontenção exigida do Poder Judiciário ao interferir em matéria que não é originalmente de sua alçada – como defendido no Capítulo III –, daí ser classificada como intervenção "fraca". Outra grande vantagem da afetação judicial do orçamento é permitir que a solução seja uniforme e universalizada, já que despersonalizada.

A medida ganha importância considerando a aprovação da EC n. 100/2019, que incluiu o § 10 ao art. 165 da Constituição, prevendo o dever de execução das programações orçamentárias. Com efeito, o dispositivo em questão supera o tradicional entendimento judicial e doutrinário, no sentido de que a fixação da despesa na lei orçamentária possui natureza meramente autorizativa. É bem verdade que o § 11, inciso II, do art. 165, permite o descumprimento nos casos de *impedimentos de ordem técnica devidamente justificados*, o que tempera a obrigatoriedade acima. De toda sorte, incumbe ao poder público *justificar* as hipóteses de não execução das programações orçamentárias, o que é um avanço.

Neste passo, é fundamental a regra prevista no art. 8º, § 2º, da Lei Complementar n. 101/2000 (LRF), a saber: "Não serão objeto de limitação as despesas que constituam *obrigações constitucionais e legais do ente*, inclusive aquelas destinadas ao pagamento do serviço da dívida, e as ressalvadas pela lei de diretrizes orçamentárias". Rigorosamente falando, em se tratando de decisão judicial que reconheça dever constitucional ou legal do ente, não há que se falar em limitação de empenho, mas se necessário for, deve constar a ressalva na decisão judicial.

A título de exemplo desta modalidade de intervenção, tem-se o caso julgado no Recurso Especial n. 493.811/SP (*DJU* 15-3-2004), pelo Superior Tribunal de Justiça[22], em que figurou como Relatora a Min. Eliana Calmon. Cuidou-se de ação civil pública em que o Ministério Público do Estado de São Paulo pretendia compelir o Município de Santos a aparelhar as creches para tratamento de crianças e adolescentes alcoólatras e toxicômanos, necessidade que já havia sido reconhecida pelo Conselho Municipal dos Direitos da Criança e do Adolescente. A pretensão foi rejeitada em primeiro grau de jurisdição, tendo ocorrido, em seguida, a reforma do julgado, por maioria, em sede de recurso de apelação. Interpostos os embargos infringentes, o Tribunal de Justiça de São Paulo inverteu o julgamento, ao fundamento de que a construção de abrigos para tais crianças e adolescentes é ato discricionário da Administração Pública. É contra esta última decisão que foi interposto o Recurso Especial ora comentado. O acórdão, decidido por maioria, ficou ementado da seguinte maneira:

> "Na atualidade, o império da lei e o seu controle, a cargo do Judiciário, autoriza que se examinem, inclusive, as razões de conveniência e oportunidade do administrador. 2. Legitimidade do Ministério Público para exigir do Município a execução de política específica, a qual se tornou obrigatória por meio de resolução do Conselho Municipal dos Direitos da Criança e do Adolescente. 3. *Tutela específica para que seja incluída verba no próximo orçamento, a fim de atender a propostas políticas certas e determinadas*". (destaque acrescentado)

Em seu voto-vencedor, a Relatora frisou que a posição adotada pelo Tribunal de Justiça de São Paulo deixa inteiramente à disposição do administrador público implementar ou não os comandos contidos na ordem jurídica, o que não se compadece com a nova visão do Estado e do direito administrativo. Não há comentário específico a respeito das vantagens sistêmicas da ordem para inclusão de verba em

---

22 O julgado também é comentado por VALLE, Vanice Lírio do. "Dever constitucional de enunciação de políticas públicas e autovinculação: caminhos possíveis de controle jurisdicional". *Fórum Administrativo n. 82*, 2007, p. 17-18.

orçamento sobre o deferimento imediato da tutela do direito. Vale dizer que o pedido inicial do Ministério Público, na forma como consta descrito na decisão, era o de inclusão no projeto de lei orçamentária do exercício seguinte *para a realização de políticas públicas certas e determinadas*. Esta forma de atuar é positiva, pois inibe, por completo, o argumento da reserva do possível jurídica.

Assim, em conclusão, seria interessante e adequado que as decisões judiciais em matérias de políticas públicas reconhecessem, eventualmente, a inadequação do orçamento público diante das exigências constitucionais, ou mesmo a existência do direito social pretendido na demanda, mesmo que fosse para condicioná-lo à existência de previsão orçamentária futura, como fez o Superior Tribunal de Justiça no julgamento mencionado nos parágrafos anteriores. Se não houver urgência no caso concreto, é aceitável, e até menos impactante para o processo democrático, que o juiz expeça ordem no sentido de determinar a inclusão da despesa no próximo projeto de lei orçamentária, cabendo aos órgãos políticos promover as devidas adequações jurídicas.

4. Imposição de metas mínimas em demandas coletivas e abstratas

A quarta possibilidade de controle jurídico no sentido "fraco" consiste na imposição ou cobrança de metas mínimas à Administração Pública. Também nesta hipótese não se determina um caminho específico, permitindo o exercício de discricionariedade ampla pelos órgãos políticos, mas apenas se exige que sejam atingidos determinados patamares na entrega de bens e prestação de serviços públicos básicos. Ademais, ao contrário das modalidades listadas acima, que se fixam basicamente no controle da própria inclusão de verbas no orçamento, a imposição de metas está já num momento posterior, relacionado aos resultados esperados da execução orçamentária.

Por regra geral, o Poder Judiciário poderá visualizar as metas pretendidas no próprio planejamento público, e reconhecendo a autovinculação dos órgãos políticos aos resultados que se propõe a alcançar, valer-se de tais instrumentos para fazer incidir seu controle. Não é necessário, assim, que o magistrado "crie" metas, mas pode exigir o cumprimento mínimo das já existentes. Cabe mencionar um exemplo para esclarecer. O anexo I do projeto de orçamento para 2010 da União Federal descreve as prioridades e metas para o ano, com as respectivas unidades de medida e previsão de atendimento.

Um dos programas de trabalho prevê o apoio a quinhentas famílias por meio de crédito fundiário destinado ao combate à pobreza rural. Neste caso, verificando a situação de penúria de algumas famílias, parece possível o ajuizamento de ação civil pública por um dos legitimados para cobrar a realização do programa orçamentário ou a apresentação das razões efetivas que levaram à sua não realização (*i.e.*, ao contingenciamento das verbas destinadas à atividade). Por fim, pode o magistrado estipular um resultado mínimo, como o atendimento às cem famílias em pior situação, nos limites definidos pela própria Administração, como efeito da aplicação da teoria do mínimo existencial ao caso concreto.

Com efeito, se as conclusões do Capítulo III indicam que o mínimo existencial é formado pelo conjunto de direitos à manutenção da vida e ao livre desenvolvimento da personalidade, então há que se concluir que as políticas públicas a ele relacionadas são coativas, não se encontrando no espaço de livre conformação do legislador ou do administrador. Veja-se: se prestação da educação básica a todos que dela necessitarem é considerada uma regra constitucional de observância obrigatória, então o ente público que estiver em mora com esta obrigação pode ser compelido a fazê-lo pela via judicial, concedendo-se prazo razoável para o seu adimplemento. Os controles de eficiência e isonomia também podem incidir aqui de forma igualmente relevante. Assim, por exemplo, o Poder Judiciário pode impedir que um órgão público funcione de maneira precária, gerando riscos aos usuários, determinando prazo para que eles sejam suprimidos (e.g., hospital em que a instalação elétrica está exposta ao público etc.).

5. O estado de coisas inconstitucional

O Estado de Coisas Inconstitucional (ECI) é um instituto concebido pela Corte Constitucional colombiana[23]. Em síntese, ele consiste na ideia de que o tribunal deve (i) mobilizar seu capital institucional para a formação da agenda pública, apontando a existência de um

[23] Para uma profunda revisão histórica da jurisprudência da Corte colombiana, v. CAMPOS, Carlos Alexandre de Azevedo. *Estado de coisas inconstitucional,* 2016, pp. 99-154. Na mesma perspectiva, v. RÊGO, Carolina Noura de Moraes. *O estado de coisas inconstitucional,* 2020.

grave problema de efetividade constitucional, e (ii) atuar na condição de coordenador de políticas públicas, destravando os eventuais bloqueios existentes no sistema político. Nessa segunda fase tem lugar a denominada *tutela estrutural*[24].

Pois bem. Quanto ao ponto (i), sabe-se que as Cortes Constitucionais se encontram em posição privilegiada no sistema político, de modo que o discurso que produzem têm um papel simbólico relevante nas sociedades contemporâneas[25]. Espera-se que uma decisão do tribunal tenha impactos que transcendam os meros efeitos processuais e influenciem, efetivamente, os mecanismos de tomada de decisão pública[26]. Em consequência dessa visão, a declaração de que existe um estado de coisas inconstitucional teria o condão de *iluminar* um problema de efetividade constitucional que não faz parte da agenda pública ou que não se encontra adequadamente enfrentado pelos poderes políticos.

Embora a novidade do rótulo impressione, o papel das Cortes constitucionais enquanto catalisadoras de políticas públicas não é nenhuma novidade sob o ponto de vista institucional, tendo sido apontado pela ciência política desde 1957, nos Estados Unidos[27]. Em especial no Brasil pós-88, o STF diversas vezes reconheceu a existência de omissões inconstitucionais, optando quase sempre por uma postura de deferência aos demais Poderes. Como registrado no capítulo 1, em contextos de constitucionalismo dirigente, é natural que exista uma *agenda constitucional*. Por natural, as falhas na execução dessas políticas públicas acabam por provocar reações do tribunal constitucional.

---

24 A propósito do tema, v. PORFIRO, Camila Almeida. *Litígios estruturais*, 2018, pp. 73-104; e VITORELLI, Edilson. *Processo civil estrutural:* teoria e prática, 2021. FISS, Owen. *The civil rights injunction*, 1978.

25 Enfrentamos esse tema em FONTE, Felipe de Melo. A função pedagógica das Cortes constitucionais. In: BARROSO, Luís Roberto. MELLO, Patrícia Perrone Campos. *A República que ainda não foi*, 2018, pp. 395-414.

26 A premissa justifica até mesmo a existência de uma técnica decisória denominada *apelo ao legislador*, utilizada normalmente em contextos de omissão inconstitucional ou de situações constitucionais imperfeitas.

27 DAHL, Robert A., Decision-Making in a Democracy: The Supreme Court as a National Policy-Maker, *Journal of Public Law* n. 6, 1957, pp. 279-295. No âmbito judicial, a decisão proferida em Brown v. Board of Education é reconhecida como pioneira em matéria de tutela estruturante. A propósito, v. FISS, Owen. *The civil rights injunction*, 1978.

Quanto ao ponto (ii), esse gera mais dificuldades. Espera-se que o tribunal assuma a função de coordenador de políticas públicas, solicitando a atuação dos demais Poderes, fixando prazos e exigindo relatórios. É o que se tem denominado tutela estruturante em matéria de políticas públicas[28]. Sob esse rótulo têm sido admitidas medidas processuais atípicas, voltadas ao controle de políticas públicas, como as descritas nos demais itens do presente capítulo.

Sendo assim, o ECI pode ser descrito como uma hipótese de intervenção judicial *fraca* em políticas públicas, na medida em que, entre as diversas fases do ciclo das políticas públicas, afeta exclusivamente o poder de agenda. Pode, porém, converter-se em intervenção *forte* a partir da escolha de remédios estruturais, que tendem, em linha de princípio, a prezar pela deferência institucional aos demais atores políticos. A opção judicial por medidas mais invasivas é objeto de discussão no tópico seguinte.

Segundo aponta a decisão do STF na ADPF n. 347-MC[29], são três os requisitos para o reconhecimento do ECI: (i) a violação massiva a direitos fundamentais; (ii) a reiterada omissão das autoridades públicas responsáveis pela solução do problema; e (iii) a impossibilidade de solução sem um ator responsável pela coordenação horizontal ou vertical dos Poderes (atuação concertada)[30].

Assim, a declaração do ECI pressupõe a constatação de que os direitos fundamentais de certa categoria de pessoas estejam sendo gravemente violados, sem que haja perspectiva de solução pelas instituições responsáveis por dar remédio a ela. O primeiro e único precedente do STF a declarar o ECI foi o acórdão proferido na ADPF-MC n. 347, no qual o STF reconheceu a situação inconstitucional do sistema carcerário brasileiro. Entre as medidas determinadas, a maioria delas destinada ao próprio Poder Judiciário, as mais relevantes

---

[28] PORFIRO, Camila Almeida. *Litígios estruturais*, 2018, p. 38: "(...) os litígios são chamados de 'estruturais' porque os tribunais se envolvem na gestão de estruturas administrativas e assumem certo nível de supervisão sobre instituições públicas".

[29] STF, ADPF-MC n. 347, rel. Min. Marco Aurélio, *DJ* 19-2-2016.

[30] Registre-se que na versão original colombiana também se considerava o *efeito multiplicador* como requisito para o reconhecimento do ECI. O instituto também parece exercer uma função de racionalização processual naquele país.

são a realização das audiências de custódia no prazo máximo de 24 horas após a prisão, e a liberação do saldo acumulado do Fundo Penitenciário Nacional (FUNPEN), vedada a realização de novos contingenciamentos.

Na ADPF n. 822, na qual se discute o possível estado de coisas inconstitucional na condução das políticas públicas destinadas à realização dos direitos à vida e à saúde, no contexto da pandemia de Covid-19, o Min. Marco Aurélio, relator do caso, proferiu voto no sentido de reconhecê-lo[31]. Contudo, o julgamento não se encerrou em razão do pedido de vista do Min. Gilmar Mendes, sendo provável que a ação perca o objeto no curto prazo, tendo em vista o avanço da vacinação nas cidades brasileiras.

A despeito dessa constatação, o voto do Min. Marco Aurélio é interessante e pode indicar os futuros contornos do instituto. Ele reconhece, em diversas passagens, a necessidade de deferência aos demais poderes políticos[32], bem como reconhece o problema de se definir políticas públicas uniformes para um país de dimensões con-

---

[31] O Ministro determinou a adoção das seguintes medidas: (i) análise diária dos impactos na redução de casos, taxas de ocupação de leitos hospitalares e óbitos; (ii) campanha educativa e distribuição, em áreas de concentração populacional e baixo percentual de adesão à utilização, de máscaras de pano multicamadas; (iii) orientação para a adoção de providências de bloqueio: comunicação à população para que permaneça o maior tempo possível em casa, sem se deslocar, fazendo-o apenas ante necessidade extrema; e apoio aos grupos em situação de vulnerabilidade, havendo participação da comunidade.

[32] "O cenário de emergência sanitária está na ordem do dia, cabendo a atuação, observada a reserva institucional. Em termos de direitos fundamentais, não pode haver tergiversações. (...) A matéria é sensível. Ao Tribunal, à semelhança das demais cortes constitucionais, apenas cabe o papel de legislador negativo, devendo proceder com cautela. (...) Os órgãos políticos são a arena preferencial de deliberação e decisão, considerada a democracia representativa, quanto às diretrizes que norteiam o Estado na condução de políticas públicas. Interpretação em sentido diverso esvaziaria importante espaço de diálogo entre os Poderes. (...) Todavia, a despeito das cifras, os fundamentos jurídicos, econômicos e científicos apresentados não permitem que o Supremo se substitua ao Legislativo e ao Executivo na execução de tarefas próprias. O Tribunal deve agir em diálogo com os outros Poderes e com a sociedade".

tinentais[33]. Como se pode ver, caso venha a ser acolhida a proposta do relator pelo Plenário, o ECI da pandemia terá muito mais efeitos simbólicos que práticos. Há mais deferência que interferência.

O contraponto fica por conta do acórdão proferido no julgamento da ADPF-MC n. 635, relatada pelo Min. Edson Fachin. A ação versa sobre a política de segurança pública do Estado do Rio de Janeiro. Embora o STF não tenha explicitamente declarado o ECI, a decisão entrou em minúcias do funcionamento das forças de segurança, ao ponto de disciplinar as operações com o uso de helicópteros na cidade[34].

É importante registrar o que os três casos têm em comum: uma preocupação quase obsessiva com o aspecto *descritivo* da situação ("estado de coisas"), o que não é exatamente comum e próprio do controle concentrado de constitucionalidade. Parece haver uma crença de que a crueza, o detalhamento e a fidedignidade da narrativa dos fatos terão o efeito de *chocar* o jurisdicionado. Talvez aí resida o aspecto central do ECI[35].

Algumas objeções já foram formuladas à ideia[36].

Primeiro, e de forma mais simples, o ECI não encontra fundamento textual na Constituição, tratando-se de uma construção puramente jurisprudencial e doutrinária. No capítulo 2, enfrentamos a distinção entre texto e norma, que resolve, ao menos teoricamente, o problema. Ora, diversas normas constitucionais não encontram referência direta

---

33 "Cabe insistir: a determinação linear, aos entes da Federação, de fechamento total; suspensão de atividades; toque de recolher; vedação à realização de eventos e ao acesso a espaços públicos e privados; opção pelo trabalho remoto; redução da superlotação no transporte coletivo urbano; ampliação da testagem e do acompanhamento das pessoas testadas; e instituição de barreiras sanitárias nacionais e internacionais – pedidos b.1 e b.2.1 a b.2.8 – requer manifestação democrática, apta inclusive a avaliar, com rigor técnico e científico, ante repercussões sociais e econômicas, a adoção nas situações concretas, consideradas as peculiaridades regionais e locais.

O Brasil possui dimensão continental. É impróprio ao Supremo definir política pública neste ou naquele sentido. A arguição de descumprimento de preceito fundamental alcança controle de constitucionalidade e não a política governamental que deva ser implementada".

34 STF, ADPF-MC n. 635, rel. Min. Edson Fachin, *DJ* 8-6-2021.

35 Devo a percuciente observação à Soraya Nouira y Maurity.

36 Para uma robusta visão crítica à importação do instituto, v. SILVA, Alexandre Vitorino. *Estado de coisas inconstitucional e processo estrutural*, 2019.

no texto constitucional, tal como os princípios da razoabilidade e proporcionalidade, para ficar nos exemplos mais comuns. De toda sorte, como visto acima, encaramos o ECI como um rótulo eloquente para um fenômeno que já existe no direito constitucional brasileiro: o reconhecimento judicial de que a *agenda constitucional* não está sendo devidamente cumprida.

Segundo, há incerteza sobre o próprio conceito de ECI. Afinal, quais seriam as hipóteses do seu cabimento e quais as consequências de seu reconhecimento? Lenio Streck[37] aponta para o risco iminente de que nele seja legitimado qualquer espécie de ativismo judicial, haja vista a ausência de parâmetros para a atuação dos magistrados. Embora o ativismo do STF possa ser criticável, ele não parece estar diretamente relacionado ao ECI. Como visto acima, o STF foi mais arrojado no julgamento da ADPF-MC n. 635, em que não houve reconhecimento de ECI, que nos demais casos que efetivamente envolveram a declaração explícita do estado de coisas inconstitucional.

Uma crítica mais contundente foi desenvolvida por Raffaele de Giorgi, José Eduardo Faria e Celso Campilongo[38] que atacam a segunda consequência resultante do reconhecimento do ECI, ou seja, a posição do STF (ou de qualquer Corte constitucional) enquanto formulador de políticas públicas. O ECI parte da premissa de que os poderes ordinários não concretizam a Constituição por pura falta de vontade política. Acontece que muitos problemas públicos possuem difícil solução técnica. Em outras palavras, a substituição do Poder Executivo por outro ator institucional (o Poder Judiciário ou o Ministério Público) não garante a solução do problema. Pelo contrário, pode até militar em sentido contrário e agravar a situação.

Nesse sentido, a declaração de ECI pelo STF traz em si risco para o capital institucional do tribunal no médio/longo prazo, na medida em que não há garantias de que o ECI será superado pela simples participação da Corte no processo, mas o tribunal será considerado

---

37 In: Estado de Coisas Inconstitucional é uma nova forma de ativismo. *Consultor Jurídico*, 25-10-2015, disponível em: <http:// constitucional-estado-coisas-inconstitucional-forma-ativismo>. Acesso em: 27 jul. 2021.

38 In: Estado de coisas inconstitucional. *Estadão*, 19-9.-2015. Disponível em: <https://opiniao.estadao.com.br/noticias/geral,estado-de-coisas-inconstitucional,10000000043>. Acesso em: 27 jul. 2021.

um dos culpados pelo fracasso. Ao lado disso, haverá diluição de responsabilidade dos demais atores políticos. Os relatos das decisões na Colômbia apontam para a relativa ineficácia do tribunal na solução dos problemas de efetividade constitucional. No mundo real, os direitos fundamentais continuarão sem efetividade, com o custo adicional de compressão do postulado da separação de poderes.

Como se pode ver, o ECI é um instituto novo à disposição do STF, e somente o tempo dirá se sua adoção será eficaz e/ou perene. Até o momento, sua utilidade parece estar mais atrelada ao uso da posição institucional da Corte para *forçar* o enfrentamento de um problema pelos poderes políticos, e menos em intervenções heterodoxas em políticas públicas, embora esta possibilidade não esteja descartada. De fato, em nossa visão, o maior risco no uso do ECI é a mobilização do capital institucional da Corte para o enfrentamento de problemas públicos de difícil equacionamento, trazendo para o tribunal os ônus próprios do fracasso sem ganhos efetivos para a política de concretização dos direitos fundamentais.

II. O MODELO "FORTE" DE INTERVENÇÃO JUDICIAL EM POLÍTICAS PÚBLICAS

1. Direito subjetivo à prestação *in natura*: o caso dos medicamentos

Como visto anteriormente, o modelo "forte" de intervenção de políticas públicas impõe a redução da discricionariedade administrativa a zero, atraindo de forma mais contundente as críticas à intervenção judicial. Neste gênero de controle, o Poder Judiciário esgota o trabalho interpretativo, apontando no caso concreto qual é ou era a conduta devida pelo poder público, condenando-o a realizá-la ou substituindo a obrigação de fazer por pecúnia. À evidência, as modalidades de intervenção judicial "forte", como já registramos, deveriam ser reservadas aos casos em que estão em jogo as políticas públicas essenciais, ligadas ao mínimo existencial, deixando ao controle brando descrito no tópico anterior as políticas públicas ligadas à concretização de prerrogativas não albergadas no interior do núcleo essencial ou apenas indiretamente relacionadas aos direitos fundamentais. Pelas razões apontadas no Capítulo III, a parcimônia aqui será uma virtude do magistrado.

No direito brasileiro, o grande paradigma de modelo de intervenção radical do Poder Judiciário em políticas públicas é a adjudicação judicial de medicamentos e insumos relacionados à saúde, tema que foi mencionado em diversas passagens do texto, pelo que será apenas brevemente retomado. A jurisprudência dos Tribunais Superiores e também dos Tribunais de Justiça estaduais está firmemente fixada no sentido de que existe um direito subjetivo público à obtenção das prestações públicas necessárias ao tratamento da saúde e manutenção da vida, decorrente do art. 196, *caput*, do texto constitucional. Neste passo, cabe ao interessado apenas o ônus de demonstrar, nos autos do feito, a sua impossibilidade de adquiri-los, bem como a doença que carrega. No âmbito dos três entes federativos, a despesa supera a casa do bilhão[39]. Este dever dirige-se a todos os entes federativos com a mesma carga, eis que, segundo o entendimento majoritário, seria obrigação solidária dos entes adimplirem os direitos fundamentais consagrados na Constituição Federal de 1988. Na oportunidade, vejam-se duas ementas sobre o tema, oriundas, respectivamente, do Supremo Tribunal Federal e do Superior Tribunal de Justiça:

> "CONSTITUCIONAL. ADMINISTRATIVO. MEDICAMENTOS: FORNECIMENTO A PACIENTES CARENTES: OBRIGAÇÃO DO ESTADO. I – *Paciente carente de recursos indispensáveis à aquisição dos medicamentos de que necessita: obrigação do Estado em fornecê-los.* Precedentes. II – Agravo não provido"[40]. (destaque acrescentado)
>
> "ADMINISTRATIVO – MOLÉSTIA GRAVE – FORNECIMENTO GRATUITO DE MEDICAMENTO – DIREITO À VIDA E À SAÚDE – DEVER DO ESTADO – MATÉRIA FÁTICA DEPENDENTE DE PROVA. *1. Esta Corte tem reconhecido aos portadores de moléstias graves, sem disponibilidade financeira para custear o seu tratamento, o direito de receber gratuitamente do*

---

[39] A propósito, v. Tribunal de Contas da União, *Aumentam os gastos públicos com judicialização da saúde*, disponível em: <https://portal.tcu.gov.br/imprensa/noticias/aumentam-os-gastos-publicos-com-judicializacao-da-saude.htm>, 23-8-2017, acesso em: 27 jul. 2021: "Estudo que abrangeu União, Estados e municípios detectou que os gastos da União com processos judiciais referentes à saúde, em 2015, foram de R$ 1 bilhão, um aumento de mais de 1.300% em sete anos. O fornecimento de medicamentos, alguns sem registro no Sistema Único de Saúde, corresponde a 80 % das ações. Foram detectadas, ainda fraudes para obtenção de benefícios indevidos".

[40] STF, AI 486.816 AgR, rel. Min. Carlos Velloso, *DJ* 6-5-2005.

Estado os medicamentos de comprovada necessidade. Precedentes. 2. O direito à percepção de tais medicamentos decorre de garantias previstas na Constituição Federal, que vela pelo direito à vida (art. 5º, *caput*) e à saúde (art. 6º), competindo à União, Estados, Distrito Federal e Municípios o seu cuidado (art. 23, II), bem como a organização da seguridade social, garantindo a 'universalidade da cobertura e do atendimento' (art. 194, parágrafo único, I). 3. A Carta Magna também dispõe que 'A saúde é direito de todos e dever do Estado, garantido mediante políticas sociais e econômicas que visem à redução do risco de doença e de outros agravos e ao acesso universal e igualitário às ações e serviços para sua promoção, proteção e recuperação' (art. 196), sendo que o 'atendimento integral' é uma diretriz constitucional das ações e serviços públicos de saúde (art. 198). (...) 6. Recurso ordinário improvido"[41].

O modelo "forte" de intervenção em políticas públicas, além de reduzir a zero os espaços de discricionariedade administrativa e legislativa, desconsidera qualquer argumento de cunho financeiro-orçamentário (reserva do possível) e mesmo questões relacionadas à prática administrativa, como a necessidade de fazer licitação. Sob o argumento de que a decisão a ser cumprida é uma obrigação de fazer, e não de dar, supera-se o teor literal do art. 100 da Constituição Federal de 1988, e legitima-se inclusive o bloqueio de verbas (às vezes pelo mecanismo da penhora eletrônica) das contas do tesouro público para que a ordem judicial possa ser cumprida. É essencialmente com base neste paradigma de atuação judicial que as ideias que constam neste tópico foram delineadas.

2. A derrota da regra orçamentária no caso concreto

Nos termos da doutrina clássica, os créditos orçamentários têm a nítida função de delimitar os gastos da Administração Pública, impedindo a sua expansão desmedida e garantindo o controle do poder. O ponto já foi abordado. Ocorre que, como visto acima, o orçamento público pode padecer de vícios de inconstitucionalidade diversificados, seja porque distribui os recursos sem consideração ao mínimo existencial, seja porque não é isonômico ou eficiente, como manda a Constituição. Nestes casos, restando inviabilizada a via do controle de constitucionalidade concentrado, o que decorre da adoção da teoria

[41] STJ, RMS 28.338/MG, rel. Min. Eliana Calmon, *DJ* 17-6-2009.

da lei de efeitos concretos pelo Supremo Tribunal Federal, cujos contornos já foram relatados acima, resta efetuar o controle difuso, possibilidade aberta a qualquer magistrado no sistema de controle de constitucionalidade brasileiro.

Instado a se pronunciar sobre o ponto, Eros Grau[42], mesmo reconhecendo a natureza de regra das disposições do sistema constitucional orçamentário, entende que elas remetem ao princípio da legalidade da despesa pública, o qual pode ser ponderado com o princípio da submissão da Administração às decisões judiciais. O ponto já foi discutido no Capítulo II, onde se sustentou a existência de uma ponderação entre os direitos fundamentais e o princípio da legalidade orçamentária. Considerando que a primazia das decisões judiciais é um princípio fundamental do Estado de Direito, genuíno axioma do direito público, conclui o autor que "ao princípio da sujeição da Administração às decisões do Poder Judiciário, quando em confronto com o princípio da legalidade da despesa pública, há de ser atribuído peso maior"[43]. Isto significa dizer que, ao cumprir uma decisão judicial, resta suspensa a eficácia dos comandos contidos nas regras do art. 167, II, V e VII, art. 85, VI, art. 166 e art. 169 em relação à Administração Pública.

Embora sem atentar para a gravidade do ato que é afastar as regras constitucionais relativas ao orçamento público, o próprio Supremo Tribunal Federal já rechaçou limitações orçamentárias em favor de direitos fundamentais, mais especificamente o direito à

---

42 De acordo com GRAU, Eros. "Despesa pública – conflito entre princípios e a eficácia das regras jurídicas – o princípio da sujeição da administração às decisões do poder judiciário e o princípio da legalidade da despesa pública". *Revista Trimestral de Direito Público n. 2*, 1993, p. 130-148. A solução da ponderação, neste caso, é pior, pois como reconhece o próprio autor: "Não há porém, no sistema, nenhuma norma a orientar o intérprete e o aplicador a propósito de qual dos princípios, no conflito entre eles estabelecido, deve ser privilegiado, e qual o que deve ser desprezado". Em última instância, a questão acaba levada ao reconhecimento da discricionariedade do intérprete. Por outro lado, a derrota de regras é uma operação mais traumática ao ordenamento jurídico, exigindo elevado ônus argumentativo para a afirmação de que a sua incidência na hipótese é descabida.

43 De acordo com GRAU, Eros. "Despesa pública – conflito entre princípios e a eficácia das regras jurídicas – o princípio da sujeição da administração às decisões do poder judiciário e o princípio da legalidade da despesa pública". *Revista Trimestral de Direito Público n. 2*, 1993, p. 143.

assistência judiciária integral e gratuita (art. 5º, LXXIV, da CF/88)[44]. No caso, cuidava-se de Recurso Extraordinário interposto pelo Estado do Mato Grosso contra decisão que determinou o custeio de perícia de DNA em feito que o ente público sequer era parte. Na ocasião, o Min. Relator Néri da Silveira pontuou: "Não seria possível concluir que não há obrigação de cobertura desse ônus, tão só, porque não prevista no orçamento de certo exercício. As providências são da Administração estadual, no sentido de vir a atender a essa despesa, de base constitucional e de tão acentuada importância social". Veja-se o teor final do acórdão, que acabou por confirmar a decisão que determinou o custeio da perícia:

> "Recurso extraordinário. Investigação de paternidade. 2. Acórdão que assentou caber ao Estado o custeio do exame pericial de DNA para os beneficiários da assistência judiciária gratuita. Autoexecutoriedade do art. 5º, LXXIV, da CF/88. 3. Alegação de ofensa aos arts. 5º, II, LIV e LV; 24; 25 a 28; 100 e 165, da CF. 4. Acórdão que decidiu, de forma adequada, em termos a emprestar ampla eficácia à regra fundamental em foco. Inexistência de conflito com o art. 100 e parágrafos da Constituição. Inexiste ofensa direta aos dispositivos apontados no apelo extremo. 5. Recurso extraordinário não conhecido".

Agindo desta forma o magistrado afasta o argumento da reserva orçamentária na sua feição jurídica, especificamente a regra do art. 167, II, da Constituição Federal de 1988. O problema consiste em equacionar, *a posteriori*, a despesa que foi realizada sem que houvesse a devida previsão orçamentária. Em primeiro lugar compete ao Poder Legislativo sanar esta situação mediante a abertura de créditos suplementares, modalidade de crédito adicional constitucionalmente disciplinada[45], os quais se destinam precisamente a cobrir despesas não previstas inicialmente, e não submetidas ao regime de precatório. Se, contudo, este se negar a oferecer seu consentimento, não resta alternativa a não ser concluir pela impossibilidade jurídica de se impingir qualquer responsabilidade aos agentes públicos envolvidos, os quais agiram em *estrito cumprimento do dever legal*.

---

44 STF, RE 224.775-6, rel. Min. Néri da Silveira, *DJ* 24-5-2002.

45 CF/88, art. 167: "São vedados: (...) V – a abertura de crédito suplementar ou especial sem prévia autorização legislativa e sem indicação dos recursos correspondentes".

3. O bloqueio de verbas públicas e o sistema de precatórios

O bloqueio de verbas públicas pelo Poder Judiciário consiste na modalidade mais grave de intervenção na discricionariedade administrativa a respeito do dispêndio público. Os Tribunais Superiores[46], em consonância com alguns Tribunais de Justiça estaduais[47], possuem entendimento pacificado pela possibilidade de bloqueio de verbas públicas para o cumprimento de decisões judiciais que envolvam a entrega de

---

[46] No Supremo Tribunal Federal: AI 597182 AgR, rel. Min. Cezar Peluso, *DJ* 6-11-2006: "1. RECURSO. Extraordinário. Inadmissibilidade. Fornecimento de medicamentos. *Bloqueio de verbas públicas. Direito à saúde. Jurisprudência assentada.* Art. 100, *caput* e parágrafo 2º da Constituição Federal. Inaplicabilidade. Ausência de razões novas. Decisão mantida. Agravo regimental improvido. Nega-se provimento a agravo regimental tendente a impugnar, sem razões novas, decisão fundada em jurisprudência assente na Corte. (...)". (destaque acrescentado) STF, AI 553.712-AgR, rel. Min. Ricardo Lewandowski, *DJ* 5-6-2009: "A disciplina do art. 100 da CF cuida do regime especial dos precatórios, tendo aplicação somente nas hipóteses de execução de sentença condenatória, o que não é o caso dos autos. Inaplicável o dispositivo constitucional, não se verifica a apontada violação à Constituição Federal. Possibilidade de bloqueio de valores a fim de assegurar o fornecimento gratuito de medicamentos em favor de pessoas hipossuficientes". No Superior Tribunal de Justiça, AgRg no REsp 1002335/RS, rel. Min. Luiz Fux, *DJ* 22-9-2008; AgRg no REsp 1.033.825/RS, rel. Min. Herman Benjamin, *DJ* 19-12-2008.

[47] V., dentre muitos, TJRJ, AI 2009.002.18042, Rel. Des. Sergio Cavalieri Filho, j. 8-7-2009: "MEDICAMENTOS. *Bloqueio On Line de Valores da Secretaria de Estado de Saúde e Defesa Civil. Possibilidade. A matéria já foi tratada em agravo anterior, interposto em face da decisão que, acolhendo o pedido autoral, determinou o bloqueio de valores do Fundo Estadual de Saúde, indisponibilizando verbas para permitir a aquisição do remédio em questão diretamente pela parte autora.* Foi dado provimento parcial ao recurso de agravo 28269/07, apenas para reduzir o bloqueio de valores para o equivalente a doze frascos do medicamento solicitado. Alegação do ente estatal de perda do objeto da decisão agravada, em razão do trâmite do Processo Administrativo de número E-08/8372/06 de compra do remédio solicitado. Não é plausível, eu diria, justo, fazer com que um paciente que corre risco de morte, aceite esperar o deslinde de um processo administrativo que se iniciou em 2006 e até agora não rendeu qualquer fruto, para ver acatado um direito reconhecido constitucionalmente e materializado na decisão judicial que antecipou a tutela, ratificada por esta que agora se quer impugnar. As demais alegações elucubradas pelo agravante já foram objeto de análise no agravo interposto em 2007, pelo que mantenho o mesmo posicionamento, o qual é abraçado por este Colegiado. Desprovimento do recurso de Agravo". (destaque acrescentado)

medicamentos, em caso de recalcitrância do ente público no cumprimento das decisões. A controvérsia pode ser enunciada sucintamente da seguinte maneira: em demandas envolvendo o direito à saúde, os juízes concedem tutela, normalmente em caráter antecipatório, determinando à Administração Pública a entrega de remédios e insumos médico-hospitalares. Quando as decisões não são cumpridas espontaneamente, os magistrados então determinam o bloqueio do numerário necessário à aquisição do medicamento ou insumo, o que é operacionalizado por meio de expedição de ofício ao banco onde o ente público mantém a conta do tesouro ou por meio de penhora eletrônica direta. Em seguida, os valores são entregues ao interessado, exigindo-se a prestação de contas nos autos em prazo assinalado pelo magistrado.

Da análise dos julgados sobre o tema, verifica-se que o fundamento material para estas decisões consiste na superioridade axiológica do direito à saúde e à dignidade humana, os quais devem, segundo a jurisprudência, prevalecer sobre normas destinadas ao controle financeiro-orçamentário dos entes públicos, inclusive os de índole constitucional. Sob o ponto de vista processual, sustenta-se que a hipótese pode ser subsumida ao previsto no art. 461, § 5º, do Código de Processo Civil[48], ou seja, cuida-se de uma medida coercitiva que visa ao adimplemento da decisão judicial descumprida. Basicamente, estes são os fundamentos que sustentam a prática interventiva, conforme extraído de julgados do Superior Tribunal de Justiça[49].

---

[48] CPC: "Art. 461. Na ação que tenha por objeto o cumprimento de obrigação de fazer ou não fazer, o juiz concederá a tutela específica da obrigação ou, se procedente o pedido, determinará providências que assegurem o resultado prático equivalente ao do adimplemento. (...) § 5º Para a efetivação da tutela específica ou a obtenção do resultado prático equivalente, poderá o juiz, de ofício ou a requerimento, determinar as medidas necessárias, tais como a imposição de multa por tempo de atraso, busca e apreensão, remoção de pessoas e coisas, desfazimento de obras e impedimento de atividade nociva, se necessário com requisição de força policial".

[49] É o que se extrai, por exemplo, da ementa do seguinte julgado: STJ, AgRg no REsp 1002335/RS, rel. Min. Luiz Fux, *DJ* 22-9-2008: "1. O art. 461, § 5º do CPC, faz pressupor que o legislador, ao possibilitar ao juiz, de ofício ou a requerimento, determinar as medidas assecuratórias como a "imposição de multa por tempo de atraso, busca e apreensão, remoção de pessoas e coisas, desfazimento de obras e impedimento de atividade nociva, se necessário com requisição de força policial", não o fez de forma taxativa, mas sim exemplificativa, pelo que, *in casu*, o sequestro ou bloqueio da verba necessária ao

De outro lado, a Fazenda Pública alega violação aos dispositivos previstos no art. 100, *caput* e § 2º, da Constituição Federal de 1988[50], que disciplinam a sistemática de precatórios e de suas exceções, dentre as quais não consta a hipótese de bloqueio criada pela jurisprudência. No plano processual, afirma-se que a aplicação do art. 461, § 5º, do CPC, na forma exposta, não é uma medida coercitiva, mas sim um meio de execução provisória de evidente cunho satisfativo, inviável de ser exercido em face da Fazenda Pública. Por fim, num plano mais pragmático, os entes públicos alegam que as decisões judiciais que efetuam bloqueio de verbas públicas promovem o desarranjo das finanças estatais e impedem o adequado planejamento financeiro, já que o dinheiro pode acabar saindo de contas destinadas a determinados órgãos ou entidades cuja finalidade não corresponda ao conteúdo da decisão. Postos os argumentos, resta fazer a análise.

---

fornecimento de medicamento, objeto da tutela deferida, providência excepcional adotada em face da urgência e imprescindibilidade da prestação dos mesmos, revela-se medida legítima, válida e razoável. (...) 4. Os direitos fundamentais à vida e à saúde são direitos subjetivos inalienáveis, constitucionalmente consagrados, cujo primado, em um Estado Democrático de Direito como o nosso, que reserva especial proteção à dignidade da pessoa humana, há de superar quaisquer espécies de restrições legais.(...)".

50 CF/88: "Art. 100. À exceção dos créditos de natureza alimentícia, os pagamentos devidos pela Fazenda Federal, Estadual ou Municipal, em virtude de sentença judiciária, far-se-ão exclusivamente na ordem cronológica de apresentação dos precatórios e à conta dos créditos respectivos, proibida a designação de casos ou de pessoas nas dotações orçamentárias e nos créditos adicionais abertos para este fim. (...) § 2º As dotações orçamentárias e os créditos abertos serão consignados diretamente ao Poder Judiciário, cabendo ao Presidente do Tribunal que proferir a decisão exequenda determinar o pagamento segundo as possibilidades do depósito, e autorizar, a requerimento do credor, e *exclusivamente para o caso de preterimento de seu direito de precedência, o sequestro da quantia necessária à satisfação do débito*". OLIVEIRA, Regis Fernandes de. *Curso de direito financeiro*, 2008, p. 538: "Caso haja a preterição no pagamento da ordem cronológica dos precatórios, o credor poderá solicitar ao presidente do tribunal, no caso de ter havido infração ao direito de precedência, que determine o 'sequestro da quantia necessária à satisfação do débito' (parte final do § 2º do art. 100)". Segundo o autor, o sequestro deve recair, prioritariamente, sobre a verba destinada ao credor que rompeu a ordem de pagamentos, e somente se não for possível efetivá-lo é que deve recair sobre as verbas do ente público. Há uma segunda hipótese de sequestro, prevista no art. 78, § 4º, do ADCT, que diz respeito ao descumprimento do prazo de parcelamento de precatórios instituído pela EC 30/2000.

Nos termos da distinção proposta no capítulo anterior, será legítimo o bloqueio de verbas públicas para os casos de insuficiência ou omissão de políticas públicas essenciais, conceito já assentado no Capítulo IV. Evidentemente, o Poder Judiciário apenas deve realizar este procedimento como último recurso, para o qual também deve estar clara a existência de *periculum in mora* e comportamento procrastinatório do ente público, caracterizado normalmente pela ausência de resposta à solicitação judicial. A instauração de procedimento licitatório para a compra do medicamento, se realizada em prazo compatível com as necessidades do requerente, não pode ser entendida como procrastinação, mas sim uma formalidade necessária ao cumprimento das próprias exigências constitucionais. Assim, num primeiro momento, deve o juiz cominar *astreintes* ou busca e apreensão, se cabível no caso. Se nada der certo, aí sim o magistrado deverá partir para a medida mais drástica que é a realização de bloqueio direto de verbas públicas. Porém, é preciso compatibilizar este procedimento com o que dispõe o texto constitucional e também com a Súmula 655 do Supremo Tribunal Federal[51]. Explica-se.

Após a edição da EC n. 30/2000, os débitos alimentares das pessoas jurídicas de direito público passaram a submeter-se a regime diferenciado de pagamento por expressa determinação constitucional, não estando mais sujeitos à lista ordinária de pagamento de precatórios. A rigor, em análise puramente literal, o texto constitucional não exige que os débitos de natureza alimentar submetam-se ao regime de precatórios, mas também não afirma que esta é uma hipótese de sequestro de verbas. Da sistemática constitucional não seria absurdo extrair a tese de que os débitos alimentares não devem se sujeitar ao regime de precatórios, mas o Supremo Tribunal Federal optou por afirmar que todas as dívidas públicas submetem-se ao pagamento de precatórios, inclusive as de natureza alimentar. Quanto a este ponto, cabe fazer uma crítica.

O débito alimentar, por sua própria natureza, não poderia estar submetido a um sistema de adimplemento diferido no tempo. Segundo esclarece Orlando Gomes, "alimentos são prestações para satisfação das *necessidades vitais* de quem não pode provê-las por si"[52] (destaque acres-

---

[51] Súmula 655/STF: "A exceção prevista no art. 100, *caput*, da Constituição, em favor dos créditos de natureza alimentícia, não dispensa a expedição de precatório, limitando-se a isentá-los da observância da ordem cronológica dos precatórios decorrentes de condenações de outra natureza".

[52] GOMES, Orlando. *Direito de Família*, 1999, p. 427.

centado). Ora, se o pagamento for diferido – na melhor das hipóteses, por um ano – é bem provável que o alimentando acabe por falecer ou passar por gravíssimas dificuldades. Aliás, é exatamente esta percepção que serve de fundamento à ideia de alimentos provisionais, fixados *in limine litis* e, por sua própria natureza, irrepetíveis. Em outras palavras: ou bem a verba é alimentar e deve ser paga em caráter urgente, ou não há que lhe conferir qualquer tipo de prevalência sobre as demais. Note-se que o campo semântico do termo"alimento"empregado pela Constituição é evidentemente mais amplo que o seu sentido vernacular, mas da ideia geral pode-se extrair a conclusão de que o débito alimentar é aquele que se destina a sanar uma situação de premente vulnerabilidade.

Na prática, portanto, hoje é possível vislumbrar a existência de três regimes distintos para o pagamento das dívidas públicas, a saber: (i) *pagamento imediato*, destinado ao adimplemento de débitos de caráter alimentar onde está presente o *periculum in mora*, aplicável aos casos em que a Administração Pública não foi capaz de entregar a prestação *in natura* requerida em juízo, e também às requisições de pequeno valor, modalidade de pagamento inaugurada pela EC n. 20/98; (ii) *pagamento por precatório em lista preferencial*, destinado às dívidas de cunho alimentar sem caráter urgente; e (iii) *pagamento por precatório*, correspondente ao regime geral de adimplemento de débitos do poder público, submetido ainda ao parcelamento previsto pela EC n. 30/2000. As diferenças de tratamento entre pessoas submetidas aos regimes I e II são evidentemente inconstitucionais por ferirem o princípio da isonomia.

Contudo, considerando que esta tem sido uma prática referendada pela jurisprudência, uma consequência da entrega de recursos públicos a particulares deve ser a aplicação do art. 70, parágrafo único, da Constituição Federal de 1988[53], *i.e.*, traz consigo o dever de prestar contas e a possibilidade de amplo controle administrativo pelo Tribu-

53 CF/88:"Art. 70. A fiscalização contábil, financeira, orçamentária, operacional e patrimonial da União e das entidades da administração direta e indireta, quanto à legalidade, legitimidade, economicidade, aplicação das subvenções e renúncia de receitas, será exercida pelo Congresso Nacional, mediante controle externo, e pelo sistema de controle interno de cada Poder. Parágrafo único. *Prestará contas qualquer pessoa física ou jurídica, pública ou privada, que utilize*, arrecade, guarde, gerencie ou administre *dinheiros, bens e valores públicos* ou pelos quais a União responda, ou que, em nome desta, assuma obrigações de natureza pecuniária".

nal de Contas. Com efeito, uma vez que os particulares tenham recebido o dinheiro, ficam sujeitos à imposição de penalidades pelos eventuais desvios praticados, estando obrigados à prestação de contas nos autos do feito judicial e, eventualmente, em processo administrativo instaurado com esta finalidade.

4. Reconhecimento de responsabilidade patrimonial do Estado

Por fim, o último mecanismo de controle de políticas públicas a ser considerado consiste no reconhecimento da responsabilidade civil do Estado. É uma modalidade de controle forte, pois pressupõe a prática de um ato ilícito, determinando-se qual era a conduta devida pelo poder público na hipótese concreta. Como a responsabilidade civil é um mecanismo de controle *ex post facto, i.e.*, sempre dependerá da demonstração do *dano* sofrido pelo demandante, sua capacidade para fornecer resposta aos problemas envolvendo políticas públicas não é grande. A possibilidade de responsabilização do poder público por dano decorrente do planejamento é afirmada por Jozélia Nogueira Broliani: "Sempre que esse planejamento não atenda às diretrizes constitucionais e legais, poderá ser contestado, e o Estado poderá ser condenado a indenizar os prejudicados, se demonstrado o prejuízo"[54].

De toda forma, a título ilustrativo, vale citar os diversos casos envolvendo o encarceramento de pessoas em condições de absoluta insalubridade ocorrido no Estado do Rio de Janeiro – a situação dos presos, aliás, já foi mencionada linhas acima –, o que ensejou múltiplas demandas onde se postulam indenizações por danos morais. Trata-se aqui exatamente da falha estatal no provimento das condições mínimas para que se considere adimplida a vedação constitucional ao tratamento degradante. A questão ainda segue controvertida no âmbito do Tribunal de Justiça do Rio de Janeiro, mas já há julgados reconhecendo a situação de ilicitude praticada pelo poder público e julgando procedente o pedido, conforme se vê na ementa do acórdão abaixo transcrita:

> "EMBARGOS INFRINGENTES. AÇÃO ORDINÁRIA. RESPONSABILIDADE CIVIL DO ESTADO. MANUTENÇÃO DE PRESO EM CARCERA-

---

[54] BROLIANI, Jozélia Nogueira. "O controle judicial das omissões no planejamento financeiro". *A&C Revista de Direito Administrativo e Constitucional n. 21*, p. 133.

GEM INSALUBRE. DEVER DE INDENIZAR. PROVIMENTO AO RECURSO. I – Responsabilidade do Estado quanto ao cuidado de zelar pela integridade física do detento. A falta do dever de cuidado, a omissão da administração no exercício da atividade de fiscalização carcerária ensejam a responsabilidade do Estado por ato omissivo de seus agentes; II – *Direito à percepção de indenização a título de dano moral, consistente este nos maus-tratos infligidos ao preso.* Ocorrência de dor moral, ainda que não fosse modelo de indivíduo que uma sociedade almeja, a justificar a indenização arbitrada com razoabilidade e proporcionalidade, balizas norteadoras da fixação, aliadas aos parâmetros usualmente adotados; III – Provimento ao recurso"[55].

Nesta mesma linha, há decisão proferida recentemente pelo Superior Tribunal de Justiça reconhecendo a impossibilidade de intervenção do Judiciário em políticas públicas especialmente para compelir a Administração Pública a sair da inércia, optando-se, *in casu*, pela conversão da tutela específica em obrigação pecuniária, na forma prevista na legislação processual civil[56].

---

[55] TJRJ, EI 2006.005.00495, Rel. Des. Ademir Pimentel, j. 22-2-2007. Há decisão em sentido contrário, v. TJRJ, AC 2006.001.40831, Rel. Des. Caetano Fonseca Costa, j. 31-10-2006: "RESPONSABILIDADE CIVIL DO ESTADO. MANUTENÇÃO DE PRESO EM CARCERAGEM TIDA COMO INSALUBRE. OMISSÃO GENÉRICA DO ESTADO. RESPONSABILIDADE DE NATUREZA SUBJETIVA. AUSÊNCIA DE CULPA. PROVIMENTO DA 2ª APELAÇÃO. PRIMEIRO RECURSO PREJUDICADO. O sistema carcerário do Estado é falho como um todo. Sua melhoria depende de recursos orçamentários, não sendo a situação da 90ª DP uma exclusividade, mas infelizmente a regra geral, no que a solução não passa evidentemente pelo terreno da reparação moral individualizada de todo os detentos do Réu. No caso específico o local já foi interditado e os detentos removidos pelo próprio Estado, de forma que o pedido improcede. O 1º apelo está prejudicado já que postulava a elevação do *quantum* reparatório e a condenação do Estado nos ônus sucumbenciais".

[56] STJ, REsp 813.408/RS, rel. Min. Mauro Campbell Marques, *DJ* 15-6-2009: "ADMINISTRATIVO E PROCESSUAL CIVIL. ENSINO SUPERIOR. PÓS-GRADUAÇÃO. RESIDÊNCIA MÉDICA. OFERECIMENTO DE ALOJAMENTO E ALIMENTAÇÃO PELO PODER PÚBLICO DURANTE O PERÍODO DA RESIDÊNCIA (AUXÍLIOS *IN NATURA*). LEI N. 6.932/81. DIREITO À TUTELA JURISDICIONAL QUE ENVOLVE A ADEQUAÇÃO DOS PROVIMENTOS JUDICIAIS. TUTELA ESPECÍFICA. IMPOSSIBILIDADE. ART. 461, § 1º, DO CPC. CONVERSÃO EM MEDIDA QUE GARANTA RESULTADO PRÁTICO EQUIVALENTE. AUXÍLIO EM PECÚNIA. 1. Trata-se de recurso especial em que se discute se a Secretaria de Saúde do

Por fim, é relevante dizer que o regime de responsabilidade civil por omissões eventuais no planejamento público não é objetivo, já que não se subsume ao campo de incidência do art. 37, § 6º, da Constitui-

---

Estado do Rio Grande do Sul tem o dever legal de oferecer alojamento e alimentação aos residentes de Medicina e, em não o fazendo, se é cabível a conversão da obrigação em pecúnia. 2. É a seguinte a redação do art. 4º, § 4º, da Lei n. 6.932/81:"As instituições de saúde responsáveis por programas de residência médica oferecerão aos residentes alimentação e moradia no decorrer do período de residência". 3. Há limites para a discricionariedade administrativa, especialmente quando o dispositivo legal é peremptório a respeito da obrigatoriedade no fornecimento de alojamento e alimentação. 4. Se o Poder Público insiste em desconsiderar a norma, fazendo dessa previsão letra morta, caberá controle e intervenção do Judiciário, uma vez que, nestes casos, deixa-se o critério da razoabilidade para adentrar-se a seara da arbitrariedade, fato que, em último grau, caracteriza a omissão como ilegal. 5. A partir do momento em que opta pela inércia não autorizada legalmente, a Administração Pública se sujeita ao controle do Judiciário da mesma forma que estão sujeitas todas as demais omissões ilegais do Poder Público, tais como aquelas que dizem respeito à consecução de políticas públicas (v., p. ex., STF, AgR no RE 410.715/SP, rel. Min. Celso de Mello, Segunda Turma, *DJU* 3.2.2006). 6. *É óbvio que o Judiciário não tem o condão de determinar que a Secretaria de Estado competente forneça pontualmente moradia e alimentação (i.e., de forçar que este órgão crie um mecanismo bastante para atender a um residente específico), pois isso seria contrariar uma premissa pragmática inafastável, qual seja, a de que o magistrado, no exercício de sua função, não possui condições para avaliar, no nível macro, as condições financeiro-econômicas de certo Estado-membro para viabilizar tal e qual política de assistência.* 7. Contudo, a simples inexistência de previsão legal para conversão de auxílios que deveriam ser fornecidos *in natura* em pecúnia não é suficiente para obstaculizar o pleito recursal, pois é evidente que se insere dentro do direito constitucional individual à tutela jurisdicional (art. 5º, inc. XXXV, da Constituição da República vigente) a necessidade de que a prestação jurisdicional seja adequada. 8. *É por isso que o Código de Processo Civil, em seu art. 461, § 1º, dispõe que, na impossibilidade de tutela específica, é dado ao Poder Judiciário determinar medidas que garantam um resultado prático equivalente – ou mesmo que se converta a obrigação em perdas e danos.* 9. Na inicial, a recorrente pede que os magistrados fixem um percentual sobre a bolsa de estudos em substituição ao dever estatal de prestação de alojamento e alimentação. Nada obstante, esta instância especial não tem poderes para analisar questões fático-probatórias para auxiliar a fixação desses valores, sob pena de violação à Súmula n. 7 desta Corte Superior. 10. Recurso especial provido, determinando o retorno dos autos à origem a fim de que lá seja determinado um valor razoável que garanta um resultado prático equivalente ao que determina o art. 4º, § 4º, da Lei n. 6.932/81". (destaque acrescentado)

ção Federal[57]. O dispositivo em questão acabou por consagrar a teoria do risco administrativo, o que ensejou a responsabilização da Administração Pública independentemente da demonstração de culpa. Mas a realidade é que a mesma norma que prevê tal regime trata de delimitar seu campo de incidência. Com efeito, ao prever que a responsabilidade da Administração será objetiva em relação aos danos causados por seus agentes, a Constituição acabou por distinguir, de um lado, o regime jurídico das condutas comissivas e, do outro, o das omissivas. Isso se deve a duas importantes considerações, uma de índole lógica, e outra de índole material, que devem ser trazidas à baila.

O fundamento lógico da diferenciação entre os regimes da responsabilidade do Estado por omissão e por ação reside na constatação singela de que, à luz de um exame acurado, a omissão jamais poderia ser tida como causa de qualquer resultado. Em verdade, a omissão do Estado está necessariamente ligada à contenção, determinada pela lei e analisada diante das circunstâncias do caso, dos resultados ou de um ato humano estranho ao seu aparato, ou de um fato qualquer da natureza. O que é, tecnicamente, causa para o resultado danoso é a ação de terceiro, da vítima ou até mesmo a ocorrência de força maior, sendo a omissão do Estado mera condição para o evento.

Além disso, há um argumento material. Com efeito, sabendo-se que com a evolução do direito público e a emergência do Estado Social o volume de tarefas atribuídas ao Poder Público assume proporções antes imprevisíveis, indo desde as históricas proteção da propriedade e garantia da segurança até a promoção da diversidade cultural na sociedade, *é fácil de se concluir que qualquer dano ou mesmo descontentamento poderá ser imputado à ausência do Estado em uma dada situação*. Assim, considerar objetiva a responsabilização do Poder Público por omissões, prescindindo da comprovação da contrariedade ao Direito e da falha culposa do serviço, implicará transformá-lo em "segurador universal" de qualquer interesse privado, induzindo ao comprometimento do patrimônio público. Assim, nas omissões específicas, cabe ao demandante provar que a inexistência de política pública causou-lhe aquele dano reclamado.

---

57 CF/88: "Art. 37. (...) § 6º As pessoas jurídicas de direito público e as de direito privado prestadoras de serviços públicos responderão pelos danos que seus agentes, nessa qualidade, causarem a terceiros, assegurado o direito de regresso contra o responsável nos casos de dolo ou culpa".

Conclusão

As políticas públicas recentemente entraram na pauta de discussões acadêmicas com enorme vigor, ensejando um enorme volume de contribuições e sugestões. Isto porque o Poder Judiciário abandonou certa postura passiva que marcou a jurisprudência dos Tribunais Superiores por muitos anos, e passou a reconhecer tanto a eficácia direta de direitos de cunho prestacional como a sua própria competência para intervir em âmbito tradicionalmente confiado ao legislador e ao administrador público. Contudo, esta nova fase vem causando enormes problemas para o planejamento da Administração Pública e retirando a importância do orçamento público enquanto instrumento legítimo de escolhas alocativas. O controle judicial é salutar quando exercido racionalmente e confinado aos limites da normatividade constitucional, mas não pode converter-se em instrumento de arbítrio e tampouco implicar a derrocada dos sistemas públicos. Daí a necessidade de encontrar parâmetros mais claros para que ele possa ser exercido.

Enfim, neste contexto de multiplicação de direitos, escassez de recursos e embates institucionais emerge como assunto de relevante interesse para o Direito as chamadas *políticas públicas*, e todos os instrumentos e categorias jurídicas que gravitam em torno delas. O equacionamento das complexas e intrincadas questões envolvendo o tema foi tentado mediante o fornecimento de critérios, os quais foram lançados sem qualquer pretensão de exaustividade ou definitividade. Neste passo, no intuito de fornecer ao leitor um rol direto das soluções aventadas ao longo do texto, são apresentadas conclusões a seguir, na forma mais objetiva possível.

I. POLÍTICAS PÚBLICAS: CONCLUSÕES GERAIS SOBRE A CATEGORIA

1. Políticas públicas podem ser conceituadas como o conjunto de atos e fatos jurídicos que têm por finalidade a concretização de objetivos estatais pela Administração Pública. Elas não se confundem com os planos públicos, que na realidade são apenas parte do fenômeno, ou puras intenções políticas. As políticas públicas não estão intrinsecamente ligadas ao constitucionalismo ou aos direitos fundamentais, como se costuma afirmar na doutrina, mas dizem respeito à necessidade de atuação do Estado sobre a ordem social e econômica. Quanto mais os Estados são demandados na formulação de políticas públicas, mais cresce a necessidade de legitimação e controle sobre este atuar, o que justifica o estudo da categoria.

2. Considerando que as políticas públicas são integradas por diversos atos e fatos jurídicos destinados a uma finalidade (concretização dos objetivos da ordem estatal), é possível reconhecer-lhes a natureza *procedimental*. Além disso, os problemas que se apresentam à solução estatal são infinitos, o que demanda a renovação constante das ações públicas, daí se poder dizer que possuem caráter *cíclico*. O ciclo das políticas públicas corresponde a quatro fases.

3. A primeira fase diz respeito ao momento de percepção de uma questão que suscita a ação estatal. Neste ponto, dividiu-se a agenda pública em "institucional", que corresponde à percepção social difusa sobre os problemas sociais, e a "formal", sendo a agenda oficial dos agentes eleitos. A estes dois elementos propôs-se a agregação da *agenda constitucional* como elemento autônomo de estudo.

4. A segunda fase consiste na formulação e escolha das políticas públicas. A escolha depende, por parte da Administração Pública, de obediência aos princípios da legalidade e da reserva orçamentária. Sem estas duas autorizações legais não será possível levar adiante tal tarefa. Normalmente o administrador será chamado a interpretar o direito no que tange à primeira etapa, já que em muitos casos o legislador apenas aponta um fim a ser alcançado, deixando os meios ao exercício da discricionariedade.

5. O terceiro momento versa sobre a concretização da política pública pelo órgão competente, ocasião em que as leis deixam o plano abstrato e ganham efetividade. Neste tema, o problema jurídico central cuida da fidelidade com que a burocracia obedece às decisões da cúpula política da Administração Pública (ou do legislador).

6. Por fim, o último momento no ciclo das políticas públicas é o da avaliação. Com a ressalva de que os condicionamentos fáticos e políticos à consecução das políticas públicas são grandes, o que dificulta avaliar uma política pontualmente como fracasso ou sucesso, os modos de avaliação foram divididos em quatro categorias: o político-eleitoral, realizado periodicamente por meio do voto; o administrativo-interno, levado a efeito no âmbito das auditorias realizadas pela própria Administração Pública; legislativo, realizado nos limites do texto constitucional (art. 49, V e X), e com auxílio dos Tribunais de Contas, nas hipóteses do art. 70; e judicial, cujos limites são discutidos neste livro.

7. O caráter complexo das políticas públicas permite decompô-las em alguns elementos particulares, os quais se integram para a sua formação.

8. O orçamento público é o primeiro destes elementos. Em perspectiva histórica, sua primeira função foi de limitação do poder político exercido pelo monarca. O controle de gastos e, principalmente, da imposição de tributos por meio do orçamento decorreu do pensamento liberal. Em momento posterior, com o crescimento do papel do Estado, agrega-se ao orçamento a função de planejamento na medida em que veicula decisões a respeito das ações governamentais futuras. No plano sociológico, verifica-se que o condicionamento da eficácia dos direitos sociais prestacionais à previsão orçamentária (e disponibilidade financeira) não despertou maior interesse pelo tema. O orçamento tem, assim, relevantíssima missão no âmbito das políticas públicas: veicular decisões alocativas, realizadas democraticamente, sobre recursos escassos.

9. O planejamento público é o segundo elemento que compõe as políticas públicas. A atividade pública deve ser planejada por imposição constitucional. O plano atende a dois objetivos gerais, a saber: transparência e racionalização. O primeiro é condição para o exercício efetivo do controle social, além de atender ao aspecto da segurança jurídica, e o segundo é ainda mais essencial, considerando a escassez de recursos públicos e o impedimento geral de que a ação estatal seja aleatória. As regras estabelecidas pelos planos geram direitos subjeti-

vos, não havendo que se falar em impossibilidade de controle judicial ou em mera expectativa de direito.

10. A discricionariedade administrativa é o último dos elementos integrantes das políticas públicas. Ela se manifesta tanto na escolha do instrumental prático que dará concreção aos objetivos da ordem jurídica quanto na decisão a respeito do gasto público.

II. TEORIA DOS DIREITOS FUNDAMENTAIS

11. O reconhecimento pelo Supremo Tribunal Federal da possibilidade de controle judicial de políticas públicas tendo os direitos fundamentais como paradigma exige a cogitação de uma teoria da fundamentalidade material, pois, adotada a tese sem ressalvadas, a extensão do catálogo de direitos formalmente fundamentais adotado pelo constituinte em 1988 permite que qualquer política pública seja controlável quanto ao seu mérito. Com o objetivo de desvelar este grupo de direitos, recorreu-se inicialmente à análise da afirmação histórica dos direitos humanos.

II.1. O NOVO PAPEL DO ESTADO E OS DIREITOS FUNDAMENTAIS: A INCLUSÃO DOS DIREITOS SOCIAIS PRESTACIONAIS

12. A afirmação histórica dos direitos humanos aponta para a prevalência inicial dos direitos de defesa da liberdade humana, fundados na reflexão liberal. As revoluções burguesas impuseram limitação ao poder do Estado, daí resulta a ideia de que os direitos fundamentais de primeira geração exigem apenas abstenções do poder público.

13. Os direitos sociais, econômicos e culturais, ligados ao valor igualdade, somente ingressaram no cenário jurídico após o início das obras de cunho socialista. Por sua vez, o constitucionalismo social é fundado em 1917, com a edição da Constituição mexicana, seguida pela Constituição de Weimar, editada em 1919. Nenhuma das correntes jurídicas que se formam a respeito da eficácia dos direitos sociais reconhece a possibilidade de se extrair deles direitos subjetivos públicos. Ao contrário, prevalece a ideia de que eles não são genuínos direitos fundamentais, exatamente porque não ligados diretamente ao valor liberdade. Os direitos sociais somente seriam reabilitados

com a ascensão do *Welfare State*, como resultado do acoplamento político entre as ideias liberais e socialistas, imposto pela necessidade de resolver problemas econômicos decorrentes das duas grandes guerras mundiais.

14. No direito brasileiro os direitos sociais prestacionais são inicialmente reputados programáticos, incapazes, portanto, de repercutir na esfera individual. A pretexto de conferir algum tipo de eficácia aos direitos prestacionais, positivados como princípios jurídicos, José Afonso da Silva cunha a sua tradicional classificação das normas constitucionais, inserindo os direitos prestacionais no rótulo de normas programáticas de eficácia diferida. Em tese, tais normas teriam ao menos eficácia negativa, impedindo o legislador de atuar contra elas. Com o decorrer do tempo, a classificação acabou servindo ao propósito oposto: o Poder Judiciário utilizou a teoria de José Afonso da Silva precisamente para negar eficácia a tais normas jurídicas.

II.2. O MÍNIMO EXISTENCIAL COMO PONTO DE CONVERGÊNCIA NA FILOSOFIA MORAL

15. Dizer que uma norma jurídica é fundamental significa destacá-la sobre diversos aspectos. No plano moral, direito fundamental é aquele cuja proteção é exigida para garantia da liberdade e dignidade do ser humano. No plano jurídico, o direito fundamental tem aplicação preferencial nos casos de colisão e possui viés contramajoritário, abrindo as portas para sua imposição coativa pela via judicial. O argumento poderoso deve ser limitado aos direitos que realmente se inscrevem no núcleo de prestações essenciais devidas pela sociedade. Daí o recurso à filosofia política contemporânea.

16. A concepção de John Rawls parte de um contrato hipotético realizado entre os indivíduos no estado de natureza para justificar a proteção a certos direitos. As pessoas chamadas a idealizar os termos da avença não saberiam de sua condição futura na sociedade, tanto no que diz respeito aos recursos sociais como aos pessoais disponíveis, na posição denominada "véu da ignorância". Com base neste artifício, acaba por criar um ambiente de extrema igualdade onde as decisões a respeito do funcionamento básico da sociedade serão tomadas. Em"uma teoria da justiça"o autor já fala da necessidade de se prover um"mínimo social razoável" como condição para o exercício da liberdade, que é o primeiro princípio da justiça. Em obra posterior, Rawls reconhece que, antes mesmo do princípio da liberdade, cabe à coletividade fornecer as

condições materiais mínimas para a existência do ser humano, no que se pode afirmar ser esta uma concepção de mínimo existencial.

17. A ascensão do liberalismo, focado excessivamente na liberdade individual, provocou a reação daqueles que entendiam importante valorizar os vínculos entre a pessoa e a comunidade. É neste contexto que Michael Walzer sustentou a sua teoria da igualdade complexa. Segundo o autor, a distribuição dos bens deve ocorrer segundo critérios de significação próprios, constituindo esferas particulares de justiça. Existe uma esfera própria onde o critério de acesso é a necessidade, que consiste naquilo que a sociedade define como bens essenciais à existência (como o pão era na antiguidade). O dever de prover o mínimo advém do vínculo de afinidade que existe entre os membros de uma comunidade.

18. O terceiro autor estudado, no campo da filosofia moral, é Jürgen Habermas. Ele está inserido no rótulo mais abrangente dos defensores da chamada "democracia deliberativa", corrente jurídico-filosófica que valoriza o debate público e a capacidade dos indivíduos para resolver os problemas mediante acordos. Ocorre que Habermas, mesmo valorizando o diálogo em vez do sujeito em sua teoria, não limita o espectro de proteção constitucional ao procedimento democrático. Pelo contrário, pugna pela garantia das condições sociais que levariam ao aproveitamento, em igualdade de chances, dos direitos de participação política. Assim, mais uma vez encontra-se justificado um núcleo de direitos prestacionais oponíveis ao Estado.

19. Os filósofos morais permitem concluir que existe um consenso quanto à necessidade de preservação de certas condições de vida que podem ser exigidas coativamente da sociedade. Não fosse suficiente isto, a Constituição Federal de 1988 erigiu a dignidade da pessoa humana à condição de princípio fundamental do Estado brasileiro. Nesta linha de raciocínio, existe fundamentação normativa para que seja possível exigir, com base neste princípio, ao menos aquilo que compõe a zona de certeza positiva quanto à própria noção de dignidade, compreendida como o mínimo existencial.

II.3. APONTAMENTOS METODOLÓGICOS

20. Com o intuito de complementar o modelo de teoria dos direitos fundamentais apresentado, revelou-se essencial fazer uma breve nota metodológica.

21. Neste passo, viu-se que as normas jurídicas dividem-se entre princípios e regras. Os princípios são aplicáveis mediante juízos de ponderação, e exigem comportamentos apenas *prima facie*, que podem ceder por razões opostas. As regras, porém, têm pretensão de definitividade, são aplicáveis na modalidade tudo ou nada. O Poder Legislativo e a Administração Pública não podem desconsiderar aquilo que a Constituição e as leis estipulam na forma de regra, mas possuem amplo espaço de conformação no que diz respeito aos princípios. É metodologicamente incorreto tanto o Poder Judiciário desconsiderar a carga de eficácia das regras como também pretender a densificação de princípios por ato próprio.

22. Sobre a distinção fez-se ainda três outros apontamentos. O primeiro concernente ao núcleo essencial dos princípios, que consiste naquele conjunto de efeitos que compõem o núcleo mínimo de sentido da norma. Logo, aquilo que puder ser considerado parte integrante desta zona de certeza quanto às exigências do princípio, deve ser *prima facie* judicialmente sindicável. Segundo, as regras ordinariamente devem ser cumpridas, e não ponderadas ou afastadas por razões variadas. Os direitos fundamentais previstos na forma de regras são posições jurídicas definitivas estatuídas pelo poder constituinte em favor dos indivíduos. Por fim, o método adequado para a solução da colisão de princípios é o da ponderação.

II.4. A SUBSTITUIÇÃO DA "RESERVA DO POSSÍVEL JURÍDICA" PELO PRINCÍPIO DA PRIORIDADE ORÇAMENTÁRIA DOS DIREITOS FUNDAMENTAIS PRESTACIONAIS. A ADOÇÃO DO MODELO DO SEGURO PARA A DEFINIÇÃO DA EXTENSÃO DOS DIREITOS. RELEITURA DA "RESERVA DO POSSÍVEL FÁTICA"

23. Superada esta etapa, e ainda no que pertine à teoria dos direitos fundamentais, passou-se à análise da denominada "teoria da reserva do possível", alicerçada basicamente na ideia de custo dos direitos prestacionais.

24. Neste ponto, operou-se inicialmente a concepção geral de que somente os direitos prestacionais são custosos. Por meio de exemplos concretos, e partindo do *insight* de Cass Sunstein e Stephen Holmes, verificou-se que também os direitos de defesa, mesmo supostamente exigindo meras abstenções estatais, têm seus custos. Portanto, a alegação na realidade encobre um discurso ideológico. Mas, de toda

forma, a importância das finanças públicas no adimplemento de direitos não pode ser negligenciada.

25. Por sua vez, a "reserva do possível" foi um argumento trazido ao direito brasileiro por importação acrítica do que foi decidido pelo Tribunal Constitucional alemão a respeito do caso conhecido como *numerus clausus*. Neste julgamento a Corte decidiu que o direito a prestações do Estado condiciona-se à razoabilidade. Na jurisprudência brasileira a reserva do possível repercutiu como uma presunção absoluta de que não há meios de se custear prestações individuais pelo Estado, retirando qualquer índice de eficácia de tais direitos.

26. Aprofundando o argumento, a reserva do possível reflete-se em dois tipos de consideração: (i) a chamada "reserva do possível jurídica" ou reserva de orçamento, que se constitui basicamente na defesa da legalidade orçamentária; e (ii) a "reserva do possível fática", que é a ausência de recursos dos cofres públicos. O primeiro argumento encontra solução com recurso ao método da ponderação de princípios, ao passo que o segundo deve ser acolhido quando puder ser comprovado no plano empírico, ressalvada a hipótese de incidência de direitos em face de particulares. Em contraposição à reserva do possível jurídica, foram sugeridas duas soluções alternativas para a análise judicial de políticas públicas.

27. A primeira delas compreende o acolhimento do *princípio da destinação da maior quantidade possível de recursos ao adimplemento de direitos fundamentais prestacionais*, na esteira do que defende Bidart Campos. Como apropriadamente foi explicado, existe substancial diferença entre *inexistência de recursos* e *alocação indevida de recursos em inobservância das prioridades constitucionais*.

28. A segunda diz respeito à adoção da *teoria das parcelas equitativas de Ronald Dworkin*. O filósofo do direito conclui que os direitos prestacionais exigíveis do Estado devem ter a extensão que as pessoas lhe atribuiriam caso fossem chamadas, por hipótese, a celebrar um seguro capaz de cobrir aquele risco. Uma apólice com cobertura ampla acabaria por exigir um prêmio muito alto, deixando pouco para ser despendido com as aspirações pessoais. Transpondo esta teoria para o plano prático, o prêmio equivale à noção de tributo, ao passo que a cobertura do risco é exatamente aquilo que cabe ao Estado fornecer. Enunciado de forma direta, o parâmetro pode ser assim traduzido: *o reconhecimento de direitos prestacionais em face do Estado deve ser equilibrado de modo razoável com aquilo lhe é vertido na forma de tributos.*

III. A ANÁLISE INSTITUCIONAL

29. A teoria dos direitos fundamentais não basta ao fornecimento de critérios para o controle judicial de políticas públicas. Isto porque, a rigor, compete a todas as funções do Estado (legislativo, executivo e judiciário) promover a concretização da Constituição. Neste contexto, considerando o caráter difuso desta tarefa, torna-se relevante recorrer também à análise institucional a fim de buscar critérios que possam orientar qual dos poderes deve atuar na hipótese concreta.

30. O princípio da separação de poderes, segundo o conhecimento convencional, destina-se a: (i) equilibrar adequadamente os interesses das maiorias e minorias, impedindo abusos de qualquer natureza (função político-social); e (ii) permitir que as decisões públicas sejam eficientes e racionais na maior medida possível (função orgânico-funcional). A primeira função encontra-se prejudicada pela atribuição difusa da tarefa de concretização do texto constitucional.

31. Isto porque os marcos jurídicos que deveriam delimitar os espaços de atuação de cada função estatal acabaram se esmaecendo na vigência da Constituição Federal de 1988. As razões para isto ter ocorrido, sem embargo de outras, são as seguintes: (i) a possibilidade de submeter qualquer questão ao Poder Judiciário devido à cláusula do acesso à justiça; (ii) a expansão dos instrumentos e dos legitimados a provocar a jurisdição constitucional concentrada, assim como a tutela coletiva de direitos; (iii) a possibilidade de que todos os juízes, mesmo os de primeiro grau de jurisdição, efetuem o controle de constitucionalidade das normas e atos administrativos; (iv) a técnica das normas programáticas utilizada na Constituição Federal de 1988. Conclui-se, neste passo, que recorrer à literalidade do texto constitucional não é suficiente para fornecer solução ao problema, razão pela qual se impõe buscar um novo tipo de análise.

32. A análise institucional versa precisamente sobre a capacidade de as instituições públicas, individualmente consideradas, produzirem resultados sistêmicos positivos, gerando previsibilidade e evitando riscos. É com este tipo de escopo que se fez a análise abstrata das duas "instituições" primordiais em matéria de políticas públicas: o processo político, que compreende a Administração Pública e o Poder Legislativo, e o Poder Judiciário.

33. As vantagens em termos sistêmicos do processo político são, basicamente, duas: (i) permitir o direito à participação no processo

político em igualdade de condições; (ii) garantir, via de regra, o direito à igualdade de tratamento no acesso aos bens e serviços providos pelos poderes públicos, estabelecendo critérios gerais de fruição. O processo judicial jamais terá a mesma capacidade do processo político na inclusão dos destinatários das políticas públicas. Além disso, a Administração Pública conta com a *expertise* para lidar com os problemas públicos, o que é um argumento de reforço na defesa do processo político. O argumento democrático, contudo, não é suficiente à garantia de que a vontade popular será observada, de modo que é preciso não idealizar completamente o processo político.

34. Por outro lado, em termos de argumentação institucional é possível fazer cinco críticas gerais ao Poder Judiciário: (i) teoricamente, ele é incapaz de fazer apreciações macroestruturais, cabendo-lhe apenas realizar a chamada "microjustiça"; (ii) seu acesso é mais formalista e dificultoso; (iii) é muito mais caro e complexo incrementá-lo em tamanho; e (iv) não está sujeito à responsabilidade político-eleitoral. Em contrapartida, são vantagens do Poder Judiciário: (i) amplificar as demandas individuais, permitindo o debate público em ocasiões em que ele se encontra obstruído, ou quando o indivíduo é, por si só, incapaz de mobilizá-lo; (ii) servir de instância racional de debates; e (iii) a blindagem institucional permite que o Poder Judiciário possa tomar decisões contramajoritárias com segurança.

III.1. OS CRITÉRIOS GERAIS ADVINDOS DA ANÁLISE INSTITUCIONAL. A PRIORIDADE DOS PODERES POLÍTICOS NO DESENHO E CONCRETIZAÇÃO DAS POLÍTICAS PÚBLICAS. A PREFERÊNCIA DAS TUTELAS COLETIVAS SOBRE AS INDIVIDUAIS. A PRIMAZIA DO FORMALISMO E DO MINIMALISMO NO CONTROLE DE POLÍTICAS PÚBLICAS

35. Devidamente sopesadas, sem que seja feita qualquer análise de normas constitucionais substantivas, o argumento institucional fornece os seguintes critérios para o controle judicial de políticas públicas:

(i) preferência do processo político sobre o Poder Judiciário na formulação e implementação de políticas públicas: por ser um processo complexo, tendente a criar situações em que algumas pessoas serão beneficiadas e outras prejudicadas, as políticas públicas dependem de maiorias e consensos sociais que seriam irrealizáveis em sede judicial. Além disso, a Administração Pública encontra-se mais bem aparelhada para tomar

decisões apreciando os impactos sistêmicos. Por fim, as decisões adotadas em caráter coletivo permitem atender ao princípio da igualdade no acesso aos bens e serviços públicos. Se, contudo, razões materiais justificarem a intervenção, devem ser observados os outros parâmetros.

(ii) preferência da tutela coletiva sobre tutela individual quando em sede judicial: a hierarquização de tutelas: sempre que possível, o controle de políticas públicas deve ser realizado em ações coletivas, prestigiando-se assim o princípio da isonomia. O controle de políticas públicas em demandas individuais padece de um déficit informacional que não pode ser suprido pela atuação do juiz, acabando por gerar impactos sistêmicos negativos.

(iii) preferência pelo formalismo interpretativo e minimalismo judicial: nas demandas que tenham por objeto políticas públicas, considerando, uma vez mais, a complexidade das questões envolvidas, o magistrado deve pautar-se, o máximo possível, pela vinculação aos conteúdos jurídicos já densificados pelo próprio constituinte ou, quando for o caso, pelo legislador ordinário, o que implica a primazia das regras sobre os princípios e a adoção do método interpretativo literal, sempre que possível. Ademais, diante de situações que inequivocamente lhe demandem a atuação, o magistrado deverá ingerir da forma menos invasiva possível em relação aos demais poderes do Estado.

IV. OS PARÂMETROS PARA O CONTROLE DE POLÍTICAS PÚBLICAS

36. A destinação das políticas públicas é um elemento essencial na definição do regime jurídico ao qual irá se submeter. Com base nesta ideia central, propôs-se a classificação das políticas públicas segundo a sua finalidade, para então destrinchar as múltiplas possibilidades de controle jurídico.

IV.1. POLÍTICAS PÚBLICAS CONSTITUCIONAIS ESSENCIAIS: O MÍNIMO EXISTENCIAL.

37. As políticas públicas essenciais são aquelas destinadas à concretização do mínino existencial. Como visto, a exigibilidade do mínimo é um consenso na filosofia moral, além de poder ser extraído da zona de certeza positiva quanto ao núcleo do princípio da dignidade da pessoa humana. Por ser assim, a sua concretização não pode estar inteiramente sujeita aos desígnios do processo político.

38. A fixação do mínimo existencial nos casos concretos depende de considerações empíricas que somente poderão ser feitas pelo julgador do caso. Contudo, com o intuito de fornecer alguns apontamentos para a construção do conceito, promoveu-se a divisão entre o mínimo existencial *prima facie*, fixado abstratamente com base nos apontamentos já feitos no trabalho, e o mínimo existencial concreto, este último com o fornecimento de parâmetros próprios para a análise do magistrado, confira-se:

(i) mínimo existencial prima facie: o mínimo é composto pelo: *(a) direito à vida (art. 5º*, caput, *da CF/88)*, que se decompõe no direito às prestações de saúde e alimentação necessárias à garantia da própria existência do ser humano; *(b) vedação ao tratamento degradante ou desumano (art. 5º, III, da CF/88):* garantia do direito às condições básicas de higiene, ao abrigo e ao vestuário mínimo; *(c) direito à educação básica (art. 5º, caput; art. 208, § 1º, da CF/88)*: assegura o acesso à educação infantil e fundamental, à creche e ao material didático-escolar; *(d) acesso à justiça (art. 5º, XXXV e LXXIV, da CF/88)*: consiste no direito à existência de mecanismos jurídicos hábeis à defesa de direitos, e no direito à assistência jurídica integral e gratuita.

(ii) mínimo existencial in concreto: o mínimo existencial no caso concreto não pode ser conhecido de antemão, por isso a solução encontrada foi o fornecimento de dois parâmetros gerais que devem ser considerados pelo julgador no momento de delimitá-lo: *(a) o mínimo existencial deve corresponder a prestações que sejam passíveis de universalização; e (b) o mínimo existencial deve ter sua extensão delimitada pelo nível de tributação da sociedade, considerado o esquema do seguro hipotético de Ronald Dworkin.*

IV.2. POLÍTICAS PÚBLICAS CONSTITUCIONAIS NÃO ESSENCIAIS

39. Definiram-se como políticas públicas não essenciais aquelas destinadas à concretização do espaço não nuclear dos princípios fundamentais e, em especial, daquilo que se pode chamar "zona de incerteza" quanto ao princípio da dignidade humana. A adoção da espécie normativa pelo constituinte significa que este legou aos órgãos políticos a tarefa de intermediar a concretização constitucional, sendo certo que deles não se pode extrair um direito subjetivo em face do Estado.

40. As políticas públicas derivadas do direito infraconstitucional são merecedoras de uma nota à parte, pois a sua concretização pela

via judicial não enseja tantos questionamentos quanto a concretização constitucional. Isto porque, se o direito estiver explicitamente previsto na legislação em vigor, não será necessário ao órgão julgador aprofundar-se nas questões como a ponderação de princípios, bastando aplicar a lei como normalmente o faria, já que esta é a função ordinária e precípua do Poder Judiciário num Estado Democrático de Direito.

IV.3. PARÂMETROS DE CONTROLE DAS POLÍTICAS PÚBLICAS ESSENCIAIS: A VEDAÇÃO À PROTEÇÃO DEFICITÁRIA E O PRINCÍPIO DA VEDAÇÃO DO RETROCESSO EM POLÍTICAS PÚBLICAS

41. O *princípio da vedação de proteção deficitária* consiste na projeção da teoria dos deveres de proteção. Segundo esta construção, cabe ao Estado não apenas a postura de abstenção em relação aos direitos fundamentais, mas também o dever de promovê-los e assegurá-los, sob pena de censura jurisdicional quando isto não for feito de maneira suficiente. Para o controle com base neste parâmetro, sugeriu-se que o magistrado utilize os planos públicos, inclusive as metas orçamentárias, e as leis que estabelecem patamares mínimos de qualidade aos prestadores de serviço privados.

42. O *princípio da proibição do retrocesso social* impede que as políticas públicas essenciais já concretizadas pelo legislador ou administrador sofram solução de continuidade sem que haja uma alternativa razoável disponível.

IV.4. PARÂMETROS DE CONTROLE PARA POLÍTICAS PÚBLICAS CONSTITUCIONAIS NÃO ESSENCIAIS: OS PRINCÍPIOS CONSTITUCIONAIS DA EFICIÊNCIA, ISONOMIA E TRANSPARÊNCIA

43. O implemento de políticas públicas submete-se aos princípios e regras constitucionais e infraconstitucionais, estando sempre aberta a possibilidade de o Poder Judiciário fazer juízos de legalidade sobre elas. Objetivando, porém, fornecer algum aprimoramento, e sem embargo da construção de outros parâmetros, estudou-se o controle judicial de políticas públicas sob a ótica de três princípios constitucionais, a saber.

(i) controle por meio do princípio da isonomia: o princípio da isonomia confere aos indivíduos o direito ao tratamento igual pelo Estado. No

campo do efetivo gasto público pelo Administrador, podem ocorrer favorecimentos a pessoas e grupos, e estes devem ser coibidos pela ação do Poder Judiciário. A distinção na qualidade das políticas públicas é uma marca oficial dos regimes segregacionistas.

(ii) controle por meio do princípio da eficiência: tal princípio é corolário do dever de boa administração. Ele é, ao mesmo tempo, justificativa e parâmetro de controle. É justificativa porque políticas públicas deficientes podem gerar sérios riscos ao erário público. É parâmetro porque impõe o dever de adequação entre as políticas públicas e os fins a que se destinam. *O subprincío da economicidade*, por seu turno, reforça a necessidade de eficiência e se integra ao princípio da prioridade orçamentária dos direitos fundamentais, permitindo que sejam feitas censuras ao orçamento público.

(iii) controle por meio do princípio da transparência: a transparência é um elemento essencial nas democracias contemporâneas, porquanto viabiliza o controle político-social inerente a este regime. Cuida-se, ademais, de um direito fundamental garantido pela Constituição. A transparência se manifesta de duas maneiras: (a) pela clareza dos instrumentos que dizem respeito ao planejamento público, o que se dá mediante a fixação das metas nas leis orçamentárias, os quais não podem usar termos vagos; e (b) as relativas aos resultados da utilização de recursos públicos e alcance de metas após cada ciclo orçamentário, que devem ser plenamente acessíveis ao cidadão comum.

IV.5. A PRIMEIRA QUESTÃO CORRELATA: GARANTIR OS DIREITOS FUNDAMENTAIS É RESPONSABILIDADE DE TODOS OS ENTES FEDERATIVOS, MAS A OBRIGAÇÃO DE PRESTAR AS POLÍTICAS PÚBLICAS CORRELATAS É DE APENAS UM DELES

44. O ponto diz respeito à relação entre políticas públicas e federalismo. Como afirmado, o reconhecimento de direitos em face do Estado, no âmbito do federalismo, traz a reboque a necessidade de se definir qual será o ente federativo obrigado a prestar. Para definir o problema, realizou-se inicialmente a distinção entre dever e responsabilidade. O débito consiste no dever jurídico de prestar; a responsabilidade, na sujeição patrimonial aos efeitos da execução. Todos os entes federativos têm responsabilidade, mas somente um tem o débito, *a priori*.

45. Foram apresentados três critérios para se definir quem é o obrigado: (i) quando a definição estiver explícita na própria Constituição, não haverá que se cogitar de outro critério; (ii) se o texto constitucional não for específico ou suficientemente claro, caberá ao intérprete recorrer às normas jurídicas infraconstitucionais ou a eventuais acordos interadministrativos que disciplinem a repartição de responsabilidades nas políticas públicas; e (iii) no vácuo normativo, deve prevalecer o princípio da subsidiariedade em matéria federativa.

IV.6. O PRINCÍPIO DA SOLIDARIEDADE E AS POLÍTICAS PÚBLICAS

46. O princípio da solidariedade, previsto no art. 3º, III, da Constituição Federal de 1988, é a chave para a resposta jurídica a duas questões problemáticas concernentes à demanda judicial por direitos. Sustentou-se que o princípio da solidariedade *demanda o reconhecimento da responsabilidade mútua entre as pessoas, i.e., umas pelas outras e de cada uma delas por todas as demais, inclusive pelas gerações futuras.* Com base nesta ideia geral foram respondidos os problemas.

47. O primeiro ponto consiste na negativa de reconhecimento de direitos subjetivos a prestações em razão da condição econômica do autor da demanda. O Poder Judiciário, em sede de demandas individuais, deve restringir a concessão de direitos àqueles que comprovarem a condição de hipossuficiência, já que os recursos são escassos. Também com fundamento no princípio da solidariedade os juízes devem desacolher as pretensões de ressarcimento de prestações relacionadas a direitos fundamentais realizadas com recursos particulares, em entidades privadas.

48. A segunda trata da possibilidade de reconhecer a eficácia contra particulares de direitos prestacionais, um ponto especialmente problemático na jurisprudência sobre políticas públicas. Afirmou-se que isto não deve acontecer ordinariamente, já que feriria outros direitos individuais (como o de propriedade e livre iniciativa, para ficar nos exemplos mais óbvios). Em se tratando, contudo, de prestadores de serviços públicos, o redirecionamento da responsabilidade pelo adimplemento do direito fundamental pode ocorrer, desde que comprovada a impossibilidade de cumprimento pelo Estado. Esta possibilidade, porém, não impede posterior acertamento do particular com o ente público.

V. A INCURSÃO DO PODER JUDICIÁRIO NO PROCESSO POLÍTICO

49. No último tópico desta obra, distinguiu-se entre dois modelos de intervenções judicial em políticas públicas.

(i) O controle judicial "fraco", que preserva a margem de discricionariedade dos poderes políticos, apenas reduzindo o espaço de escolhas: como exemplo paradigmático deste tipo de intervenção fez-se uma breve apresentação do caso Grootboom, onde o Tribunal Constitucional da África do Sul reconheceu um direito à existência de uma política pública que contemplasse a situação dos autores, mas não um direito subjetivo na hipótese. *Foram apontados como modalidades do controle fraco*: (a) o controle dos mínimos orçamentários constitucionais destinados à educação e saúde, e o controle da destinação dos fundos públicos; (b) a afetação judicial do orçamento, determinando a inclusão de verba para alguma finalidade, reconhecendo-se a necessidade de que haja alguma política pública na área, mas sem especificar qual; (c) imposição de metas mínimas de resultado final; (d) a declaração do *estado de coisas inconstitucional*, que significa a mobilização do capital político do tribunal para a efetividade de certo direito fundamental;

(ii) O controle judicial "forte", que reduz a zero a discricionariedade da Administração Pública: o modelo forte de intervenção judicial em políticas públicas tem como paradigma a atuação do Poder Judiciário nas hipóteses envolvendo os pedidos de medicamentos e insumos. *Foram apontados como modalidades de controle forte*: (a) a derrota das regras orçamentárias no caso concreto; (ii) o bloqueio de verbas públicas para o cumprimento de decisões judiciais; e (iii) o reconhecimento da responsabilidade patrimonial do Estado.

VI. CONCLUSÕES FINAIS

50. O sistema oferecido ao leitor ao longo das páginas deste livro não tem a pretensão de ser completo. De fato, as possibilidades de controle judicial de políticas públicas são praticamente infinitas, e exigiria uma boa dose de pretensão tentar lidar com todas as variáveis e possibilidades. A opção pela abstração foi, em algumas hipóteses, inevitável. Por esta razão, sempre que possível, foram estabelecidos parâmetros preferenciais, ora em favor da atuação judicial, ora em deferência aos poderes políticos, consoante a importância dos direitos fundamen-

tais envolvidos, mas nunca campos absolutamente fechados. E quando a intervenção judicial em políticas públicas se fez necessária, sustentou-se que sempre deve ser pautada pela necessária autocontenção, pois a complexidade do tema pode produzir resultados indesejados.

51. Por fim, é importante salientar que o livro foi dirigido primordialmente a um público específico, composto dos operadores do direito, os quais, enfim, são obrigados a lidar com a intricada litigância envolvendo o tema. Como se sabe, as políticas públicas são uma categoria complexa. Se os apontamentos feitos ao longo deste texto puderem auxiliar estas pessoas, e também os cidadãos e administradores diretamente interessados na *luta pelo direito*, então o trabalho terá sido bem-sucedido. É o que se espera.

Referências

ABRAMOVICH, Victor, COURTIS, Christian. "Apuntes sobre la exigibilidad judicial de los derechos sociales". In: SARLET, Ingo Wolfgang (org.). *Direitos fundamentais sociais:* estudos de direito constitucional, internacional e comparado. Rio de Janeiro: Renovar, 2003.

ACKERMAN, Bruce. "The new separation of powers". *Harvard Law Review*, v. 113, n. 3, 2000.

AITH, Fernando, "Políticas públicas de Estado e de governo: instrumentos de consolidação do Estado Democrático de Direito e de promoção e proteção dos direitos humanos". In: BUCCI, Maria Paula Dallari (org.). *Políticas públicas – reflexões sobre o conceito jurídico*. São Paulo: Saraiva, 2007.

ALEXY, Robert. *Teoría de los derechos fundamentales*. Trad. Ernesto Valdés. Madrid: Centro de Estudios Constitucionales, 1997.

AMARAL, Gustavo. *Direito, escassez & escolha*. Rio de Janeiro: Renovar, 2001.

ANDRADE, José Carlos Vieira de. *Os direitos fundamentais na Constituição Portuguesa de 1976*. Coimbra: Almedina, 1998.

ARAGÃO, Alexandre Santos de. *Curso de direito administrativo*. 2. ed. Rio de Janeiro: Forense, 2013.

__________. *Direito dos serviços públicos*. Rio de Janeiro: Forense, 2008.

________."A concepção pós-positivista do princípio da legalidade". *Revista de Direito Constitucional e Internacional*, v. 16, n. 65, 2008.

ARGUELHES, Diego Werneck."Deuses pragmáticos, mortais formalistas: a justificação consequencialista de decisões judiciais", mimeo, 2006

ASCENSÃO, José de Oliveira. *Introdução à ciência do direito*. 3. ed. Rio de Janeiro: Renovar, 2005.

ÁVILA, Humberto. *Teoria dos princípios – da definição à aplicação dos princípios jurídicos*. 15. ed. São Paulo: Malheiros, 2014.

________."'Neoconstitucionalismo': entre a 'ciência do direito' e o 'direito da ciência'". *Revista Eletrônica de Direito do Estado* (REDE), 2009.

BALDASSARE, Antonio. *Derechos sociales*. Trad. Santiago Perea Latorre. Bogotá: Universidad Externado de Colombia, 2001.

BALEEIRO, Aliomar. *Uma introdução à ciência das finanças*. 13. ed. Rio de Janeiro: Forense, 2004.

BAPTISTA, Patrícia. *Transformações do direito administrativo*. Rio de Janeiro: Renovar, 2003.

________. "O princípio da separação de poderes atualizado e revisado". *Revista de Direito da Associação de Procuradores do Novo Estado do Rio de Janeiro*, Rio de Janeiro, v. 6, 2000.

BARACHO, José Alfredo de Oliveira. *O princípio da subsidiariedade:* conceito e evolução. Rio de Janeiro: Forense, 1996.

BARAK, Aharon. *The judge in a democracy*. Princeton: Princeton University Press, 2006.

BARCELLOS, Ana Paula de. *A eficácia jurídica dos princípios constitucionais – o princípio da dignidade da pessoa humana*. Rio de Janeiro: Renovar, 2002.

________. *Ponderação, racionalidade e atividade jurisdicional*. Rio de Janeiro: Renovar, 2005.

________."Neoconstitucionalismo, direitos fundamentais e controle das políticas públicas". *Revista de Direito Administrativo* n. 240, 2005.

________."Constitucionalização das políticas públicas em matéria de direitos fundamentais: o controle político-social e o controle jurídico no espaço democrático". *Revista de Direito do Estado* n. 3, 2006.

________."Educação, constituição, democracia e recursos públicos". *Revista de Direito da Associação dos Procuradores do Novo Estado do Rio de Janeiro*, v. XII, 2003.

________."Papéis do direito constitucional no fomento do controle social democrático: algumas propostas sobre o tema da informação". *Revista de Direito do Estado* n. 12, 2008.

BARDACH, Eugene. *A practical guide for policy analysis:* the eightfold path to more effective problem solving. New York: Seven Bridges Press, 2000.

BARROSO, Luís Roberto. *O direito constitucional e a efetividade de suas normas – limites e possibilidades da Constituição brasileira*. 9. ed. Rio de Janeiro: Renovar, 2009.

________. *Interpretação e aplicação da Constituição – fundamentos de uma dogmática constitucional transformadora*. 7. ed. Rio de Janeiro: Renovar, 2009.

________. *O controle de constitucionalidade no direito brasileiro*. 6. ed. Rio de Janeiro: Renovar, 2012.

________. *Curso de direito constitucional contemporâneo*. 4. ed. São Paulo: Saraiva, 2013.

________. *O novo direito constitucional brasileiro*. Belo Horizonte: Fórum, 2012.

________."Fundamentos teóricos e filosóficos do novo direito constitucional brasileiro (pós-modernidade, teoria crítica e pós-positivismo)". In: *A nova interpretação constitucional – Ponderação, direitos fundamentais e relações privadas*. 3. ed. Rio de Janeiro: Renovar, 2008.

________."Neoconstitucionalismo e constitucionalização do direito (o triunfo tardio do direito constitucional no Brasil)". *Revista de Direito Administrativo* n. 240, 2005.

________."Constitucionalidade e legitimidade da criação do Conselho Nacional de Justiça". In: WAMBIER, Teresa Arruda Alvim, WAMBIER, Luís Rodrigues, GOMES JR., Luiz Manoel, FISCHER, Octavio Campos, FERREIRA, William Santos (org.). *Reforma do judiciário – primeiras reflexões sobre a Emenda Constitucional n. 45/2004*. São Paulo: Revista dos Tribunais, 2005.

________."Da falta de efetividade à judicialização excessiva: direito à saúde, fornecimento gratuito de medicamentos e parâmetros para a atuação judicial". *Revista de Direito da Procuradoria Geral do Estado do Rio de Janeiro*, v. 63, 2008.

________; BARCELLOS, Ana Paula de. "O começo da história. A nova interpretação constitucional e o papel dos princípios no direito brasileiro". In: *A nova interpretação constitucional – Ponderação, direitos fundamentais e relações privadas*. Rio de Janeiro: Renovar, 2003.

BIDART CAMPOS, German J. *El orden socioeconomico en la Constitución*. Buenos Aires: EDIAR, 1999.

BINENBOJM, Gustavo. *A nova jurisdição constitucional brasileira:* legitimidade democrática e instrumentos de realização. 4. ed. Rio de Janeiro: Renovar, 2014.

________. *Uma teoria do direito administrativo:* direitos fundamentais, democracia e constitucionalização. 3. ed. Rio de Janeiro: Renovar, 2014.

BIRKLAND, Thomas A. *An introduction to the policy process:* theories, concepts, and models of public policy making. New York: M.E. Sharpe, 2005.

BLICHNER, Lars Chr; MOLANDER, Anders. "What is juridification?". *Arena Centre For European Studies Working Paper* n. 14, 2005.

BOBBIO, Norberto. *O positivismo jurídico*. Trad. Márcio Pugliese, Edson Bini e Carlos E. Rodrigues. São Paulo: Ícone, 1995.

________. *Teoria do ordenamento jurídico*. 10. ed. Trad. Maria Celeste Cordeiro Leite dos Santos. Brasília: UnB, 1999.

BONAVIDES, Paulo. *Curso de direito constitucional*. 28. ed. São Paulo: Malheiros, 2013.

________. *Ciência política*. 20. ed. São Paulo: Malheiros, 2013.

BOSCO, Maria Goretti Dal. *Discrionariedade em políticas públicas*. Curitiba: Juruá, 2008

BREUS, Thiago Lima. *Políticas públicas no Estado constitucional*. Belo Horizonte: Fórum, 2007.

BROLIANI, Jozélia Nogueira, "O controle judicial das omissões no planejamento financeiro". *A&C Revista de Direito Administrativo e Constitucional* n. 21, 2005.

BRUGGER, Winfried. "O comunitarismo como teoria social e jurídica por trás da Constituição alemã". *Revista de Direito do Estado* n. 11, 2008.

BUCCI, Maria Paula Dallari. "As políticas públicas e o direito administrativo". *Revista Trimestral de Direito Público* n. 13, 1996.

________"O conceito de política pública em direito". In: *Políticas públicas – reflexões sobre o conceito jurídico*. São Paulo: Saraiva, 2007.

________. *Direito administrativo e políticas públicas*. São Paulo: Saraiva, 2007.

________. *Fundamentos para uma teoria jurídica das políticas públicas*. São Paulo: Saraiva, 2013.

BUGARIN, Paulo Soares. *O princípio constitucional da economicidade na jurisprudência do Tribunal de Contas da União*. 1. ed. Belo Horizonte: Fórum, 2004.

CALIENDO, Paulo. *Direito tributário e análise econômica do direito:* uma visão crítica. Rio de Janeiro: Elsevier, 2009.

CAMARGO, Margarida Maria Lacombe. *Hermenêutica e argumentação*. Rio de Janeiro: Renovar, 1999.

CAMPOS, Carlos Alexandre de Azevedo. *Dimensões do ativismo judicial do STF*. Rio de Janeiro: Forense, 2014.

________. *Estado de coisas inconstitucional*. Salvador: JusPodivm, 2018.

CANARIS, Claus-Wilhelm. *Pensamento sistemático e conceito de sistema na ciência do direito*. Trad. A. Menezes Cordeiro. Lisboa: Calouste Gulbenkian, 2002.

________. *Direitos fundamentais e direito privado*. Trad. Ingo Wolfgang Sarlet e Paulo Mota Pinto. Coimbra: Almedina, 2006.

CANELA JÚNIOR, Osvaldo. "O orçamento e a 'reserva do possível': dimensionamento no controle judicial de políticas públicas". *Revista Judiciária do Paraná*, ano VIII, n. 5, 2013, p. 121-133.

CANOTILHO, Joaquim José Gomes. *Direito constitucional e teoria da constituição*. 7. ed. Coimbra: Almedina, 1997.

________. *Estudos sobre direitos fundamentais*. São Paulo: Revista dos Tribunais, 2008.

________. *Constituição dirigente e vinculação do legislador.* Coimbra: Coimbra, 1982.

________. *Constituição dirigente e vinculação do legislador*. Coimbra: Coimbra, 1994 (reimpressão).

CAPPELLETTI, Mauro. *Juizes legisladores?* Trad. Carlos Alberto Alvaro de Oliveira. Porto Alegre: Sergio Antonio Fabris, 1993.

________ ; GARTH, Bryant. *Acesso à justiça*. Trad. Ellen Gracie Northfleet. Porto Alegre: Sergio Antonio Fabris, 1988.

CARBONELL, Miguel (org.). *Teoría del neoconstitucionalismo*. Madrid: Trotta, 2007.

CARVALHO FILHO, José dos Santos. *Manual de direito administrativo*. 27. ed. Rio de Janeiro: Lumen Juris, 2014.

CASTRO, Carlos Roberto de Siqueira. *O princípio da isonomia e a igualdade da mulher no direito constitucional*. Rio de Janeiro: Forense, 1983.

CAVALLIERI, Fernando; LOPES, Gustavo Peres. "Índice de Desenvolvimento Social – IDS: comparando as realidades microurbanas da cidade do Rio de Janeiro". *Coleção Estudos Cariocas*, abril 2008.

CITTADINO, Gisele. *Pluralismo, direito e justiça distributiva – elementos da filosofia constitucional contemporânea*. Rio de Janeiro: Lumen Juris, 1999.

_________. "Poder Judiciário, ativismo judiciário e democracia". *ALCEU Revista do Departamento de Comunicação Social da PUC-RJ* v. 5, n. 9, 2004.

COMPARATO, Fábio Konder. "Ensaio sobre o juízo de constitucionalidade de políticas públicas". *Revista dos Tribunais* 737, 1997.

CORREIA, Arícia Fernandes. "Reserva de administração e separação de poderes". In: BARROSO, Luís Roberto (org.). *A reconstrução democrática do direito público no Brasil*, 2007.

CRETELLA JUNIOR, José. *Controle jurisdicional do ato administrativo*. 4. ed. Rio de Janeiro: Forense, 2001.

CRUZ, Flávio da (coord.). *Lei de responsabilidade fiscal comentada*. 2. ed. São Paulo: Atlas, 2001.

DAHL, Robert A. *Poliarquia: participação e oposição*. Trad. Celso Mauro Paciornik. São Paulo: Ed. USP, 1997.

DEODATO, Alberto. *Manual de ciência das finanças*. 10. ed. São Paulo: Saraiva, 1967.

DERBLI, Felipe. *O princípio da proibição do retrocesso social na Constituição de 1988*. Rio de Janeiro: Renovar, 2007.

DIAS, Jean Carlos. *O controle judicial de políticas públicas*. São Paulo: Método, 2007.

DI PIETRO, Maria Sylvia Zanella. *Direito administrativo*. 26. ed. São Paulo: Atlas, 2013.

DUARTE, Tiago. *A lei por detrás do orçamento*. Coimbra: Almedina, 2007.

DURANGO ÁLVAREZ, Gerardo A. "Aproximación a los derechos fundamentales desde la perspectiva habermasiana". *Revista Telemática de Filosofía del Derecho* n. 11, 2007/2008.

DWORKIN, Ronald. *A virtude soberana: a teoria e a prática da igualdade.* Trad. Jussara Simões. São Paulo: Martins Fontes, 2005.

_________. *Levando os direitos a sério.* Trad. Nelson Boeira. São Paulo: Martins Fontes, 2002.

_________. "Rights as trumps". In: WALDRON, Jeremy (org.). *Theories of Rights*. Oxford: Oxford University Press, 1984.

ELY, John Hart. *Democracy and distrust*. Cambridge: Harvard University Press, 1980.

ENGISCH, Karl. *Introdução ao pensamento jurídico.* 8. ed. Trad. J. Baptista Machado. Lisboa: Calouste Gulbenkian, 2001.

FAGUNDES, Miguel Seabra. *O controle dos atos administrativos pelo Poder Judiciário.* 7. ed. Rio de Janeiro: Forense, 2005.

FARIAS, José Fernando de Castro. *A origem do direito de solidariedade.* Rio de Janeiro: Renovar, 1998.

FEELEY, Malcolm; RUBIN, Edward. *Judicial policy making and the modern State. How the courts reformed American prisons*. Cambridge: Cambridge University Press, 1998.

FISS, Owen.

FONROUGE, Carlos M. Giuliani, "Natureza jurídica do orçamento". *Revista de Direito Público 12*, 1970.

FONTE, Felipe de Melo. "A função pedagógica das Cortes constitucionais". In: BARROSO, Luís Roberto; MELLO, Patrícia Perrone Campos. *A República que ainda não foi*: trinta anos da Constituição de 1988 na visão da Escola de Direito Constitucional da UERJ. Belo Horizonte: Fórum, 2018.

FRASCATI, Jacqueline Sophie Perioto Guhur. "O princípio da eficiência como valor apto a contribuir para a eficácia dos direitos sociais a prestações concretizados: análise das funções do princípio da eficiência nos ordenamentos jurídicos português e brasileiro". *Revista de Direito do Estado* n. 9, 2008.

FREIRE JÚNIOR, Américo Bedê. *O controle judicial de políticas públicas.* São Paulo: Revista dos Tribunais, 2005.

FREITAS, Juarez. "O controle jurisdicional das políticas públicas e o início do fim do Estado omisso". *Interesse Público,* n. 84, 2014.

GALDINO, Flávio. *Introdução à teoria dos custos dos direitos*. Rio de Janeiro: Lumen Juris, 2005.

_________. "O custo dos direitos". In: TORRES, Ricardo Lobo. *Legitimação dos direitos humanos*. Rio de Janeiro: Renovar, 2002.

GASPARINI, Diógenes. *Direito administrativo*. 17. ed. São Paulo: Saraiva, 2012.

GAVARA DE CARA, Juan Carlos. *Derechos fundamentales y desarrollo legislativo*. Madri: Centro de Estudios Constitucionais, 1994.

GIACOMONI, James. *Orçamento público*. 1. ed. São Paulo: Atlas, 1985.

GOLDBERG, Daniel K. "Controle de políticas públicas pelo Judiciário: welfarismo em um mundo imperfeito". MOTTA, Ronaldo Seroa da; SALGADO, Lucia Helena (org.). *Regulação e concorrência no Brasil*. Rio de Janeiro: IPEA, 2007.

GOMES, Orlando. *Direito de Família*. 11. ed. Rio de Janeiro: Forense, 1999.

_________. *Obrigações*. 15. ed. Rio de Janeiro: Forense, 2002.

GONÇALVES, Vania Mara Nascimento. *Estado, sociedade civil e princípio da subsidiariedade na era da globalização*. Rio de Janeiro: Renovar, 2003.

GOUVÊA, Marcos Maselli. *O controle judicial das omissões administrativas*. Rio de Janeiro: Forense, 2003.

_________. "O direito ao fornecimento estatal de medicamentos", In: GARCIA, Emerson. *A efetividade dos direitos sociais*. Rio de Janeiro: Lumen Juris, 2004.

GRAU, Eros Roberto. *A ordem econômica na Constituição de 1988*. 12. ed. São Paulo: Malheiros, 2007.

_________. "Despesa pública – conflito entre princípios e a eficácia das regras jurídicas – o princípio da sujeição da administração às decisões do poder judiciário e o princípio da legalidade da despesa pública". *Revista Trimestral de Direito Público* n. 2, 1993.

_________. *O direito posto e o direito pressuposto*. 8. ed. São Paulo: Malheiros, 2011.

GRIMM, Dieter. *Constituição e política*. Trad. Geraldo de Carvalho. Belo Horizonte: Del Rey, 2006.

_________. "Jurisdição constitucional e democracia". *Revista de Direito do Estado* n. 4, 2006.

________."The protective function of the state". In: NOLTE, Georg (org.). *European and US constitutionalism*. Cambridge: Cambridge University Press, 2005.

GRINOVER, Ada Pellegrini; WATANABE, Kazuo (orgs.). *O controle jurisdicional de políticas públicas*. Rio de Janeiro: Forense, 2013.

GUTMANN, Amy; THOMPSON, Dennis. *Why deliberative democracy?* Princeton: Princeton University Press, 2004.

HÄBERLE, Peter. *Hermenêutica constitucional – a sociedade aberta dos intérpretes da Constituição: contribuição para a interpretação pluralista e "procedimental" da Constituição*. Trad. Gilmar Ferreira Mendes. Porto Alegre: Sergio Antonio Fabris Editor, 1997.

HABERMAS, Jürgen. *Direito e democracia: entre facticidade e validade*. Trad. Flávio Beno Siebeneichler. Rio de Janeiro: Tempo Brasileiro, 2003.

________. *Legitimation crisis*. Trad. Thomas McCarthy. Boston: Beacon Press, 1975.

HALL, Kermit L. *The oxford guide to United States Supreme Court decisions*. Oxford: Oxford University Press, 1995.

HAYEK, Friedrich A. *Law, Legislation and Liberty v. 2: The mirage of social justice*. Chicago: The University of Chicago Press, 1976.

HESSE, Konrad. *A força normativa da Constituição*. Trad. Gilmar Ferreira Mendes. Porto Alegre: Sergio Antonio Fabris Editor, 1991.

________. *Elementos de direito constitucional da República Federal da Alemanha*. Trad. Luís Afonso Heck. Porto Alegre: Sérgio Antonio Fabris Editor, 1998.

HIRSCHL, Ran. *Towards juristocracy: the origins and consequences of the new constitutionalism*. Cambridge: Harvard University Press, 2004.

HOWLETT, Michael; RAMESH, M. *Studying public policy:* policy cicles and policy subsystems. Toronto: Oxford University Press, 1995.

HRYNIEWICZ, Severo. *Para filosofar hoje*. 5. ed. Rio de Janeiro: Edição do Autor, 2002.

IUDÍCIBUS, Sérgio de; MARTINS, Eliseu; GELBCKE, Ernesto Rubens. *Manual de contabilidade das sociedades por ações (aplicável às demais sociedades)*. 7. ed. São Paulo: Atlas, 2000.

JÚNIOR, Wallace Paiva Martins. *Transparência administrativa*: publicidade, motivação e participação popular. São Paulo: Saraiva, 2004.

KÄGI, Werner. *La constitución como ordenamento jurídico fundamental del Estado*. Trad. Sergio Diáz Ricci y Juan José Reyven. Madrid: Dykinson, 2005.

KELSEN, Hans. *Teoria pura do direito*. Trad. João Baptista Machado. 6. ed. São Paulo: Martins Fontes, 2003.

KOMENSAR, Neil K. *Law's Limits – the rule of law and the supply and demand of rights*. Cambridge: Cambridge University Press, 2001.

________. *Imperfect alternatives – choosing institutions in law, economics, and public policy*. Chicago & London: The University of Chicago Press, 1994.

KRELL, Andreas Joachim. *Direitos sociais e controle judicial no Brasil e na Alemanha*. Porto Alegre: Sergio Antonio Fabris Editor, 2002.

KYMLICKA, Will. *Filosofia política contemporânea*. Trad. Luís Carlos Borges. São Paulo: Martins Fontes, 2006.

LAPORTA, Francisco."Sobre el concepto de derechos humanos". *DOXA* 4, 1987.

LARENZ, Karl. *Metodologia da ciência do direito*. Trad. José Lamego. Lisboa: Calouste Gulbenkian, 1991.

________. *Derecho justo – fundamentos de etica jurídica*. Trad. Luis Díez-Picazo. Madrid: Editorial Civitas, S.A., 1991.

LEAL, Roger Stiefelmann."Direitos sociais e a vulgarização da noção de direitos fundamentais". Disponível em: http://www6.ufrgs.br/ppgd/doutrina/leal2.htm. Acesso em: 15-4-2009.

LEITÃO, Alexandra. *Contratos interadministrativos*. Coimbra: Almedina, 2011.

LEITE, José Adércio Sampaio. "Adeus aos métodos? Hermenêutica, pragmática e argumentação constitucional". In: ROCHA, Fernando Luiz Ximenes (org.). *Direito constitucional contemporâneo:* estudos em homenagem ao professor Paulo Bonavides. Belo Horizonte: Del Rey, 2005.

LINS, Liana Cirne. "A tutela inibitória coletiva das omissões administrativas: um enfoque processual sobre a justiciabilidade dos direitos fundamentais sociais". *Revista de Direito do Estado* n. 12, 2008.

LOEWENSTEIN, Karl. *Teoría de la constitución*. Trad. Alfredo Gallego Anabitarte. Barcelona: Ariel, 1986.

MACHADO, Priscila Silva Ximenes."O direito à saúde e a responsabilidade linear dos entes federados". Disponível em: http://www.stf.jus.

br/arquivo/cms/processoAudienciaPublicaSaude/anexo/Direito_a_Saude__Responsabilidade_linear.pdf. Acesso em: 25-4-2009.

MAJONE, Giandomenico. *Evidence, argument and persuasion*. New Haven: Yale University Press, 1991.

_________. "Agenda setting". In: MORAN, Michael; REIN, Martin; GOODIN, Robert E. (org.). *The oxford handbook of public policy*. Oxford: Oxford University Press, 2006.

MÂNICA, Fernando Borges. "Teoria da reserva do possível: direitos fundamentais a prestações e a intervenção do Poder Judiciário na implementação de políticas públicas". *Revista Brasileira de Direito Público* n. 18, 2007.

MANKIW, N. Gregory. *Introdução à economia*. 3. ed. Trad. Allan Vidigal Hastings. São Paulo: Cengage Learning, 2008.

MARINS, Leonardo Vieira. "Interpretação constitucional e desenho institucional. A jurisdição constitucional entre o ativismo e a autocontenção". *Revista de Direito do Estado* n. 12, 2008.

MASHAW, Jerry L. *Greed, Chaos, & Governance – Using Public Choice to Improve Public Law*. New Haven & London: Yale University Press, 1997.

MASSA-ARZABE, Patrícia Helena. "Dimensão jurídica das políticas públicas". In: BUCCI, Maria Paula Dallari (org.). *Políticas públicas – reflexões sobre o conceito jurídico*. São Paulo: Saraiva, 2006.

MAUS, Ingeborg. "Judiciário como superego da sociedade: o papel da atividade jurisprudencial na 'sociedade órfã'". *Novos Estudos CEBRAP* n. 58, 2000.

MAXIMILIANO, Carlos. *Hermenêutica e aplicação do direito*. 17. ed. Rio de Janeiro: Forense, 1998.

McCOOL, Daniel C. *Public Policy Theories, Models, and Concepts*. New Jersey: Prentice Hall, 1995.

MEDAUAR, Odete, *A processualidade no direito administrativo*. 2. ed. São Paulo: Revista dos Tribunais, 2008.

_________. *Direito administrativo moderno*. 18. ed. São Paulo: Revista dos Tribunais, 2014.

MEIRELLES, Hely Lopes. *Mandado de segurança*. Atual. Arnold Wald e Gilmar Ferreira Mendes. 30. ed. São Paulo: Malheiros, 2007.

MELLO, Celso Antônio Bandeira de. *Discricionariedade e controle jurisdicional*. 2. ed. São Paulo: Malheiros, 2003.

________. *Curso de direito administrativo*. 30. ed. São Paulo: Malheiros, 2013.

________. *Conteúdo jurídico do princípio da igualdade*. 3. ed. São Paulo: Malheiros, 2008.

MELLO. Celso de Albuquerque. *Curso de direito internacional público*, v. 1, 14. ed. Rio de Janeiro: Renovar, 2002.

MENDES, Gilmar Ferreira; BRANCO, Paulo Gustavo Gonet. *Curso de direito constitucional*. 8. ed. São Paulo: Saraiva, 2013.

MENDONÇA, Eduardo. *A constitucionalização das finanças públicas no Brasil* – devido processo orçamentário e democracia. Rio de Janeiro: Renovar, 2010.

MENDONÇA, José Vicente dos Santos. "Vedação do retrocesso: o que é e como perder o medo". *Revista de Direito da Associação dos Procuradores de Novo Estado do Rio de Janeiro* v. XII, 2003.

MIRANDA, Jorge. *Manual de direito constitucional*, t. 4, 3. ed. Coimbra: Coimbra, 2000.

________. *Manual de direito constitucional*, t. 3, 4. ed. Coimbra: Coimbra, 1998.

MONTESQUIEU. *Do espírito das leis*. Coleção Os Pensadores, v. XXI. São Paulo: Abril, 1973.

MOOJEN, Guilherme. *Orçamento público*. Rio de Janeiro: Edições Financeiras, 1959.

MORAES, Maria Celina Bodin de. "O conceito da dignidade humana: substrato axiológico e conteúdo normativo". In: SARLET, Ingo Wolfgang (org.). *Constituição, direitos fundamentais e direito privado*. Porto Alegre: Livraria do Advogado, 2006.

________. "O princípio da solidariedade". In: PEIXINHO, Manoel Messias, GUERRA, Isabela Franco, NASCIMENTO FILHO, Firly (orgs.). *Os princípios na Constituição de 1988*. Rio de Janeiro: Lumen Juris, 2001.

MORAIS, Dalton Santos. "Os custos da atividade administrativa e o princípio da eficiência". *Revista de Direito Administrativo* n. 237, 2004, p. 189.

MORAN, Michael; REIN, Martin; GOODIN, Robert E (org.). *The Oxford handbook of public policy*. Oxford: Oxford University Press, 2006.

MOREIRA, Eduardo Ribeiro. *Neoconstitucionalismo:* a invasão da Constituição. São Paulo: Método, 2008.

MOREIRA NETO, Diogo de Figueiredo. *Legitimidade e discricionariedade*. 3. ed. Rio de Janeiro: Forense, 1998.

________. *Curso de direito administrativo*. 14. ed. Rio de Janeiro: Forense, 2005.

________. *Quatro paradigmas do direito administrativo pós-moderno*. Belo Horizonte: Fórum, 2008.

________. *Direito da participação política*. Rio de Janeiro: Renovar, 1992.

________. "Novos horizontes para o direito administrativo – pelo controle das políticas públicas. Ecos de um Congresso: a próxima missão". *Revista de Direito do Estado* n. 4:403, 2006.

MORELLI, Mariano. "La justicia social y su protección jurisdiccional. Consideraciones con ocasión de un caso judicial". *Revista Telemática de Filosofia del Derecho* n. 7, 2003/2004.

MÜLLER, Friedrich. *Métodos de trabalho do direito constitucional*. 3. ed. Trad. Peter Naumann. Rio de Janeiro: Renovar, 2005.

NABAIS, José Casalta. *O dever fundamental de pagar impostos*. Coimbra: Almedina, 2004.

NÓBREGA, Marcos. *Lei de responsabilidade fiscal e leis orçamentárias*. São Paulo: Juarez de Oliveira, 2002.

OLIVEIRA, Regis Fernandes de. *Curso de direito financeiro*. 2. ed. São Paulo: Revista dos Tribunais, 2008.

________. *Responsabilidade fiscal*. São Paulo: Revista dos Tribunais, 2001.

PAULSEN, Leandro. *Direito tributário:* Constituição e código tributário à luz da doutrina e da jurisprudência. 6. ed. Porto Alegre: Livraria do Advogado, 2004.

PECES-BARBA MARTINEZ, Gregorio. *Curso de derechos fundamentales – teoría general*. Madrid: Universidad Carlos III, 1995.

PEREIRA, Caio Mário da Silva. *Instituições de direito civil*, v. III, 17. ed. Atual. Caitlin Mulholland. Rio de Janeiro: Forense, 2013.

PEREIRA, Jane Reis Gonçalves. *Interpretação constitucional e direitos fundamentais*. Rio de Janeiro: Renovar, 2006.

PEREIRA, Paulo Trigo. "A teoria da escolha pública: uma abordagem neo-liberal?". *Análise Social*, v. XXXII (141), 1997, p. 419-442.

PIÇARRA, Nuno. *A separação dos poderes como doutrina e princípio constitucional:* um contributo para o estudo de suas origens e evolução. Coimbra: Coimbra, 1989.

PORFIRO, Camila Almeida. *Litígios estruturais:* legitimidade democrática, procedimento e efetividade. Rio de Janeiro: Lumen Juris, 2018.

QUEIROZ, Cristina M. M. *Os actos políticos no Estado de Direito:* o problema do controle jurídico do poder. Coimbra: Almedina, 1990.

RAWLS, John. *O liberalismo político*. Trad. Dinah de Abreu Azevedo. São Paulo: Ática, s/d.

_________. *Uma teoria da justiça.* Trad. Almiro Pisetta e Lenita Maria Rímoli Esteves. São Paulo: Martins Fontes, 2002.

REIS, José Carlos Vasconcelos dos. *As normas constitucionais programáticas e o controle do Estado*. Rio de Janeiro: Renovar, 2003.

RIBEIRO, Gustavo Moulin. "O mínimo existencial e o direito constitucional brasileiro", Mimeo, 2003.

ROCHA, Cármen Lúcia A. "O princípio da dignidade da pessoa humana e a exclusão social". *Interesse Público* n. 38, 1999.

ROSA JR., Luiz Emygio F. *Manual de direito financeiro e direito tributário*. 20. ed. Rio de Janeiro: Renovar, 2007.

ROSSETTI, José Paschoal. *Introdução à economia*. 12. ed. São Paulo: Atlas, 1987.

RUBIN, Irene. *The politics of public budgeting*. 3. ed. Chatham: Chatham House Publishers, 1997.

SALLES, Carlos Alberto. "Políticas públicas e a legitimidade para defesa de interesses difusos e coletivos". *Revista de Processo* n. 121, 2005.

SANTANA, Irapuã. *Acesso à justiça: uma análise multidisciplinar*. Salvador: JusPodivm, 2021.

SARLET, Ingo Wolfgang. *A eficácia dos direitos fundamentais*. 11. ed. Porto Alegre: Livraria do Advogado, 2012.

_________. *Dignidade da pessoa humana e direitos fundamentais na Constituição de 1988*. 2. ed. Porto Alegre: Livraria do Advogado, 2002.

_________. *Direitos fundamentais sociais:* estudos de direito constitucional, internacional e comparado. Rio de Janeiro: Renovar, 2003.

_________; FIGUEIREDO, Mariana Filchtiner. "Reserva do possível, mínimo existencial e direito à saúde: algumas aproximações". In: SARLET, Ingo Wolfgang; TIMM, Luciano Bennetti (org.). *Direitos fundamentais:* orçamento e "reserva do possível". Porto Alegre: Livraria do Advogado, 2008.

_________.“O Estado social de direito, a proibição de retrocesso e a garantia fundamental da propriedade”. *Revista AJURIS* n. 73, 1998.

SARMENTO, Daniel. *A ponderação de interesses na Constituição*. Rio de Janeiro: Lumen Juris, 2000.

_________. *Direitos fundamentais e relações privadas*. Rio de Janeiro: Lumen Juris, 2004.

_________ (org.). *Interesses públicos versus interesses privados:* desconstruindo o princípio da supremacia do interesse público. Rio de Janeiro: Lumen Juris, 2005.

_________. *Livres e iguais:* estudos de direito constitucional. Rio de Janeiro: Lumen Juris, 2006.

SARTORI, Giovanni. *Engenharia constitucional – como mudam as constituições*. Brasília: UnB, 1996.

SECCHI, Leonardo. *Políticas públicas*: conceitos, esquemas de análise, casos práticos. 2. ed. São Paulo: Cengage Lerning, 2015.

SCHMITT, Carl. *Teoría de la Constitución*. Trad. Francisco Ayala. Madrid: Alianza: 1982.

SCHULTE, Bernd.“Direitos fundamentais, segurança social e proibição do retrocesso”. *Revista AJURIS* n. 99, 2005.

SCHWABE, Jürgen. *Cincuenta años de jurisprudencia del tribunal constitucional federal alemán*. Montevidéu: Konrad-Adenauer-Stiftung, 2003.

SGARBI, Adrian. *Clássicos de teoria do direito*. Rio de Janeiro: Lumen Juris, 2006.

SILVA, Alexandre Garrido. “Minimalismo, democracia e *expertise*: o Supremo Tribunal Federal diante de questões políticas e científicas complexas”. *Revista de Direito do Estado* n. 12, 2008.

SILVA, Anabelle Macedo. *Concretizando a Constituição*. Rio de Janeiro: Lumen Juris, 2005.

SILVA, José Afonso da. *Curso de direito constitucional positivo*. 36. ed. São Paulo: Malheiros, 2013.

_________. *Aplicabilidade das normas constitucionais*. 4. ed. São Paulo: Malheiros, 2000.

SILVA, Ricardo Almeida Ribeiro da.“A crítica comunitarista ao liberalismo”. In: TORRES, Ricardo Lobo (org.). *Teoria dos direitos fundamentais*. Rio de Janeiro: Renovar, 2001.

SILVA, Virgílio Afonso. *A constitucionalização do direito:* os direitos fundamentais nas relações entre particulares. São Paulo: Malheiros, 2008.

_________. "Interpretação constitucional e sincretismo metodológico". In: *Interpretação constitucional*. São Paulo: Malheiros, 2005.

_________. "O proporcional e o razoável". *Revista dos Tribunais* n. 798, 2002.

SOUTO, Marcus Juruena Villela, *Direito administrativo da economia*. Rio de Janeiro: Lumen Juris, 2003.

_________. "Neoconstitucionalismo e controle de políticas públicas". *Revista de Direito Público da Economia* n. 17, 2007.

SOUZA NETO, Cláudio Pereira de. "Fundamentação e normatividade dos direitos fundamentais: uma reconstrução teórica à luz do princípio democrático". In: BARROSO, Luís Roberto (org.). *A nova interpretação constitucional – ponderação, direitos fundamentais e relações privadas*. 3. ed. Rio de Janeiro: Renovar, 2008.

_________. *Teoria constitucional e democracia deliberativa*. Rio de Janeiro: Renovar, 2006.

_________; SARMENTO, Daniel. *Direito constitucional*: teoria, história e métodos de trabalho. Belo Horizonte: Fórum, 2013.

STEINER, George A.; MINER, John B. *Política e estratégia administrativa*. São Paulo: Ed. USP, 1981.

STRECK, Lenio Luiz. *Hermenêutica jurídica em crise:* uma exploração hermenêutica da construção do direito. 3. ed. Porto Alegre: Livraria do Advogado, 2001.

_________. "Bem jurídico e constituição: da proibição de excesso (*übermassverbot*) à proibição de proteção deficiente (*untermassverbot*) ou de como não há blindagem contra normas penais inconstitucionais". Disponível em: http://www.leniostreck.com.br, acesso em 20-4-2009.

_________. "A (primeira) aplicação da untermassverbot pelo Supremo Tribunal Federal: comentário ao recurso extraordinário n. 418.376". *Observatório da jurisdição constitucional*, outubro-2008.

STRECK, Maria Luiza Schafer. "O direito penal e o princípio da proibição de proteção deficiente: a face oculta da proteção dos direitos fundamentais", mimeo, 2008.

STRUCHINER, Noel. "Para falar de regras: o positivismo conceitual como cenário para uma investigação filosófica acerca dos casos difíceis do direito", mimeo, 2005.

SUNDFELD, Carlos Ari; DOMINGOS, Liandro."Supremocracia ou administrocracia no novo direito público brasileiro?". *Fórum Administrativo*. Belo Horizonte, ano 14, n. 159, p. 18-23, maio 2014.

SUNSTEIN, Cass. *Designing democracy – what constitutions do*. Oxford: Oxford University Press, 2001.

________. *After the rights revolution – reconceiving the Regulatory State*. Cambridge: Harvard University Press, 1993.

________. *One case at a time:* judicial minimalism on the Supreme Court. Cambridge: Harvard University Press, 2001.

________; HOLMES, Stephen. *The Cost of Rights – why liberty depends on taxes*. New York: W. W. Norton Company, 1999.

________ ; VERMEULE, Adrian. "Interpretation and institutions". *Chicago John M. Olin Law & Economics Working Papers* n. 156, 2002.

SWEET, Alec Stone. *Governing with judges:* constitutional politics in Europe. Oxford: Oxford University Press, 2000.

TEPEDINO, Gustavo."Premissas metodológicas para a constitucionalização do direito civil". In: *Temas de direito civil*. Rio de Janeiro: Renovar, 2004.

________; BARBOZA, Heloisa Helena; MORAES, Maria Celina Bodin de. *Código Civil interpretado conforme a Constituição da República*, v. 1. Rio de Janeiro: Renovar, 2004.

THEODOULOU, Stella Z.; CAHN, Matthew A. *Public Policy: The Essential Readings*. New Jersey: Prentice Hall, 1997.

TORRES, Ricardo Lobo. *Tratado de direito constitucional, financeiro e tributário*, v. 5. 3. ed. Rio de Janeiro: Renovar, 2008.

________. *Tratado de direito constitucional, financeiro e tributário*, v. 4. Rio de Janeiro: Renovar, 2007.

________. *O orçamento na Constituição*. Rio de Janeiro: Renovar, 1995.

________. *O direito ao mínimo existencial*. Rio de Janeiro: Renovar, 2009.

________. "A cidadania multidimensional na era dos direitos". In: *Teoria dos direitos fundamentais*. 2. ed. Rio de Janeiro: Renovar, 2003.

________. "A jusfundamentalidade dos direitos sociais". *Revista de Direito da Associação dos Procuradores do Novo Estado do Rio de Janeiro* v. XII, 2003.

_________."A metamorfose dos direitos sociais em mínimo existencial". In: SARLET, Ingo Wolfgang (org.). *Direitos fundamentais sociais:* estudos de direito constitucional, internacional e comparado. Rio de Janeiro: Renovar, 2003.

_________."O princípio constitucional orçamentário da não afetação". *Revista de Direito do Estado* n. 6, 2007.

_________."A constitucionalização do direito tributário". In: SOUZA NETO, Cláudio Pereira de; SARMENTO, Daniel (org.). *A constitucionalização do direito*. Rio de Janeiro: Lumen Juris, 2007.

TORRES, Silvia Faber. *O principio da subsidiariedade no direito público contemporâneo*. Rio de Janeiro: Renovar, 2001.

_________."Federalismo e subsidiariedade". *Revista de Direito da Associação dos Procuradores de Novo Estado do Rio de Janeiro* v. XIX, 2008.

TUSHNET, Mark. *Weak courts, strong rights: judicial review and social welfare rights in comparative constitutional law*. Princeton: Princeton University Press, 2008.

_________."The Rights Revolution in the Twentieth Century", disponível em: http://www.law.georgetown.edu/faculty/documents/RightsRevolution.doc. Acesso em: 5 abr. 2009.

TUTUNGI JÚNIOR, Nicola. *Ação civil pública e políticas públicas*: implicações na tensão entre o Estado-Administrador e o Estado-Juiz. Rio de Janeiro: Lumea Juis, 2012.

VARELA, João de Matos Antunes. *Das obrigações em geral*, v. 1. Coimbra: Almedina, 2000.

VERDÚ, Pablo Lucas; CUEVA, Pablo Lucas Murillo de la. *Manual de derecho político*, v. 1. 3. ed. Madrid: Tecnos, 2005.

VERMEULE, Adrian. *Judging under uncertainty: an institutional theory of legal interpretation.* Cambridge: Harvard University Press, 2006.

VIANA, Arizio de. *Orçamento brasileiro*. 2. ed. Rio de Janeiro: Edições Financeiras, 1950.

VIANNA, Luiz Werneck; CARVALHO, Maria Alice Resende de; MELO, Manuel Palacios Cunha; BURGOS, Marcelo Baumann. *A judicialização da política e das relações sociais no Brasil.* Rio de Janeiro: Revan, 1999.

VIDAL, Isabel Lifante."Dos conceptos de discrecionalidad jurídica". *DOXA* n. 25, 2002.

VIEIRA, Oscar Vilhena. *Direitos fundamentais:* uma leitura da jurisprudência do STF. São Paulo: Malheiros, 2006.

_________."Supremocracia". *Revista de Direito do Estado* n. 12, 2008.

VOLCANSEK, Mary L (org.). *Judicial politics and policy-making in Western Europe.* London: Frank Cass, 1992.

WALDRON, Jeremy. *Law and disagreement.* Oxford: Oxford University Press, 1999.

_________. *A dignidade da legislação.* Trad. Luís Carlos Borges. São Paulo: Martins Fontes, 2003.

WALZER, Michael."A crítica comunitarista do liberalismo". In: *Política e paixão:* rumo a um liberalismo mais igualitário. Trad. Patrícia de Freitas Ribeiro. São Paulo: Martins Fontes, 2008.

_________. *Esferas de justiça:* uma defesa do pluralismo e da igualdade. Trad. Jussara Simões. São Paulo: Martins Fontes, 2003.

WERNECK, Augusto."Direito administrativo e direitos fundamentais – uma abordagem do princípio constitucional da eficiência dos atos da Administração Pública". *Revista de Direito da Associação dos Procuradores do Novo Estado do Rio de Janeiro,* v. XII, 2003.

ZAVASCKI, Teoria Albino. *Processo coletivo.* São Paulo: Revista dos Tribunais, 2008.

ZIPPELIUS, Reinhold. *Teoria geral do Estado.* 3. ed. Trad. Karin Praefke-Aires Coutinho. Lisboa: Calouste Gulbenkian, 1994.